U0894617

珍藏本
纪念版

汉译世界学术名著丛书

资本实证论

〔奥〕庞巴维克 著

陈端 译

2017年·北京

Eugen V. Böhm-Bawerk
THE POSITIVE THEORY OF CAPITAL
(*Translated by William Smart*)
G. E. Stechert & Co.
New York, 1923
根据纽约斯特彻特公司 1923 年版译出

汉译世界学术名著丛书
（120 年纪念版·珍藏本）
出 版 说 明

2017 年 2 月 11 日，商务印书馆迎来 120 岁的生日。120 年前，商务印书馆前贤怀揣文化救国的理想，抱持“昌明教育，开启民智”的使命，立足本土，放眼寰宇，以出版为津梁，沟通中西，为中国、为世界提供最富智慧的思想文化成果。无论世事白云苍狗，潮流左右激荡，甚至战火硝烟弥漫，始终践行学术报国之志，无改初心。

逐译世界各国学术名著，即其一端。早在 20 世纪初年便出版《原富》《天演论》等影响至今的代表性著作，1950 年代后更致力于外国哲学和社会科学经典的译介，及至 1980 年代，辑为“汉译世界学术名著丛书”，汇涓为流，蔚为大观。丛书自 1981 年开始出版，历时三十余年，迄今已推出七百种，是我国现代出版史上规模最大、最为重要的学术翻译工程。

丛书所选之书，立场观点不囿于一派，学科领域不限于一门，皆为文明开启以来，各时代、各国家、各民族的思想与文化精粹，代表着人类已经到达过的精神境界。丛书系统译介世界学术经典，引领时代思想，为本土原创学术的发展提供丰富的文化滋养，为推动中国现代学术和现代化进程做出了突出的贡献。

为纪念商务印书馆成立120周年，我们整体推出“汉译世界学术名著丛书”120年纪念版的珍藏本，寄望既利于文化积累，又便于研读查考，同时向长期支持丛书出版的译者、编者和读者致以敬意。

两甲子后的今天，商务印书馆又站在了一个新的历史时间节点上。我们不仅要铭记先辈的身影和足迹，更须让我们的步伐充满新的时代精神。这是商务人代代相传的事业，更是与国家和民族的命运始终紧密相连的事业。我们责无旁贷，必须做好我们这代人的传承与创造，让我们的努力和成果不仅凝聚成民族文化的记忆，还能成为后来人可以接续的事业。唯此，才能不负前贤，无愧来者。

商务印书馆编辑部

2017年10月

中译本序言

19 世纪 70 年代，西欧一些国家的资产阶级政治经济学界，几乎同时出现了一种所谓新学说：主观价值论——边际效用论。

本来，效用论起源很早。17 世纪英国的资产阶级政治经济学家尼古拉·巴贲(Nicholas Barbon，1640—1698)在其所著《贸易概论》(*Discourse of Trade*，1690)中已经认为商品的价值不是由劳动决定而是由效用决定的。18 世纪意大利的资产阶级经济学家弗尔南陀·加里安尼(Fernando Galiani，1728—1787)著有《货币论》(*Della moneta*，1750)一书。就在这本书中，他认为物品的价值似乎决定于该物品所满足的需要的重要性。与他同时，法国的启蒙学者孔狄亚克(E. B. de Condillac，1715—1780)在其所著《商业与政府的相互关系》(*Du commerce et du governement cosidérés relativement l'un à l'autre*，1776)一书中很明白地指出：物品的价值决定于需要，而且随着需要的强度和物品的稀缺性而变化。因而使主观价值论发展了一步。

19 世纪 50 年代，德国庸俗经济学家赫尔曼·戈森(Her-mann Gossen，1810—1858)著有《人类交换法则及由此而生的人类行为准则的发展》(*Entwicklung der Gesetze des menschlichen Verkehrs und der daraus fliessenden Regeln für menschliches Handeln*，

1854)一书。他在这本书中不但指明商品的价值决定于效用，而且还提出两个所谓“规律”，即后来在资产阶级经济学界相当著名的“戈森规律”。

第一个“规律”是：随着某种需要（比方说饿时想吃饭）的满足，消费者所感觉到的享受程度必逐渐递减，直至最后达到饱和状态。

第二个“规律”是从第一个派生的，也可以说是第一个“规律”的应用。第一个“规律”是指某种需要因利用某种物品而得到满足时，消费者所感觉到的享受程度如何递减而说的。第二个“规律”则是指各种需要都能得到满足时，如何达到最大程度的享受。他的第二个“规律”是这样的：如果一个人有选择满足各种需要的能力，但没有足够的时间来完全享受它们，那么，不管各种享受的绝对程度如何不同，为了使他所享受的总量达到最大限度，他必须把所有需要都逐步使之满足，而且在消费停止时，各种需要的满足程度，即他的各种享受程度都相等。

可见，边际效用论的最主要的“理论”基础即“效用递减规律”已经由戈森奠定了。但是，19 世纪 50 年代还不是这种“理论”能够得以广泛流行的时候，因此，戈森生前终于默默无闻并不是偶然的。主要的原因是，当时的资产阶级还没有迫切地要把这种“理论”作为替它自己辩护的工具。

可是，到 19 世纪 70 年代，情况就完全不同了。

第一，从这时候起，资本主义开始向它的最高也即最后阶段发展，即从自由竞争占统治地位的资本主义向垄断资本主义——帝国主义发展。它所固有的种种内在矛盾日益尖锐起来。因此，资产阶级向它的代言人——它所御用的经济学家们提出一个任务：

设法掩盖资本主义的矛盾和“论证”资本主义可以万古长存。

第二,正如马克思所说:随着资本主义的发展、资本主义的剥削和掠夺的加强,“人数不断增长,为资本主义生产过程的机构自身所训练、所联合、所组织起来的工人阶级的愤激反抗,也跟着在增长”[①]。巴黎公社敲起了资本主义末日的丧钟。它虽然失败了,但却指出了世界无产阶级应走的道路:用武力革命的办法推翻资本主义制度,并以无产阶级专政来建设新的社会主义和共产主义社会。这就使得资产阶级的代言人不得不千方百计地力图隐瞒资产阶级剥削无产阶级的事实。

第三,通过巴黎公社的实践和检验,马克思主义已在国际工人革命运动中取得了支配地位。马克思在1867年出版的《资本论》第一卷又在工人群众中得到广泛的传播,资产阶级经济学家们反对《资本论》的各种企图又都以失败告终。因此,资产阶级又不得不向它的御用学者们提出一个重大任务:反对马克思主义的经济理论,首先反对它的劳动价值论和剩余价值论。

就在这样的历史条件下,19世纪70年代几乎同时在英、法和奥地利三国出现了有关主观价值论的著作:英国的杰文斯(W. S. Jevons,1835—1882)于1871年发表了他的《政治经济学理论》(*Theory of Political Economy*),法国的瓦尔拉斯(M. E. L. Walras,1834—1910)于1874年出版了他的《纯粹经济学要义》(*Elément d' Economic Pure*),奥地利的门格尔(K. Menger,1840—1921)于1871年刊行了他的《国民经济学原理》

① 马克思:《资本论》,第1卷,人民出版社1963年版,第841—842页。

(*Grundsätze der Volkswirtschaftslehre*)。

这三个人所发表的主观价值论,虽然基本上是大致相同的,但他们的遭遇却并不一样。瓦尔拉斯虽然是政治经济学中数理学派的一个极重要人物,又是所谓洛桑学派的奠基人,但是在他生前,他的著作并没有得到法国资产阶级经济学界的足够重视;杰文斯的命运也好不了多少,他几乎为马歇尔(A. Marshall,1842—1924)的"声望"所淹没了。只有门格尔不但建立了奥地利学派,而且他的影响也不仅限于奥地利经济学界。这是因为:在那个时代,从经济上来说,奥地利固然还远远落后于英、法两国;但在巴黎公社以后,无产阶级革命中心已往东移,马克思主义尤其是《资本论》在德奥工人群众中传播得最为广泛,德奥的资产阶级经济学家们反对马克思经济学说的图谋又都归于可耻的失败。由于这种种原因,奥地利学派在同历史学派经过一段时间的争吵——它们之同的争吵主要是由于反对马克思经济学说所采取的手法不同而进行的——以后,终于逐渐扩大其影响,也就不足为奇了。

门格尔虽然是奥地利学派的首创者,但是这个学派的理论却在庞巴维克(Eugen von Böhm-Bawerk,1851—1914)的著作中才表现得最为完整。

(一)

庞巴维克在维也纳大学学习以后,曾去德国莱比锡、耶拿等大学留学。从1881年起,先后在因斯布鲁克和维也纳大学任教。曾经三度担任奥地利的财政部长(1895、1897—1898、1900—1906)。后来又回到维也纳大学任教。1911年曾被选为奥地利科学院院长。

庞巴维克发表过不少有关经济理论问题的论文、小册子和专著。其中主要的有：

1.《经济财货价值理论纲要》(*Grundzüge der Theorie des wirtschaftlichen Güterwertes*,1886)；

2.《奥地利的经济学家》(*The Austrian Economists*,1890)；

3.《价值、成本和边际效用》(*Wert,Kosten und Grenznutzen*,1892)；

4.《财货价值的最后尺度》(*Der letzte Masstab des Güterwertes*,1894)；

5.《马克思体系的崩溃》(*Zum Abschlus des Marxschen Systems*,1896)。

但是，他的最重要的著作却是二卷本的《资本与资本利息》(*Kipital und Kapitalzins*,1884—1889)。

第1卷题为《资本利息理论的历史和批判》(*Geschichte und Kritik der Kapitalzinstheorien*)①，出版于1884年。从形式上看，这是一本专题的经济学说史——利息理论的批判史。他对从古希腊的柏拉图和亚里士多德起一直到与他同时代经济学家们的各种利息理论都有所论述和批评。但从实质上看，这却是一部从事攻击马克思的劳动价值论和剩余价值论的著作。这一点，庞巴维克自己也曾经供认。在他看来，马克思主义所以能够广泛地传

① 商务印书馆已印行中文译本(1959)，因系由英文译本转译的，书名也随英译改为《资本与利息》。这其实是不够确切的。

播，其中一个主要"原因是反对它(指马克思主义的经济理论——引者)的人力量太差"[1]。因此，必须要由像他那样力量"不差"的人来作有效的反对了。可见，庞巴维克是马克思主义尤其是马克思经济学说的疯狂的反对者。

第1卷既然以利息论的批判史为内容，当然为了"完美无缺"起见，他还必须正面说明他自己的关于这个问题的"理论"。这个任务在第1卷的结论中由他自己提出来了。他在那里是这样写着的："我打算找出这个烦难问题(指利息问题。——引者)的一个解决方法，没有什么捏造，也没有什么假定，只是简单地真实地企图从经济学的最简单的自然和心理原则中，推论利息形成的现象。

"我可以说，我以为概括全部真理的要素，就是'时间'对于我们对财货估价的影响。阐述这种议论要留待我另一部著作。"[2]这就是第2卷的主题和任务。

第2卷名为《资本实证论》(*Positive Theorie der Kapitales*)，第一次出版于1889年。

这第2卷是由《序言》、《导论》和七篇正文构成的。虽然他自己在《导论》中曾经指出，他的这本书分成两部分：一部分研究作为生产资料的资本即研究"生产资本"；另一部分研究利息问题，即研究"获利资本"。但从本书的内容来看，这7篇正文可以分为如下四部分：

第一，第1篇《资本的性质和概念》实系全书的导论。

---

① 庞巴维克：《资本与利息》，第322页。

② 同上，第351页。

这篇共有六章，他所着重说明的是关于资本的性质、作用和分类等问题。

他的出发点是人们的需要和需要的满足即消费。他认为人们总是为求得需要的最大满足而努力的。在他看来，人们既然有各种需要，那就必须求得满足；为了满足自己的需要，人们就不能不把自己的劳动作用于自然以生产能够满足自己需要的物品。所以，他说："一切生产的最终目的，是制造满足我们需要的物品，亦即制造用于直接消费的财货，或消费品。"（本书第44页）他还进一步说明了生产可以用各种不同的方法来进行，而最重要的可以分为两种：1.把劳动作用于自然因素以后，可以直接生产出供人们消费的物品——这是一种直接的生产，或如庞巴维克自己所说的"赤手空拳的生产"（第49页）或"'不用资本的'生产"（第108页）；2.间接的生产，即人们的劳动不是直接生产消费品，而是先生产为制造消费品所必需的生产资料。这就是他所说的"资本主义的生产"（第49页）。这样，他就引出资本。他说："资本只是在迂回过程中的各个阶段里出现的中间产物的集合体"（第49页），即生产资料而已。他把这种资本称为"生产资本"。这是他的关于资本的第一个概念。另一方面，他又认为资本是可以生产利息的物品，他把这种能够带来利息的资本叫做"获利资本"。这是他的关于资本的第二个概念。

他还指出，可以把"生产资本"叫做"社会资本"，把"获利资本"称为"私人资本"；前者同生产有关，后者则是属于分配方面需要研究的问题——利息问题。这就是他在《导论》中所以说要把这本书分为两部分的原因。

第二，即他在《导论》中所指的第一部分，也即题为《作为生产手段的资本》的第 2 篇。

这篇包括六章，主要说明两个问题：资本是怎样构成的？资本在生产过程发生怎样的作用？

关于第一个问题，他断言作为生产工具的资本是生产和积蓄的结果。在他看来，生产工具是由劳动和自然因素共同生产出来的。因此，要有生产工具，就非有劳动进行生产不可。所以，生产是资本形成的一个不可缺少的条件。但是，如果所生产的都是生活资料，而且这种生活资料生产出来以后全部被消费掉的话，那就不可能形成资本。所以，要形成资本，还必须有另一个不可或缺的条件，那就是积蓄。他一方面强调指出"认为资本的产生是由于人的'单纯的勤勉'，那是不正确的"（第 146 页）；另一方面也着重说明"如果没有从当前的使用中抽出收入的一部分，并把它'积蓄'起来的话，那么，即使是最大的收入，也不能导致资本的形成。"所以，"生产和积蓄是资本形成的两个同样必要的条件；如果否认任何一方的合作，那就是一种片面的说法"（第 146 页）。

庞巴维克关于第二个问题的看法是这样的：资本是人力和自然力结合生产出来的物品积蓄起来的结果，所以它不是独立的生产力；但是它本身却是生产的。因为人们可以借助资本进行迂回的、间接的即资本主义的生产来制造更多和更好的物品。他还认为，利用资本来生产具有两种同样重要的后果：有利的后果和不利的后果。所谓有利的后果是指这种生产能够提高生产力，能够比直接的生产制造出更多和更好的物品；所谓不利的后果是说进行这种生产要费更多、更久的时间（第 108 页）。

这些就是他这本书第二篇的主要内容。

第三，在第3和第4两篇中所说明的是有关价值和价格的问题。

庞巴维克在《导论》中本来已指明，在研究了“生产资本”以后，第二部分应当讨论“获利资本”即利息问题，为什么中间又插入价值论和价格论呢?

关于这个问题，庞巴维克曾在第二篇第六章末尾这样解释：为了阐明人们为什么能够而且愿意积蓄，就不能不研究最重要而又最麻烦的价值理论。他认为价值论一方面可以求得一些合乎逻辑的结论以补充他的资本形成论，另一方面又可以为他自己的利息论奠定理论基础。

但是，如果我们注意到他写这本书的目的是同《资本与利息》一样，在于反对马克思的经济学说，那就可以看出他所以采取这样的结构形式还有更深一层的原因。要知道，他写这两卷书的主旨和目的都是相同的。但他从事写作的角度和采取的手法不同：在第一卷里，他以批评家的姿态直接攻击马克思的经济理论；在第二卷中，他却以“理论家”的身份建立系统的“新学说”来同马克思的经济理论相对抗。从这第二卷的主题看来，他是妄图以他自己所创立的利息论来反对马克思的剩余价值学说的。他明白，马克思的剩余价值学说是建立在科学的劳动价值论上的。因此，他为了达到自己的目的就必须以所谓主观价值论来同科学的劳动价值论相抗衡。这就是他所以要在阐明“获利资本”以前插入价值和价格问题的原因。

第3篇是《价值论》，庞巴维克在这里用十章的篇幅说明了他的主观价值论——边际效用论。

第4篇《价格论》共七章，他在这些章内利用《边际效用论》和供求原理来说明他的均衡观点。

第四，即他在《导论》中所说的研究利息问题的部分。这部分包括第5、第6和第7篇。其中第5篇《现在与未来》共五章，是用"时间"这个因素来说明利息的起源的；第6篇共十章，这一篇的标题虽然是《利息的来源》，但从内容看，他是在说明利息的各种形态——他甚至认为地租也不过是一种特殊的利息（第6篇第8章）；第7篇《利率问题》共五章。正如在第4篇中他利用供求原理来说明价格一样，在这里他也利用这个原理来说明利率。

（二）

如前所述，庞巴维克是很重视价值论的。现在我们来看看他的价值论吧。

一提起价值，人们很自然地会想到，这指的是商品的价值，或者更确切些说，价值是由物来体现的商品生产者之间的生产关系，所以它是一个具有历史性的经济范畴。

但是，在这本《资本实证论》中，人们不但看不到讨论这种生产关系的词句，而且连"商品"这个词也只是偶然地并且作为"物品"的同义异语用的。

他所说明的是物品的价值，或者更严格地说，是经济物品的价值。就是说，他用"经济物品"这个词来代替"商品"这个经济范畴。这种用语的更换是具有深意的，那就是为了更适于替资本主义辩护。

我们曾经指出：庞巴维克的出发点是需要和需要的满足。他认为人们既然有需要，那就必须求得其满足。但需要只能在消费特定物品时才能得到满足。物品能够满足人们某种需要的这种性质，就是它的效用。这是使物品具有价值的一个极重要的元素。但是，他又认为并不是凡有效用的物品都有价值。他把物品分为两大类：可以自由取用的物品和经济物品。前者其量无穷，如阳光、空气等，人们可以随时取用，毫不受限制，所以这种物品是没有价值的；后者其量有限，同人们的生活有极密切的关系，人们有了它在生活上就舒适，没有它就不舒适，所以只有这种经济物品才具有价值。可见，庞巴维克并不是从人与人之间的生产关系，而是以人同物之间的关系来说明价值的。

在他看来，经济物品所以具有价值是由于它有效用而且其数量又是有限的。这绝不是庞巴维克的创见，在他发表《资本实证论》很久以前，例如我们上面提到过的孔狄亚克，就早已有这种观点了。不过，庞巴维克利用这种陈旧的观点作为他论证价值问题的第一步，却有他的特殊意图：把价值问题从客观的人类特定历史阶段上的经济问题转变为主观的在任何历史时代中人们心理上的感觉问题。从而根本不触及资本主义的历史特殊性。这是掩盖资本主义矛盾的一种极方便的手法。

总之，他认为物品的价值由它的效用和数量构成。但是，每个人所有的某种物品的数量是多寡不一的，而且人们对这种物品的主观欲求又是千差万别的；那么这种物品的价值又如何决定呢？他用“心理原则”来解释这个问题。

首先他根据人们心理上的感觉区别了需要种类和具体需要即

对需要的具体感觉。所谓需要的种类是指按重要性不同而分级的各种需要；所谓具体需要则系指按一个人在特定条件下对某种需要具体感觉的不同而分级的程度。并且指出："我们对物品所估的价值，和需要种类的分级毫不相干，只同具体需要的分级有关"（第164页）。

其次，他根据戈森的"效用递减规律"指出：如果某种物品只能满足一种需要，那么在消费这种物品的过程中，每单位物品的效用是递减的；如果某种物品可以满足重要性不同的各种需要（例如在原始森林中的农民有五袋谷物，每一袋的效用是各不相同的〔参阅第170—171页〕），那么，每单位物品的价值究竟由哪种效用来决定呢？他说："决定物品价值的不是它的最大效用，也不是它的平均效用，而是它的最小效用"，这种最小效用就是维塞尔（F. von Wieser，1851—1926）所命名的"边际效用"。所以他又说："一件物品的价值是由它的边际效用量来决定的"（第170页）。庞巴维克自己是极重视这个所谓"规律"的，他认为，这不仅是价值论的要旨，而且是一切交换行为和经济学说的基础。

所谓"边际效用"是在一个人所有的某种物品的每一单位都具有效用的条件下最后一单位所表示的效用，即最小效用。所以，某种物品的边际效用是同它的单位数有密切关系的；这种物品是否有价值，有多大价值，都由它的单位数通过边际效用来决定。庞巴维克根据这种情况归纳出一条"规律"："一方面，要求满足的需要越多和越强烈，另一方面，能满足该需要的物品量越少，则得不到满足的需要阶层就越重要，因而边际效用也越高。反之，需要越少和越不迫切，而能够用来满足它们的物品越多，则更下层的需要也

可得到满足，因而边际效用和价值也就越低。”（第 179 页）

现在，我们来看看庞巴维克的这个基本论点究竟有多少科学意味——究竟有没有科学意味？

从上面简单的叙述中可以看出，这个庸俗经济学家是从人同物的关系、从人的心理感觉来说明价值问题的。而且他所说的人的心理不是社会上人的心理，而是孤立的个人的心理，例如在山林中打猎而失去同伴的孤独者、在原始森林中的孤立农民等等个人的心理。因此，人的社会性和消费的阶级性都被他抹煞了。其实在阶级社会中，人及其消费都具有社会性和阶级性。马克思曾经极明确地写道：“工人买马铃薯和妇女买花边这两者都是根据本人的意见行事的。但是他们意见的差别就是由于他们在社会上所处的地位不同，而这种社会地位的差别又是社会组织的产物。”[①]

其次，人是社会的动物，无论哪种孤独的个人都只能存在于庸俗经济学家们的幻想中，在事实上是从来没有过的。这是因为人一离开社会就不能生存。庞巴维克在这本书中所说的孤独猎人的面包和在原始森林中农民的谷物究竟是从哪儿来的呢？如果离开人与人之间的社会关系，这个问题是无论如何都不能说明的。

再次，价值大小必须要有某种尺度单位来衡量。这是常识，谁也不会而且也不能否认的。试问：决定价值大小的“边际效用”究竟用什么尺度单位来衡量？这是一个可以致“边际效用论”于死地的问题，是不仅在这本《资本实证论》中未能解决，而且无论庞巴维

① 马克思：《哲学的贫困》。《马克思恩格斯全集》第 4 卷，人民出版社 1958 年版，第 86—87 页。

克自己、他的先辈和后继者都无法解决的问题。

总之，根据上面简要的分析，我们可以很明白地看出"边际效用论"究竟有没有科学意义了。

上面所叙述和分析批判的是庞巴维克关于消费品价值决定的"理论"。现在我们再来看一看他关于生产资料或如他自己所说的生产性物品的价值决定的"理论"。

消费品是可以用来直接满足人们的需要的，庞巴维克正是根据这一点建立他的价值论的"要旨"。可是生产资料的价值究竟又是怎样决定的呢？要知道，生产资料是不能直接满足人们的需要的！他断言：生产资料的价值依然是由边际效用决定的；不过不是由生产资料本身的边际效用（因为它不能直接满足人们的需要，所以说不上有什么效用和边际效用）决定，而是由借助它所生产出来的生活资料的边际效用决定的。他的"论证"如下：

"和直接满足人类需要的消费品相比，一切生产性物品具有这一普遍的特征——它们只是间接地满足人类的需要"（第199页）。在这两类物品之间"唯一的差别是，直接消费的物品，和满足之间有着直接的因果关系，而生产性物品，和最后依赖于它们的满足之间，插入了一连串的中间成分，即它们的一连串产品"（第200页）。因此，他把各种物品按照生产程序的先后分为不同的等级：第一级是消费品A；A是由生产资料生产出来的，这批生产资料就是第二级生产性物品组G_2；G_2也有生产它的生产资料，这就是第三级生产性物品组G_3；后者还有生产它的生产资料，因而又有第四级生产性物品组G_4，如此等等。他认为各级物品之间的关系是很密切的。如果没有G_2就不能生产A；G_2如果减少了，A也必因而减少。所以,“A 的边际效用也依赖于 G_2,正如它依赖于产品 A 本身一样”(第 201 页)。同样,如果没有 G_3 和 G_4,也不会有 G_2 和 A;前者如果减少,后者也必因而减少。所以,上述的边际效用也依赖于 G_3 和 G_4。G_2 和 G_3 等等就是上面他所说的中间成分或中间产品。他从此作出这样一个结论:“边际效用量,首先,也是直接地表现在最终制成品的价值上。这就成为生产这个制成品的物品组的价值标准。后者又成为第三级物品组的价值标准,而第三级物品组最终又成为最后物品组的价值标准,即第四级物品组的价值标准。……起作用的总是同样一件东西——最终制成品的边际效用”(第 202 页)。

这种论调既不符合经济学的常识,也是同现实经济生活背道而驰的。这里所必须说明的是生产资料价值同利用它生产出来的产品价值之间关系的问题。经济学常识告诉我们,生活实践也证实了,生产资料在生产过程中耗费掉的那部分价值是利用它生产出来的产品价值的一个构成因素。因此,前者是决定因素,后者是被决定因素。这个庸俗经济学家却把它们之间的因果关系弄颠倒了。

我们已经知道,庞巴维克解释消费品价值时是用孤立的个人心理上的感觉来说明边际效用和价值的,可是,当他研究生产资料价值时,就不能不使那种孤立的人跑到社会上来。因为这里牵涉到生产者。生产者所需要的各种生产资料势非到市场上去购买不可。从而他在进行生产以前,必须首先决定生产资料的价值。试问,在 A 尚未生产出来,A 的边际效用也因而尚未确定的情形下,如何能用 A 的边际效用来决定 G_2 的价值呢?

庞巴维克说:这个问题并不难解决,“根据过去的考察或过去的经验,我们对产品的价值已经形成了某种意见,因而无需深入考察,即可以此作为我们对生产这些物品的生产手段的评价根据。例如一个木商为了做桶而买木料,不会费多长时间来考虑木料对他的价值。他估计从木料中能取得多少块桶板;他知道在当时市场情况下,桶板的价值是多少”(第 202—203 页)。

从这个例子来看,庞巴维克本来应当以木桶的边际效用来决定桶板的价值,然后再以后者作为决定木料价值的标准的。可是,在他的说明中,木桶的边际效用并没有提起,而只是根据桶板的价值来决定木料的价值。须知,根据边际效用论者的“理论”来说,桶板是不能直接满足人类需要,因而也就没有直接的边际效用的。正因为如此,他不得不根据市场情况来说明桶板的价值。其实在市场上所形成的是桶板的价格而不是它的价值。也就是说,庞巴维克是根据桶板的价格来决定木料的价值的。可是,庞巴维克原来是企图以边际效用论为基础来“论证”价格形成的。现在,当他还没有说明价格问题时,却已把价格作为决定价值的因素了。

这里还必须顺便指出:他的逻辑也是“妙不可言”、“深不可测”的。他既然明确地说:“A 的边际效用也依赖于 G_2……也依赖于 G_3”和 G_4(第 201 页),那么按照普通的逻辑来推论,其结论应当是:由 G_2 的价值来决定 A 的价值。可是,他却提出一个相反的结论:应当由 A 的价值去决定 G_2 的价值!

以上是假定一批生产资料只生产一种消费品而说的。

如果一批生产资料不仅可以生产一种消费品 A,而是可以生产几种消费品 A、B 和 C；而且这几种消费品的边际效用又各不相等，比方说，A 为 100，B 为 120，C 为 200。在这种情形下，G_2 的价值究竟由哪种消费品的边际效用来决定呢？他说，“一般来说，生产性单位的价值，是和该单位在经济上所能生产的一切产品中，具有最小边际效用的那个产品的边际效用和价值相适应的”（第 206 页）。就是说，G_2 的价值是同 A 的边际效用和价值相适应的。这是我们上面曾经批判过的“边际效用论”的应用。不过我们还是要问，B 和 C 的价值是否仍由它们自己的边际效用决定呢？他认为不是的，它们的价值都是由 A 的边际效用决定的。如何能由 A 的边际效用去决定 B 和 C 的价值呢？他说，这是通过 G_2 来间接决定的。其过程是这样：“首先，……由边际产品出发到生产手段，再去决定生产手段的价值；然后……又……从生产手段出发，到生产手段可以生产的其他产品上面。因此，到最后，直接边际效用较高的产品，从其生产手段方面得到它的价值”（第 207—208 页）。这就是说，首先由 A 的价值决定 G_2 的价值，即“产品的价值是决定的因素，而生产手段的价值是被决定的因素”（第 207 页）；然后，再由 G_2 的价值去决定 B 和 C 的价值，因而生产手段的价值成为决定的因素，而产品的价值又变成被决定的因素了！这种说法的前后矛盾是极其明显的。

从上面所涉及的几个要点来看，已可以看出边际效用论是一种怎样的“理论”了。可是庞巴维克就是利用它来建立他自己的价格论和利息论的！

（三）

根据边际效用论，一种物品对于不同的人有大小不同的效用，因此每个人对这种物品的主观评价是各不相同的。但是,同种类物品的每个单位在市场上所形成的价格却又都是相等的。那么究竟如何根据边际效用论来说明价格问题呢?

关于这个问题,庞巴维克在这本书中主要从两方面来论证:1.价格是怎样形成的;2.价格是由哪些因素决定的。

1.价格的形成。

庞巴维克首先指出,一个人是否愿意交换是以交换能否给他带来利益为转移的。所以卖者只有在出卖品的价格至少等于而且最好是高于他自己对出卖品的主观评价时,才愿意出卖。反之,买者则只有在购买品的价格至多等于而且最好是低于他自己对购买品的主观评价时,才愿意购买。这并不是他的创见,而是早由加里安尼和孔狄亚克等所说明的交换是不等价的这一观点的翻版。

接着,他指出市场上交换的情况可以分为四类:1.孤立的交换;2.购买者之间单方面的竞争;3.出卖者之间单方面的竞争;4.买卖双方面的竞争。比较复杂和值得我们注意的是他对第四种情况下价格形成的说明。

他以马市为例。现将他的马市情况表抄录如下(不过表中的那道横线是我加上的):

买　主	卖　主
A_1 对一匹马的评价 30 镑	B_1 对一匹马的评价 10 镑
A_2 对一匹马的评价 28 镑	B_2 对一匹马的评价 11 镑
A_3 对一匹马的评价 26 镑	B_3 对一匹马的评价 15 镑
A_4 对一匹马的评价 24 镑	B_4 对一匹马的评价 17 镑
A_5 对一匹马的评价 22 镑	B_5 对一匹马的评价 20 镑
A_6 对一匹马的评价 21 镑	B_6 对一匹马的评价 21 镑 10 先令

A_7 对一匹马的评价 20 镑	B_7 对一匹马的评价 25 镑
A_8 对一匹马的评价 18 镑	B_8 对一匹马的评价 26 镑
A_9 对一匹马的评价 17 镑	
A_{10} 对一匹马的评价 15 镑	

根据“只有在交换给他带来利益的时候，他才愿意交换”（第212—213 页）这个所谓原则，必须买主对一匹马的主观评价大于卖主对它的评价时，交换才能成功。因为只有在这种情形下，交换对于双方或者都有利益，或者对于一方虽然无利但却也绝不会有损失，而对于另一方却有更大利益。因此，在横线以上的五对卖者和买者都是交换的成功者。其中以 A_5 和 B_5 的竞争能力为最小。因为假定马价低于 20 镑，B_5 就首先被淘汰；反之，如果马价高于22 镑，则被淘汰的首先是 A_5。所以，马价必然在 20 镑和 22 镑之间。在横线以下的都是竞争的失败者。其中以 A_6 和 B_6 这一对的竞争能力为最大。因为如果一匹马的价格为 21 镑 10 先令，B_6 就立即参加竞争，因而出卖者共有 6 人，出卖的马有 6 匹，而愿意购买的却只有从 A_1 到 A_5 的五个人。由于供大于求，马价必然要下降。假定降至 21 镑，则 B_6 被淘汰而 A_6 立即参加竞争。这样，在马市上又会发生求大于供的现象，而使马价涨到 21 镑以上。所以，A_6 和 B_6 是失败者之间竞争能力最大的，马的价格也必然会在他们的主观评价即 21 镑和 21 镑 10 先令之间。总之，根据这个庸俗经济学家的“理论”，马的价格绝不能高于 A_5 和 B_6 的主观评价，也绝不能低于 A_6 和 B_5 的主观评价。因为如果马的价格超出这个范围，“买卖双方的平衡要遭到破坏，而过高出价和过低讨价又不可避免地要使竞争继续下去，直到价格被限定到所述的范围以内为止”（第 224—225 页）。他由此作出结论：“在双方面竞争

中，市场价格被决定在这样一个范围内：其上限由实际进行交换的最后的买主……和被排斥的最有能力的卖主……的评价来确定；其下限则由实际卖出货物的能力最小的卖主……和被排斥的最有能力的买主……的评价来确定。”（第225页）他把决定价格的上下限的这两对买卖者叫做“边际对偶”。因此，在经济学说史上就把他的价格论命名为“边际对偶”论了。而由“边际对偶”所限定的市场价格就是他所说的客观交换价值。

对于庞巴维克的这种价格形成论，我们必须指出以下几点：

第一，在这个表中，买者对于一匹马的主观评价只是表明马价和对马的需求量之间的关系（价格下降，需求量就增加，反之则减少），而卖主对于一匹马的主观评价则表明马价和马的供给量之间的关系（价格上涨，供给量就增加，反之则减少）。所以，他在这里不过重复着陈旧的庸俗的供求论罢了。

第二，庞巴维克在说明价格形成时，还提出了平衡论的观点。如果价格高于其上限，则卖者多而买者少，结果价格就会因供大于求的不平衡而下降；反之，如果价格低于其下限，则买者增加而卖者减少，结果，价格又必然由于求大于供的不平衡而上升。所以，价格一定会在供求平衡的状态下形成。这种平衡论也只是一种陈旧的庸俗观点，马克思早就予以批判过：“曾有人武断地说……商品流通包含有卖和买的必然平衡。再没有什么还比这个教条更为幼稚可笑了。如果这是说实际完成的卖和买的次数相等，那就不过是一个毫无意义的同义反复。”①

---

① 马克思：《资本论》，第1卷，人民出版社1963年版，第92—93页。

第三，庞巴维克本来是应当根据他自己的价值论来说明市场价格形成的原理的。可是，事实上，他却只是运用庸俗的供求原理和平衡论来说明市场价格的形成。实质上，他在这里把价格和价值混同起来了。可是，他绝不会同意这种驳斥，因为他可以辩解说：虽然用供求关系来说明价格形成，但这是以主观评价为前提的。买卖双方对马的主观评价是价格决定的主要因素。因此，我们就不能不进而讨论下一个问题。

2. 价格的决定因素。

庞巴维克认为价格是由下列四个因素决定的：

“1. 对物品的需要的数目（即需求程度）；

“2. 买主对物品评价的数字（即需求强度）；

“3. 提供出售的物品数目（即供给程度）；

“4. 卖主对物品评价的数字（即供给强度）”（第 235、236 页）。

这四个因素中值得我们注意的是第二、第四两个。先从第二个因素开始考察吧。

庞巴维克指出：买主对物品评价的数字只是表明买主比较对物品的评价和对等价物的评价而得到的一种关系。在市场上，这种等价物是货币。因此，这个因素是由买主对物品的评价和他对货币的评价这两个要素构成的。例如 A_1 对一匹马的评价数字为 30 镑，这表明他对一匹马的主观评价比对一镑货币的主观评价大 30 倍。

买主可以用他所欲买的物品来满足他自己的某种需要，因而他对这种物品具有一定的主观评价——这是庞巴维克的边际效用论的应用，我们已经在前面分析批判过了，这里可无须赘述。现在更成问题的是：买主对货币的评价究竟是如何决定的？要知道，货币是不能作为消费品直接用来满足人们的需要的。依照边际效用论的说法，买主虽然不能利用货币来直接满足自己的需要，但他可以用货币买到能够直接满足需要的物品，因此，他也就可以间接地对货币作出主观评价。

这种所谓解释其实什么也没有说明，因为用来决定对货币作主观评价的消费品，是要用货币去购买的，而且在购买时又不能不以这种消费品的价格存在为前提。这样，以消费品价格的存在为前提决定货币所能购买的这种消费品的一定数量，再由这种消费品的边际效用决定买主对货币的主观评价，然后用它作为决定“买主的评价数字”的要素，最后又以后者作为一个决定价格的因素。这岂不是以价格的存在来说明价格的形成，等于什么也没有说明吗？

庞巴维克以同样的理由把第四个因素分解为卖主对出卖品的主观评价和他对货币主观评价这两个要素。

卖主对货币的主观评价，如同买主对货币的评价一样，不能不以价格的存在为前提。这一点上面刚刚分析批判过了。现在我们要问：卖主对他要出卖的物品的主观评价又是如何决定的呢？依照边际效用论的说法，卖主对出卖品的边际效用等于零。因为他既然要把它出卖，当然就不用它来直接满足他自己的某种需要，因而它对他也就没有什么效用了。所以，卖主对于出卖品的主观评价是毫无作用的。这一点庞巴维克自己也不能不承认。他在第四篇第六章末尾很明白地指出：卖主对出卖品的评价不能影响价格；价格是根据最后的实际购买者的评价决定的。

庞巴维克本来应当“证明”卖主对出卖品的主观评价是决定价格的要素之一。可是他“证明”的结果却不得不承认，这个要素是毫无作用的！他为什么会说这样的废话呢？这不仅仅因为他的边际效用论根本不能说明什么问题，而且还因为他热衷于替资本主义辩护把市场的真实情况歪曲了。

在这个庸俗经济学家看来，“在组织完善的大市场中”，出卖品都是卖主超过自己直接消费的多余物品。其实，在商品社会，尤其是在商品经济高度发达的资本主义社会，这种所谓多余的物品是根本不存在的。因为在这种社会中，生产者特别是资本主义的企业主根本不是为自己的消费而生产；他们在市场上购买商品也不完全是而且往往完全不是为自己消费的。庞巴维克的这种歪曲市场情况的说法，不过是重复在他的《资本实证论》出版以前一百几十年孔狄亚克的参加交换的双方“是以某种有余的物品，去交换某种必要的物品”的观点。但是，孔狄亚克的这种观点在当时就已经被勒·德洛因(Le Trosne，1728—1780)所驳斥过了。[①]

(四)

价值论和价格论，是庞巴维克想借以说明他关于利息问题的理论基础。他这本书的主要目的是妄想建立所谓新的利息论。他自己曾经很明白地说：“利息理论是《资本实证论》的重点，……对利息现象，我必须提出一个完全属于开辟新领域的解释”(第 25 页)。他甚至自我陶醉地吹牛：他的利息学说不是空洞的清谈(第

① 参看《资本论》，第 1 卷，人民出版社 1963 年版，第 148 页正文和脚注 22。

7 篇第 3 章)，人们没有反对的余地(第 6 篇第 9 章)。

在庞巴维克的利息论中最值得我们注意的是关于利息产生的原因问题。他的“时差”说就是用来说明这个问题的。

一提到利息，我们自然会想到：利息是由利润派生的，是剩余价值的一种表现形态；它一方面表现出借贷资本家和职能资本家之间的分赃关系，另一方面又表现出资本家阶级对无产阶级的剥削关系。可是，庞巴维克在这个问题上丝毫不涉及阶级之间的关系，正如在价值问题上他不触及商品生产者之间的关系一样。他是根据人们的心理感觉再加上“时间”因素来说明利息产生的原因的。他说：

“现在的物品通常比同一种类和同一数量的未来的物品更有价值。这个命题是我要提出的利息理论的要点和中心。”(第 251 页)他还指出：由于物品的客观交换价值是由主观评价的结果决定的，因此，现在物品也比同种类同数量的未来物品具有更大的客观交换价值和价格；在现在物品同未来物品交换时，虽然种类相同，数量也相等，但由于它们的价格不等，因此未来物品必须对现在物品贴水，即支付利息。

这里关键的问题是：为什么现在物品的主观评价和价格会比同种类同数量未来物品的大？他举出三条“理由”来说明这个问题：

第一，由于“需要和需要供应的差别”。

他认为，现在物品是从现在的需要和满足需要的物品之间的关系获得价值的；而未来物品的价值则决定于未来的需要及满足它的物品之间的关系。凡是现在比较困难和有急需的人以及未来的经济情况会好转的人，对于现在物品的主观评价都要高些。对他们来说，现在物品的价值必然大于同种类同数量未来物品的价值。庞巴维克也不否认对于经济情况相反的人，即现在相当富有而将来的情况却可能不好的人来说，未来物品的价值要大于现在物品的价值。但是，他认为，这种人可以把现在物品保存起来以便满足未来的需要。因此，即使在这种情形下，现在物品的价值也至少等于、绝不会小于、而可能大于未来物品的价值。他根据上述种种情况作出结论说："现在物品的价值必定比未来物品的价值相应地高一些，有一种相应的时间贴水"(第 266 页)。这种时间贴水就是利息。

这第一个理由究竟能否成立呢？不能，绝对不能。

首先，他的这条所谓理由是建立在主观价值论的基础上。我们在上面已经分析批判过他的边际效用论和价格形成论，证明那种"理论"是不能说明什么问题的。因此，建立在那种"理论"上的这条"理由"当然也就不能成立。

其次，即使退一步设想，根据庞巴维克自己的观点来看，人们对现在物品和同种类同数量未来物品的主观评价所以不同，是由于他们的经济情况在现在和在未来是不一样的。有的未来的情况可能比现在好，有的则相反，现在的情况要好些；前者对现在物品的评价比较高，后者则对未来物品的评价比较高。这是庞巴维克自己也不能不承认的。既然如此，如何可以从这里得出现在物品价值比较大的一般结论呢？

最后，庞巴维克固然曾经解释说：后一种人可以把现在物品保存起来供未来的用途，因此他对未来物品的评价绝不会高于对同种类同数量现在物品的评价。但是,未来物品难道真正只能满足未来的需要吗?依照他的意见,所谓现在物品是指能直接满足现在需要的消费品,而未来物品只有当它变成为现在物品时才能供人们消费。根据这种观点来看,生产资料是一种未来物品。可是,在商品社会,尤其是在资本主义社会,生产资料难道不能通过交换立即转变为可以直接满足人们需要的消费品吗?这一点,就连庞巴维克自己也未必能加以否认。这样,他的第一条"理由"岂不是成为空洞的废话!

他的第二条理由是"低估未来"。

庞巴维克断言:人们对于未来的欢乐和痛苦是不大重视的。"因此,对于被预定用来满足未来需要的物品,我们给它一个实际上小于这些物品未来边际效用的真正强度的价值。"(第266页)这就是说:对于未来物品的价值即使按照未来边际效用来决定也要打一个折扣。比方说,某种现在物品对于一个人的边际效用为100,而同种类同数量的未来物品的边际效用由于上述第一条"理由"只等于80。所以,这种物品的现在价值同未来价值之比为100∶80。但是,又由于这个人"低估未来",使得未来物品的边际效用由80减少到70,因此,现在物品和未来物品的价值之比就成为100∶70了(第5篇第5章)。

人们为什么会"低估未来"呢?这在经济学上是无法说明的,而且也不是经济学所要研究的问题。这是一个心理学上的问题。这个资产阶级辩护士俨然以心理学家的姿态,对这个问题提出三个所谓心理上的原因:1.人们在设想自己未来的需要时考虑不周;2.意志上的缺陷;3.人的生命短促和多变。他并且以野蛮人、儿童、患有绝症者、处在危险状况下和从事危险事业的人等等的心理作为例证，来“证实”他所提出的原因。

这些人的心理究竟怎样，让心理学家们去判断吧！这里成为问题的是，社会上从事经济活动的人们的心理是否也是这样的呢？庞巴维克虽然没有直接提出这个问题，但却说了同这个问题有关的话：“……在大多数情况下，当我们研究一般情况下的人的时候，同时当我们评价不久要获得的未来的物品……的时候，关于人生无常的考虑，据我看来完全不会发生直接影响。”（第270页）这样，所谓“低估未来”的第三个原因即“人生无常”的作用，不是被别的什么人，而正是被庞巴维克本人所否定了！

关于引起“低估未来”的所谓第一个原因，即“我们在设想自己未来需要时，考虑得并不完善”（第268页），只不过是他对资本家心理的歪曲描述。谁都知道，资本家所考虑的绝不是什么自己未来的需要，而只是发财致富，即如何加强剥削工人以榨取尽可能多的剩余价值。庞巴维克所以要采取这样的手法也无非妄想掩盖资本主义的剥削关系而已。

至于引起“低估未来”的第二个原因，即所谓“意志上的缺陷”，其实并不是说明什么经济问题，而只是马克思主义的这个死敌向工人射出的一支毒箭。他说什么“许多‘善良的人’都知道，在拿到工资的那一天将它花光，会给自己带来多么大的痛苦和穷困，然而他却没有能力拒绝当时的诱惑，而将工资当天就花光了”（第268页），“一个工人用星期六领到的一周工资，在星期日去饮酒，而其余六天却同他的妻子和儿女一道挨饿”（第267页）。照这种说法看来，工人所以贫穷是完全由于他们自己的“意志上的缺陷”所造成的了！这种为资本家辩护而侮蔑工人的手法，简直比仇视人类的马尔萨斯更恶毒、更无耻！

总之，这第二条“理由”所根据的原因，或者为庞巴维克自己所否定，或者只是对资本家心理的歪曲，或者只是在对工人施放毒箭，所以，从经济理论上来说是根本不能成立的。

他的第三条理由是“现在物品技术上的优越性”。

这条“理由”是同上面提到过的他所说的迂回的、资本主义生产有关的。在他看来，现在物品能够促成资本主义生产，从而制造出更多的消费品，这就表现出它在技术上的优越性。他自己是这样说明的：

假使一个人虽然有生产资料，但没有现在的消费品，他就不能进行迂回的长期的生产，而不能不把他所有的生产资料用来生产消费品。如果这个人既有生产资料又有消费品，他就可以进行资本主义的生产，从而生产出更多的产品。例如，一个没有生产资料只有两只空手可以当作生产手段的渔民，为了充饥，不能不用两只空手去捕鱼（即进行直接的生产）。他每天只能捕到三条鱼而且都吃掉了。如果他能借到 90 条鱼，并约定于两个月以后归还 180 条。他用借来的鱼维持一个月的生活，并在这期间内造出一只船和一张渔网。这样从下月起他就可用船和渔网来捕鱼，每天就不止捕获 3 条而是能捕到 30 条鱼，在下月内一共可以捕到 900 条，除偿还 180 条鱼以外，还有很多的剩余。因此，“他借到的 90 条（现在的）鱼对他的价值，不仅大大超过了 90 条鱼，而且甚至于还超过了他用来偿付债务的 180 条（未来的）鱼”（第 286 页）。

很明显，庞巴维克的这种观点不过是所谓“资本生产力论”的变种。但是，这一点他自己绝不承认，因为他是反对这种理论而主张“时差”说的。他坚持说，现在消费品技术上的这种优越性，绝不能用生产力去解释。当然消费品是不能当做生产手段的。但从他自己所举的上述例子来看，那个渔民如果不借到现在的消费品(90条鱼)，他就不可能制成生产工具(船和渔网)，所以，依他自己的例子也可以得出这样一个结论：现在的消费品是制造生产工具的一种手段。

其次，说人们有了现在的消费品就可以进行更长时间的、能生产更多物品的资本主义生产，这也是很成问题的。因为虽然有了现在的消费品可以维持一段时间的生活，但是光靠两只空手也无法制造出生产手段来。因此，认为那个渔民借到 90 条鱼以后，就可以用一个月的时间制造出船和渔网，从而每天能捕获到的鱼可以增加 10 倍等等都不过是毫无根据的诡辩。

这样，他的第三条“理由”又落空了。

庞巴维克妄图用他自己的利息论来反对马克思的剩余价值学说。他硬说：利息是由于人们对现在物品的评价大于对同种类同数量的未来物品的评价，从而前者的价值大于后者的价值，随着时间的消逝，未来物品逐渐变为现在物品而产生的。在他看来，既然利息是由于人们的主观评价不同和“时差”而产生的，所以马克思的剥削学说也就不能成立了。这就是他创造“崭新”的利息论的真正目的。一句话，他是把他自己的利息论作为反对马克思的剩余价值学说的武器的。但是，如上面的分析批判所表明的，他的利息论的“要点和中心”，即现在物品比同种类同数量的未来物品有更大价值这一点所根据的三条“理由”都是不能成立的。因此，这个

“要点和中心”也就不能不跟着垮台了。

（五）

庞巴维克在这本《资本实证论》中从需要和需要的满足出发，以人同物的关系为其研究对象。这就决定了他说明问题时所采取的特殊手法。例如，他以处在原始森林中孤独的人取用泉水的不同途径来说明所谓“赤手空拳”的生产和“资本主义”的生产；用在沙漠中旅行的人、失去同伴的单个猎人、在原始森林中的农民等等孤独者的心理感觉来说明所谓“效用递减规律”和“边际效用”；用儿童、野蛮人、赤手空拳的渔民等的心理来“论证”现在物品的价值大于同种类同数量未来物品的价值。

当然，在研究经济问题时，想完全避而不谈人同人之间的关系是绝对做不到的。在这本书中也有时讲到人同人的关系。但是，他所提到的人们之间的关系是各种物品所有者之间的交换关系。而且在他说明这种交换关系时依然是以人同物的关系为基础。他不但在说明马市的情况时是这样，就连在说明资本家和工人之间的关系时也是这样。他曾经很明白地指出，资本家和工人都只是物品的出卖者和购买者。资本家卖给工人的是现在物品，他向工人购买的是工人的劳动可以生产出来的未来物品（第 6 篇第 4 章）。

这样一来，他的全部“理论”就好像一架凹凸镜，把资本主义社会的现实经济情况弄得面貌全非了。

可是，这一切手法对于这个资产阶级的辩护士和马克思主义的疯狂的反对者是必要的。因为用这套手法来反对马克思的经济学说和替资本主义辩护都是很“方便”的。

大家知道，马克思是从资本主义社会的现实的、具体的经济情况出发，用唯物辩证法，透过物的关系来研究人与人之间的生产关系，指出前者不过是后者的表现形态；并且从商品生产和交换的发展，说明了资本主义是如何产生，如何发展，以及如何由于其本身所固有的矛盾特别是无产阶级和资产阶级之间矛盾的发展而必然趋于灭亡。对此，庞巴维克用他自己的“理论”来“反驳”说：重要的是人同物的关系，即使人与人之间也会发生关系，那也只不过是以前者为基础的一般交换关系，根本无所谓阶级之间的关系。而且即使处在原始森林中孤独的农民也可以有资本，所以资本，从而资本主义的生产，并不是历史发展的产物，当然也没有历史过渡性。利息也是在任何情况下都会出现的现象，即使鲁滨逊也是可以取得利息的(第 6 篇第 10 章)！所以资本主义可以万古长存。

这样，他把资本主义的历史过渡性，它的内在矛盾、剥削关系、阶级矛盾和阶级斗争都一笔抹煞了，多么方便呵！

正是因为他的这套手法有这样的“妙用”，所以，他的“理论”特别是他所阐明的“边际效用论”才为资产阶级庸俗经济学家们所大事吹捧。一直到今天，它仍然为形形色色的庸俗经济学流派改头换面地加以继承和“发展”。这种反动理论也是修正主义经济理论的来源之一。修正主义的老祖宗伯恩施坦就曾企图用庞巴维克的“理论”来“补充”和修正马克思的经济学说。现代右翼社会党的“理论家”也仍然不断地重复着奥地利学派攻击马克思主义的陈词滥调。所以，我们翻译和出版这本书，介绍资产阶级的经济理论，供我国学术界研究，这对于发展我国的经济理论，是具有一定意义的。

季陶达

1964 年 5 月

目　　录

会中节约是同样需要的。

(1)有人说:大部分资本不适宜于直接消费,因此,在没有消费的场合就无所谓禁欲——这种说法并不影响这样一个事实:为了资本的形成,生产力必须从现役中退出,虽然,用它来反对那些混淆节约和道义美德的人是有充分理由的。(2)有人说:节约必须是节约剩余的物品,而剩余是勤勉的结果。——无论如何,勤勉的产品必不能消费掉,而必须节约下来。节约的真正地位是指导自然和劳动走向生产资本的方向而不是走向生产消费品的方向。(3)有人说:不消费是纯粹消极性的——它仅足以反对那些把节约抬高为一个独立的生产要素。因此,这就给我们引导出另一个问题:为什么人们节约资本;我们在继续讨论之前,必须在价值理论中为我们的利息理论找到一个基础。

第三篇　价值

我们将用**主观价值**(对人类福利的重要性)和**客观交换价值**(购买力)来替换老的区分——**使用**价值和**交换**价值。

虽则按定义讲,一切物品对人类福利都有一定的关系,但在用途,对福利有帮助的一般能力和价值,和福利不可缺少的条件之间存在着差异。要有价值,必须具有相对地少于需求的稀罕性,否则我们就不必要节约了。

据前面的说法,一件物品的价值量,似乎由实际上决定于它的福利量来规定。不过,这是和老的说法,即面包价值小,钻石价值大的这一似是而非的说法相矛盾的。要解决这一矛盾,必须精确考察,决定于任何物品的福利量究竟是什么,而欲达到这个目的,我们必须提出两个问题。第一:当我们谈到需要

面,供与求是处于平衡状态中。在两个场合中,即在货币的价格和劳动的价格中,这后面一个公式甚至更加准确些。

由边际对主观评价决定的价格水平(高或低),是需要的数量和强度两方面的结果。把这分析成为各种因素,我们找到:(1)需求的范围,(2)需求的强度——后者进一步分析为买主对物品的主观评价和对等值价格的主观评价,(3)供应的范围,(4)供应的强度——后者进一步分析为卖主对物品的主观评价和对等价物的主观评价。但是,如物品是为出卖而生产的话,那么,卖主的主观评价完全失去作用,而价格就决定于最后一个买主的主观评价。

骤然看起来,价格倾向于和生产成本相等这一规律,似乎与我们的规律相矛盾。但是,两者的联系确是这样的:消费者对每一种类物品的主观评价,决定消费者的需求。在需求的对面是特种物品的供应。边际对的主观评价决定它的价格。这个价格又决定着工业家们对原料的需求范围和强度,而这些原料根据最后买主的评价,转移到最有能力的买主们手中。因此,最不合算的使用(主观边际效用的市场等值)决定作为成本的那些物品的价值。使成本规律显出特色的东西是下面这种现象,即这样由边际产品给予成本物品的价值,再从这些成本传递到原来边际效用较高的产品上去。某些例子的解释,这里,价格好像是从成本转移到产品上去的,像在工具革新的时候:供应的增加改变了主观评价的水平,降低了边际效用。成本和产品的对称被两个原因所干扰——(1)普通摩擦,(2)时间的推移。这就引导我们来考察时间的差别对物品评价的影响。

我们的一般经济行为,对于未来要比我们经常所感觉到的更

头两个要素的活动是累进的，第三个要素是交替性的，但是，三个要素确实合作着，向同一目标前进，即对现在物品的偏好。由于已述的理由，各种类型的人——贫困的，不经心的，富有的，节约的人等——都把现在物品看做优于未来物品。这些主观评价汇合在市场上便决定价格，其中包括一个贴水；这种贴水一旦产生，便反过来影响主观估计，而一个发达的交换组织可以逐渐把独断的评价压低到正常的比率。

在这里，我们有个极简单的例子：两种物品（一种是现在物品，另一种是未来物品）交换时，前者必然得到贴水。以往对这种情况的一些误解。克尼斯对《资本和利息》一书中对使用理论的批判的回答。本钱加利息是以现在物品形式借出去的本钱的未来物品形式的等值。无息货款是一种低于市场价格的出售。

资本家的经营，是买进较远的物品，而把它变成消费品，他赚的钱叫做“利润”。在进一步探讨以前，有一点必须搞清楚：这些生产性物品在经济上是未来物品，并遭受到如同它们将最终变成的未来消费品同样的折扣。这是所谓低价买进的说明。资本家仅从在他手里的未来物品成熟为目前物品中得到他的利润。

(1)我们对未来物品的估计，是按照介在当中的时间来分级的；与此相适应，生产性物品的价值随生产过程的进展而稳步地提高，而增加了的价值则从这一生产部门转移到那一生产部门去。(2)耐久的生产性物品把它们内容的不同部分给予在各阶段时间成熟的产品，这样就把耐久性物品和生产性物品的特征结合起来了——关于这一点以后再说。(3)生产性物品有着不同的使用，在不同时期内出产出不同的产品；那

为了找出生活必需品市场上制成的现在物品和未来物品交换的价格,我们必须更仔细地考察供求的范围和强度。需求包括:(1)工资收入者,(2)希望扩展生产过程的独立生产者,(3)为消费而借款的人。因此,很容易明白需求量必然经常超过供应量;一定会出现贴水;同时这种贴水,作为生产过程无限扩展的一个阻力来说,是不可避免的,也是健康的。最后,凡对劳动为正确的理论、对土地使用和中间产品也是正确的。社会主义理论的错误在于没看到所谓"低价买进"对这些物品是正确的,对劳动也是正确的。

一件耐久物品的价值,既是它内含的一切物质功用的总和,所以单独的一次服务,可以有一个独立的价值和价格。当一件物品能耐用几年,其遥远的服务,同一般的未来物品一样,在价值上要打个折扣。但当每一次服务提供过了,其余的一些服务,由于对现在接近了一年,其价值也有了一个年度的增长,而每一年该物品要损失相等于依然内含在物品中的最远服务的价值。因此,物主所得到的是该物品一年服务所提供的目前价值总额;他所损失的(磨损)是最远服务的价值;得失两者的差额是利息净收入。因此,我们的理论提出了一个简单的、而为那些生产力、剥削和使用等理论所不能提出的答案。显而易见,这也对资本化概念提出了自然的解释。

在同时又是生产性物品的耐久物品中,我们看到了一种双重现象:虽然在作出了一连串服务后物品已消失了,参加到生产过程中去的服务,仍保留在生产过程中直到它的完成;因此,在物品终止存在时,它还在产生利息;但这种利息现在归属到服务所参加的流通资本上去,而不是归属到它的"产品"上去。一个重要的运用:如果一件物品是无限耐用的话,那么它的资

英译者序

1890 年我以《资本与利息》这个书名，译了庞巴维克教授在 1884 年出版的《资本利息理论的历史与批判》一书。在这本书里，他在批判了历来在利息问题上所持的各种理论性的和实际性的意见之后，最后说："在这样打下了的基础之上，我将为这个麻烦的问题找出一个答案，它不发明什么也不假定什么，但单纯而真诚地试图根据我们科学的最简单的自然和心理的原理，推寻利息形成现象的源流。"1888 年出版的《资本实证论》（这里把它译成了英文）履行了这个诺言。

前一部书中所提出的对各种利息理论的批评，可简略地总结如下：

生产力理论——这些理论，或多或少地，把利息的存在归之于资本的生产力。这些理论被驳斥了，因为它们把产品数量和产品价值两者混淆起来了；有的默然认为两者是同一的，有的不能指出两者之间的必然联系性。资本问题是个剩余价值问题，价值不来自生产这一边而来自消费这一边。资本是有生产性的，但利息不是它的产物。

使用理论是下面这个大家熟悉的公式的相当科学的解释："利息是为使用资本而付出的代价"。他指出这种理论是要把利息和某种特种资本——耐久性商品——联系起来，而利息却像众所周知的，是从各种资本得到的收入。如果我们把“财货”的真正的经济性质理解为财货的物质效用或物质服务的总和，则认为资本的使用不同于资本的用掉、利息不同于本金的价格的这种见解就站不住脚。如果消费只不过是一次消耗性的使用，而使用只是一种长期的消耗，那么付给资本“使用”的代价必然包括在资本价格之中。

节制的理论——它把利息当作对资本主的补偿金，补偿他放弃目前消费的损失。庞巴维克在这个理论中看出了一种把资本的起源与积累和利息的源泉与原因混淆起来的情况。节制可以说明资本主有一笔资金可以出借，但它不能说明这笔资金每年要增长3％。

最后，社会主义或剥削的理论——它只把利息看作是从劳动剥削来的所得。他指出的这个理论，只能产生于迄今人们所提出的不能令人满意的说明的消极基础，以及错误的价值理论的积极基础上。如果把一种不劳而获的和不冒风险而取得的收入说成是节制的报酬，如果把一切价值归之于劳动者的活动，不可避免地要产生一种反动的理论，证明利息是掠夺。经过对上述的一些理论的批判，这样就为实证论扫清了道路。

一个尽责的翻译者必须在他心中对所译的著作有个全面的了解。他必须了解原作者，了解他的观点，这就使他对某些不能用简单的翻译来消除的困难特别敏感。思想方式，前后排列，处理方法也许仍然是外国的思想方式、前后排列和处理方法。因此，写一篇译者序就很有必要了，如果它能预先估计到一些比较习惯于英国经济学的读者一定会发生的某些问题的话。庞巴维克教授既然已在他自己的序言中，把本书的主要困难点指出了——那就是他的理论的非常简单的大纲领，由于他的理论是经过细心推敲和详尽处理的，所以显得很晦暗了——所以我最好把大意作一个直接的总结，而在我认为必要时在一两处加些补充说明。

经济学既然以工业生活的分析为依据，在资本理论中第一个问题就是术语问题：资本这个词在现实世界中的意义是什么，迄今为止它的意义是什么？这里公认的不是一个而是两个概念。它们都是或多或少地根据亚当·斯密所作的关于国家资本和个人资本的区分的。为了科学的进步，必须充分认清这两个概念之间的确切的区别；但拒绝把这个名称用来指两者中的任何一个，那是毫无用处的：因为现实世界不会同意我们的。但是仔细考察之下，我们可以看到其中一个概念其实是包括另一个概念的，又可以看到只要在每一个概念上加上些说明语就可以避免这种困难了。把原始观念"一笔生利的钱"作为根据，我们可以把广义的资本（或获利资本）定义为：注定要获得财货的产品的复合体。我们把后来出现的概念放在这个定义之下作为较狭义的范畴，但是不必另加说明语上去，可叫做社会资本或生产资本，包括一切预定用来生产新财富的产品；简单说来，就是一切中间产品。这样我们幸运地在两个概念之中保存了"带来收入的"这个通俗的观念：社会整体只能靠"生产"新财富来获得收入，而个人也可以靠转移旧财富来"获得"收入。

根据这些定义，土地和劳力就从资本中被排除出去了。它们同资本有些类似，甚至是异常类似，但是把定义定得太宽，以至隐

蔽了真正不同的成分，无助于科学的正确性。社会资本的定义也不包括工人们的维持物，因为，很明显，把直接的和最明显的生活资料包括进去，就会完全没有可能来分清资本和消费财富。

因之，这个问题就自然地分作两部分：狭义的但具有广泛的重要意义的作为生产工具的资本，和作为收入来源的资本。

首先谈谈作为生产工具的资本。在经济世界中，人有着无穷无尽的需要，他彷徨于充满着潜在财富的宇宙中，但除了手和脑之外没有工具来占有这种财富。人虽不能创造任何物质，但赋有推动事物的能力。一旦他掌握了自然界运动的秘密后，这种能力就逐渐使他能够限制和利用自然力的作用或使自然力暂时不起作用，从而使自然成为他的仆役。他以各种各样的具体方法使自己适应自然或把自然重新加以安排——当然，绝不改变自然的规律或违反这些规律，但是改变了自然过程的因果联系，因之他大体上改组了自然，使它适合于人的需要。这样，在人和他的自然环境之间渐渐出现了第三件事物，一种更充分地满足人的需要的工具，这种工具我们一般地称它为资本。但不管财富和工业的增长把事实隐蔽了，在一切财富的生产中只有两种原始能力在起作用——自然界的能力和人的能力。人类的力量总是有限的，而发出来时总是要“付出代价”——脑力或体力——的，所以人类的力量都是“经济的”力量；但在自然力的大宝库中，有些力量的范围和作用是如此之广，所以它们无须计算在成本之中。当我们用两个其全部意义我们未必能经常理解的词来说，我们不“节用”自然的无偿赐物，它们丝毫不“耗费”我们什么的时候，虽然它们在一切生产中起着作用，它们却不列入我们的“经济的”考虑。所以原始的生产要素

是人和自然：生产的严格的经济要素是劳动和那些数量有限而能被人垄断的自然力（用这个转喻来称呼的土地）。但资本，不管它在目前的生产中起了多大的作用，也不是可以同这些力量并立的独立因素。在一个方面它可以称作“储存的劳动”，在另一方面——而是更加正确的——“由劳动储存的自然力”。但在资本本身中，不管在它的起源中或在它的作用中，没有一种东西不能用其他两种要素来说明的。

我们说，在它的起源中和在它起作用中，但我们必须强调指出这两件事是不同的。资本的起源是由于勤劳和储蓄两个因素，两者不可缺一。但必须注意，储蓄起来的不是资本而是生产力。原始工人超时地工作着，生产了一些剩余品，用它来制造工具：这里的储蓄是制造工具所需劳力的储蓄。现代工人生产出超过他的给养的剩余：把它存入银行或其他机构，被人用来建筑厂房，制造机器等等：这里储存下来的是用来制造消费品的自然力。但当我们知道资本的起源的时候，我们还得要问：用资本来进行的生产，其性质和特性是什么？可以这样来回答。生产的目的主要是维持生活。动物发现自然界中天然产生的某种食物；直接走去取那食物，绝不在这食物的范围以外地取得食物。相反地，人类就是在最简单的情况下，采取间接的方式。他把自然力和他自己的（仍是自然的）力量结合起来，他彻底了解这些自然力，使它们互相反抗，或者使它们在实行他的指示时互相合作。他从天上窃取了火，却用火来反抗诸神。目的总是消费品——即以种种形式在维持人的生命中消失掉的物品；生产要素总是劳动和自然；但是达到目的的方式是间接的、长期的和迂回的。从粗制的，野人第一次用来代替双手

的铁铲，直到许多年的生产过程——从煤铁矿的开采以及飞梭织布最后制成衣服——不过是迂回方式的演变。经济发展使准备阶段的劳动和成品阶段的劳动之间的同隔增加了，存品减少着，而工具增加着；在每一个新阶段内，劳力化身为新的中间产品或资本。特出的结果是双重的。像我们所预期的那样，由于自然力的累积和集中，这种资本主义生产方式的生产率比起直接的或单干的劳动的生产率来要大许多。但是另一方面，间接过程在时间上必须有所损失。这两方面的关系必须仔细地加以注意。由于时间在生产中起更大的作用了——由于平均生产期拉长了——资本主义生产过程的绝对生产率增大了，但相对的生产率减小了。就是说：当这种过程达到了某一点，报酬递减律就要起作用了。

因之，资本在生产中的功能是在一个需要时间的过程中，容许劳动和自然力都产生经济效果。或者是用迂回方法利用自然力。或者，如果我们采用人是经济的最终目的那种现代的说法，我们可以说资本使劳动有时间来利用那些只有牺牲了许多时间才能被利用的自然力。

资本的功能就是这样，从此可能得出这样一个结论：在指出了资本主义工业怎样要比单干的劳动生产更多的产品之后，利息的唯一和足够的起源也已经指出了。但略加思索，我们将知道我们还不过在问题的门口罢了。一个工厂的具体的结果是它送到市场上去的成批产品。这些是原料、辅助材料、一般机器和劳动的变形；从这些产品的价格中收回了预付的原料费，折旧费，工资——包括一切智力的代价等。但是除了这些预付的成本之外，产品价格中还有一部分剩余。这部分剩余不算作盈利，虽然经常和盈利相混淆。盈利或者是雇主的工资（它已被包括在内了），或者是一种幸运的机遇，它使商品得以高于平常的价格出售——这种机遇正不断地被竞争所铲除掉。但是这部分剩余被认作是所有主可不工作而拿到的东西，又是一种竞争所不能铲除的剩余价值。在庞巴维克教授的前一部著作《资本与利息》中，他详尽地证明了，还没有一个理论指出过资本做些什么，或者资本不做些什么，致使它应该以利息这个名义获得这部分剩余。它不是付给化身在这资本内的劳动的，因为这部分劳动已假定是被偿付的了——譬如已被机器所有主偿付给他的工人和他自己的了——因之没有理由再度偿付它了。也不是付给化身在这机器内的自然力的运用，因为这部机器的价值除了这些自然力的运用之外，不可能是其他东西了，而这机器将发出和传达的所有力量已在价格中偿付掉了。它不是机器的耗损，也不是对风险的保险，因为在一般企业中，这些是由独立的重置基金和保险基金提供的。要证明这些，我（英译者）请读者参阅那本书，或该书序言中的总结。在这里要强调的是：当我们指出资本在漫长的过程中容许自然和劳动共同产生出经济效果时，资本作为生产工具的解释已经完备了。利息的来源不能简单地在生产领域内找到，因为利息是一个剩余价值问题，而价值将把我们引到分配领域中去。这样我们就来到了本书的下一个部分，即在分配领域中出现的资本，或作为叫做利息的收入的来源的那种资本。

如果像通常一样，我们一开始就问，商人怎样理解利息的，则人们将老练地回答说，现在付出的一笔钱——比方说100镑——到明年今天可以买到数量更大的一笔钱——比方说103或105

镑。或者,如果我现在买进货物,欠人 100 镑,要满一年才偿还债款,那么我得在利息的名义下加付一定的数额。

这里最明显的事实是:利息的支付和支付的时期有着某种非常确定的关系。这就引起这样一个普遍性的问题:时间对货物价值的地位关系和影响是什么?回答是:现在的货物比同一种类同一数量的将来的货物更值钱;这是具有无可怀疑的普遍性的经验事实。

可以提出三个原因来说明这种现象。第一是目前的需要情况和对需要的供应情况同将来的需要情况和对需要的供给情况是不同的。在任何一种情况下,如需要很迫切,而供应稀少,价值就高。但目前的需要的压力总是感觉得到的,而谈到将来的供应,"一切不知道的东西总是渺茫的"这句话总是对的。因之目前的财货由于感觉到的目前的需要而具有永久的重要性,而将来的财货由于预期的将来供应而具有永久的不重要性。因此,多数人——像目前陷于贫困的人和各行各业中的开业人员等——宁愿以他们的将来作担保,来押取目前微不足道的一笔款项。第二是一般人对将来的低估,这是人类的通病,其原因是缺乏想象力,意志薄弱,和有人事沧桑之感。孩子们和野人是不能预作准备的人的典型例子,而这种情况在各阶级中都是相当惊人的。这个理由或许不能同第一个理由相提并论,而随着社会的进步,其重要性将日趋减弱。但在目前现实世界中,可以肯定地说,将来的财货对我们说来其价值较低,就因为它们是将来的财货。第三,目前的财货具有技术上的优越性。我们知道,随着生产过程的时间上的延长,在劳动的支配下,财富将大大增加,因之现在手头上已有的财货有着在将来大大

增加的可能性和潜力，而只有到将来我们才能自由支配的财货还需要经过另一段生产时间才能收到这种丰硕的成果。在这三个原因中，头两个是有累积性的，第二个是交替性的。只有第一个原因才能解释目前财货和将来财货的价值上的差别：后面一个原因的出现使差额不但变得显著，而且成为可以衡量的了。

因此，如果现在各方面和各阶层——希望生活富裕起来的年轻人，愿意享受目前的富人和不顾日后生计的人，要增加自己的财富的勤劳者，就是说，差不多多数人——都有低估将来的现象，那就不难解释，为什么目前的财货总比同种类同数量的将来的财货要值价高些。

关于这个经验的和心理的事实的详细讨论读者可参阅本书第五篇，著者认为这个事实就是具有三种主要形式的利息的来源。

最简单的利息是在消费借款中出现的利息。这是一种用较少的目前的货币或目前的财货换取较多的将来的货币或财货的真实的交换——归还的总数（“本金”加利息）是市场对出借的“本金”的估价或出借的“本金”的等量物。这种价值上的明显的不同只是由于我们忘记了目前我们手中的100镑同一年后的100镑不是同一样东西。目前财货的这种增值就是利息。换句话说，利息是价格的补足部分；或出借的“本金”的等量物的一个部分。

在这个简单的例子中可以更明显地看出，利息是上述头两个原因的结果。这种增值完全与有组织的生产的制度无关，它将作为某种因节约储蓄而得到的东西而出现，且事实上也已这样出现了。但如果没有有机的生产组织，贷主的处境和借主的处境差别很大而又变化无常，所以不可能有一个适度的利率。但当第三种因素起了作用时,时间就成为剩余产品的条件,而利息就成为可以用时间来衡量的了。

利息所采取的第二个主要形式是它作为所谓“企业盈利”的一部分而出现。一个雇主租用土地,买进原料、辅助材料、机器、动力和劳力。他运用这些来制造产品。这种产品就是这些有生产力财货的新形态,而我们自然希望这种产品的价格,能恰恰补偿和收回所有在生产它时所消费掉的财货的价值。但我们知道,当所有的普通成本都得到了补偿之后,在正常的经济情况下,所获得的价格内经常有个剩余价值。对这个剩余的解释是:有生产力的财货,虽然物质上和物理上是现在的财货,而在经济意义上是将来的财货:就是说,它们是正在制造中的产品。它们所能满足的需要——而只有从需要的满足中它们才能获得价值——是将来的需要。根据成本和产品相等价这一条被承认了的理由,那么生产资料的价值必须相等于从它们所变成的财货的价值。但是这些财货,既然同时是将来的财货,并且要打一个折扣(我们知道,所有将来的财货都是要打一个折扣的),生产资料的价值也必须打同样的折扣了。企业家故意把他的财富变成有生产力的财货:就是说,他用钱买原料、机器,盖厂房,雇劳力。在生产过程中这些东西成熟成为目前的财货,具有目前财货的全部价值。他出售这些东西而取得的价格可以补偿他的全部费用,而另外还使他得到一笔利息。因此,像从前一样,利息证明它自己是以前的将来财货和现在的目前财货之间的差额。

还有第三种产生利息的情况,这种情况带有某些令人困惑的特点因而需要单独加以考虑:这是一种从耐久商品获得的利息,通

常称作租金或贷息，在某种情况下叫做地租。非耐用商品和耐用商品的区别在于：两者虽都是各自的各种用途和各种服务的总和，但耐久商品的用途和服务在一段时期内一直延续着。但根据我们的理论，耐用商品的后面一些服务的价值要比前面一些服务的价值小些，所以该商品的总价值是一连串逐渐减少的数量的总和。因之，这种商品的“资本价值”在表面上要比在它的整个寿命中实际上从它身上获得的价值小得多。这里，像以前一样，原来被估价得低一些的各种服务，在物主手中成熟为十足的目前价值了，而过去的价值和目前的价值之间的差额，在除去折旧之后就是利息。因之，如果一个资本所有主把他原来的财产变成石块和石灰，则他所持有的是：以一所房子的持久形式表现出来的已依照其将来时期的长短而打了折扣的一笔将来用途。每过一年，一年的服务实现了，这些服务的价值耗掉了，而以后各年的服务离实现期又近了一年，因之，其价值也相应地提高了些。这所房子，目前既少了一年的租金，其价值也小了，而这个损失必须从总收入中作为折旧来扣掉。但要注意，所损失的并不是按照目前的价值计算的一年服务；损失的是这件商品还能提供的最后一个将来服务——因为如果所有各种服务的价值都向前提高一步，所消失掉的是最后一个服务的价值。所实现的目前服务（总租金）和现在扣除的最后一个服务（经济性折旧）之间的差额就是净利息收入。因此我们再一次看到，利息是以前的将来商品和现在的目前商品之间的差额。这种相当难懂的地方看了第 354—355 页上的具体数字就可以弄明白。

在这里我们将看到，我们的理论不仅是一个关于耐用消费品

(像房屋)和耐用生产品(像机器、工厂和一般的固定资本)的理论,而是一个要使我们越出资本的正式定义而进入土地领域中去的理论。土地是一种耐久品,它为世世代代的人们提供服务:因之,对于目前的计算来说,它的“最后”一次服务等于零:没有经济性的耗损——不需要资金来补偿它——它的总收入不需要扣去任何东西,而全部都是利息。具体地说:一个人买进土地,正像他买进固定资本一样——为了要从它那里获得利息。他买进土地所提供的每年的服务或代表日渐减少的将来服务的一笔钱的租金。换句话说,“资本化了的价值”不是无穷年数的地租,而是按若干年的年收益计算的价格。在他手中,将来的效用成熟为目前的效用:他获得他以前作为将来价值而买进的目前价值:由于没有耗损,无须扣去耗损补偿费:地租总额就是净利息。李嘉图把“土地的原有的和不能毁灭的能力”作为地租的原因,如果他这种解释说明为什么这种总收入就是净收入,那么他是对的;如果它说明地租是由于这种特殊的耐用品的生产力,那么他是错了。从矿场上获得的利息以及从土地上获得的地租基本上是一样的,虽然前者将在30年内耗损掉,而后者是“毁灭不掉”的。

这些就是《资本实证论》的简单的纲要。根据这个理论,所有三类利息都可以追溯到同一个根源,就是:自然性的或经济性的将来财货,当它们成熟为目前财货时的价值的增长。但当他处理利息的主要形态时,即作为企业盈利一部分的利息时,庞巴维克教授费了很多篇幅讨论财富和劳力的关系,它的启发性不大,也不是该书的有价值的部分。由于它在全文中的地位失当,我将自由地根据我的理解来叙述它。

叫做生产手段的那种“将来财货”通过三个市场来同制成的目前财货(实际上是货币)相交换:这三个市场是:劳力市场,土地市场,以及具体资本市场。拿最典型的以及最难的劳力市场来讲,它的特点有这些:一方面是资本主义企业家。这些人大概有他们在自己的消费中不能有利地加以使用的剩余财富;因之,构成这种剩余财富的那些目前财货对他们本人来讲并不比将来商品要多值些。但是这种剩余使他们有物资来度过漫长的生产过程。当它们的财富增长时,生产的平均时期也延长了,且随着生产时期的延长,生产过程的绝对生产性也增加了。在另一方面是人口的大部分,工资收入者。作为一个阶级,他们的环境使它们不能独立地从事于需要时间的生产。即使可能,它们的生产时期必须是很短的,不可能和时期长的生产相竞争。因之,可以肯定,他们宁愿做“帮手”而不愿冒独立从事生产的风险。

很明显地,资本家是处在有利的地位。至于劳力这一种特殊的目前财货,我们无需多说,它的代价,即工资,将永远低于产品的价格,使雇主能获得利息。一般地且以比较心平气和的态度说来,这是社会主义的答案。但是虽然像我们很可能会做的那样承认,在一般利润之中存在着很多剥削,问题也绝不像社会主义理论所说的那样简单。如果在一方面存在着某种力量,则在另外一方面也一定有些力量在不断地发生作用。工会给予工人以某种等待的力量,可以迫使雇主们(作为一个阶级)至少放弃盈利中纯粹是剥削的部分。但如果把工资说成是对利润的剥削,像在许多情况下是这样,那么,工资就很难解释了!最近几十年来,资本家之间的竞争确实非常有效,可以迫使资本的报酬接近一个经济的——有别于剥削的——水平。如果利息没有一个经济的水平，那么它为什么直到现在还没被铲除呢？这个论点是社会主义本身常常使用的一个论点，就是，在某些方面，资本的依赖性和劳力的依赖性同样是绝对的。甚至为了使财富保持现状，资本家也必须把他的剩余深埋在大地之中，或在人类的活力之中。

但在经济发展的现阶段，仅仅使财富保持现状是没有问题的——只要下了本钱就会有30倍、50倍、甚至100倍的利润。资本主义企业家的动机绝对不是保持财富而是增加它。他把他的财富变成生产手段，目的是要使产品的价值大于成本。他根据经验认为，在最坏的情况下，所实现的价格可以包括某种最低限度的利息率，也许还可以包括他自己作为工人头所应得的相当高的工资；也可能，如果时运巧会还可以得一些“利润”（当然我是指那些开明的雇主，他们知道，在技术上讲，“工资是实际工作的报酬，而超过了，譬如说，首相的报酬，就不能叫做工资了）。如果雇主和资本家是两个人——在经济考察中，是经常看作两个人的——两个人的动机也是显然不同的：雇主的动机是工资和“利润”——用这个含糊的字眼，指它的广义，即超过管理工作的工资及纯利息的收益——而资本家的动机是利息——或许还有取得“利润”的机会。现在，这样分了开来，资本之间的竞争更紧张了；因为资本变成了恳求者，不仅恳求要求最低工资的工人，而且也恳求那些希望获得高度“管理工资”和一些“利润”的雇主的恳求者。在这种尖锐的竞争情况下，剥削理论在经验面前就显得不够了。我们必须看到，利息是有一个限度的，不管竞争多么激烈都不能把它全部消除掉。我们可以作出结论说，这就是利息的经济水平。在资本之间的竞

争最激烈的场合下，财产的所有者绝不会满足于仅仅保持和保养他的财产——更谈不上出些代价来维持它——而只会是力图获得2.75％或3％的利息。

如果我们从工人与雇主之间的问题转移到另一个问题上去，就是来考察以目前财货的所有主为一方而工人和雇主为另一方的双方之间的这一个更大的问题，那么我们将发现上面这种解释也是适用的。这里我们遇到了庞巴维克所指出的一个命题，这个命题我认为是现代经济学中最重要命题之一。这就是任何一个社会中的目前财货的供应量，不管它作为工人们的生产手段或者作为借主维持生活之用，就是这个社会土地以外的现存财富的总和。现在已没有一个人储藏财富以便需要时随时取用了。由于银行制度和投资机构的存在，差不多一切物主所未消费的财富都可用来供应上述两种需求。像过去一样，我们不必注意为消费的那种需求，因为这种需求不过减少供生产用的财富量，——同时顺便记住对目前财货的贴水是这两种并存的需求的共同结果，我们发现，在生产期内，这些财富面临工人的需求，便通过雇主，而变成工人们的生活手段。现在，由于众所周知的动机，在正常情况下，财富增长得比人口快。财富累积起来时，工人们就有可能来延长生产过程。播种时间和收割时间分离了，不是相隔几个月，而是相隔几年，而一个社会的财富量，因为使工人能够度过漫长的成长期就明显地成为它的平均生产期的条件了，从而也成为它的平均生产率的条件了。因之，手头多的，获得的也多些：一个富有的国家是经济美景的继承人。

从这里就不难看出生产手段的价值总是落后于成品的价值。

总存在对更富裕的生活资料的要求而获得更富裕的生活资料的条件是——延长生产过程的时间。因之，只要人们的欲望要求更充分更美好地满足，只要人们的生活达到更高的水平，那么能够使财富增加的目前财货将永远有较高的价值。因此，我们有理由说，对生产手段的需求总大于它的供给，而利息，作为它的增值部分，将包含在产品价格之内。

人们懂得了庞巴维克理论的中心，就不会被这种维持基金和大家不信任了的工资基金之间的表面雷同所迷惑了。两者之间的差别可以在第428和429页上的一些富于思想性的句子中找到。但如果有误会，这里可指出两个应注意之点。其一是，所谓"生活手段"必须理解为：不仅指食物，甚至也不仅是一般的生活必需品和享用品，而是指所有维持工人生活的物品，不管他们的生活水平怎样。它不是资本家们主观提供的为工人们的简单"生存"所必需的那种工资基金：它是一个社会所有的可用来维持全体工人生活的全部财富。这一个注意之点在别处也是十分需要的。我深信有许多人认为，当他们知道了社会的财富存量中包括着多少每周20先令的工资时，他们已经得出了劳力的"成本"和适当的劳动报酬。这种见解可使人们认为工资的增长是社会的灾难，这种见解的危害性，在我看来是很大的。但在经济考察中，其间的分界线是逐渐模糊不清的。正确地考虑起来，那么书籍的价格，牧师和教师的薪水，剧院和音乐会的票价都是"生存的支出"，正同工人们的面包和乳酪一样——除非我们把"工人"这一类限制在每周20先令的这一类里。

另一个应注意之点是，这种可以用来维持生活的财富不只包

括已经处于制成品状态的那些财货。把全部财富都变成这种形态，的确是最大的浪费。所需要的是，各种生活手段当需要的时候都已准备好，而这就必然要求，在任何一个时期，一个国家的财富都包括处于不同成熟阶段的各种产品。具体地说——目前播种的小麦要到秋后才能收获供人食用，而目前种下的树苗要到百年之后才能全部长成；同时，一百年以前种的橡树到今天才伐下来，而明天将把它制成能用几十年的打谷机；树苗和树，机器和小麦同样都是可以不断地用来满足工人们的需要的财富的一部分。

记住了这两点，我们就能看到这个概念的全部意义了。它用下面这些词句来说明财富与劳力之间的真实关系：现存财富的功能在于在社会生产开始和结束之间的这一段时期内使工人们能维持生活。这句话听起来很奇特，主要是由于有着这种市侩的见解认为财富是劳动的目的，也是由于另一种更有害的见解认为劳动是对生活的苛求。为了经济探讨的某种目的，我们可以把劳动看做是手段，而把消费财富看做是生产的目的，但经济生活是个没有终点的环，这里面作为维持生活用的财富变成体力和脑力，而体力和脑力又变成财富，如果经济学家忘记了这一点，他就要犯错误。即使我们——像经济学家应当的——站得高一些，把人们的充分自由的生活当作经济活动的目的，我们应当承认，我们实际过着的——也是应当过的——劳动生活既是目的又是手段。在劳动中，我们度日子；在劳动中，我们生产财富：这种财富又约许我们更自由的劳动和更美好的生活。同这种情况相适应着的是这样一种类型的工人，他不是第一天生产以便第二天消费，而是在工作的那一天就进行消费——他一面生产，一面消费——此外，他的消费随

着生产的增长而增长。所以我们说，财富的功用是在劳动生活进行中支持这种劳动生活及其日益增长的要求。因此，这样概念不像经济学家由于职业偏见而要做的那样把财富作为勤劳的最终原因，也不像工资基金理论要做的那样，把财富作为勤劳的起点和终点，却把财富放在中间，作为劳动生活水平日益提高的过程中，用来维持工人生活的物品。换句话说，它仅仅把财富作为获得实际生活的手段，从而使经济概念和道德概念相协调起来了。

如果利息纯粹是一种自然的现象，那么，为什么它会遇到这么多的隐藏的厌恶和科学的反对意见？至少有三个理由，第一，利息所依据的因素，就是时间，它在现代生产中已经成为一种特别重要的要素了。能等待的人能获得一切东西，这句话，在经济生活中，是对资本家的描写。这个事实也说明，不能等待、不能同漫长的生产过程的生产相竞争的工人阶级就被置于特殊的依赖地位：这样就有了对工资的剥削，高利贷，和不公平的地租等的可能。第二，从道德的观点看，利息能使一些阶级不劳动而生活，并且使这种可能在家庭中世代相传，这个事实本身就是值得反对的。第三，在这种收入中，利得和应得报酬之间是没有个比例的。收入不多的人，只得以辛勤得来的钱押取储蓄跟行的利息；富有的人则有机会购买债券、押券和股票之类。完全一样，只要人们对目前财货和将来财货有不同的估价，利息就不能避免，就是一个社会主义国家也不能避免它：如果用强制方式阻止了个人与个人之间的利息，但社会与工人之间还是会有利息的。在这里，国家代替了资本家，可是同样地“剥削”工人——虽然，我们可以希望，这是为了被剥削者的利益的这一更为鲜明的目标——但是没有一种组织能使利息变成工资。

在第七篇中，庞巴维克进入了这个问题的最难部分，利率问题。在这里他用了某些词句，如果不懂得杰文斯和门格尔所阐明的价值论，就很难理解它们，而这些理论实际上已被认为是奥地利学派的基本学说了。对这个理论的系统讲述，凡是对资本理论说来是必需的，都包括在本书的第三、第四两篇中。可惜，要在我这一短文中作出一个概括性的说明是不可能的。把它包括在拙著《价值理论入门》一书的范围内，我已感到够困难了，在这里，我可望去做的只是帮助那些对理解正文感到有些困难的读者罢了。

主要之点如下。价值完全建筑于效用之上，价值量不是由平均效用决定的，而是由最后效用或边际效用决定的。一件商品的主观价值——有别于它的效用——在于它是使需要得以获得某种满足所不可缺少的条件：它所获得的价值量是由在当时的需要和供应情况下，一件商品，或同类中任何一件商品的最后一个使用所决定的。因之，一斗玉米的效用是由它维持生命的能力所给与的：它的价值是从下列事实中得来的，即它的数量有限，以致某些人类需要依赖于它才能获得满足：它的价值量是由根据消费者的情况和收获量的情况，这斗玉米被经济地投入使用时最小的效用所决定的。因此，价值没有一个绝对水平；它既不是固有的，也不是相对于人的或物质的平均数而言的：它总存在于这两种决定因素——需要与供应——的关系之中。

价格，或交换价值，又是主观价值上面的上层建筑，是由买主和卖主相互之间和各自之间的竞争所决定的。在简单的物物交换制度下，市场上交换的双方对所交换的、对自己的福利有直接关系的货物都有一个主观的评价，再根据这个评价，提出所要求的数量

和所愿意给的数量。随着有组织的产业的出现，产生了用货币来估价的方法，在这里，各物的相对使用价值是以货币的尺度反映出来的；说一种东西值多少先令，比说它值若干能够用对欲望的满足程度来直接评价的其他东西更为明确易懂。这时，买主和卖主一起到市场上来，心目中对商品和货币对他们的价值都有明确的估计。由于主观的尺度有所不同，所以双方都愿意，也都可以从交易中获得利益，虽然他们各自所获利益的量是不同的。在这种竞争中，商品从“最有能力的”卖主手中过到“最有能力的”买主手中，而价格决定于这两个“边际对”的估价之间，就是最后一个买主和卖主，以及第一个不能成交的买主和卖主。这些边际对的水平又决定于双方的需要和经济供应情况之间的关系。另外还要指出，在一个有组织的经济中，“效用”成为一个更复杂的概念了。以制造商来说，原料的效用不是他自己的产品对他自己有何用处，而是他，作为一个制造商，能把这些原料派什么用场，而这些用场又是由顾客的需要决定的。一件商品的直接使用，在这里被这件商品派什么用场所代替了，而“最有用的”这个词变成“最合算的”或“最能盈利的”了。这样就出现了职业生产者，他为市场而生产，他的产品对他自己实际上没有主观价值。他的出现使边际对的估价更简单化了，因为卖主的主观估价没有了，同时使价格决定于最后一个买主的估价。

这条规律不会像人们认为的那样，同价值决定于生产成本这一老规律相抵触。成本规律对于在自由竞争下生产出来的大多数商品来说，是一条已被经验所充分证实了的规律。但这条已由经验证实的规律，以前从来未被认为可以决定在任何其他情况下生产出来的商品的价值。它需要修改的地方是：它应当作为一条成本与产品等价的规律。老的理论不但说，商品的价值倾向于同生产手段的价值相等，且还把因果关系恰恰颠倒过来。我们说过，给予商品以价值的是人们的需要；而这种价值又还付给生产手段，因为没有这些生产手段，商品就不能存在，而这些生产手段，实际上就是在各个阶段中的商品。在发达的经济中，的确，从成本到产品的反影响是有的。如果一组生产手段能够生产当时具有几种不同边际效用的几种商品，传送到成本去的价值是根据这些成本所制造出来的最后产品或边际产品的价值。无疑地，竞争早晚会逼使这个价值传到其他产品上去；这就使人们获得这样一个印象，即价值是从成本那里得来的：但事实是，这些成本所具有的这种价值是从它们的产品那里来的——但不是从这件或那件个别的产品，而是从边际产品那里来的。

现在，价值理论和利息理论之间的直接接触点是：各种形式的利息问题只不过是个价格问题，所买卖的商品乃是——目前财货。所以，当我们进而讨论最后一个问题，即数量或利率问题的时候，我们必须记住，在这里，像在一般的价格交易中那样，我们有一个主观估价的结果；而我们要讨论的决定因素乃是买主与卖主的主观估价的广度和强度。我们已经看到这种供应的广度是什么，我们也知道，物主所重视的以及决定强度的那些动机。至于需求则来自两方——来自为消费而借钱的人，以及来自为生产而借钱的人。在这两种需求之中，我们将像以前一样，只讨论最重要和最困难的部分，只讨论它的最重要的一节，工资收入者，至于其他各节，读者可参阅庞巴维克的最后两章。有一种观察这种需求的方法，乃是不把它看做是从工资收入者那里来的直接需求，而是看做被企业家体会过的和在某些方面被它修改过的需求。但是最好也许还是把企业家看做资本的所有主，而把这个问题简单地看作是工资收入者和资本家间的问题。因此，在下面的讨论中，我们假定需求完全来自劳动者方面，而全部供应和需求在同一个包括全社会的市场内相遇，又假定生产各部门都有等额的剩余收入。

如果工资是固定的一点——譬如说，决定在最低生活线上，像工资铁律所假定的那样——要计算利率是比较容易的。譬如说，每增加 100 镑资本，就可以简单地再把生产过程延长些。生产过程每一次延长都保证着产品的增多。但在资本主义工业相当发达的场合下，过程每一次延长后，产品的增加量比前一次延长时要逐步减小，到一个时期，产品的增加不能补偿过程延长的费用。用熟悉的词句来说罢：一个雇主可从自己的资本获利 10%，而借款利率是 4%，他可以通过借资金来有利地扩大他的企业，虽然每一次扩大后所得的利润要小些。但当最后一次借款所造成的扩大，只使他获利 4%时，就再也没有作进一步扩大的动机了。在这种情况下，利率是由经济地加以运用的"最后一服资本"决定的——采用屠能的一句术语。

但最大的困难乃是，工资不是一个固定量。劳力对雇主的价值决定于预期的产品，这种产品决定于生产率，而生产率又决定于生产过程的长短，因之，我们没有一个固定的出发点。庞巴维克的解决办法如下。我们不能从工资得到的那个固定点可用另一种方法来得到。像货币理论里一样，大家知道，任何数量的货币，不管多少，都会影响汇率，所以在这里，现有的供应市场的目前商品量，将买光全部现有的劳力。这是由于已经提到过的那些情况的缘故——工人们有必要全部出卖他们的劳力，资本家们有必要全部利用他们的财富。少数失业的工人和未能运用的资本可以置之不顾，因为很明显的，这只不过是由于组织不善的结果罢了。当财富和工人的比例有了改变时，只要缩短或延长生产期就可以了。如果接受这个假定，那么——在任何时候劳力都会买光现有的"工资基金"——利率是按照价格形成的一般方式决定的。生产期将被延长，直到一个单位的资本的边际运用达到的时候为止；就是，直到生产时期延长所得到的产品的增加抵不过生产过程的生产率的减少时为止。

用一种或许更容易使人理解的话来说明这个难懂的问题吧。譬如说，在某一时刻有着某种数量的财富作为生活维持品分给工人们。在任何情况下，这项财富必将有所增值，也必须有一个平均生产期。如果财富增长得比人口快——在英国财富比人口增长快一倍多——那么，目前的平衡必将遭到破坏。新生的财富必须寻找出路，而必将找到出路，但当然不能用提高工资的方法来找出路，因为增加了财富仍不能增加产品——而只能用延长生产过程的方法找到出路。但由于我们大概已经进入了过程的延长使剩余递减的阶段，因此，财富的这最后一次使用的报酬一定比以前为少。这样的边际运用将使利息普遍下降：利率将由生产期的最后一次延长来决定。工资将相对于利息而增长起来：而新的平衡将在新的水平上建立起来。如果人口增加，而财富和生产率不变，情况就会相反：工资将下跌，而利率将上升；因为该社会已回复到绝对产品量减少、但相对的剩余量由于过程的延长而增大的那种生产期了。最后，如果生产率增加了，而财富与人口不变，就会产生同样的现象，因为剩余收入递减的现象那时已被阻止了。

因之，我们可以看到，决定过程的边际延长，从而也决定利率的三种具体要素乃是国家**维持基金**的数量，能获得供应的劳动**人口**的数目，以及工业发展中已达到的生产率。引用本书著者的话："如果国家维持基金小，该基金所雇用的工人人数大，与生产期进一步延长有关的剩余收入仍然很高，那么利息就高；反过来，一切都相反"。

所有这一切和已经知道的有关利息的事实完全相一致。它说明了当一个国家日渐富裕时利率会下降，而工资会上升；如人口增加，而财富没有相应的增加，则就会有提高利率和压低工资的倾向；最后，增加生产率的发明会使利率提高。

在这里我不能越出我的任务范围，随着庞巴维克把其他因素逐渐引进例子中去，使它更接近于实际生活，并指出这些因素不能在实质上改变上面已确定了的原理。为了给这个因立意新颖议论透辟而引起人们注意的理论作出一个提纲而说的话已经够多了。

首先，我要感谢庞巴维克博士，他作了一些修改，使这本译本的价值有所提高：也感谢格拉斯哥大学的 E. 卡德教授和邓地大学的麦考密克教授，他们提出了许多有价值的意见并作了若干校正：此外配斯雷大学的 C. 勃朗女士仔细地校改了校样，我的另外两位学生辨读并重抄了我潦草的译稿，使我避免了几个星期的繁重工作，一并在此志谢。

格拉斯科，1891 年 6 月。

著 者 序

在拙著《资本利息理论的历史与批判》问世以后，我继续写作本书，所费的时间超过了我原来的预期。利息理论是《资本实证论》的重点，在论题的其他部分里，总的说来，我至少可以追随过去的理论家们的后尘。但对利息现象，我必须提出一个完全属于开辟新领域的解释。

我怀着某种自信心提出了这个解释。我对利息的解释，固然是依据杰文斯早先提出的某些重要见解的，但杰文斯没有特别应用这些重要见解，使它们有助于利息的解释——如果这些见解被同其他为杰文斯当时所不熟悉的思想体系联系起来加以应用的话。因此，虽然有了这些新的见解，杰文斯在他的利息理论中，仍然着迷于古典学派的老见解，因为这种从某一方面得到的新见解却被应用到其他目的上去了。此外，我和杰文斯的见解虽然有共同的地方，但这并不是我从他那里剽窃来的，它是完全独立的发现——实际上，在我开始熟悉杰文斯的著作以前很久，我就有了这一见解——对于现在提出的这个利息理论，无论结果证明是好是坏，我感到必须由我自己来负全部责任。

至于我处理这个问题的方法，我要说明两点。

本书大部分所采用的方法，就是一般所说的——不是对它没有怀疑的——“抽象”方法。虽然这样，我仍然要说，我的理论都是以真实的、由经验得来的原理为根据的。从经验取得的方法有几种。我们可以从经济历史中获得作为理论基础的经验事实，我们也可以从统计中得到这些经验事实，我们也可以试图用简单的非正式的观察，直接从我们的日常生活中得到这些经验事实。三种方法没有任何一种可以排斥其他两种：每一种都有它独特的领域。当然，历史和统计两种方法，以远为广泛的形式，处理经验问题，并从更广阔的观察范围搜集事实；就是由于这个理由，所以大体上讲，它们只能抓住那些较大的和较明显的事实：它们好像把经济事件放进粗眼的筛子里，有许多精细的、易于漏眼的，但在经济生活中或许是更基本的特点漏眼而过了。因之，如果我们要掌握它们，并把它们作为经济考察的对象——在许多科学问题中，我们绝不能不注意它们——我们除采用这种比较狭隘但经常予人以深刻印象的对生活的个人观察方法以外，没有其他方法可用了。

现在，我要充分利用所有这三种考察方法。凡经济史或统计对我的工作有所帮助的地方，我都已接受。并有意识地充分利用了，虽然我没有明显地指出我所利用的原始材料。但这样得来的材料，远远不能满足我的要求。资本理论必须考虑到一些历史和统计所没有记录下来的事实，所以没有记录下来，一部分是由于事实的性质不可能记录下来，一部分是由于人们尚未注意到这些事实的重要性。譬如，对解释利息非常重要的一个问题——就是非耐久性商品有没有一种独立的耐久性用途这个问题——历史和统计能说些什么呢？再譬如说，关于目前财货和将来财货的不同主观估价所依据的确切理由，我们从历史和统计那里能得到多少呢？

或者，关于国家维持基金的数量和一个社会的平均生产期之间的关系，我们究竟已经有了多少知识呢？——至少到目前为止。在这些问题上，我们只得，不管是好是坏，另求知识的来源，除了历史和统计以外的其他知识途径。

如果需要证据证明我这样做是正确的，并且，对我来说，不这样做是不可能的，那么我可以请这些人来证明，他们在这个问题上的权威是无可争辩的，那就是"历史学派"本身的领导人和信徒们。三十年来历史和统计趋向在德国经济界中是最流行的。在这整个长时期内，甚至没有人尝试用历史方法来解决利息这个大问题，虽然这个问题一向在经济讨论中占着首要的地位。或许最接近于对这个问题企图以历史的方法来处理的人是洛贝图尔，他的说法已经是闻名的了；他指出，在各个时代里，统治阶级一向以各种不同的形式把全国劳力的产物的大部分归属于自己。但实际说来，洛贝图尔的目的仅仅在于，以这些历史知识博取人们接受他的剥削理论，而这个理论的特点是，它从头至尾采用了古典学派的抽象演绎方法，李嘉图的劳力理论。或者只提一提一些公认的历史学派的领袖；——罗雪尔把部分从 J. B. 萨伊和部分从西尼尔取来的——就是说完全从"前历史学派"的理论取来的——一些因素结合起来构成他的利息理论；而克尼斯，根据赫尔曼创立了一种商品"使用"的理论，它不但与历史和统计毫无共同之处，而且我至少相信它完全废弃了任何归纳的基础，它是纯粹空想的结果——甚至也不是一种恰当的空想。

因此，如果历史学派的经济学家，当他们碰到资本问题的时候，他们自己不相信自己特殊的方法，而采用了一种一般说来他们

所不熟悉的考察方法，那么我依照他们所做的做了，有何可非难的呢？我是不受任何一个方法限制的——至少我企图不受其限制。在我看来，研究是没有康庄大道的：我认为，在每一个场合下，凡能引领到知识这个目的地的道路都是好的。有时候，这种方法好，有时候那种方法好。要看所出现的个别问题的性质而定的。在目前场合下，我想我采用了一种方法，它是最适合于资本理论问题的特殊性质的——形式是抽象的，但实质是经验性的；而且实际上，依我看来，较之历史学派对同一个问题的研究方法更富有经验性。

我要说明的第二点就是：我相信，我的利息理论的基本观念是异乎寻常地简单而自然的。如果我满足于用比较简括的形式处理这些概念，避免一切诡辩的琐细材料，那么，就会使人们产生一种太简单、近乎不言自明的印象。如果只要求有说服力，那么，这样做当然是有好处的。但我所以不这样做乃是经过充分考虑的。事实是这样：在资本理论方面人们曾提出过这许多表面上有价值、而后来证明为错误的意见，我必须预料到读者都有批评的精神，而且实际上必须认为我的最好的和最仔细的读者都是最好的批评家。在这种情况下，我认为，更重要的是要使我的理论平稳可靠，而不是使它简明易读，所以我决定宁愿加上许多证据、细节、确切的数字等等使我的书显得累赘，而不愿使它因有值得疑虑之处和可以发生误解之处而留下让人指摘的余地。

这样做，有一种情况特别使我感到麻烦。在一个相当大和相当困难的理论中，总有某几点，由于这种或那种诡辩的特点，不容易解释得很清楚，虽然解决问题的一般理论已经讲明了；只要这几点不能明显地追溯到一般理论上去，它们就将成为对理论正确性

的现实障碍。事实确是这样，在两个关系紧密的理论——价值理论和资本理论——中，确有这样好几点难懂的地方。现在，在价值理论中，我体会过这一点：凡没有讲明的问题，将怎样起妨碍作用，并且，阻止人们接受最有根据的一般理论，——因为我深信人们，长期来对价值的性质和规律，都未能取得正确的意见，因为它们在某些突出的事实上犯了错误，这些事实，由于草率的考虑，好像是和这些意见相抵触的，但实际上，它们不过是一些需要细致讨论的复杂化了的事例罢了。为了不使我的资本理论遭受同样命运，我尝试着预先提出这一类可能有的反对意见，而适当地离题先把它们解决掉。自然，我不打算讨论所有可以想象得到的反对意见，而只讨论那些在我看来有批判能力的读者可能想到的同时又是难以给予一个特殊解释的反对意见：无论如何，这样做，可使我有机会除了畅述我的理论之外，更深入地细致探讨一些问题。

由于这一切，我得到了一个既是矛盾的又是自然的结果：我没法把困难之点解释清楚，但却使我的理论显得难以理解。我毫不怀疑，许多读者由于不知道有着隐藏的危险暗礁，可以平安地渡过它们，但我，由于对它们太熟悉了，并且想选择一条平安而艰苦的道路，却使路程延长了，困难了，麻烦了。可是我相信，在这一点上，某些东西也许可以算作是我的功绩；因为一个人只有通过认真的、辛勤的思考才能有希望解决这样一个公认的困难问题。无论如何我可以借此机会向读者提出一个要求；——如果他们曾经读过我的理论及其所有的阐明性的细节，请再读第二遍，但去掉这些细节。这样，所有多余的苦心推敲出来的东西都去掉了，主要的思想又连贯起来了，那么我敢说，这个理论将再度产生一种纯朴而自然的印象，而这是由本书的各组成部分主导思想的纯朴性决定的；这种印象，是我由于过于谨慎而放弃的，这种谨慎也许是过分了，但也不是完全没有理由的。

当门格尔的《论资本理论》在《康拉德年鉴》第12卷第2篇中发表出来的时候，我这本书已在印制中了。我很抱憾来不及充分利用这篇很有趣而且很有启发性的著作，特别是在我批判资本概念的历史发展时，不能更公正地对待这位作者。很不幸，门格尔的上述著作出来的时候，本书的第一篇——谈到资本的概念和性质，且最密切地涉及门格尔的这方面的著作的部分——已经印好了。

由于同样的原因，我未能谈到维塞尔的重要著作《自然价值》，当我读到它的时候，本书最后一章已在印制中了。

英斯勃罗克，1888年11月。

导　　论

在政治经济学的各个系统中，资本这个词和资本理论在两个不同的领域里经常出现；其一，在生产领域里，其二，在分配领域里。在前一个场合，资本被当作是生产的要素或工具：作为一种手段，人们用它来从自然界获得一切用单纯的劳动所不能获得的各色各样的财富。在后一种场合，资本似乎是一种收入来源，或是一种租金；我们看到，在把共同生产出来的财富分配给社会各不同成员的时候，资本怎样像吸铁石一样，把国民产品中的一部分吸引到自己那里去，而把这部分交给资本主，总之，资本是作为利息的来源出现的。

当我们知道了，资本协助生产财富，又知道了，资本协助其所有主获得财富，我们就会得出这样一个结论，就是这两种现象是紧密地和基本上联系在一起的，以及一个现象是另一个现象的直接结果——就是说，资本能使其所有主获得财富，因为资本协助生产财富。其实，政治经济学太随便地、太完全地采纳这个概念了。由于在三大生产要素——自然，劳力，资本——以及三大收入部门——地租，工资，利息——之间存在着一种虚假的对称，而人们被这种虚伪的对称所吸引住了，所以这门科学，从萨伊时代直到现在，一直教导说，这三类收入部门不是别的，而不过是这三类生产要素的报酬；又教导说，特别是利息这件东西不是别的，而只是社会产品分配给各成员时，资本由于它的生产性服务而获得的报偿。各种各样的利息理论，以各种不同形式提出的这一观念，其最简略的，同时又是最朴素的表达形式，就是众所周知的“生产力理论”——这些理论，把利息直接解释成为资本所特有的且包藏在资本内部的一种生产力的自然结果。[①]

在开始研究资本理论时，必须强调指出，这个观念，虽然看来很简单和自然，却包藏着一种偏见，它旨在阻止人们对资本问题作公正的考察。即使没有其他的不同意见，资本这个词，在两类现象的领域中，从来不被用来指同一事物——这一个事实必将使我们深思。的确，用作生产工具的一切资本，也能够生息，但是颠倒过来就不对了。一所住宅，一匹出租的马，一个流通图书馆，可以为所有主生息，但同新财富的生产毫无关系。如果，在分配领域内，资本这个观念，这样包括了在生产领域内不是资本的东西，那么仅仅这一点就足够说明生息这件事本身不是资本生产力的表示。我们必须讨论的不是能把它自己传布到两个不同的领域中去的一个动力，甚至也不是讨论两类现象，它们是十分紧密地结合着一起生长起来的，以致必须解释了其中的一个，才能充分和全部地解释另一个；但是，我们必须讨论两类完全不同的现象。因之，我们有两个不同的课题，提供我们两类不同科学问题的材料；最后，我们必须通过两条不同的各自独立的道路来寻找这些问题的答案。但是，这两个实际上不同的问题有时偶然由一个名称把它们联系在

① 参阅拙著《资本与利息》，1890 年版，第 111 页。

一起;它们是资本问题。或许是这样,除了名称的雷同之外,我们将在这两类现象和两个问题之间找到内在的关系——我们今后的研究将决定这一点。但这种关系尚待发掘;我们不能对它们进行假设,如果我们不抱偏见来从事研究和下结论,我们在开始研究时就不应当抱这样一种偏见,认为在资本的生产效能和它的生息能力之间必然存在着同一性,或者甚至是一种确切的平行性。

我们把这个课题分成若干部分,这种分法将适应于该两个问题的真正的独立性。在本书的一个部分中,我们将讨论作为生产工具的资本理论,在另一个部分中,将讨论利息理论。但首先我们将用一篇的篇幅来深入地研究资本本身,研究它在概念方面以及本质方面究竟是什么东西。

第一篇　资本的性质和概念

第一章　人和自然

自来政治经济学的系统论述或教科书，很少不在这一点或那一点上讨论到属于自然科学的问题。这些讨论通常总是放在论生产的这一章中的。在这些讨论中，我们知道，创造新商品并不意味着创造新物质，因为物质是永远不变的，是不能有所增加的。我们也从而理解到自然界以物质和力的两种形态在生产活动中贡献什么；机械能贡献什么，化学能贡献什么，有机体力量的贡献又是什么；气候、热度、湿度等对生产的发展具有什么样的重要性；机械活动是建筑在什么物理和技术基础上的；诸如此类不胜枚举。

对这种习惯的原理，没有一个具有常识的人会表示非议的。这就是我们有意或无意地对知识的一个最重要的原理，即对科学的统一性表示尊重的方式。自从培根以来，我们已认识到没有一种科学能单独地把其所研究的各种事物探讨到底而必须在这里或那里停下来让姐妹科学作进一步的探讨。所以全面性的解释，只能用各种科学的总和来求得。因此，作者如果不欲仅仅把一堆贫乏的支离破碎的东西置于读者之前，那他除了显然属于专业性的知识以外，至少必须加上一些足以把这种专业知识和人类知识有机整体中的有关的科学联结起来的东西，并指出可以使他所开始的解释可以达到结论的方法。

然而如果我们理论家认为加上这些终极真理——我们可以这样称呼它——仅仅是为了便于陈述或为了便利读者，那就很不恰当了。对我们科学研究者来说，这些真理如果运用得正确，是有极大作用的。它们可能是一种有效的手段，可以防止我们轻率地凭空建立我们的全部科学体系或其中的一部分，而不自觉地把某些从物理学和心理学上看，其假设和结论都是荒谬的东西作为政治经济学而保存下来。但勿误会，我毫不认为政治经济学应具有和其本身无关的性质而变成自然科学或心理学。我的意思只是说它必须和这些科学不相违背。一切在自然科学或心理学中是错误的东西，在全部科学和各种科学中也是错误的。为了避免不知不觉地和某些基本真理背道而驰，最好的方法也许是将这些真理用文字明白地写出来。

在这部著作中，我们所要讨论的问题具有这样一种性质，那就是它特别需要根据正确的自然原则。忽略这一点，损失将很大。因此，我有充分理由依循优良的传统，在展开我的理论之前先来谈一谈某些涉及自然科学中有关的领域的基本真理。我将努力避免滥用这个机会而用一堆繁琐的科学材料来打扰读者。我首先要谈的几个真理，按专门科学分类来说，确实是属于自然科学的领域的；但其性质如此普通，所以在实际上已超出部门的界限，而隶属于知识的共同领域了。它们是尽人皆知而为众所公认的；在我们经济文献中自来就以这样或那样形式表达出来。我却认为在运用这些真理上我确实有一个突出的地方：我企图这样来处置它们，使它们不只是一些介绍理论的段落，而能始终融会贯通在整个理论之中。这些涉及物理领域的枝节话通常总是放在经济著作的某些角落里，与其说是为了应用，毋宁说是为了装饰；在某一章中这些枝节话非常被重视，而在其后各章中却又把它遗忘了，甚至被否定了。在本书以下各章中，我将努力避免这种错误，凡是有任何需要依赖这些真理的地方——在讨论资本时就常常有这类情况——务必谨慎而坚定地和这些原理保持联系。这样既不担心我们的经济理论会具有自然科学理论的面貌，同时它也不致成为和自然事物相矛盾的东西。

“人为幸福而奋斗”，这也许是最一般地，同时的确也是最笼统地表达了各式各样的复杂的奋斗活动。全部奋斗的目标是为了争取我们认为和觉得愉快的那些际遇和条件，而没有了那些我们就认为是不愉快的。如果不用“为幸福而奋斗”这样的词句，我们也可以用:“为自我保存或自我发展而奋斗”或“为生活最大可能的发展而奋斗”；或者我们可以同样恰当地用这类字句:“为需要的最大可能的满足而奋斗”。因为我们在经济术语中极其熟悉的措辞需要和“需要的满足”其最终意义，分别说来，“需要”无非是一个人没有满足的渴望——渴望他能处于他认为是合适的（或较目前更为合适的）境遇中，而“需要的满足”无非是成功地获得这些境遇。

我们整个世界均为因果规律所支配着，无充足的原因即不能产生结果；人和他的种种外在条件也不能例外，没有一个我们所称为“满足需要”的环境的有利变化可以产生，除非它先有一个充足原因。每一个满足，必须先有一个得到满足的适当手段。这种满足人类需要的适当手段，或者——其同义语——人类环境的有利变化的起因，我们称它为财货。[①]

一个人有需要时他能从世界上不同领域中找到财货，他在人的世界中和在物的世界中都可以找到财货。在这两个不同的领域中，我们对“财货”这个名词的用法有些不同；其理由很明显，无须在这里讨论。一方面，“财货”这个名词所指的并不是对我们有用的那些人而只是指他们的动作、服务，只有通过这些服务这些人才对我们有用。另一方面，我们用“财货”这个名词来指非人的物质形态本身，且称这些物质形态为物质财货，以别于人的财货。

在以下的讨论中我们将只和物质商品打交道。

物质财货是外在世界的一部分，它们是自然物。正因为如此，它们在组织和作用上完全是自然产物，服从于自然规律。人的财货是“造物主”达到个人目的的手段，这一事实却并不能使这些财货不受自然秩序的支配，正如人自己无法使他的自然本质从自然支配中解放出来一样。因此，物质财货只有在自然规律允许，并且要求以某种组织的物质形态而不是别种组织的物质形态存在的条件下才能存在。如果按照自然规律而发生的一个新的自然力的结合，使旧的物质形态归于分解，则这些物质财货就会消失。物质财货丝毫不能发挥效能，无论这种效能对人有益有损或无关得失，除非物质和力的某种结合根据自然规律恰恰产生了这一种效能而不是其他效能。

这些命题似乎太琐碎了，琐碎得不需要任何正式的论证。的确，没有一个人会认真地反驳它们的。但是这些命题尽管如此简

① 参阅门格尔：《国民经济学原理》，维也纳，1871年版，第1页。

单而琐碎，可是在一定的场合下，这些真理会被人们置于脑后，而暗中和它们相抵触的理论会被传播开来。因此，理论家有很好的理由来强调这些真理，甚至在某种程度上把它们的逻辑结论贯彻运用到自己研究的那些部门中去，特别是作为经济理论的基本真理。这些部门指的是财货的职能和财货的起源；换言之，即财货效用的理论和财货生产的理论。

关于财货效用的理论，我已在所著《资本和利息》①一书中讨论得很详细了。在那里我指出，物质财货无非是物质的一种特殊形态，它可以让它内部所蕴藏的自然力为人类的利益服务。我指出，它们所提供的"效用"如何通过这些自然力的具体活动而实现，即通过自然力的真正的发挥而实现。我指出，财货不可能有效用(Gebrauch or Nutzung)除非把财货能量的特别形态在适当的时机，给以必需的条件，使它们从原来无用的形态变成有用，然后将这些能量的形态和发生有用效能的对象恰当地结合起来。我把"物质效用"(Nutzleilstungen)这一概念建筑在这些要点上，我相信这是唯一符合实际的概念，它扬弃了某些不明确的、把陈旧的利息理论和财货的"用途"这个名词结合在一起的那个观念。这里我们要讨论的是如何根据同样线索给物质财货的起源，确立某些基本观念。

我们已经说过，自然财货的起源完全受自然规律的控制。没有物质财货能够产生出来，除非物质和力配合在前，使财货必须按

① 参阅英文版第 219 页(德文版第 265 页)，兼阅拙著《财富和分配》，1881 年版，第 51 页。

照自然规律恰恰以这种物质形态出现。从自然观点来考察，财货的形成纯属自然过程。但从人的观点来考察，却并不是这样的。人很有理由来强调从纯粹自然观点来看时很难看出的一个区别。世界上存在着一大堆有用的物质，它们未经人力的加工，而是物质和力在有利条件下结合的产物——这种产物，从人类目的论的观点来看，应认为是偶然的。如江河潮流所冲积而成的丰饶的岛屿；如繁殖在天然牧场和草原上的牧草；如森林中的浆果和树木；如有用的矿藏等等。自然虽然这样"偶然"地给人很多好处，但是还远远地不够。在未经人工的自然界中，我们所有的东西大都是粗糙巨大的，而我们所需要的往往却是精微细小的。就是在一些事情中，如我们要把彩色的岩石碎片拼成一个有规则的图案，我们还要做许多事情，我们不能把岩石的碎片放在一个万花筒中坐待"偶然"震动把这些不符合设计的岩石摇成我们心目中的图样。运动着的物质和力可能结合的方法是千变万化的，而在每一种变化中又有无数可能的结果，其中有利于人的却只占少数。在不受干扰的自然发展中，这些有利于人的效果是难得发现的，而人又具有各种各样的需要，怎么能满足这些需要呢？因此，他在自然发展的过程中另外加入了一个因素，他自己的有意识地加以指导的能力——这才开始生产他所需要的财货。

"生产"的意义是什么呢？经济学家常说的财货的创造，并不意味着产生出从未存在过的物质——这不是"创造"这个名词真正所指的那种创造——只不过是把一种不灭的物质改变成为更有益的形态，这些都无需再赘述了。更正确的，但仍易惹起误解的说法是：在生产过程中，自然力是人的仆役，是为人所驱使俾有利于人自己的仆役。倘然把这种说法理解为人在任何场合下能够凭自己的意志去代替自然规律，能够任意“迫使”自然规律破例而服从他自己的命令，那就完全错误了。无论造物主愿意与否，没有一个物质原子能够在一瞬之短的时间内或一发之细的空间中不遵循不变的自然规律的要求而运动。人在生产中的作用是极其有限的。人的作用仅仅在于——人本身是自然界的一部分，他把自己的“人力”和自然界的“自然力”这样结合起来——用这样的方法结合起来使它们在自然规律的支配下产生一种合乎需要的一定的物质形态。这样，尽管有人的干预，财货的起源仍然纯粹是自然的过程。自然过程并没有受到人的干扰，只是由于人力的参与，这个自然过程得以完成，人对物质财货的产生仅仅提供了一个前所缺少的条件。

若是我们更仔细地观察人是怎样协助自然过程的，我们就会发现他的唯一的但是很大的贡献在于使物体运动。“使物体运动”，这一观念是了解全部人类生产及其结果的一把钥匙；——是了解人如何控制自然和其力量的一把钥匙。[①] 其所以如此，仅仅因为力量是蕴藏在物体内部的。当人依靠自己的体力——移动物体的能力——能指定物体应安置之处时，他就能控制自然力所能发挥效能的地方，就是说，能控制自然力发挥作用的方式和时间。

我说控制自然力发挥其作用的方式，当然一个一磅重的重物只能像一磅重的重量那样发生作用，而不能以任何其他方式发生作用。无论它是一个压写字台上纸张用的镇纸，或者在秤上的一

① 参阅穆勒：《经济学原理》，第1编，第1章，第2章。

个砝码，或者不论它能否压低蒸汽机的活塞，它永不停止发挥其质量所赋有的引力作用。但是正因为同一种自然力的表现总是同样的，所以如果使它按照各种不同的配合进行工作，就可以得到许多非常不同的结果；——正如把同一个数目加到许多不同的数目上去，就可以得到许多不同的和数。因此，我们的一个一磅重的重物尽管其本身的作用经常是不变的，可是如果我们把它放在不同的环境中，它就会发生不同的效果：有时它可以镇压写字台上的一堆纸张，有时它可以指示其他物体的重量，有时它可以调节锅炉内的蒸汽的压力。

我又说人力能控制自然力发挥其作用的时间。这一点也不应仅照字面来理解它。更不应作这样的推想，以为自然力的活动是有间断性的，因而人能够有时使其静止，有时使其重行恢复活动。相反，自然力是经常在活动着的，一个缺乏活动性的自然力，这是措辞上的一个矛盾。但有时有这样的情况，几个力量可以如此结合起来，以致它们的活动在一个时间内彼此互相抵消因而停止活动——如果不是完全停止的话。还有些活动非常轻微，就人类的目的言，可以不加重视。在这样的情况下，那么在产生任何有利于人的结果以前，必须先有一个完全不同的物质和力的结合。这就说明人怎样能控制产生一定效果的时机。他必须做到的只是善于运用自己的力量促使物体运动，创造一些能产生效果的原因，只要这一点没有办到，各种条件就得不到满足，因而就不能获得所想望的结果。但如果在适当的时机，他加上了这个最后的条件，那么至今还被束缚着的运动就会突然获得解放，而所想望的效果也就及时可以取得。例如猎人把弹药推进枪膛，把枪铳关闭，把扳机扳

起。所有这些动作都早已具有并表达出它的特殊力量。火药内有分子力，其能量嗣后可用以从枪膛内发射出子弹。枪膛始终在发挥着凝聚力和阻力。使扳机压下的引发机紧压住弹簧。可是现在的安排——集合力量的安排——还是这样：它们的综合能量还是处于静止状态。但当猎人用枪身瞄准野禽时，只要在推舌上轻轻地施加压力使原来安排好的位置略有所变动，子弹就飞出去了。①

这些考察，给我们指出了人对自然控制的方式，同时也指出了这种控制的程度和控制程度的有限性。正如我们所见到的，人有某种力量能使自然力按照人的意志在何时、何地以及按照何种方

① 如果我们进一步分析人在生产中的活动，我们可以把生产者"使物体运动"的方式恰当地划分为三类，第一类：由于缺乏更好的名称，我们可以称之为单纯的运动或位置的变易——在这里人们把全部物体从一个场所运输到另一个场所。譬如采矿者把矿物从矿井深处送到地面上来；把商品从产地运到需求和使用的地方。第二类，包括这样一种运动，一个物体的全部或一部分从一种形态变成另一种形态，如铁变成钉子，云石形成雕像，黏土制成烟斗，象牙制成日晷，弹性橡皮制成梳子，玻璃制成玻璃杯，木料制成家具等。第三类，最普通的方法是将不同的物体集合起来放在一处而形成物质的总体。这些总体可能是暂时性的，可能是永久性的。前一种例子是，图印压在硬币上，石錾切削云石，雕刻工具用在木料上，矿石投入熔炉，棉纱卷入织布机，纸张放在印刷机上，织物放在剪断机上，耕犁行驶在土地上。后一种例子是：我们用木料、石块、石灰、铁等等建筑一幢房屋，我们把轮盘、弹簧、钟摆、停止器和许多其他东西配置在一起制成钟表；总之它包括工业中的一般处理方法。我必须提醒读者，这三类划分既不是也不意味着严格的科学分类。的确，在许多方面这三类是相互交错的。例如，暂时的结合也往往一半属于形态改变，而我所说的单纯的位置改变，从某一角度来看，同时也是一个物质的结合，即被移动的东西和移往的目的物（属于"人"的或"非人"的）的结合。这样一种划分方法，将使我们易于理解，也可证明下文所谈的生产过程的一般特征的正确性。我的意思就是说我们很容易看出，凡人所能意想到的每一个生产活动，都能归入这三类基本方法中去。并且还在这样的程度上，也证明这种活动必将纳入正文所指的一般公式中去，在正文中，我们把物质财货生产的性质和方法，说成是通过使物体运动，对自然力进行控制。

法进行活动；但只有当人能够控制潜藏着这些自然力的物质的时候，人才具有这种力量。但物质的体积以及我们在达到目的之前必须加以克服的阻力往往都是很大的，然而我们所能使用的体力却是很有限的而且比较地微不足道的。在另一方面，物质往往又是太微妙了，非我们的一双粗手所能操纵的。我们的利益往往要求我们把无限细微的东西重新作无限精密的安排：我们粗笨的手指，如何不适宜于对付原子和分子呀！自然每天在每一株植物、每一张叶片中放出成千上万的奇异精微的细胞组织，而人类的手即便企图仿造这么一个细胞也完全是无能为力的呀！如此说来，人的力量是有双重缺陷的：比起所要降服的物质的体积来人是太渺小了，比起物质的结构来人是太粗糙了。

在这样的环境中，如果没有真正的助手，那么，我们要克服这双重缺陷来从事生产，条件就太坏了。这些助手之一就是人类的智慧。从考察事物的因果关系中，我们认识到产生所需要的财货的自然条件；从此，我们逐渐懂得了人类的力量该用在何处才能有效，用在何处是无效的。于是我们学会了如何避免从事于无结果的动作而选做有效的工作。这样运用的人类力量，好比一支小而统率得很好的军队。这一队伍，由于它的机动性，团结力，以及有力地利用了适当的时机，弥补了员额不足的缺陷。人和自然的斗争中还有一个强有力的助手，就是自然本身。在自然界的宝库中，我们找到了使自然自相对抗和自然力自相矛盾的手段；若非如此，那么我们在全部生产中所能做的事情确是小得可怜了。但是在这里我们碰到一个课题，这一课题本身就很重要，尤其就我们所从事的探讨而言，也不容许我们仅作草率的叙述。

第二章　资本的性质

一切生产的最终目的，是制造满足我们需要的物品，亦即制造用于直接消费的财货，或消费品。[①] 这种财货的生产方法，我们已经概括地考察过了。我们将自己本身的自然力，和外在世界的自然力结合在一起，以使我们所需要的物质财货在自然规律作用下必然产生。不过这只是对于这一问题的十分概括的说明；如果仔细加以考察，就能看出我们尚未考虑到一个重要的区别。这一区别是与人和自然联合生产中人类劳力的支出和所需要的财货的出现两者之间的时间间隔有关的。在生产中我们可以一付出劳动马上达到目的；也可以故意采用一种迂回的方法。这就是说，我们可以这样付出我们的劳力，使它能够马上完成所需财货的生产所必要的条件，因而财货就立即随着劳力支出而出现。或者，我们也可以首先将我们的劳力同财货的远因联系起来，目的并不在于获得所需财货本身，而在于获得这种财货的一个近因；然后再把这个近因同其他适当的物质和力量结合起来，直到最后——也许要经过许多周折——得到成品，即满足人类需要的手段。

这个区别的性质和重要性，可以从几个例证中看出来。由于

① 门格尔很有启发性地称这些为第一级财货，并把用来生产它们的所有财货归类为较高级财货。不幸的是，我们不能用门当户对的英文名称来译“Genussgüter”（享受品）这个词；但为简便计，我建议用消费品这个词；否则我们应当译为直接消费品。参阅门格尔：《国民经济学原理》，第8页；和庞巴维克：《法权和分配》，第101页。——英译者注

这些例证在很大程度上可以说明我们理论中实际上最基本的命题之一，所以我必须不避繁琐来加以叙述。

例如一个农民需要饮水。水源和他的住宅有一段距离。他有许多不同的方法可以满足他的日常需要。第一，他可以在渴的时候到水源去用手掬水喝。这是最直接的方法，行动之后马上就得到满足。但这是一个不方便的方法，因为他每当渴的时候就要到水源去。同时这也是一个不圆满的方法，因为他永远不能储存大量的水来供给其他需要。第二，他可以用一段木料凿成水桶，再从水源把每天所需用的水运到他的茅屋里去。这种方法的优点是很明显的，但这需有一段相当长的迂回过程。他必须花费也许是一天的时间来做桶；在做桶以前，他必须到树林里伐倒一棵树；在伐树之前，他还得做斧头，如此等等。另外还有第三种方法，他不是伐倒一棵而是伐倒很多棵树；并把这些树干劈开凿空，连接起来，铺成一条能引水到他的茅屋里去的渠道。显而起见，这在劳动的支出和得到水之间，要有一段非常迂回的过程。但这样一来效果是大得多了。这个农民不再需要肩挑沉重的水桶，从住宅到水源去；他在自己的大门口就可以经常而充分地得到最新鲜的水的供应。

另举一个例证：如果我需要石头来建造房屋，而在邻近的山中有富有上等砂石的矿脉。怎样得到它呢？第一，我可以用空手使松动的石头前后摇动，取下可能断裂的石块，这是最直接的，但却是生产力最小的方法。第二，我可以拿一块铁做成铁锤和凿子；然后使用它们来开取坚硬的岩石——这是一个迂回的方法，它当然比前一方法能够得到更好的结果。第三，有了铁锤和凿子之后，我用它们在岩石上凿一个洞；然后将注意力转移到取得木炭、硫黄和硝石上面，将这些原料的粉末混合起来，灌入洞中；再把岩石炸成适用的碎块——这是一个更加迂回的方法。不过经验指出，它在效果上比第二种方法更为优越，正如第二种方法优于第一种一样。

再另举一例：如果我的眼睛近视，希望有一副眼镜。为此，我需要磨光的玻璃和钢质镜架。不过，自然为这一目的提供的一切只是硅土和铁矿石。我将怎样使这些东西变成眼镜呢？无论如何，我是不能直接用硅土制成镜片，也不能直接用铁矿石做成钢质镜架的。这里没有直接的生产方法。除了采用迂回的方法——而且是非常迂回的方法——以外，别无其他办法。我必须取得硅土和燃料，设窑用硅土炼成玻璃；再把这样得到的玻璃通过一系列工序仔细地精炼，加工和冷却；最后把这样制成的玻璃——也是用事先精心设计的精密设备制成的——磨成适合近视眼的透镜。同样，我必须在鼓风炉中冶炼矿石，将生铁变成钢，并用它来制造镜架——如果没有一连串的工具和装备，这种生产过程就不可能完成；而在工具和装备方面，事前也需要付出大量的劳力。所以，制造眼镜是要采用非常迂回的方法才能成功的。

从所有这些例证中得出的效益是同样明显的。这就是——用迂回方法生产财货所得到的结果，比直接生产它们为大。如果财货可以用任何一种方法来生产，则用间接的方法可以以等量劳动得到较大的成果，或是用较少的劳动得到同样的成果。除此而外，间接方法的优越性还表现在它是能够获得某些财货的唯一方法。如果我可以这样说：它是这样的优越，以至往往是唯一的方法！

迂回的方式比直接的方式能得到更大的成果，这是整个生产理论中最重要和最基本的命题之一。必须强调说明，这一命题的唯一依据是实际生活的经验。经济学理论不说明，也不能演绎地说明它必然是这样的；但是，所有生产技术一致的经验，说明它是这样的。这就够了，特别是经验中的许多事实都告诉我们，这个命题对任何人都是平凡和熟悉的。但为什么是这样的呢？经济学家可以完全拒绝回答这一问题。采用从远处开始的生产方法能得到较大的成果，这一事实本质上是一个纯粹的技术事实。而解释技术问题并不属于经济学家的本分。例如，热带的土地比极圈内的肥沃，制造硬币的合金比纯金属更耐磨损和裂伤；铁路比一般的道路更便于运输——所有这些都是经济学家所承认的事实，但这些都不是他的学科要求他来解释的。不过，这恰巧是为了经济学家本身的利益——即为了设定他自己的任务范围——最好越出经济学领域的一个例子。如果严肃的自然真理弄清楚了，政治经济学就不会沉湎于任何关于自然真理的想象或虚构之中了；而在这些问题上，政治经济学从未在取代其本身的想象色彩的愿望和实践方面落后过！虽然这条规律已经完全为经验所证实，我还认为说明它的原因具有特别重要的意义，而在说明了生产的性质以后，说明它的原因就不很困难了。

归根结底我们全部的生产活动都是物质的调度和结合。为了从这些力量的结合中，产生出所想望的成果，即所需要的产品，我们必须知道如何把适当的物质形态在适当的时刻配合起来。不过，正如我们所看到的，物质的自然形态往往是无限的巨大，又往往是无限的精细，以致人类的双手显得太粗糙或无力加以控制。当我们需要建筑用的石料时，我们无力克服石壁的聚合力；正如我们无力从碳、氮、氢、氧、磷和钾碱等拼成一粒小麦一样。不过，有一些力量能够轻易地做我们所不能做的事情，这些就是自然力。有许多自然力，其能力之大远远超过人力；在微观世界中还有另外一些自然力，能使许多东西结合起来，而使我们笨拙的手指感到惭愧。如果我们能够成功地使这些力量成为我们生产活动中的助手，那么，人类可能作的事的范围，就将无限地扩大。这点我们现在已经作到了。

我们成功的条件是，比起许多将被变成所想望的财货的物质来，我们能更容易地控制那些帮助我们的所依存的物质力量。可喜的是，这些条件是经常能够得到满足的。我们软弱柔顺的双手不能克服岩石的聚合力，但是坚硬的铁凿是能够的；有了铁凿和铁锤，我们就可以不大费力地操纵它们。我们不能从土壤里把磷和钾碱的原子收集起来，也不能把周围大气中碳和氧的原子收集起来，将它们拼成麦粒；但是，种子的有机化学的力量能够使这个不可思议的过程进行起来；而我们却能容易地把种子埋在它起奥妙作用的地方——土壤里面。当然，我们有时不能直接地控制帮助我们的力量所依存的那些物质的形态；但我们的确能够按照我们希望它来帮助我们的那种方式，靠着它来帮助我们自己；我们设法取得第二种自然力量的联盟，这种自然力量能将带有第一种力量的物质形态置于我们的控制之下，我们希望把井水带到住宅里去，木制的导管能迫使井水服从我们的意志，依照我们规定的路线流动，但是，我们的双手无力使森林中的树木变成导管。可是我们不难想出一个办法。我们求助于斧头和凿子作为第二个助手，有了它们的帮助我们得到了导管，于是导管引水进来了。在这个例子

中通过两个或三个成员所做的，也可以通过五个、十个，甚至二十个成员，得到同样或更大的成果。正如我们利用一种友好的力量来控制和引导构成财货的中间物质，并利用第二种友好力量来控制和引导第一种友好力量，我们也可以利用第三种力量来控制和引导第二种力量，利用第四种力量来控制和引导第三种力量；这样一直下去——总是向最终成果的更远的一个原因追溯上去——直到最后达到我们能方便地用我们本身的力量来控制的一个原因为止。这就是我们深入探讨迂回生产方式的真正的重要性所在。这是与迂回生产方式有关的后果的理由：任何迂回的方式都意味着，利用比人类的手更有力或更灵巧的力量来为我们服务；迂回方式的范围的每一次扩大都意味着，有更多的力量来为人类服务，也意味着把生产的某部分负担，从有限而昂贵的人类劳动转移到丰富的自然力上去。

现在我们可以把早已等着发表，且读者也一定已经想到的一个概念用文字写出来了，用迂回方法进行的那种生产，不过是经济学家们所谓的资本主义的生产[①]，同它对立的就是直接达到其目的的那种生产方式，即如同德国人所说的“赤手空拳的生产”(Mit der nackten Faust)的那种生产。而资本只是在迂回过程中的各个阶段里出现的中间产物的集合体罢了。

我用这种方式来解释资本理论中最重要和最基本的概念，我

① 资本主义的生产一词，通常用于以下两种意义之一。它或是指借具体资本（原材料、工具、机器等）的帮助而进行的一种生产；或是指在私人资本主义企业家控制下，为私人资本主义企业家的利益而进行的生产。两者在任何意义上都无共同之点。我总是在前一种意义上使用这一名词。

也极愿谈到这里为止。不过，如同资本理论中其他许多概念一样，资本这一概念，本身已经成为理论家们争论的根源了。分歧的解释多得惊人，而它们又互相对抗，这种令人厌恶的争论阻挡了资本理论的研究；资本概念的混乱本身已经够坏的了，而由于资本给近代科学提出了需要考虑和讨论的许多新的问题，情况就更坏了。这的确是非常不幸的事，当一门科学已经认真地，甚至热烈地去解决社会上许多根本问题——即全世界都知道而正在考虑和讨论的，巨大的"关于资本的问题"——的时候，这门科学，突然好像被另一种说法的混乱所打击，而卷入到一个关于资本是怎样一种东西的无休止的争论中去了！这样的争论发生在这个时候不仅使人难堪，简直是一个不幸；而在政治经济学的历史中确实已成为一件不幸的事。几乎每一年都要出现一些新的尝试企图澄清争论的概念；但遗憾的是，还没有一个权威的结论出现过。[①] 相反，其中有许多反而使更多的人参加论战，并提供了更多的争论材料。

我认为，更重要的是要澄清与资本这个名称有关的许多实际问题，较之把有关资本这个名称的正确用法的争论一一列出更能引起人们的兴趣。然而，事实依然是，关于名称的争论，给问题带

① 只要回顾一下最近几年的情况我便能想起以下各人的研究：克尼斯(《货币论》，柏林1873年版，第1—56页)、科萨(《资本的来源》，1874年，载《政治经济知识》，米兰，1878年)、里卡-萨勒诺(《资本的原理》，米兰，1877年版)、昂普芬巴克(《农垦资本》，维尔次堡，1879年版)、库纳斯特(《论资本的法的概念》，载《德意志法律解释论丛》，1884年版)、萨皮诺(《经济组织上的资本和政治经济学上的资本》，米兰，1886年版)等。同时我们有洛贝尔图和马克思两人都以《资本论》为题的著作，并且还有在更加渊博的结构中的精密的叙述，特别是瓦格纳(《政治经济学基础》，1879年，第2版，第36页)、克莱瓦赫特(《松贝克手册》，第1版，第170页、第2版，第206页)以及科恩(《国民经济基础》，斯图加特，1885年版，第145—147页)等的著作。

来了极大的混乱；此外，如果写出一部有关资本的著作，而不涉及这种有关资本的最热闹的（如果不是最繁琐的）争吵，他就要被人误解——这并不是毫无理由的。基于这两个原因，我感到不得不重蹈激烈争论的道路，并期望对争论问题的公正而冷静的探讨，最后能够使争论平息下来。

第三章　资本概念的历史发展

用对资本概念的发展作历史的考察来开始进行讨论，是最恰当不过的。[①]

最初，资本（Capitale 源出于 Caput）一词，用来表示贷款的本金（Capitalis pars debiti）和利息相对。这种用法在希腊字 κεφάλαιου 中已经显示出来；后来为中古的拉丁语所确定，并且在很长时间内是一个最流行的名词，直到新时代还是常用的。[②] 因此，资本在这里和"生息金额"同义。

在这段时间内，有过关于贷款利息合法与不合法的争论，就使资本这个概念在深度和广度上都有所改变。[③] 人们渐渐明白"不结子的"货币的生息能力，本质上是借来的——从金钱可以购买的东西的生产能力那里借来的。货币只能提供交换形式——在某种

① 关于这一问题参阅克尼斯：《货币论》，柏林，1872 年版，第 6 页（第 2 版，第 24 页）；里卡-萨勒诺：《资本的原理》，1877 年版，第 2 章；《桑柏格手册》，第 2 版，第 1 卷，第 206 页。

② 英文单词"cattle"（牛、家畜），正如克尼斯已经正确地指出（第 7 页）的那样，在一般词源方面和我们的概念无关。

③ 拙著《资本和利息》，第 1 篇，第 2、3 章。

程度上是一件外衣——，在这种交换中，生息的物品由甲手转到乙手。产生利息的真正的“本钱”，或称为原本，不是货币，而是可用它换得的财货。在这些情况下，最明智的办法是改变资本的概念，使它除了包括代表物(货币)页外，还应包括被代表物(财货)。实际上，日常语言似乎早已在科学之前完成了这一改变。至少，早在1678年出版的一本小辞典中，除了一笔货币这个意义外，还出现资本一词的更进一步的解释：“资本给所有者一切幸福”(Capitale dicitur bonum omne quod possidetur)。[①] 但不久，科学也承认了这种概念的沿用。我们在休谟论利息的短文中大体上发现了这种用法。那时他指出利率不是由货币的量决定，而是由有用的财富或积蓄的量决定的。唯一不足之处是，他应该正式称这些财富或积蓄为“实际资本”。这一正式的转变最后为杜阁完成了。他在他的《关于财富的形成和分配的考察》一书中说：“无论是谁，在一年中拥有较他需用为多的财货，他可以把多余的部分积蓄起来。这些储存的财货，就是人们所谓的资本。……无论这些财货，或这笔资本，是以金属的形式，还是以其他物品的形式保存下来，都完全一样。因为货币代表任何一种财货，正像，另一方面，所有其他财货代表货币那样。”这样，杜阁对于资本的概念提出了历史进程中第二个解释。

不久，这种解释就为第三种所代替。因为当杜阁把所有储存的财货都无区别地叫做资本时，他似乎把概念扩大得太广泛了。

① 《凯奇·德佛雷斯词典》，昂普芬巴克在《农垦资本》(1879年版，第32页)中曾经引用过。

在定义中用“财货”这个词代替“货币”一词，只是反映出当时对该问题有了更彻底的理解。不过，把积存的商品毫无区别地叫做资本，就毫无理由地抛弃了关于资本的旧的概念的第二个特征——即资本具有产生利息的能力，能取得财货等等。在这个程度上，杜阁关于资本的概念，一部分只是时代的产物；一部分则是该名词的新解释。这种新解释同时使他受到了责难，说他毫无理由地忽略了财货和财货之间意味深长的内在差别。不是别人，正是亚当·斯密改变并修正了杜阁的定义。他说“储存”的存货应该被区分为两个部分。[①] 一部分被指定用于直接消费，并不产生任何收入；另一部分可以给所有者带来一笔收入，只有这部分才配称之为资本。

然而，采用了这种区分，亚当·斯密又引进了另一个问题，这个问题对资本概念的发展，注定要产生极其严重的影响。他说他这种用法，既适用于个人，也适用于整个社会。只是由于这种立场的改变，资本概念所包括的事物，也有某些改变。这就是说，个人，除了生产财货因而获利外，也可以把供消费用的财货（如房屋、跳舞服和家具等）借给别人而获利。但整个社会，除了通过生产新财货而外，不能使其本身富裕起来。因此，对社会而言“获利手段”这概念，就和原来的较狭隘的“生产手段”这个概念相一致起来。和这一点相一致的是：从社会的观点看来，资本的概念必须以生产手段的集合体为限。把这个无关重要的见解的意义更精确地提出来是值得的，——顺便说一说，这个见解亚当·斯密叙述得比较含蓄，比我在上面对它的意义所作的概括的叙述要不明显得多。

---

① 《国富论》，第2篇，第1章。

首先，这是将资本区分为两个独立的概念的开端——这些概念以后被分为国家资本和个人资本。或者，把它们的关系说得更精确一些，资本的原始概念(即把资本看做是一堆产生收入的财货)，以“私人资本”的名称保留了下来。但在“国家资本”这个名称之下，它分出了一个支派，这个支派很快发展成独立的重要概念；不久这个支派确比原始的概念本身更为重要了。人们很快认识到现在人们所称为资本的那一类财货对生产具有很明显的重要性。这就成为新概念在生产理论中能有许多有益的应用的原因。这样我们看到资本的国家概念，在很短的时间内，就成为生产理论中最基本的概念之一，而且还被引入到许多如今和它的名称联系在一起的极其重要的问题当中去。在土地、劳力、资本三个支柱中，我们发现这新概念使资本得到了财富三大来源之一的名称；或者，像后来那样它被当作生产三要素之一。

但是，在整个时间内，由于老的原始的概念——后来被理解为私人资本——资本一词依然和分配或收入理论中的利息现象联系在一起。因此，从那个时候起，出现了一种特殊的现象，它注定要成为许多错误和纠纷的根源。这个特殊的现象就是：两种根本不同的现象，根本不同的问题，却被放在同一个名称之下加以讨论。资本，作为国家资本，成为生产中许多最重要问题的中心；作为私人资本，则成为一个根本不同的利息问题的中心。

由于这些情况，有必要指出：亚当·斯密关于资本概念的两个不同的变体，完全是两个纯粹独立的概念。它们依据的基础本质上也是绝对不同的，只是在表面上极模糊地被联系在一起罢了。然而，好像巧合的事情那样，正是这些从属的和表面的联系，使新概念得到了这个名称，从而引起了两个概念名称上的雷同。如前所述，私人资本概念的重心，在于获得利息上，在于作为收入来源这一特征上；另一方面，国家资本概念的重心，则在生产上，在作为生产工具这一特征上；使它们结合起来的模糊的联系，是偶然的情况，就是，人在生产中使用的财货，正是作为整个人类的利润和利息来源的那个财货，因此，也就是原始意义所称的资本。现在，和收入相联系，虽然使资本的国家概念获得了一个名称，但这并没有使它获得活的内容。在生产关系方面这点特别突出，以致不久以后资本的正式定义就建筑在这种关系上了。资本被定义为："产出了的生产手段"的集合体等等。但再仔细地考察，产出了的生产手段，和那些成为一个人的带来收入的资本的存货，似乎绝不是完全相同的。这点不至于会引起疑惑罢。一个社会向其他一些国家贷出消费品，靠利息获得收入，这也是没有怀疑余地的。在这个矛盾指出以后，国家资本都被定义为生产手段的集合体，这样好像实际上强调地承认了这样一个事实：即人们对资本发生兴趣，只是由于它对生产有关系，丝毫不是由于它有一个附带的特征，就是它是社会获得利息的来源。简单来说，对于国家资本，作为利息来源的这个特征，只是在一个瞬间出现；不过，这个瞬间之久，足以对它加上"资本"这个名称。当概念的重心转移到生产的关系方面时，就不是这样了。这时，国家资本已被看作是一个独立的概念；从本质上，和它的同名者——私人资本，完全不同了。

这些概念发展以后，经济学理论的史学家现在可以清楚地区分它们了，但这个区分在当时和以后的很长时间内还没能被看出来。对于亚当·斯密自己，我可以说，整个概念仍在酝酿之中。他的许多见解还远远没有固定下来；因此，他偶尔把它们解释成为一种完全不同的，甚至丝毫不能和基本概念相适应的东西。关于这点可举这一个实例：他把资本的国家概念，引申到私人的各式各样的财产、才能、技艺等等上面去——这些事实都不能作为"存货"中的因素。它们就像魔鬼轻率地施展邪术一样，使资本理论在相当长的时期内不得安宁。然而，这毕竟只是一个不太重要的插曲。主要之点在于，亚当·斯密的追随者们，不仅没能摆脱他在资本概念上留下来的混乱，而且，相反地，他们积极地承受了这个最严重的错误之一。他们没有注意到，亚当·斯密和他们所谓的"资本"，包括着两个从根本上就不相同的概念；他们以为，他们在生产理论中谈到的资本，和产生利息的资本是相同的。正如我们了解的那样，亚当·斯密早已经注意到，在通常所称为资本这一词的许多意义中，存在着一定的差别。例如，出售的房屋、租用的家具或跳舞服，只是一种意义的资本，而不是其他意义的资本，他的追随者们也忠实地传授了这个见解。但是，显而易见，他们并未重视这一点——对于一个只涉及少量出现的化装服之类的区别，有什么可大惊小怪的呢？——他们坚持他们关于资本的理解，即它是生产的要素，是利息的来源。于是，一个混乱引起了另一个混乱。以前，不过是概念上的混乱；现在，却是现象上和问题上的了。资本从事生产，也产生利息。不就自然而然地引出这样一个结论：资本产生利息是由于它能生产。这样，由于对资本概念的混乱而导致出来的结果，使资本生产力这个幼稚而片面的理论发展起来了。这个理论从萨伊的时代起，直到现在或多或少使经济科学蒙受了有害的影响。我们同代的社会主义和半社会主义的作家们，首先用区分资本为“纯经济资本”和作为“历史法定范畴”的资本的方法，最真实地来反对这些概念的混乱。[①] 这种区分，我们以后将能看到，实际上并没有击中要害。但它至少终于把生产问题的目的和利息问题的目的区分出来了。这就为进一步处理许多仍然非常混乱的问题，铺平了道路。不过这是以后的发展情况；为了顺序地叙述起见，我们必须回到亚当·斯密来。

可以这样说，亚当·斯密关于资本的基本概念，以后从未完全被忽略；和杜阁的理论相反，他已屡次在资本的概念之中，引进了获利的资本和生产的资本之间的关系。这一关系，以各种形式，为所有以后的作者们保留下来了。另一方面，不久就发现，在资本一般的基本概念里，还有许多不同解释的余地，正如同后来发展的情况那样，确有利用这种余地的场合。首先，经济学家们不仅继承了资本的基本概念；而且，还继承了亚当·斯密留于其中的含混的种子。这个种子现在开花结果了。几乎每一个人，都被卷入到我们刚才已经说过的混乱中去，认为应该用一个综合的概念，作为“资本”的定义。不过，有一派，实际上占多数的一派，着重于生产手段方面，而另一派，却着重于收入的来源方面。这样，他们给予资本两个性质不同的概念。这是产生不同定义的一个有效原因，但另有一个更有效的原因。不管资本的理论概念，仅仅包括生产手段，或是更自由地，也包括获利手段在内，无论如何，生产手段中，或获利手段中都有许多不同的种类。现在，虽然在用于生产或获利的各种各类财货中，经济学家发现了更多的相似点，和更多的不同

① 洛贝尔图，随处；瓦格纳：《国民经济学原理》，第2版，第39页。

点，他们还是认为应把它们用资本这个概念概括起来。某时包括所有的获利手段，和所有的生产手段毫无例外，而有时只包括其中的一部分。而这个部分，又按照作者的兴趣，可以大些或小些，有时不大不小，有时却很小。可以这样说，实际上，凡逻辑上和数学上可以想象得到的综合和排列，经济科学在这里都可以找到。

我既不打算对这些情况作一完整的陈述，也不企图顺序地加以叙述，我将简短地把它们的要点列出来。

许多作者把资本定义为一批“为生产服务的产品”，或者定义为若干批“生产出来的生产手段”。这一概念，很明白地是以资本在生产中的关系为根据的，它一方面把土地（作为不是生产出来的生产手段）排斥在外面；另一方面，又把一切用来直接满足需要的财货排斥在外了。我根据这个概念，把资本定义为一批中间产品。由于它不是亚当·斯密的（国家的）概念的变种而不过把它说得明确些，因此，我也不把它算作一个独立的概念。

然而，赫尔曼所提出的看法，应该被认为是一个独立的概念；而且，也是资本概念在顺序上的第四种解释。他回溯到把资本作为收入的来源，并把这点作为他的定义的对象：他说，资本是“一个具有交换价值的效用的持久基础”。[①] 和上面的定义相反，这个定义在资本的概念下，包括着所有的土地，而且，也包括一切永久性的消费品，如家具、房屋等。即使是那些所有者亲自使用的物品，也包括在内。

① 《政治经济学研究》，慕尼黑，1832 年版，第 59 页；同书 1874 年第 2 版，第 111 页。他在第 56 页中明确地称资本为“取得收入的财富”。

门格尔对资本概念作了第五种解释。他把资本定义为现在为我们所掌握的而在将来使用的那些更高级的经济财货(生产性财货)。[①] 这个定义在一方面要比赫尔曼的狭一些，而在另一方面，却要宽一些。它不包括耐久性的消费品(“第一级财货”)，不过它的定义宽得足以将劳力的生产性服务也包括在内，而赫尔曼并未把它算作资本。[②]

关于资本概念的第六种解释是由克兰瓦赫特提出的。他认为资本的一个特征是，它能减轻获利的劳苦或生产性劳动。在他看来，这一特征并不为一切生产手段所具有而只是其中一类，即生产工具所具有的。而生产活动中的物质或材料，在整个生产过程中是绝对被动的；它们被加工着或者被消耗着，但对工作没有帮助。因此“从逻辑上看，资本概念应以生产工具为限”。[③]

资本概念的第七种解释是杰文斯提出的。它和上面的解释有点相似。这就是说，杰文斯也认为这点是证明了的，即资本应理解为“用来便利生产的财富”。[④] 不过，他和克兰瓦赫特不同，他在另一类具体财货中发现了这一特征。他说：“资本的唯一的和最重要的作用，是使工人能在任何一件持续得很长久的工作中等待到最后结果——在事业的开始和结束之间插进一段时期。”因此，资本“不过是许多日用品的集合体，它们是维持各种各类的工人从事工作所必需的。食物的积蓄是资本的主要部分；不过服装、家具和一

① 《国民经济学原理》，维也纳，1871 年版，第 130 页。

② 参阅马塔加：《论企业家的利润》，1884 年版，第 180 页。

③ 《所谓科学的社会主义的基础和目的》，1885 年版，第 184 页。

④ 《政治经济学理论》，伦敦，1879 年，第 2 版，第 242 页。

般日常使用的一切其他物品的供应，也是资本的必要部分”。因之，按照杰文斯的解释，真正的和唯一的资本，是维持工人们生活的物品。[①]

马克思得到资本概念的第八个解释。如所周知，他把利息看作是资本家牺牲劳动者而得到的利润。这个剥削因素，对他是如此重要，以至他将它作为资本概念的一个组成部分。他认为资本只是那些生产手段，掌握在资本家手中，用作“剥削和奴役工人的手段”。但是同样这些东西，如果为工人所掌握，就不是资本了。[②]

资本概念的第九种解释，来自著名的资本理论的评论家——卡尔·克尼斯。他以善良的意图要解决可怕的混乱，并要使每个人满意。为了这一目的，克尼斯竭力想把资本的概念，扩大得如此之广，以至于许多最重要的敌对解释，都能包括进去。他在财货为未来服务这一点上找到了他想象中的资本概念的综合因素。于是，他将一个社会的资本定义为：“社会所现有的一切财货(无论用于消费、获利或生产)可以被用来满足未来的需要者”。[③] 这个定义事实上既包括杜阁的“贮存起来的财货”，也包括亚当·斯密学派的“生产出来的生产手段”，以及赫尔曼的定义所指的能提供持久效用——亦即未来效用——的基础的一切财货。

---

① 《政治经济学理论》，伦敦版，1879 年，第 2 版，第 242 页；在 264 页很强调地指出：“资本不是铁路，而是建造铁路的人的食物”。

② 《资本论》，第 1 卷，德文第 2 版，第 796 页(第 1 版 747 页)。并参阅克尼斯：《货币论》，第 1 版，第 53 页。

③ 《货币论》，第 1 版，第 47 页。在第 2 版(1885 年)中，这一概念被全部保留下来，不过常常以不精确的方式简略地加以陈述，因此，在那里我未特别指出其矛盾，我是引自第 1 版中比较明确的说法的。

瓦尔拉对资本概念的第十种解释，是很独特的。瓦尔拉将一切经济财货分为“资本”和“收入”（Revenu）。所有这些种类的财货，不管它们的目的如何，凡可以被多次使用的——就是所谓耐久性的财货——他都称之为资本；反过来，一切非耐久性财货则是收入。具体说来他叫下面这些为资本：土地（Capitaux fonciers），人（Capitaux personnels）和流动性耐久财货（Capitaux proprement dits or Capitaux mobiliers）。而把食物、工业生产中的原材料和燃料等看做是收入。[①]

刚才提到的许多解释，虽然对资本应包括哪些财货有不同看法，但无论如何，它们一致认为资本这个名称是指财货而言的。不过，最后，资本概念的第十一个解释，对这点表示非议；它不是把资本作为一个实在的具体的量，而提出了某些抽象的东西，把它作为资本的本质。就这样，麦克劳德重述了初期作者们一个得意的隐喻，将资本定义为：“储存着的劳力”；有时更抽象地，将资本定义为“购买的能力”或“流通的能力”。这些名词并不是作为例子提出来的，而完全作为正式的解释提出的，他为使人了解这一点，在某一处所用最强调的语言说，将资本一词用于财货是一个简单的隐喻；但在另一场合，又用了许多词句说，资本无论在什么情况下，都不代表财货。[②] 最近，我们从法律学家库纳斯特的一本发人深思的著作里，还得到一个很类似的概念。他强调地告诉我们；资本具

① 《纯粹政治经济学要义》，洛桑，1874 年版，第 213 页。朗哈尔德（《国民经济学的数学根据》，莱比锡，1885 年版，第 2 节）紧密地继承了瓦尔拉。

② “它无论在哪一方面都不代表商品，只代表它的所有人所有的、购买他所需要的东西的能力”。（《政治理论学原理》，1858 年，第 66 和 69 页）

有非物质的性质，根本不包括任何物质的东西——就是说不包括财货本身——而只是指它们的价值。“资本是……物质财货所具有的生产能力的价值。……或是生产性的物质价值的集合体”。[1]

关于资本概念的不同解释虽有如此之多，我们还没有把各式各样的支派列举出来。除了上面这些形式不同的解释外——他们都是不同的定义——还可能在定义的公式上完全一致，而对其本质却有很多的不同的看法。这可能由于一个重要的或突出的单词，在各个定义中，有不同的含义。且不举次要的例子。这里有两个具有特征的术语，它们可以有不同的释义，使资本这个概念具有实质上不同的解释。其中一个就是“财货”这个词。在将资本定义为一批或一组财货的许多经济学家中，有一些用这个词来指其狭义的意义，认为它只是物质财货的供应；另一些则把它扩展到非物质的东西上去，认为应包括像国家、和平、法律、民族尊严、品德等等；[2]再有一些则使这一术语包括有用的个人财产和能力；[3]而另外一些人则将人本身也纳入资本概念之中。[4] 另一有代表性的术语“生产手段”，或略作“生产”，其含义也很模糊。虽然某些经济学

---

① 《资本的法律定义》，载于《德意志法律解释论丛》，1884 年版，第 356 页；特别是第 385—387 页。

② 并参阅克尼斯：《货币论》，第 17 页（第 2 版，第 38 页）。

③ 亚当·斯密、萨伊和其他作者偶尔也认为如此。

④ 例如，坎纳德这样说过：“一个从事一种技艺或手工业的人，这个人本身就是他的基本财富”，其后，麦卡洛克（《政治经济学原理》，1825 年版，第 319 页）认为：“一个工人，他本身就是国家资本的一个部分。”在另外一处，他将工人的工资解释为“叫做人的这种机器”的资本所产生的利息。

家，他们占大多数，将生产单纯理解为满足人类需要的物质的生产；而另外一些人，则将他们所说的“内在财货”的生产（即生产为人们服务的，和在人内部的，适当的条件）也算进去。结果是，这个重要的术语“生产手段”失去了任何可能的限制，甚至用于直接享受的财货也可以包括到资本这个概念中去，因为它们是产生满足、健康和文化等“内在财货”的生产手段。在这一点上，最大的罪人是罗雪尔。他首先将资本定义为“可以促进生产的任何产品”；接着又根据这些产品所影响的是物质财货的生产，还是“个人的财货或有用的关系的生产”，将这个总概念区分为“生产性资本”和“使用资本”。[①] 这样一来，虽然在定义上有所不同，但他的资本概念，实质上和杜阁的概念差不多了。

第四章　资本的真实概念

政治经济学家们一般都没有注意到使他们的定义统一起来。然而在这里，对概念解释的差别是这样的厉害，似乎暗示着，争论的内容，可能是非常特殊的，我认为克尼斯当他说下面一段话的时候，已经完全正确地估计到这种情况的特殊性。他说：“如果说某个定义是恰当的还是不恰当的，或者是真实的还是虚假的，这里已经不是一种普通的科学争论，而还有某些东西夹杂其间了”。[②] 争论的内容并不是定义本身，而是被定义的形式，或者如我愿意说

① 《国民经济学原理》，第 42 节。

② 《货币论》，第 118 页。

的，是专门术语的问题。许多定义本质上的差别，并不在于各人以不同的眼光来对同一事物下定义，而是在于各人对完全不同的东西下定义。因之各不相容的定义都被包括在同一个概念里，因为各人都把他自己要下定义的东西叫做*资本*。

显而易见，虽然这种情况可以解释为什么会有这许多不同见解，可是不幸它使人更难判断孰是孰非了。因为在命名法的许多问题中，严格地讲，是没有正确或错误之分的。因此，没有什么能使人信服的；只能或多或少的近似罢了，而人们还可以在相当程度上，对这种近似性保留不同的见解，不过，十分清楚，我们的争论必须加以解决，经济科学不可能永远容许自己的代表人物，对同一个名称自由地认为它有十个或十一个基本不同的解释。政治经济学要求有明确的思想，而为此，先决条件是要有明确的概念和明确的语言。我们最终必须取得一致，正如在许多记述性的自然科学，如动物学、植物学、矿物学和地理学等的命名法中，人们不断地发生许多争论，而通过这些争论，人们已经取得了并将继续取得一致一样。多数人联合起来，慢慢地但肯定地丢掉不同的意见而变成流行了。

不过，在我们关于资本概念的许多不同解释中，我们可以期望依靠哪一种解释来把没有偏见的人们统一起来呢？在我看来，如果我们一旦认清了争论的性质，主要是个术语命名的问题，则我们就不会像大量混乱情况直到今天使人们认为的那样，感到难于作出决定了。幸而对于名词学问题中必须服从的某些主要原则，人们绝不会有什么怀疑。如果这些原则被公正地采用的话，那么，绝大多数不同定义将被抛弃，至多留下两个或三个需要在它们之间作慎重考虑的定义。即使在这少数几个中，关于哪一个最为合适的问题，意见是这样的偏向于一面，以至即使这个定义不能为所有人所接受（指导我们的究竟只是近似性），但还是可以指望为大多数人所自愿接受。

在我看来，我们所要遵守的一些指导原则有如下列：第一，且主要的，十分明显，我们对资本概念的解释，在逻辑上必须是没有争论余地的；这就是说，它不应该自相矛盾，而且还应适合于下定义的这个对象。其次，我们不要怕多费词句；亦即，我们不应该把资本这个名称，加到一个已经另有一个名称的概念上去，或者使它成为另一个概念的同义语，而其他一些有价值的概念，虽然资本这个概念也可适用于它们，反而不给它们题名。第二，我们选用的这个概念，必须在科学上是重要和有用的。最后，但不是最不重要的，除非基于某些逻辑的或合适的理由，迫切要求更改时，资本这个名称，仍旧应该保留它长期沿用和最通用的概念。或者，用一种更婉转的方式来说明它：像目前大家所做的那样，把一些最重要的理论和社会问题，置于"资本问题"这一通用的名称下来处理；由于这个道理，资本这个名词，只要可能，就应这样加以使用，以便我们在争论当前重大问题时，不致遇到许多困难。

根据这些规则，我应该提出以下的见解，作为争论问题的最适当的解决法。

一般说来，我们把那些用来作为获得财货的手段的产品叫做资本。在这个一般概念下，我们把社会资本这个概念作为狭义的概念。我们将把那些用来作为在社会经济方面获得财货的手段的产品叫做社会资本，或者由于只有通过生产才能有这种获得，因此，我们把那些被指定用于再生产的产品——简言之即中间产品——叫做社会资本。作为两个概念中较广义的一个的同义语，我们可以适当地使用获利资本这个名词；或者虽不大适当，但更符合习惯，可用私人资本这个名称。另外，社会资本，两个概念中狭义的一个，可以被恰当地或简略地称作生产资本。下面就是我所以这样分类的理由。

无论是广义的资本，还是狭义的资本，都标志着经济学上最重要的范畴。“用于获利目的的产品”，对作为利息来源的收入的理论具有明显的重要性；而“中间产品”至少对生产理论具有同样大的重要性。仅堪糊口的直接生产，同采用迂回有效方法的生产，两者之间的差别非常重要，所以显然应该为后者创造一个特殊的概念。这点业已做到了——我们将看到，虽然不是用唯一可能的方法，至少也是用不算不适当的方法做的——即把在这种迂回生产过程中产生的“中间产品”集合在一起，放在资本这一概念之下。

此外，提出的解决办法是最保守的一个。它没有特别强调资本这个词的历史起源[①]是和获得或收入有关系，而我们的解释也是忠实于这一点的，它保存了双重的联系——一方面和利息获得联系着，另一方面又和生产联系着——这种联系是亚当·斯密引进资本概念中去的，以后它就在科学习惯用语中采用了。它的优点在于不需要在名词上大加更改而求得多数人的接受，这个多数

① 参阅本书第51页。

派已经和我们在一起了，如果我们再能获得无偏见的人的赞同，这个概念可以很容易地取得一致同意。在这里，特别值得注意的是，凡专门研究或最郑重地从事资本概念及其问题的研究的一些作家，几乎毫无例外地都在最后，正确地采用了这一概念，或者至少是与它极为接近的概念。①

① 科萨(《资本来源》，载《政治经济知识》，第 157 页)有这样一个定义："资本是可用于生产的生产性财富"。洛贝尔图的意见我特别重视，因为他虽然没有很好地解决有关资本的问题，他比任何人都深入地体会到资本的实质；他说：(《资本论》，第 234 页，以及《社会问题说明》，第 98 页)"资本(原料和工具)是为进一步再生产服务的产品"。瓦格纳也对资本理论作出了贡献(《政治经济学原理》，第 2 版，第 38 页)，他称资本是一个"经济财货的仓库，这个仓库是作为制造或取得新经济财货的手段而服务的。"在最近一本有关资本的意大利文单行本著作中，萨皮诺(《经济组织中和政治经济学中的资本》，1886 年版，第 9 和 17 页)又一次把资本定义为"用来继续进行生产的过去的劳动的产品"，或"有效地用来达到获得利润的目的的财富"。在其他有名的现代作家中可以提到的是：皮尔逊(《政治经济学教科书》，哈勒姆，1884 年版，第 157 页)，桑伯格(《手册》，第 2 版，第 209 页，"资本是人类劳动所生产出来的物质的生产手段，如果作为生产手段来利用它，能使物主获利")，萨克斯(《政治经济学理论基础》，第 115、315、323 等页)。现代法国有关资本理论的作家季德(《政治经济学原理》，巴黎，1884 年版)，以甚至在法国文献中也是少有的明确性承认资本概念中有两个变种，并把它们区分为"单纯生息资本"和"生产资本"。他说"前者是为个人取得收入的资本，后者则是在一个国家里生产新财富的资本"。(上引书第 148 页)。他的唯一不足之处在于他只把生产资本当做"真正的"资本。

在英文文献中，我们的这个概念(当然没有把这两个变种明显地区分开来)差不多是唯一流行的概念，这点是大家都知道的，我不必多举例子了。一般说来，在这方面，"舆论"是这样的突出，以至不久以前，克兰瓦赫特(《桑柏格手册》，第 2 版，第 210 页)可以这样解释说："现在政治经济学的习惯认为：资本的基本特征是它是生产的物质手段"。唯一尚未一致的地方是，土地应否当做资本。最后我敢说：最有代表性的一个敌对的定义，克尼斯的定义，在形式上不同于我们者多，而在本质上不同于我们者少。至少，他巧妙地发展了这样一个观念——我们叙述资本概念时一个真正重要的观念——即对资本下定义的时候，我们必须规定"已在资本名称之下出现的"那些问题的对象究竟是哪些对象。(《货币论》第 19 页)

和这个有关的另一个优点是我们无须对目前都被放在资本问题这个名称之下加以讨论的两类问题给以名称上的变动。我们保持了这个流行的名称，它同时指“生产要素”和“利息来源”。最后据我看还有一个很大的优点，虽然作为生产要素的资本，和作为利息来源的资本两者之间，还存在着实质上的差别；然而在解释中，不必要将资本分成两个概念，虽然这两个概念有似犬马那样是各不相同的。我们的两个概念，恰巧有足够的共同点，可以容许放在一个共同定义里，而用狭义的和广义的概念来加以区分。诚然，它们的联系并不是密切的，而从已经说过的来看也不可能是这样；它们的联系仅仅依靠偶然的情况，这就是在整个社会（它除了通过生产而外，不可能获得财富）看来，作为生产出来了的获利手段（广义的资本）的财货也就是作为生产出来的生产手段（狭义的资本，或称为社会资本）的那些财货。应当注意到，我采用社会资本，而不用国家资本这个成语，我所以这样做的理由是，对于一个有限的社会来说，获利手段非但包括生产性的财货，而且还包括贷给外国的消费性财货。所以那些采用国家资本这个概念的人，或是必须将上面所指的消费性财货包括到生产性财货商品里面去，于是得到一个非常不妙的概念；或是，如果他们打算使它局限于为生产性财货，则他们就得将他们的国家概念，建立在一个完全独立的基础上，而和另一个概念断绝所有逻辑上的联系——无论如何，这将是一种异常可疑的政策。我们的“社会资本”却避免了所有这些困难。

第五章　几种资本概念的比较

现在我们可以回顾一下已经提到过的其他资本概念，并且考察它们能不能更好地满足科学的要求。

据我看来，和我们的概念最接近的一个概念是有启发性的那个概念，即可以简单地称作“国家维持基金”的那个概念。这个概念和杜阁的“贮存起来的财货”非常近似，它包括除土地以外的一切物质财货。我们以后将要很确切地来认识它。为了避免重复，我在这里不作进一步的叙述了。我在这里只说这些就够了。国家维持基金的概念，和我们自己的概念一样，是一个有重大科学启发性的概念，而在与资本这个字有关的那些问题上，也是那样。特别是，由于它和资本主义生产（以漫长的过程和迂回的方式进行的生产）的现象，接触很多，它甚至比我们所说的中间产物的概念更为恰当。我们的概念，确实包括了生产过程期间出现的一切财货，亦即使生产继续并协助完成生产的财货；不过，它不包括在生产初期所需要的消费品，使生产得以开始的创办基金。因此，它丢掉了链条里的第一个环节，而这个环节却是非常重要的；但，维持基金的概念，依照我对它的理解，包括全部财货，即资本主义的生产过程得以开始并持续到底的全部财货。

虽然在资本理论中这个概念是重要的，可是，和其他概念相较，我把它放在第二位，理由是：第一，由于把那些用于获利或用于生产的维持基金和那些完全与获利无关因而也根本和资本的科学

问题毫无关系的[①]维持基金加以严格的划分是有一定困难的。第二，在任何情况下，“中间产品”的概念具有相当明显的重要性，使得它比起“国家维持基金”的概念来，更有必要用资本这个名称来说明和强调。第三，和“国家维持基金”的概念相较，由于具有清晰明了且已经为大家所熟悉的明显优点，“中间产品”这名称，在我看来，更值得采用。资本，生产的要素，不能再不给它一个名称；由于这些理由，“国家维持基金”的概念应该居于第二位。

其次重要的是罗雪尔的资本概念。由于这位作者的科学地位是相当的高，以及他的学说传播得很广，因此，我们必须更充分地讨论他给资本下的定义。不幸的是，我不得不说，据我看这绝不是什么可喜的事。罗雪尔的资本定义的形式，和作为我们定义的基础的那个概念非常接近，他给资本定义为“贮存下来用于未来生产的任何产品”。[②] 不过，接下去，当列举一个社会的资本成分的时候，他又转向杜阁的概念，把房屋、“为人服务的工具”等，简单说，即把直接消费的财货也包括了进去。这种动摇是由于罗雪尔给

---

① 对于以后自然会弄明白的那些东西，我不拟在这里多加说明，但我要指出这一点。由于洛贝尔图（《资本论》，第301页）已经相当正确地看清楚，且我将在后面加以详细的解释的那些理由，我的意思绝不是只要强调预付给生产工人的生活费用，并把它认作资本。或者说：资本这概念只限于指那些直接用于生产的财货，因之就是指纯粹的生产性财货——在这种情况下，一般的生活资料以及工人的生活资料，不应包括在内。或者是：除了“中间产品”外，凡间接用在生产中的那些制成了的消费品，也包括到这概念中去——在这种情况下（以后也将说明），预付给地主和资本家的生活资料也必须包括在内。这样，我们就碰到这个在正文中已指出的困难，就是如何明确地加以规定的困难，如果这些预付给自己不从事生产的那些人的生活资料对于生产只是间接的帮助，与生产无关的话。

② 《国民经济学基础》，第42节。

“产品”和“生产手段”作了一个异常广泛的解释。他将一种实际需要的任何满足，看做是“人的财货”的产物。[①] 这就使他认为，用来满足人类需要的任何东西（简单说，这就是一切财货），都是生产手段。任何一个没有偏见的人可以看出，这是多么的不幸。没有正当理由，它废除了存在于满足需要的财货的生产，和这些财货的消费之间的非常重要的对立。例如，他称懒人为一个热心的生产者，经常考虑他怎样能够生产饱食、悠闲和娱乐等财货。此外，它还会引起词句上的浪费。如果把“生产手段”这个概念和“财货”这个概念等同起来，那么真正的生产手段就没有名称了。而后者，作为一个最重要的经济学范畴，应该同供直接消费用的财货明显而清楚地区分开来。就这样，我们从一个术语的混乱，陷入另一个。在罗雪尔自己的概念里，这一点特别明显。他感到在他的资本概念里，有极其明显的需要，把生产“物质财货”的财货，同只生产“人的财货”的其他财货区分开来。他称前者为“生产资本”，称后者为“使用资本”这种说法，有双重的缺点。第一，把“使用资本”和“生产性资本”对立起来，这样，就暗中认为“使用资本”不可能有成为生产手段的能力了。但是恰巧由于他们有这种能力，即作为“贮存起来用于未来生产的产品”的能力，才把它们纳入资本概念中去的。第二，“生产性的”这个词，被同时用来作为将所有资本结合在一起的术语；又作为将资本分为两个概念的术语。还有什么专门名词比这更为不幸呢？[②]

① 《国民经济学基础》，第211节。

② 参阅克尼斯的尖锐批评，《货币论》第46页。

然而,罗雪尔的资本定义不仅是不恰当;据我看,它在逻辑上也是不合理的,因为它并没有包括罗雪尔预定要让这个定义加以说明的东西。在他将全部财货命名为生产手段之后,我们可以想见,他是想把土地以外的全部财货,看做资本。"贮存下来用于未来生产的产品"这个定义——如果包括个人财货的生产的话——似乎可适用于它们全部。可是,这不是罗雪尔的意思。从他所列举的各项社会资本看,正如在第43节中所用的说法一样(这里他把使用资本和不作为资本的有用物品对立起来),可以看出,他认为消费财货中可以当做资本的只有那些耐久性的财货,如房屋,家具等等;而那些非耐久性财货(除了生产性工人的生活资料而外)则不是资本。他用下面的说法作为这一点的辩解:"反过来,要划分**使用资本**和非资本的消费品之间的严格界线,按照我们的资本定义,应根据这个事实:后者不单是更快地被消费掉,而且经常地预定要被消费掉;反过来,在前一种财货,消费只是使用的不可避免的一面,或反面罢了"。这些说法的意思是说财货的迅速而故意的消费,是"储存"的直接对立面,它不能很好地表明任何其他意思。因此,罗雪尔定义所要求的一个特征,在非耐久性消费财货方面是不存在的。假定事实确是如此,那么,非耐久性生产用的原材料和辅助材料(这些都是罗雪尔列在社会资本之中的),岂不同生产工人的生活资料一样,具有同样的缺陷么?"熔铁炉中的煤炭","炮筒里和爆炸时用的火药",工人口中的面包,不都是迅速而有意地被消费掉的吗?不是这个,就是那个!或者是这样迅速而有意的消费是"储存"的对立面,因之,这些财货就没有了资本的特性,那么,罗雪尔也必须从资本这概念中除掉非耐久的生产用的原材料和辅助材料，以及生产者的生活资料；或者是，这样迅速的消费不是从资本概念中排除出去的理由，那么，非耐久性的“个人财货的生产”手段，就不能被排斥在资本概念之外。因此，罗雪尔的定义，即适合于广义的，又适合于狭义的范围，但它却不能确切地适合于他原来打算要定义为资本的那个范围[①]。

同这个资本概念最密切地联系着的资本概念——它也把消费品和获利手段列在一起——是克尼斯提出的。它所根据的一个见解，从理论上来看，既有趣又重要。然而仔细地加以考察以后，我认为它并不优于我们所提出的概念。

克尼斯的资本定义是：“社会所有的，可以被用来满足未来需要的全部财货”。我们可以很容易地看出，这个定义几乎逐字与另一个显然很重要而基本的概念相符。如果我们拿掉“未来”这个词，它就包括一个社会为满足需要的现有全部财货，这恰巧是大多数作者习惯上称之为社会的“财富”（Vermögen）的。如果我们也像克尼斯那样，[②]强调财富只包括扣除了债务后的财货净额，我们也许可以称这个净额为社会的“总财富”（Guterbesitz）。[③] 总之，我们在这一点上，得与一个具有独立名称的独立的数额打交道，而

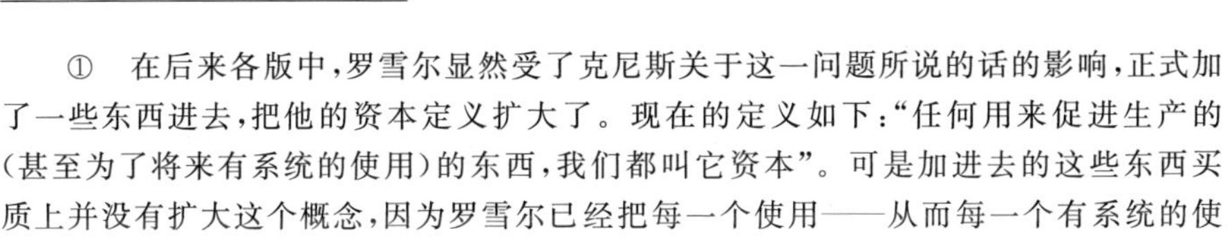

① 在后来各版中，罗雪尔显然受了克尼斯关于这一问题所说的话的影响，正式加了一些东西进去，把他的资本定义扩大了。现在的定义如下：“任何用来促进生产的（甚至为了将来有系统的使用）的东西，我们都叫它资本”。可是加进去的这些东西买质上并没有扩大这个概念，因为罗雪尔已经把每一个使用——从而每一个有系统的使用——包括在财货的（物质的或人的）生产中去了。

② 《货币论》，第 82 和 92 页。

③ 此外，对整个社会而言，这里当然没有债权与债务之可言，根据克尼斯的定义，社会的物质财产完全和它的财富相等同。

“资本”这个名称既不和它相同，也不应该和它相同。

克尼斯加上了“未来”这个词，要从上述要点中，突出他的资本概念来。这个词真的能显出这个差别来吗？据我看它不能；至少，如果我们严格地按照这个词的本意来解释的话。一切财富，都毫无例外地具有满足未来需要这一属性。一切财富的累积，都是以备未来之需的。我在这一瞬间所具有的财富的每一个原子，都是在以前的某一时刻得到的，其目的是为了未来某一时刻的消费。那个时刻可以不是很远的，它也许是第二天，或者是下一个小时；但它无疑地还是未来的时刻。因此，如果我们根据“未来”一词的本身严格的意义，那么，克尼斯的公式显然不是资本的定义，而是财富的定义了。而他的资本概念就和财富的一般概念相同了。

如果克尼斯实际上确是这样想的，那就不难对他的资本概念作一定论。我们可以责难他徒费词句。用资本这个词来表示熟知的已经具有财富这个名称的同一个概念，显然是不必要的重复词句；而另一些重要的概念——例如，某些获利手段的集合体——却没有名称。[1] 不过，克尼斯一点也不想把两者等同起来。他确实反复和强调地说明，他的概念只包括全部财货的一部分，而且他反对把他的分类的第二部分，即用来满足“当前需要”的财货，包括进去。这种分法显然认为“当前”这个词不能照字面来理解。因为，如果“当前”被严格地理解为未来和过去之间的那个瞬间，那么，在这个瞬间被使用的财货，当然是少得微不足道而无讨论价值，更不

① 克尼斯自己也有这种见解，他说(《货币论》，第 22 页)没有人会主张“资本和经济财货是相等同的”。

用说把一个科学的分类和一个新的概念建筑在它上面了。假定克尼斯的分类的第二部分是有意义的话，那么，这个“当前”必不是一个瞬间而是一段时间了。不用说，这样就要占用未来的时间了，所谓“当前”就不是一瞬之间，而是要或多或少地侵占最近未来的一部分。

或许有人认为对精确定义的严格性提出这样一种异议，这种提法乃是故意卖弄学问，但我以为，如果一个科学容许它的最重要的一个概念，且确是它的唯一的特征性概念，有着很模糊的意义，这是非常不幸的事。克尼斯就是这样的，为了防备它的资本概念融合在财富的概念之中，他必须使当前和未来之间明显地区别开来。说他的资本概念只有把当前和未来严格分开才能存在，这样说并不过分。而这种区分就会失去它的意义，只要用于最近将来（究竟还是将来）的财货，不归在为将来服务的资本这一边，而归在另一边！

然而进一步观察：如果我们给当前加上未来的一个部分，这个附加的部分有多长一段时期呢？它是不是下一个小时，或是第二天？或是更长的一段时间——比方说本月，或是一个财政年度？我认为这是应该确定的一个要点，而克尼斯本人没有说过什么。如果，我们站在他的地位，考虑不同的可能性，显而易见，附加一个短的时间，如一个小时或一天，并不会得到预期的结果。一个人在一天内消费的财货额，是它的收入的 1/360，也是它的财富的极小的一个部分，同样推想，从形成一个社会的总财富的财货的总额中，分出一个 1‰的部分，以便把其余的 999‰合并在一个独立的概念之下，很少有人会认为这样做是适当的，何况，当那个 1‰的部分，从总额中划分出来的时候，并没有依靠明确的界线，而只是根据“当前”这个词的一个平常而又有某些隐喻的意义，这更是不适当的了。简单来说，一个资本概念，约略等于**财富**概念的999‰，是太和财富概念接近了，这个概念就没有任何科学的意义。

不过，如果我们附加一个较长的时间上去，比如说一个月，我们又会碰到一些新的困难。由于这个改变，我们现在可以从资本概念里，除去预定在本月日常生活中消费的全部财货。好罢，我可以在这些财货被消费掉以前，从它们那里得到一笔收益，而不致妨碍消费。例如，我可以把打算在本月十五号用的一笔款项，存入银行，从而获取十五天的存款利息。或者，我也可以把它存入往来账户中。现在怎么样呢？这笔生息的款项属于资本呢？还是不属于资本呢？无论答案如何，我们不能避免严重的困难。如果我们给肯定的答复，我们就要受到不合逻辑的责难；因为按照假定，这一整个月是一个延长了的当前。但是，如果我们给它否定的答复，我们首先就会和牢固的习惯用法发生极大的矛盾，接着，我们就会委身于一种奇怪的学说，认为一种无疑地能产生利息的东西不是资本，最后，我们会放弃成为克尼斯概念的最有力的长处的东西——即它的调解的目的。克尼斯提出这个资本概念，其明显的目的是，想把所有以前的争论中的概念，统一在这个概念之下，作为一个更高和更广泛的统一体。在这个概念里，杜阁的“财货的存货”，亚当·斯密的“获利手段的集合体”和赫尔曼的“耐用的财货”，都可以充分地容纳进去。但当任何一种获利手段——特别是有利的存款，资本概念中的第一项——不被认作资本的时候，这种调解任务

(也就是克尼斯理论的根据)就会失去意义了。[①]

因此,无论从哪一方面看,我们都不能从克尼斯的概念得到满意的结果。不过,对克尼斯作个公平的估价,我断然认为,他的概念根本上,是很深刻而是有意义的。如果他的概念对其目标说来是失败的,这也只是由于表面的缺点罢了;或者,我可以这样来说,这些缺点是属于概念的技术方面的。为未来服务这一个事实,是我们称为资本的那些财货的一个特别重要的特性,实际上,这一特性对解决有关资本的那些最重要的问题提供了一把钥匙。可是,它并非是一个有区别性的特性,而只是资本和许多其他财货所共有的一个特性,这种财货,我们完全有理由不当做是资本;基于这个理由——也只是基于这个理由——它不适合于作为我们定义所依据的,一个构成上的,区分性上的特征。[②]

以上所谈到的一些资本概念,大体上,同我们的概念的区别在于:它们既包括消费品,也包括获利手段。我们现在来讨论那些概念,它们把获利手段的整体叫做资本,在这一点上,是同我们的概念一致的;但在这个整体内应包括什么,既不同于我们的概念,而且它们相互之间也不一致。

这样概念中意义最广的一个,把一切获利手段——不仅包括物质的,而且也包括人的,都放在资本这名称里去。在不同的名称

① 不必指出,短期的货币债权(虽是最明显的一种)绝不是可以在这里用来证明反对意见的唯一例子。

② 此外,里卡-萨勒诺(《论资本理论》,米兰,1877 年版,第 58 页)和最近萨克斯(《理论国民经济学的基础》,第 310 页)曾经在这一点上批评了克尼斯。萨克斯对克尼斯的概念弱点的批评既是尖锐的又是极为正确的,但他并没有认出其中所包含的真理核心而用大体上表达得颇为粗鲁的判断来作为结束。

下，它也将劳力当作资本。许多的概念以为工人的工作是资本；另一些人以为工人的劳动能力是资本；[①]还有一些人则以为整个的工人这个人是资本。[②] 当然，世界上没有什么东西可以阻止把获利的一切事物的整体，都包括在一个统一的概念之下，并用一个普通的名称称呼它。这点在资本概念里，并在“获利手段”或“生产性财货”或“高级财货”等名称下做到了。不过，是否应该把这些概念叫做“资本”呢，这是一个完全不同的问题了。我应该强调指出，这是不可以的。首先，如果把所有获利手段的整体都叫做资本，那么它就不可能用于那些狭义的获利手段的集合体上了，但后者同样也可以称作资本的。现在，前一个概念已被公认应用上述名称来称呼了；而那个狭义的概念却非常的重要，而且除了用资本这名称以外，别无其他名称可用。因此，即使这个问题，在其他方面还有商榷的余地，我们应当以节约术语为理由，决定不拟把资本一词来指获利手段的总体。然而这问题是没有商榷余地的，它已经为一般用法所拒绝了。在政治经济学和实际生活中，通常我们久已习惯于把某些重大的社会问题当做资本问题来处理，并且在这样做的中间，我们已经在心目中有了一个资本和劳力相对立的概念，而不是一个包括劳力的资本概念。资本和劳力，资本主义和社会主义，资本的利息和劳力的工资，的确，都不是无害的同义语；它们表达了最显明的、可以想见的社会的和经济的对立面。

① 例如，亚当·斯密(《国富论》，第 2 篇，第 1 章)；昂普芬巴克(《农垦资本》，1879 年版，第 19 页)；萨伊(《政治经济学教科书》，第 1 篇，第 10 章)。

② 例如萨伊(《政治经济学教科书》，第 1 篇，第 13 章)；麦卡洛克(《政治经济学原理》，第 1 版，第 319 页；第 15 版，第 294 页)；瓦尔拉(《政治经济学大纲》，第 217 页)。

现在，如果有人突然把劳力称作资本，其结果又将是怎样呢？在最有利的情况下，它将是一个无可取的，名词上的改变。如果整个世界适应了这种改变，并且十分清楚，这仅仅是名词上的改变，那么，很明显，把劳力放进一向叫做资本的这个概念中去，劳力和资本之间的差别在同一个名称下，依然是无法调和的。和以前一样，每个人都会注意到这个区别，并且毫无偏见地去处理由它们所引起的社会问题，经济学理论除了由于探讨的主要对象没有名称而感到不方便外，不会遭受任何实质上的损害。当然，一旦劳力被认为是资本，我们就必须停止把资本这名称给它的社会对立面了。

我说，这可能是在最有利的情况下产生的结果，不幸的是，这样一个结果是不会产生的。很可能，名称的合并会引起问题的混乱。我们不必在这一点上欺骗自己；名称和流行语经常对我们产生莫大的影响。我们中大多数人，非常喜欢藐视麻烦的矛盾和消除困难的问题。难道有人会放过资本一词的新意义所提供的迷人的机会么？以前，资本和劳力两个词，照过去那样使用时，其间存在着不和、对比和冲突。现在，一个简单而巧妙的词，要把所有的对立结合起来；我们认为对立的东西实际上是一致的；劳力即资本，工资和利息事实上是一回事！

读者也许认为，一个严肃的思想家会说出这种话，只是一个笑话罢了。不幸，经济学文献中实实在在有这样的事，例如我们看到某些作家就抱有这种将劳力重新取名为资本的不幸见解。首先就是麦卡洛克，他把劳动者当做是一件固定资本，当做一种机器。当他这样撕去了资本和劳力之间的差别时，他立即引出了逻辑的结论，把利息和工资之间的区别也废除了。他以为它们是一致的；不过——很重要的也是很可笑的，他不知道究竟应该用工资来解释利息呢，还是用利息来解释工资。他使用以甲解释乙，又以乙解释甲的方法来解决他的困难。他首先长篇大论地说，利息实质上只是“预先积存着的劳动”的工资，然后，他试图把工资的性质说得清楚一些，而将它解释为资本的利润——“被称作人的机器用他的资本赚来的，除去一笔用以重置其磨损的款项之后的普通利润”。[①] 他似乎没有想到，像这样的一个循环说法，实际上不能解释任何一种现象。

麦卡洛克的不成熟的学说，已经几乎被人遗忘了。不过，如果我未看错的话，它有以另一种形式复活的危险。最近，我们已经碰到许多和上述学说密切有关的见解，它们突然兴起而数量又这样的大，大有风行一时之概。魏斯·达尔贡和奥夫纳几乎同时，且几乎以同样的词句告诉我们，每个工人都代表等于他的教养费的一笔资金——比方说，不熟练的工人是一千“泰勒”[*]，或者熟练的工人是三千“泰勒”。或按另一种估价方法，他们教导我们，工人等于资本化了的他的年劳力的纯收入。因此，他的工资是资本的一种特殊租金，因之，必须像其他任何租金一样，至少包括下列三个成分：(1)按最低生活费计算的人这种机器所必需的维持费；(2)偿还养老保险费的分担部分；和(3)根据人这种机器的资本值，按一般利率计得的纯利息。[②]

---

① 参阅拙著《资本和利息》，第 99 页。

* 德国旧货币名称。

② 参阅圣教士魏斯：《资本利息和工资的计算法》，弗赖堡，1883 年版。由沙夫尔引用转载《土宾根杂志》，第 41 卷，第 225 页。达尔贡：《劳动资本和正常利润》，载《土宾根杂志》，第 40 卷，第 514 页，特别是第 530－535 页。奥夫讷：《现行制度下工资的法律原则》，载《法律报》，1884 年版，第 3 和第 4 卷。恩格尔：《人的价值》，1883 年版。

一切光荣归于提出这种理论的动机。这是为穷人打算，也是为了阶级的调和。在工资铁则（它使工人除了最低生活费以外，没有挣得多一些的希望）和社会主义理论（它把什么都许给工人，而不给有产阶级任何东西）之间，它采取了中间路线。它把竞争得来的利息留给物质资本的所有者，但要他分出一部分给人这种资本的所有者。这样，根据这种理论，工人合伙资本主义，变成了调和和人道的黄金果所应遵循的魔术般的公式了。可惜它只是一个公式，只是一堆其中没有真理的词句罢了。很少有人会否认，在某些点上，一个工人，他的教育费和已经为他预付的生产训练的费用，同某种资本之间，有种相同之处。但究竟类似到什么程度呢？有时候我们为了必要的比较，或者，当没有科学的严格要求时，我们是可以利用这样类比的；这时候可以容许用一个譬喻，把劳动者称作"资本"，也可把资本形象地称为"以前的劳力"或"储存的劳力"。然而这个类比不能始终保持正确，特别对工资和利息言，它不能如此。资本产生利息或收益，是根据一种完全特殊的理由——这种理由不适用于劳力，或者是只有在非常特殊的情况下才能适用。在我们研究利息理论的时候，我希望把这点完全弄清楚，但现在我要说这一些——如果一个人想用利息现象来证明工资，使工资的本质更易了解的话，他就必须大大地改变他的观点。在这两个现象之中，工资的现象是简单和容易了解的。一个人贡献出叫做劳力的有价值的财货，另一个人给他一个代价，再也想不出比这更简单的事了。但是，资本产生利息这个事实并不是很容易理解的。明证是：我们在《资本和利息》一书中讨论过的那么多的理论，竟没有一个能满意地说明上述现象的实质的。想用复杂而暧昧得多的

关于利息的事实来说明简单的工资这个事实，正像用塔尖来解释教堂一样。此外，这些牵强附会的解释的价值，可以在这个事实上体会出来：许多作家在力求对利息本质有更好的理解的同时，把它说成是工资的一种特殊形式。因此，在这里，一个人把它看做是谜，另一个人却认为是解答。有待解决的有关利息问题的本质极为模糊，这一点已在这一切情况中不由自主地泄露出来。[①]

总而言之，把劳力包括在资本概念之中，即使在最有利的情况下，也是不适当的；而在比较不利的情况下（不幸这却是实际的情况）是有害的，它将使名词上的混乱继续下去。为不正确的类比打开门户，而在有关当今最重要和最难以解决的社会问题方面，模糊人们的思想。因之我慎重地决定，并希望大家一致地，把人身的获利手段排斥在资本概念之外。[②]

争论的下一阶段，给我们带来了这样一个问题：我们还是把资本这个名称只用于为获利用的劳力的产品，即“以前贮存的劳力”，

① 很有意味的是：凡用利息来解释工资的作家，没有一个试图解释利息本身的。他们只把利息看做一个事实——麦卡洛克是例外，他异常天真地，把解释倒了个头，用工资来解释利息。我满意地看到沙夫尔没有卷入上面批评过的那些理论中去，虽然他的社会和政治趋向肯定是在他们这方面的（《土宾根杂志》，第 41 卷，第 225 页）。

② 参阅施穆勒，他的结论和我的相符（《收入学说与赋税原理的关系》，《土宾根杂志》，1863 年版，第 24 页）；克尼斯：《货币论》，第 15—22 页；里卡-萨勒诺，前引书第 28 页；科萨：《资本的来源》，载《政治经济学知识》，1878 年版，第 163 页。科萨反对过分地扩大资本的概念，这是值得注意的。他说，人们常感到缺少一个名词来明确地，不多不少地，指出那些直接为生产服务的产品，他接着说：“如果资本这一概念过分扩大，包括了其他产品或其他生产因素，那它或是全然消失，或是不再有存在的地方。换言之，它会成为一个或是全无用处，或是不好使用的不完善的或多余的工具，这样一个范畴应予断然排除，不再在经济研究中传播，如果我们不愿这一科学化为无益的纯然字面上的论争。”同上书，第 168 页。

还是也把土地包括在内。这两种见解都认为资本这名称确是个重要而有用的概念。同劳力相比，土地和“生产出来的”物质性的获利手段确有许多相同之处。因此，把它们放在一个概念之下，是有理由的。同样，从两个获利手段上所得到的收入，在许多基本方面，也有相同之点，这点也有利于将它们结合在一个概念里。但另一方面，在许多基本方面，土地和资本却是不同的。前者是不动的，而后者大多数是可动的。前者是自然的赐物，后者则是劳力的成果。前者不能增加，后者可以增加。地主的社会经济的地位本质上与资本家的不同；土地的所有权，和动产的所有权是根据基本上不同的理由而被认可的。土地是某一种生产的特殊对象，在经济上有着许多重要的特点。得自土地的收入，一方面受与得自资本的收入相共同的许多规律的支配，另一方面还受许多自己所特有的规律的支配——例如，地租随经济的发展而上升，而利息却因经济发展而下降。由于这些理由（此外还有许多理由[①]），把土地和其他各种生产性财富完全划分开来，最为合理。

因此，这两个互相竞争的概念，在重要性和参考价值方面，都相差无几。如果这些特性是解决争论时唯一应注意的东西，那么，选这个或选那个完全凭个人所好就可以了。然而，如果我们按照我们制定的用以规定适当专有名词的其他原则继续对两者加以对比，我们就会发现在许多方面，“生产出来的获利手段的集合体”，这个名称比它的对手具有明显的优越性。第一点就是用词简略。

① 参阅克尼斯：《货币论》，第33页；桑伯格：《手册》，第2版，第1篇，第210页；罗雪尔：《政治经济学原理》，第42节，注1。

如果我们把所有物质的获利手段都叫做资本，那么和它相竞争的一个狭义的概念，以及同它相应的那部分收入（虽然它们相当重要），就根本没有名称了。否则，如果我们丢掉了资本和资本租金这两个名词，那么无论对生产出来的获利手段的集合体，或是对来自它们的收入，我们都没有简单的相应的名称可用了。另一方面，用资本这名称来指生产出来的获利手段，我们就可以避免这种术语上的混乱。这样一来，一切物质的获利手段的总体，可以适当地和简单地被称作“获利财富”，而由它产生的一切收入，可以按照洛贝尔图的先例，称作租金，包括它的两个分类，地租和资本租金。

把资本限定为“生产出来的获利手段”，具有另一个优点，即它和普通用法是相一致的。无论是科学语言还是普通语言，都明白地告诉我们，它们未将土地归入资本之内，而是将两者对立起来的。我们的语言，清楚地将地主和资本家区分开了，没有一个人会说，一个国家拥有许多肥沃的土地，因而据有大量的资本。利息这个名称，通常从未被人们用来指得自土地的收入。而在科学文献中，只是微不足道的少数人才这样使用的。在重大社会问题的讨论中，土地的所有权，和资本的所有权，通常总是为完全不同的人们，用完全不同的方式，予以抨击或辩护的。如果我们概括上面所说的，我们的结论似乎是，根据反复陈述的理由，虽然这里不可能有一种绝对的定论，但大部分人都赞成把资本定义为“生产出来的生产手段”，而反对把土地包括在内。

最后，我以为，将资本限制得更加严格的那些概念，可以容易而明确地予以驳斥。克兰瓦赫特想把生产材料和生产工具区分开来，而且只将后者看做资本，其理由是，在生产中积极地和我们合作并协助我们的只有工具，而生产材料则纯粹是被动的。[①] 但这一假定并不正确。生产材料的作用不仅仅是提供"无生命的和可塑造的物质"；由于蕴藏在它们内部的自然力，这些材料也参加生产活动，这些活动诚然不很显著，不过它在本质上不是不积极的。克兰瓦赫特的见解，据他本人的自白，从自然科学的角度看是不正确的。[②] 而由于我们在这里要谈的是和生产技术有关的问题，政治经济学在这里必须站在自然科学的立场上，因此，这个见解从经济学的观点来看也是不正确的。

马克思又想将资本概念限于不掌握在工人自己手里的生产手段，而这种生产手段又是被用来剥削工人的。因此，在他的心目中，资本和"剥削手段"是同样的东西。这个区分将是一个十分重要和有参考价值的区分，如果剥削理论本身是正确的话。不过，正如我在前一著作中指出的那样，[③]这个理论是不正确的，因此，建立在这一理论上的这个定义，也和它一起不正确了。

杰文斯认为资本是，"为养活从事工作的各种各类的工人所必需的那些日用品的总和"；"不是以货币的形式就是以食品或其他生活必需品的实物形式出现的工人的工资"。[④] 如果这一点是正确的话，那么，凡是工资高而生活费用低的地方，那里的资本就多。一个非洲的部落，既没有工业，也没有机器，也没有工厂，也没有铁

---

① 参阅《所谓科学的社会主义的基础和目的》，英斯勃罗克，1885 年版，第 185 页。

② "在严格的物理意义下，这当然是不正确的"。（《所谓科学的社会主义的基础和目的》，英斯勃罗克，1885 年版，第 192 页）

③ 参阅《资本和利息》，第 6 篇，第 313 页。

④ 参阅《政治经济学原理》，第 2 版，第 242、263 页。

路，只是生活在炎热的太阳底下，生活的必需品在这里是毫无限制地产出着，这里的资本就最多！当然，十分明显，杰文斯心目中的见解，是一个完全正确的见解；但它用来说明这个见解的措辞却是不幸的。他把形成资本的条件，和资本本身混淆起来了。资本主义生产的方式，是漫长和迂回的，而人必须备有在他获得报酬之前的一段时间内用来维持生活的一切东西才能进行生产。但构成资本的不是维持生活的物资；特别不单是维持生活的物资。只有当人们确确实实地走上有益而迂回的过程时（而这是有了生活手段之后才能办到的），资本才能出现；也就是当人们制造机器、工具、铁路、工厂，筹集原材料的时候，资本才能出现。不管维持生活的物资是多么地充裕，如果工人必须在做一天吃一天的状况下消费这些物资的话，社会显然不能积累丝毫资本。

最后，还有一些概念，它们不把资本当做财货的集合体，而当作虚悬在财货上面的一个抽象的量，例如，库纳斯特的“价值总额”，或者麦克劳德的“流通能力”。一般来说，我不赞成把经济概念这样地抽象化，它们通常是克服困难的庸俗办法。如果在困难的问题中，碰到了某种麻烦的、尖锐的概念，这些概念符合于实际生活，而没有适当的解释办法，时常会有一些理论家准备将它从具体形态中抽象出来；这样一来，当然，这些概念失去了粗糙的棱角，不过，与此同时，也失去了它的力量和真理，它变成一个成语，其结果是空话。这里就是一个这样的实例。如果我们让这些定义的发起人解释一下他们的词句，并且问他们，能不能说一个无形的价值总额，或是流通能力，可以碾谷、纺纱、耕田，或是挑担；或者问他们，这些工作是不是总是用磨粉机、织布机、犁和机车等普通物质财货来完成的，他们就会窘态毕露了。因为，在他们内心深处，他们简直不能否认，在资本的名称之下，他们经常地或特别地会想到某些协助人生产的东西，而这些东西所具有的物质性，是和抽象的莫测高深的抽象定义“价值总额”或“流通能力”风马牛不相及的。在谈到这些资本定义的起源时，极有意义的是，它可以被追溯到一位作家（J. B. 萨伊）的乱七八糟的措辞上去，他经常很不讲究他陈述自己概念的方式。萨伊首先——而且完全正确地——用资本这个名称来指某些作为促进生产的工具的那些劳动产品，如种子、染料、羊毛、工具、机器、房屋和家畜等等。并把它们的总价值叫做资本价值。以后他又说，一个资本价值可以采取很不相同的形式，如货币、房屋、家具和日用品等等，这就使它称“这种价值为一笔资本，它体现在用于生产活动的物体之中，无论这些物体是什么”。[①]这显然是一个漫不经心的矛盾的说法，但他的经济学的门徒们竟把它作为一个严肃的理论的基础！[②]

这样一来，在所有这么多的资本概念的解释当中，只留下一个了——可以说只有这一个经受住了所有的考验。它就是将资本理解为产品的集合体，这种产品不是准备用于直接消费或使用，而是

① 参阅《政治经济学教科书》，第1篇，第8章。可以进一步指出，萨伊在这一段以及在上面所引述的各段中，至少给资本这概念提出了四种矛盾的解释。在一处（第8章）他把资本解释为为生产服务的劳动产物；而在同一章里，他称资本为这些产物的价值。在第十章中，他又称它为工人们的才能和技巧；在第13章中，又称它为工人们的人本身。

② 这样可疑的理论能为像库纳斯特那样著名的法学家所接受，或许只能这样来予以解释：法家学，在他们的系统中，大体上经常要处理抽象的人和事物，所以一般都有强烈地把概念抽象化的趋向；这种做法或许对他们所研究的科学是很合适的，但用到政治经济学中来，就不恰当了。

用做获利的手段的。它是一个能满足我们所有的逻辑的和名词学的要求的概念。它在逻辑上是无懈可击的，而且它是有启发性的。它的启发性这样的大，使得他远远超过了大多数对手，而它并未被它们中间任何一个超过。而且，从名词学看，它用资本这名称来命名，最经济地节约了用语，同时符合于经济学中和普通语言中最普通和最根深蒂固的用法。最后，这个概念又和当今人们惯于作为资本问题来讨论的一些重大的社会问题所探讨的对象相一致。这个概念的一个分支，“社会资本”，它指出了在自然、劳力、资本三组合中的第三个经济生产手段；而它的另一分支，“个人资本”，它指出了在地租、劳动工资和资本利息三组合中的个人获得经济财货的第三个来源。因此，如果没有偏见的人终将同意一个资本概念的话，我们可以指望，这个概念将是被选择的一个。

第六章　社会资本和私人资本

关于我们的概念中的两个部分，社会资本（或生产资本）和私人资本（或获利资本）[①]之间的相互关系，还有几点要加以说明。当我在列举和讨论各种理论的时候，我在这点上已表示过我的意见，这里只要简短地总结一下就可以了。私人资本——我们现在

① 我在本书说过，我认为在括号内的两个名称（生产资本和获利资本）更加确切些。但自洛贝尔图和瓦格纳以来，国家资本和私人资本这两个名词几乎一致被采用了，而我认为除非有非常充分的理由，还是不要把已经惯用的字眼作过多的修改，以便使命名问题得以解决，我在这里只拟作一个修改——我认为这个修改是不可避免的——就是把“国家”资本改为“社会”资本。

这样称它——是个原始概念。它不是资本总概念的一个支流，或一个部分，而是资本概念本身。国家资本，或更确切些社会资本，在该理论的历史发展中，是从另一个概念里面分出来的，是一个较为狭义的概念。本质上它是个相当独立的概念。在每一个基本方面（在定义上，在科学运用上，以及在范围上）它是站在完全独立的原理上的。它和私人资本这个概念仅仅为表面的和次要的情况所联系起来；就是说，它的"中间产品"的总和恰巧在范围上相同于整个社会作为收入来源的那些产品的总和——就是构成老资本概念的那些产品的总和。但由于历史的偶然性，这种次要的情况却在新概念的命名上起了很大作用；因此它也被叫做，并将继续被叫做资本。而这种情况，只要其间的关系未被彻底了解，就会造成经常被提到的可悲的混乱，不仅仅使两个同名的概念，而且也使和它们有关的根本不同的一些问题，都缠绕不清了。

这种混乱情况，依我所知，首先被洛贝尔图所反对，而瓦格纳毫不含糊地附和了他。在这一过程中，国家资本和私人资本之间的差别又有了一个新的解释，一个很有趣的解释，而同时已很快地和很广泛地被接受下来了，所以我不得不对它表示一些意见。瓦格纳，像洛贝尔图一样，[①]把作为"经济范畴"的资本和"历史—法律意义下"的资本（或资本资产）区别了开来。"作为经济范畴的资本，如果不从对资本资产的法律关系来考虑，则是这样一些经济财货——自然物资——的积存，这些财货是为社会生产新财货用的

① 特别参阅《当前地产信用不足的原因和补救方法》，第 2 版，第 1 卷，第 90 页；第 2 卷，第 286 页，在这里真实的资本，由于是资本的自然物体所构成，是尖锐地和资本资产相对立的。同样参阅《资本论》，第 304、313 页和其他各处。

技术手段；是生产手段的积存；它是国家资本(或其中的一部分)。历史一法律意义下的资本，或资本资产，是可以作为一个人获利(租金或利息)手段的那部分个人财产，因之它是被这个人为获利目的而保有着的；它是租金基金或私人资本。”[①]在这里国家资本和私人资本的区别已经缩小成为这样一个区别了：即一方面是财货的自然积存和另一方面是私人对这个自然积存所保有的法权之间的区别了。

我绝不否认这个新区别的重要性和有用性。它的出现是经济批评中的一件头等重大的事件，而它在阐明根本上不同的各问题方面，做出了有益的贡献。没有它，一个关系更大的区别——社会资本和私人资本之间的区别——肯定不会被注意到的。但有一点我认为不足的，它没有说出后一个区别的全部意义，因之不能确切地代替它。社会资本和私人资本作为一方，国家资本和资本资产作为另一方，这两类之间，不管在范围方面或者在内容方面，并不完全相符合，以致我们不能简单地用后者来解释或替代前者，它们是两个独立的范畴，各自建立在不同区别的基础上。社会资本和私人资本之间的区别并不只是财货的自然积存和对这些财货的所有权之间的区别，它们代表两种不同的财货的自然积存。社会资本只包括生产手段；私人资本也包括某些日用品。这些不同的自然量，或财货的积存进一步发挥不同的经济作用。如果在这上面再加上另一个区别——即社会资本是一种不受法律节制的范畴(也就是说它是一个纯粹的经济范畴)——而作为收入来源的资本

① 瓦格纳:《原理》,第 2 版,第 39 页。

必须有个物主，因此它是建立在历史和法律之上的一种所有权，那么，这不过是许多区别中的又一个罢了，因而它不是一个特殊的或基本的区别。因为如果我们不去管头两个区别，而按照有没有历史—法律的所有权问题来划分，我们将发现这样一种划分将使各类中的组成部分有很大的更动。在第一分类中，的确仍将和以前一样，仍将是社会资本，自然的生产手段。在第二分类中，我们只有目前被看做私人财产又被看做租金来源的那种同样的生产手段，而没有那些用做租金来源的消费品，像住房，图书馆等等，为了弥补这些东西，并使私人资本的范围扩大到应有的程度，我们不但要把以历史和法律为根据的私人物权，而且也要把另一类更为广泛的财货的自然积存放入自然生产手段中去。

或许这种把区别混淆起来的不合理情况可以用一个完全类似的例子来加以说明。如果有人要我们在“生产”和“交换”两个概念之间说出一个区别来，而我们回答说，生产是个纯粹的经济范畴，而交换（它必须以私有制的存在为前提）是一个历史—法律现象，则这样一个回答很难被认为是充分的。我们将会得到这样一个印象，就是这个回答给我们指出了一个区别，但没有给我们指出生产和交换之间的这个区别，因为交换的实质显然并不在于它是一个“历史—法律范畴”。它也是一个很重要的经济范畴；的确，它恰如生产一样是另一个经济范畴；凡要解释这两个概念的人，必须首先和立刻指出两者的经济性质之间的区别。同样，在“纯粹经济的”和“历史—法律的”这个对立中，一个区别被指出来了——这是一个很重要的区别——但是社会资本和私人资本间的特征性的区别却没有被指出。

让我再重复一遍说，我认为洛贝尔图和瓦格纳所指出的关于自然资本和资本资产之间的区别确是一个很重要的区别，是一个在任何情况下也必须被指出来的区别。我要说明的是，这个区别不应当与社会资本和私人资本之间的区别相混淆起来，因为后一个区别是建立在完全不同的基础上的；而社会资本和私人资本的定义不应当以从另一个完全不同的区别那里借来的一些特征作为基础。

洛贝尔图本人就是一个很好的例子，证明这不单纯是一个有关公式的争论。他的片面的概念使他直接得出了一个错误的利息理论。依他看来，私人资本的实质在于和它有关的暴力的历史－法律环境，因此，很合逻辑地，他把私人资本的利息说成是单纯地由于这些环境的存在。在它看来利息就是抢劫；是资本所有者靠着生产资料所有权给与他们的暴力而从工人那里挤出来的利润。[①]

在另一方面，如果洛贝尔图注意到这个问题的经济方面，他将看到，那另一种财货的自然集合体（即私人资本）起着，并且将继续起着一种和社会资本一样的特殊经济作用；此外，他也将看到，利息是单纯地作为这种经济因素的自然产物而产生的。这样，他将发现，利息不纯粹是历史和法律的产物，而是一种起源于经济的产物，它的出现，在某种程度上，是和历史与法律的环境不相干的。我相信，这一点将在下面关于利息来源的探讨中，看得很清楚。

① 参阅拙著《资本和利息》中对这种理论的批判，第 337 页。

在结束本章之前，还有一点要指出的：构成社会资本和构成私人资本的具体财货究竟是哪些呢？这个问题的答案自然应当从这两个概念的定义中得出。但特种情况引起了一些争执，不仅对定义是否正确有所争执，而且即使有了公认的定义，对每一个定义的范围也有着争执。因此，在这一点上必须弄得非常明确。

社会资本，作为促进生产的产品总和，包括：

1. 土地的生产性改良、配置和运用，只要它们保持独立的状态，像水闸，沟渠，篱笆等等。但是只要它们和土地完全混合在一起的时候，它们不应该当做资本，其理由同不把土地当做资本一样。[①]

2. 各种生产性建筑物——工房、工厂、仓库、场所、店铺、街道、铁路等等。但居住用的房屋以及其他直接用于娱乐、教育，或文化等的房屋（像戏院、学校、教堂、法院等）不包括在资本之内。

3. 工具、机器以及其他各种生产性器具。

4. 生产上用的有用动物和驮兽。

5. 生产上用的原材料和辅助材料。

6. 在生产者和商人手中作为仓库存货的制成的消费品。

7. 货币。

粗看时，最后两项是有疑问的。在仓库中的消费品，在外表

① 我可能被认为不合逻辑，因为这些改革往往都是用来促进生产的产品，因之应该包括在资本的定义之下，这样批评在字面上是对的，但在精神上是不对的。一根支撑一棵树的支柱当然不是树的本身而是一件外物。但如果几年之后它已经成为这棵树的不可分割的一部分时，谁再能说它是一件外物呢？

上，已不再是“中间物品”而是“制成品”了，而货币不是生产工具而是交换工具。但我还认为应该把它们包括在资本之内。它们两者都有助于迂回生产的完成。为了要利用更有利的情况，我们不在需要的地方生产某些货物，而在别处生产；这不过是迂回生产的一种特殊形式，结果就是：当这些产品在技术上完成之后，必须运到需要的地方去——这里就体会出“迂回性”的表面意义。在一个和外界隔绝的经济中，所有这一切往往是在一个狭隘的范围内完成的；一个农民必须把收割好的谷物从田里运出来，把砍下了的树木从森林里运出来。但在社会生产和分工的经济制度下，这种工作就得以大得多的规模来完成。正像一个农民，由于要更好地利用生产条件，得在离家一刻钟路程的田里种谷物，或在离家一小时路程的森林里伐树，由于同样理由，在一个有组织的有分工的工业社会里，不得不从别人的工场，甚至经常从别处，别国或别个洲那里获得所需要的物品，这样，很自然地，我们最后不得不准备各种运输工具。在两种情况下都一样，运输乃是生产的最后一环；在这一环完成之前，我们不能正当地说产品已经可以为人类消费了。因之，正像大家要把帮助农民运进谷物和木材的马匹和车辆都包括在生产工具和资本之内，我们也要把那些更广泛地“运进”全国的收成的物品和工具——所运的产品，街道，铁路，轮船以及商业工具货币——当作资本。此外，必须注意到，这些由于分工和劳动组织而产生的商业性迂回方式，就其效用来看，应当和其他各种技术性迂回方式列于同等地位。它们同著名的技术发明所引起的资本主义生产方式同样，甚至更为有利。

上面七项，我认为已把社会资本所应包括的物品，包罗无遗了。不用说，对资本的概念采取另一种看法的那些经济学家，还要把其他东西——像土地，耐用消费品，工人本身，等等——加进去，这里不必一一加以列举。但是很奇怪，那些对资本采取同我们一样的看法的作家，也建议把某些东西加进去。

在这一点上，最令人惊奇的是，从英国早期经济学作家直到瓦格纳，[①]一致地把生产工人的生产资料包括在社会资本之内。当然工人的实物工资——工人用的食品、衣着、燃料、照明用具等——从预付给他们的企业家的立场看来是他的私人资本。但我认为很明显的，在社会整体的立场上，这些物品不能当作资本，如果资本的定义是生产手段的总体的话。“生产手段”这个概念应该是，也确实是，“消费手段”这个概念的对立词。这些对立词的意义是丝毫没有怀疑的，正像工人的生活资料是满足他们需要的直接工具，以及工人是社会的成员一样，也都是没有怀疑的。如果情况确是这样，那么工人的生活资料应划为用来消费或用来直接满足社会需要的财富，而不应划为生产手段或资本，这在我看来好像是已经证明了的。但如果不把工人看做社会的成员（工商业也是为他们谋幸福的），而是看做劳动的物质机器，那么情况就相反了。那时，也只有在那时，工人的生活资料将自然地和牲畜的饲料，炉子的燃料，划入一类了；它将是生产手段或资本了。这种见解是无须加以驳斥的。

但是，可以指出，生产工人不仅是消费人员，而且也是积极的经济工具，因之，直接用来维持他们生命的生活资料，间接是为促

① 参阅瓦格纳：《原理》，第 2 版，第 39、43 页。

进财货的生产服务的。但在这里,对生产的单纯的间接关系是不够的。因为,很容易看出,生产资料和消费资料之间的区别,只有当它指物品的直接归宿时才有意义。如果我们要注意到它们的间接归宿,我们就得毫无例外地把所有物品都归入消费资料中去,因为甚至生产资料也是间接地为满足人类需要服务的。这里又有了一个困难。把物品划分为消费品和生产品,意味着一个真正的划分,应以对立性的基础。不能否认,工人所消费的食品是为直接满足社会一个成员需要服务的;就是,它是完全符合于消费品的定义的。我们怎能把属于一个范畴的所有特点的东西,归入另一个和它相反的范畴里去呢?这样,像经常遇到的情况一样,这种费尽心机的解释把我们引入混乱中去,而最简单的却是最真实的。工人们用的食物、燃料和衣着是直接消费品,不是生产资料。

在如此明显的论点下,被反对的这个学说居然会被如此普遍且如此固执地坚持着,这种现象初看上去是不可理解的,但如果我们把产生的背景仔细地研究一下,也不难解释。我想有两个有力因素引起这种结果。一个是历史传统,它在这里是很强烈而根深蒂固的。不要忘记,把工人的生活资料放进资本概念中去,是在这样一个时候,那时资本概念本身尚未有明确的定义,特别是,那时私人资本——工人的生活资料无论如何是属于私人资本这个范畴的——还没有明确地从社会资本——工人的生活资料不属于这个范畴——中划分出来。这种观点得到一种特殊的在长时期内流行的见解的支持,这种见解认为资本的功能是"使劳动力发挥作用"——这是工人的生活资料显著地实现了的一种功能。此外它还得到著名的工资基金论的支持。这个理论认为工资率主要决定于工人人数和工资基金数（即用来养活工人和支付工人工资的资金数）两者之间的比例——这种见解有助于把生活资料进一步和资本概念联系起来。最后另一个推进的因素或许是经常而公正地被批评的英国学派的一种倾向，它把工人们看做是生产的机器，又把他的工资看做是单纯的生产成本中的一个因素——应从国民收入中扣除的部分而不是国民经济中的一部分。[①]

有着这样广泛的支持，工人的生活资料成为社会资本中的一个因素这一个论点，逐步地，又这样牢固地潜入到科学意识之中去了，以致有许多人把它当作一条不必讨论的公理了；后来虽然发现了私人资本和社会资本之间的区别，又把社会资本定义为生产资料的总和，这样就把这种见解的基础粉碎了，但这个见解仍能以权威的势力保持住它的地位。

第二个因素比历史传统的势力更大；它不但在过去对这些传统的形成起过作用，而现在还在起着作用。这个因素，如果我不错的话，就是有意识或无意识地趋向于对资本概念的另一种解释不同于承认我们可称之为正式定义的那种资本概念的解释的解释。经济学家们曾经在，现在还在，和资本问题有着许多有意义的关系的两种概念——“生产出来的生产资料”的概念和“国家维持基金”的概念——之中犹豫着。的确，在正式的定义中，“生产出来的生产资料”最后占了优势；但是经济学家们，很正确地感觉到“国家维持基金”和资本理论也有些关系，未能完全放弃这个概念。这样他

① 参阅施穆勒前引一文，载《土宾根杂志》，1863年，第19卷，第10、25页。

们把一对孪生概念放在一起了，在生产手段本身（这是正式定义所承认的）之中，加进了维持基金概念的一部分，生产工人的生活资料。当然这样一种分类（它是犹疑和折中的结果）是不会令人满意的。经济理论必须在两个敌对概念之间作出决定性的选择；不管选择的结果如何，这概念将是有限制的，明确的，不同于被批评的各个作家所给它的那样。或者我们将选择这样一个概念，它把资本当作中间产品的总和——这个选择由于上述命名适当的理由，我想是较为欢迎的一个——这样工人的生活资料就不在概念之内了；或者我们把维持基金——它使迂回生产方式成为可能——叫做资本，这样，将和以后所说的那样，不但生产工人的生活资料必须被认作是资本，而资本家和地主的生活资料也应被认作是资本，因为后者对“资本主义”生产方式的采用，也同样有着间接关系。如果以上这些都不能说明问题，它至少能解释这样一种现象——这种现象否则是不能解释的——直接和正式的定义相抵触，人们继续把工人维持品加在这概念中去；或许把起源揭露之后，可能有助于终止这样奇特的做法。①

另一类我认为不应该放在社会资本之内的是所谓“无形的资本”，像债务以及其他权益，商业中的牌号商标之类和国家等等。

① 这个情况正和声名狼藉的工资基金理论相同。在这里也是一个本身正确的见解产生了一个错误的后果。我们将在以后看到，这是一种没有成功的尝试要说明一个确实存在着的一种关系，即一方面是国家维持基金，另一方面是工资和利息的高度，这两者之间的关系。洛贝尔图用了优美的词句说明他反对把工人们的生活资料包括在国家资本之内，《资本论》，第 294 页；在这以前，在他的《对于我国经济形势的认识》，定理 i。季德也说得很明白而有说服力，《政治经济学原理》，巴黎，1884 年版，第 150 页。也可以参阅萨克伊：《原理》，第 324 页，注文。

这些都不是资本，因为它们不是实物。正像我在别处详细说明过的，[①]它们不过是某些实物总和的代表名称或集体名称，这些实物也许是资本，也许不是资本。如果是资本，它们已包括在我们的七项之中，如果不是，我们当然不应该为它们另辟一项。

最后私人资本包括下面各项：

1. 构成社会资本的一切财货。

2. 那些消费品，物主自己不用而用来通过交换（出售、出租、出借）获取别种财货，像出租的房屋，出借的图书，企业主预付给工人的生活资料以及其他许多东西。

许多作家加进"关系"，商标，[②]商业联系，[③]法权。[④] 当然，这些东西，由于上面所说的理由，我不当它们是组成资本的独立类别。

现在，写了这样长的引论之后（鉴于我们这个理论中有着类似的混乱情况，这样做是可以原谅的），我们可以从概念转到它们有关的各个问题上来了。在下篇中我们将详细阐明本篇头两章中所

① 参阅《从国民财货学的观点看法权和关系》，1881 年版，本书随处。自此后可参阅迪茨尔（《社会经济学的起点和基本概念》，载《士宾根杂志》，1883 年版，第 78 页），以及萨克斯（《国民经济学原理》，第 39 页、199 页），他过分地把个人服务放在商品概念之外。纽曼，恰巧相反（《桑伯格手册》，第 2 版，第 151 页），坚决把权利和关系当作实物，所持理由在我看来是不能令人信服的。有一点我不得不有所答辩。纽曼在我的商品概念定义中"找不出"足够明显的分界线，并且以讽刺语气引用了若干句话，这些话就其本身言当然没有划出明确的分界线（同上书注 41）。但是纽曼只读了他表示异议的那本书的一部分，而且只是很匆促地读了它。否则他不会不注意到，他所引的那些话是在一章之末的（《法权和分配》，第 29 页），而在那一章开头和中部（第 13 页起）讨论了他所"找不到"的那些东西；很明显，后面的那些话是应当和前面的话一并考虑的。

② 参阅瓦格纳：《原理》，第 2 版，第 42 页。

③ 参阅罗雪尔：《原理》，第 18 版，第 42 节。

④ 参阅赫尔曼：《国家研究》，第 2 版，第 122 页。

约略谈到的概念的理论，作为生产工具的资本理论，或社会资本理论。[①]

① 细心的读者无疑地会注意到，第二章中所提出的有关资本性质的说法只和社会经济资本有关。为了明显的理由，我不愿意把教义式的叙述和名词上的批评式的讨论混在一起，这种讨论我看已经够冗长了。由于同样的理由，在没有对读者指出（至少部分地指出）这种讨论的目的以前，我不愿意开始进行这个讨论。因此，我目前光用资本这个词，而不加上任何修饰语，因为这些修饰语就会引起我目前要避免的那些烦琐的名词上的讨论。下面的更确切的解释将防止引起可能的误解。

第二篇　作为生产手段的资本

第一章　引言

在阐明作为生产的工具或用具或手段的资本的理论时，我们不得不叙述和说明在财货的经济生产中资本的出现及其结果。我们所要说的一切围绕着两个问题：资本是怎样产生的？以及它的生产性工作的性质是什么？第一个问题涉及资本的形成和累积的理论；第二个问题涉及资本的生产功能。

读者已经涉猎了许多种资本理论和定义，当他在我们目前要探讨的问题上遇到类似的不同意见的时候，大概不会再感到惊奇。当然，大家对资本在生产中异乎寻常地有用这一点是没有异议的。但我想这是经济学家们所能同意的唯一的论点。只要再追问一下：这种有用性究竟指什么，或者，资本的协作，其性质究竟是什么？——大家就不再一致了。一个人认为资本的效用在于使劳力得以运用；[①]另一个人认为在于储存或代替劳力；[②]第三个人认为

① 亚当·斯密著作，第2卷，第5章。

② 劳德代尔：《公共财富之性质和原因的研究》，第161页，各处。

在于实施劳力；[①]第四个人颂扬它使人们能控制自然力；[②]第五个人说它使工人能“在企业的开端与结束之间放进一段时间的间隔”。[③] 像劳德代尔这些人把它和土地与劳力一起当作一个独立的、原始的生产要素；另一些人，像季德，称它为一个独立的但仍只是一个派生的要素。克兰瓦赫特只把它看做是一个“条件”；凯雷又把它看做是生产的“工具”或“用具”。的确，我们的理论家们甚至对这种有用的生产辅助物是怎样产生的都没有一致的看法。如果我们具体地问：一架飞机、一把犁或一部蒸汽机是怎样造出来的？——他们或许可能很正确地详细地说明这些资本的具体部分是怎样产生出来的。但当他们要把所看到的东西概括起来，他们就分道扬镳了。一个人说资本起源于储蓄；另一个说不是的，它一定是被生产出来的；而第三个说它是这两者共同产生出来的。

经济学家们在这些问题和类似的问题上的意见不一致，比起他们在利息理论上的不一致来更能引起人们的惊奇。这里的问题是非常不同的，也是基本上较容易的。在利息理论上，困难是在于对确实很混乱的事实给以正当的解释，而在这里除了正确地叙写事实外，没有别的工作了；而这些事实也是大家异常熟悉的。我们说过，大家知道一架飞机或一部蒸汽机是怎样造出来的。同样每个人都正确地知道一架飞机、一部机器、一把犁，或一种原料在生

① 劳德代尔：《公共财富之性质和原因的研究》。萨伊也这样说，“应该说，资本是和劳动一起进行工作的。”《政治经济学》i. 3.

② 斯特拉斯伯格（《希尔德布兰德年鉴》，第 17 卷，1871 年版，第 325 页）；以及凯雷。

③ 杰文斯：《政治经济学原理》，第 2 版，1879 年，第 243 页。

产中做了些什么工作且是怎样做的。只要把那些东西的特点排除掉，而把那些东西的普遍的共同具有的东西用适当的词句描写出来，则资本形成和资本功能的理论就差不多已经写成了。

为什么经济学家在这种简单的工作中失败了呢？这是由于他们不让事实来说明自己。不是简单地实事求是地叙述这些事实，而是想象出了许多解释或者加了许多解释进去；突出了一点，忽略了另一点，而第三点被忽视了，至于根本不存在的第四点却加了进去。如果每个人把自己的特殊见解具体地加进事实中去，则每个人从它们中得出某种不同的东西，还有什么惊奇的呢。

在我看来，在这样一种情况中，理论家最重要的责任，就是要避免上面谴责过的那些过错。为了确定不移地达到这个目的，我们将明确指出（即使仅在外表上）这样一个区别：事实的叙述和事实的解释之间的区别。因之，在下一章里我们将详细叙述资本主义生产的过程。对事实真相有了一个确切的认识之后，在关于资本的生产功能和关于资本形成理论的各章中将有解释和说明。[①]

① 在经济文献中，关于资本主义生产的性质说得最清楚的，我认为是洛贝尔图、杰文斯以及卡尔·门格尔。洛贝尔图的著作，在没有受到他的片面的社会主义观点的影响而变丑的地方，是十分正确而清楚的。不幸，有些地方显著地损害了他的见解。特别是在这些方面：他没有注意到有用的自然力在生产中所占的地位，以及时间的影响——很明显，这两点不能放进他所坚持的“剥削”理论中去，因之被排斥了。我们以后将更充分地看出这一点。卡尔·门格尔，通过他把财货列成“等级”（《国民经济学原理》第7页）以及他关于把各级财货联系在一起的那些规律的说法，说明他对发展了的生产现象有着透彻的理解，并给予后来的研究者以一种非常有用的工具。

第二章 资本主义的生产

资本主义生产的过程我们已经在前面[①]提纲式地讲过了。其中有些方面还需要在这里更精确地检查一下。我将一面回顾以前所说的，一面在需要时作些补充说明。

人们的一切生产，目的在于获得消费用的财货。这些消费品必须以物质形态存在着，因而也受自然规律的支配。我们知道，为了获得它们，我们必须设法使各种积极力量很好地配合起来，以便达到预期的结果。因此我们得到的一件产品，它是按照自然规律产生出来的，也将按照自然规律继续存在下去。现在，比较仔细地来看看人们能对这种生产性的结合使用的力量的性质。它是由两个数量上很不相同的成分组成的——第一，自然界无尽期地发挥着的巨大力量；第二，蕴藏在人体内的小得多的自然力。

人生活在其中的自然界中，包藏着永不静止的大量能量。万有引力使这个地球保持球形；使每样东西紧贴在地面上；使雨落在地上，把江河之水引向大海；使潮水时起时落；不停地在地壳的每一点上起着压力、重量等作用。太阳给地球带来光和热，产生了无穷无尽的物理和化学作用，其中植物的生长特别引起我们的注意，一方面是由于它的神秘性，一方面是由于它对人类的重要性。至于分子、电子以及每个原子对邻近原子不断地发挥的化学作用和反作用，那更是无穷无尽的了。这种不借助人力而由自然界不断

① 第1篇，第2章。

发出的能量的总和，我们可以把它当做人类生产资源的一部分；这个非常重要的部分我们视它为天然资源。这是人们只要可能，可以随心拿用的一个无穷宝库。目前只动用了其中很小的一部分。现在，自然能还有更大的一部分在结合的过程中自行消失，这一部分从人类的目的论的观点看来似乎是无用的或甚至是有害的。潮水的起伏，河流和瀑布的冲力，大气的流动，巨大的电力，磁力，以及万有引力——这些蕴藏在地球内部的能量，只有很小的一部分被人们利用了。其他能量，如土地的生长力，利用得多一些，但离充分利用还很远。农业科学的稳步前进，不但使我们有希望可以从土地上获得越来越多的效用，也使我们怀疑这方面的进展还远远没有到底哩。

我们已经看到，我们所以能控制这些自然力，乃是通过我们生产资源中的另一部分，我们自己的人力。我们拿出自己的劳力以各种巧妙的形式同自然作用结合起来。所以在生产中我们所得到的一切是两种（只有两种）根本的生产力——自然和劳动——的结果。这是在生产理论中最确定不移的见解之一。人们有着大量随手可用的自然作用，可以把自己的人力和它结合起来。自然界自己起的作用，以及人和它一起起的作用——这是各种财货产生的双重来源，也是它们能产生的唯一来源。第三种基本来源是没有插足之地的。

这两个因素就是在生产工作中技术上起一切作用的东西。但在经济上还必须指出另一个很有启发性的限制。作为人类生产活动的基础的大量自然资源中，有一部分应特别引起经济学家的注意，那就是自然界中只有有限供应的那些有用物品。的确，在自然界中的物质和能量是不会缺少的；碳和氮、氧和氢——一般说来，大部分的“元素”——本来不比电力、磁力、化学能和万有引力少一些。但适合于人类需要的这些元素的某种自发结合，可能相对地稀罕；像有用的植物和矿物，能供利用的水源，肥田等等。自然界中这种有限的赐品和能量给我们带来了特殊的经济重要性。不经济地使用它们乃是愚蠢的。像空气、水、阳光等取之不尽的技术要素，我们可以充分利用和任意浪费，不会使生产遭受损失。但有限制的那些技术要素必须小心处理，必须储存起来，必须充分地加以利用。换句话说，在较大范围的技术性天然资源之中，它们是人类的特殊的经济性的天然资源。因为所有，或几乎所有的自然的有限的赐物或能量都是和土地结合着的，我们可以无危险地把土地，包括它的一切活动或使用，作为这种经济性天然资源的代表。[①]

对土地的使用来说，劳动的运用是它的对立物。劳动差不多全部是带有经济性的。这是部分由于体力供应按人类对它的广泛的需求来看是这样的稀少，以至最勤勉的劳动也不能充分满足人类对财货的需求，更谈不到大量超过这个需要了；部分地是由于从事劳动经常使人有困苦和疲劳的不愉快感觉——至少超过了某一个程度之后[②]——这些感觉警告我们不要劳动过分。

因此，自然和劳动是生产的技术要素，土地和劳动的使用则是

① 当然，如果人口稀少，这就可能使土地，至少土地的某些使用，像育林之类，由于无限供应，成为要多少就有多少的免费取用的物资，但在现代社会中，像我在这里所指的——除了废田和沙漠外——都是经济物资。

② 就一般经验讲，“劳动时间愈久，照例，工作就愈感到吃力”，参阅杰文斯：《政治经济学原理》，第2版，第185页；和戈森：《论人类交换法则及由此产生的人类行为准则的发展》，1885年版。

经济要素。后者是进行生产的人利用自然，利用自然的肥沃土壤和无限力量来取得高利的本领。只有土地和劳动的使用才是要求经济处理的力量，因为在技术上也是必要的无偿的自然力的合作是毫无问题并无需代价就可以得到的。唯有能支配土地的使用和劳动的服务的人，才能得到所想望的经济产品；而不能支配它们的人，就得不到这种产品。如果生产技术相同的话，拥有一倍或一半这种支配权的人，就得到一倍或一半的产品。因此，在生产中，只有土地和劳动才是同经济社会有关和必须加以考虑的力量。总之，土地和劳动——或者更确切地说，土地的使用和劳动的服务——是最重要的经济生产力。①

那么，人用什么方法来使用这两种基本的生产力呢？为了解答这个问题，我们暂时回到熟悉的生产方法上来。

要用这两种生产要素来制造人类消费的财货，人们可以采用下面两种方法中的一种。它可以把一些经济生产力互相结合在一起——或者把它们同无代价的自然力的活动结合在一起，使所想望的财货作为结合的结果而立即出现，例如在海边采集贝类。他也可以采取迂回的方法，用他所支配的生产要素，首先制造另一种财货，然后依靠它的协助，再生产他所需要的财货；例如，先去制造

① 我相信这就是事实说明得十分清楚的情况，而洛贝尔图坚持和反复强调，劳动是对人类经济有关的唯一原始力量，并从这里得出结论说一切财货在经济上都可以认为完全是劳动的成果的时候（《关于我国形势的认识》，第一讲；《近代地产信用缺乏的说明和救济》，第2版，第160页；《社会问题解说》，第69页），正是对上述情况的深刻误解。如果今天我们听任一块肥沃的土地闲置着，或者听任一座矿山或水利资源原封不动不加开发；总之，如果我们不是在经济上对土地作有价值的利用的话，我们就等于直接做违背我们福利的事，也正如我们不经济地浪费劳动一样。

渔船和渔网，然后再去捕鱼。我们已经知道，前一种生产方法等于德国人所说的“不用资本的”(Kapitallos)生产，而后者则与资本主义的生产相同；而在间接生产方法中出现的中间产品，则是经济的社会资本。

采用资本主义的生产方法，有两种同样性质和同等重要的后果。一种后果是有利的；另一种则是不利的。有利的后果，我们业已考察过了，即这种生产方法有较大的技术生产力。花费一样多的主要生产力量[①](亦即劳动和有价值的自然力)，用经过适当选择的资本主义生产方法进行生产，可以比直接的没有外力协助的生产，得到更多和更好的财货。这个为日常经验所证实的命题，我们已经在第一篇第二章中用许多例证证明并试着解释过了。我们得到的解释是，当迂回的生产方法选择得适当的时候，可以从自然力的无尽储藏中得到新的同盟军，并可以把这种同盟军的活动力用于生产工作。这一人所熟知的事实，通常被称为“资本的生产力”。但是，这个名词给事实带来了一个特别的解释；这个解释是否正确还有待于在下一章中加以考查。

同资本主义生产方法联在一起的不利之处，在于它要耗费时间。资本的迂回生产方法是有成效的，然而却是漫长的；这种生产方法给我们生产出更多和更好的消费品，只是需要较长的一段时间间隔。这一命题，并不亚于前者，也是资本理论的基本支柱之一。我们以后将要看到，作为获利手段或利息来源的资本的作用，

① “主要生产力”是比较正确的措词，我们现在必须用它来代替不全面的措词“劳动”，后者是我在第1篇第2章中为了避免乏味的解释而采用的。

大部分是以这一命题为根据的。因此我必须指出下面两点来防止任何误解。

首先，很可能在特殊的例子中，间接生产方式不仅更好而且更快。一个人要从高树上采苹果，如果他先从别棵树上攀一根树枝，然后用它把苹果从树上打下来，这样做比爬上树去一只一只地用手摘下来，能更快地达到他的目的。但这不是一条定律。在绝大多数情况下，由于技术上的原因，我们采用迂回的资本主义生产方式时，必须等待，有时要等待很长一段时期，才能得到最后产品。我不必再举已为大家所熟悉的例子了；我只要指出这一点：资本主义生产过程经常带来的这种时间上的损失，是大家热烈讨论着和指责着的，工人对资本家的依赖的唯一根源。如果资本主义生产也像普通无技术的直接生产一样，也可以做一天吃一天的话，那么没有东西可以阻止工人自始至终为他们自己进行这种迂回式生产了。他们还是要依赖于地主，因为地主可以阻止他们利用他们所需要的土地，但是他们可以不依赖于资本家。只是由于工人们不能等到迂回生产方式——它以获得原料和制造工具开始——生产出能供消费的产品，所以工人们就在经济上依赖于资本家，因为在这些人手里已经掌握着我们所称的“中间产品”。①

① 很特殊的是：洛贝尔图，当他讨论采用了迂回生产方式所产生的经济后果时，正是从那些较快的迂回生产方法的少数例子中挑选一个作为例证的（《资本论》第 236 页）。结果是，在这个和类似的例子中，构成利息现象基础的一切经济要素——其中最重要的是和实行这种生产方法有关的时间上的损失——都隐蔽不见了。同时，他以非常片面的看法，把租金的起源归之于目前的私有制（同上书，第 310 页）。但资本私有制本身不会对工人们带来损害；他们将能很容易地避开资本家的锁链，如果冗长的资本主义生产过程所需要的致命的时间间隔不妨碍工人们也采取同样的生产过程的话。

再者——虽然这点似乎是毋需指出的——当我们说资本主义生产需要时间时，如果有人说一件具体资本，譬如一件工具，一旦制造出来之后，就可以比没有这件工具时更快地制造出成品来，例如一个成衣匠用手三天缝成一件衣服，用缝纫机一天就够了，那么提出这样的异议是同我们的说法毫不相关的，因为很明显，缝纫机不过是资本主义生产过程的一部分，甚至是一小部分；而主要部分是缝纫机的制造过程，全部过程远远超过三天。

到这里，我们已把资本主义生产作为一个整体来考虑，且已把它同完全不同资本进行的生产作了对比。但是这里我们提出一个应注意之点，就是，在资本主义生产中是有阶段和程度的；正确地说，有着许多程度的“资本主义”。制造消费品可能采用的迂回方式，其时间长短是非常不同的。我们可以制造中间产品，再用它们在一个月内，一年内，十年内或一百年内制成最终成品。现在的问题是：这样程度上的不同对产品有什么影响？

大体上可以这样说：不仅最初几级的生产量更大些，而且生产过程越是延长，技术效果就越大；但当生产过程延长时，产量往往以较小的比率增长。

这条定理也是根据经验，仅仅根据经验得来的。它必须作为生产技术上的一个事实来接受。读者只要在心中想象一下消费品生产的每一个步骤，就可以很容易地判断它是否正确。例如如果我们仅仅收集干树枝或折下树上的细枝，我们就可以直接获得炉用木材。利用一柄石斧使生产迂回了一些。如果掘出矿石，准备燃料和工具，熔铁炼钢，最后造出钢斧，生产过程就更长了。再往前推上去，我们可以制造采矿机器、复杂的炼铁炉，制造切削钢斧用的特殊机器，再往前推，我们可以建立工场和机器来制造各种各样的设备等等。没有疑问，每增加一级，提高了全部过程的生产率；就是说，每获得一个单位的成品，譬如一立方尺木材，将用去较小比率的劳动量（直接的或间接的）。但是同样无疑的，是最初两种生产方式——用石斧或钢斧的两种生产方式——在伐木的生产率上要比后来的各种改革引起更大的变革。虽然以绝对数字看，后来各种改革所引起的生产率的增长也是很大的。

如果必要，可以更容易地用数字来证明这一点。例如一个工人用双手一天内可以伐木 2 立方尺，而用三天制成石斧能伐木 10 立方尺；资本主义生产方式所需的三天时间的报酬是一个人每天多 8 立方尺。现在把这种生产方式所需的时间加一倍——需要六天时间——所得的报酬也可能加一倍，即 16 立方尺。但如果时间加 2 倍，报酬大致也会加 2 倍。如果把它增加 1000 倍——譬如先开矿，然后在几年之后制成斧头——报酬肯定不会增加 1000 倍。如果可能的话，那么一个工人一天之内将能伐木 8000 立方尺了；从某一点起——这一点不会离开起点很远——产量虽然仍旧有增加，但将以较生产时间为小的比率增长。

当然在这种情况下，确定的数字是不可能规定下来的，不能肯定地说，究竟从哪一点起，生产率将随生产过程的延长而开始减低，或者一般地说，不能肯定生产过程延长后，产量增加的确切数字。这些数字由于各生产部门技术情况的不同而有所不同，也由于生产技术的发展阶段不同而有所不同。每次技术发明也会使这些数字发生改变。例如火药的发明一下子把狩猎的生产力提高了约 50%,把采石的生产力增加了 100 倍。[①] 我们可以很自信地把上面说过的那个定理重复一遍:生产方式的每一次延长(只要是合理的)一般讲来可以使产品增加。也可以肯定地说,没有一种生产部门的产量是不能用这样的方式,在当时的生产情况下来大大提高的;也可以说,新发明可以产生这样的结果;就是资本主义生产中所常见的改革也能产生这样的结果,像采用某些中间机件——加上一只蒸汽发动机,合适的传动机,或灵巧的齿轮,吹风机,杠杆,调节器——之类。我们工农业中的大部分企业,在采用资本主义设备方面,比起最先进的企业来,是多么的落后!就是这些先进单位中的设备也远远不是理想的。[②]

生产过程的延长会引起增产,而增产量到了某一点通常就要减退,这两点在我们学科中早已被注意到和认识到;大部分是在另一种形式下即从生产率理论谑语那里借用来的那种形式下被认识到的。好多年以前屠能就用最客观的方式说出这些现象,并指出:资本逐渐增加时,最后加进去的资本确实能增加劳动的产品,但增

① 所谓发明一般是指发现新的或生产率更高的生产方法。这种新方法,经常——或许在大多数场合下——比老方法时间要长;而在这种情况下,要采用新方法就得制造许多中间产品,或者像通常所说的,得有大量的资本投资:例如在机器、兴筑铁路等等方面。但有时一种好的发明能造成一种更好而时间更短的生产方法,像从老法用植物来制造染料改成新法用化学品来制成染料。不管新法怎样的复杂,但比起要等待冗长而单调的植物成长过程的制造方法来仍直接得多、迅速得多。

② 有人会反对说,为什么人们不充分利用当时技术知识所提供的提高产量的机会。通常的解释是缺少资本。由于资本数量的限制,人们只能在许多种能获利的改革中选用最能获利的一部分,而其他获利较小的,虽仍能获利的一部分,只得置之不用了。这个解释不十分正确,但主要内容还是对的。我们在这里只能接受它,直到以后在适当的地方,能进一步更正确地研究它。

加的比率是逐步减少的。[①] 在这个事实基础上，他自己提出了这个著名的学说：利率使自己适应于用在生产率最小的企业中的最后加进去资本的生产率；随着这个学说的出现，这些事实很广泛地被认识和接受了。[②] 但为了同当时的流行作法相一致，这些事实不得不采取特殊的表现形式和生产率理论的辞句；这样，最恼人的错误和混乱也随之混进去了。[③] 在进一步讨论之前，我认为在这里用最简单的语句把事实重述一遍是有好处的。

或许这一点是不需要证明的，即消费品的资本主义生产，虽然采用迂回的和分级的方法进行，但并不因此而就不是一种紧密关联着和统一的生产。生产中间产品的劳动——我们将根据洛贝尔图[④]，称它为间接劳动——以及另外的但和中间产品一起生产所需物品的劳动——直接劳动——两者都是消费品生产的组成部分。生产木材，需要比森林中伐木更多的劳动；它包括制造斧头的铁匠的劳动，做斧柄的木匠的劳动，采矿工人的劳动，以及其他有关的钢铁工人的劳动等等。的确，我们现代的分工在外表上把一个统一的程序分成若干独立的部分，但是理论家的工作是要把经济程序理解成为一个有机的联系，当然不应当被外表现象所迷惑，

① 《孤立国》，第3版，第2编，第1章，第97页。特别可参看第101页上的表格。

② 譬如被罗雪尔，在《国民经济学基础》第180节；被曼戈尔德在《国民经济学》，1868年版，第432页；被密索夫在《桑伯格手册》，第2版，第633页；以及被许多其他作家。杰文斯也独立地采用了类似的见解，《政治经济学原理》，第2版，第277页。

③ 特别是植基于这些事实（就是运用资本要比不用资本能生产更多的产品）的"物质生产率"或"技术生产率"同"价值生产率"（即一种虚伪的资本生产能力，亦即认为资本能生产比它本身所具有的更多的价值的生产率）相混淆起来了。参阅拙著《资本和利息》，第112、131页。

④ 《资本论》，第236页。

而必须在自己心目中把被掩盖起来的东西重新形成一个统一的生产过程。在这方面洛贝尔图的卓越的表现是他对经济学的最好的贡献之一。

但这一个基本上是经济性的问题却引起了一个我们必须应付的疑难问题。依照前面所说的，生产消费品的生产时期，严格说来必须从制成第一件中间产品的第一天算起，一直到成品出现为止。在我们的时代，不依赖工具的直接生产差不多已经没有了，一时代的人利用上一代制造好了的中间产品，那么任何种消费品的生产时期，如果严格推算起来，一直要追溯到几世纪之前。

一个小孩用小刀削一根手杖，严格说来，他的工作是几世纪以前把铲第一次插入矿穴开采铁矿以便制造刀片的矿工所做的工作的继续。当然，今天的成品对于几世纪来的劳动的成果说来只是一个极微小的部分——即使可能也不值得计算的部分。因此，如果我们一定要根据从第一次投入劳动直到完成工作为止的这个绝对时期，来算出今天的成品的价值，将使我们对耗费在削手杖上的资本主义的程度产生一种非常错误的看法。

更重要和更正确的，乃是看一看从在各阶段工作中不断地支出原始生产力（劳动和土地的使用）起到制成的消费品的出现为止之间的平均时期有多长。生产的资本主义程度是大是小，要看原始生产力在各工序中发挥作用的平均时期是长还是短。例如，一件商品的生产，需费一百天的劳动——为了简便起见，我们不把共同起作用的土地的使用计算在内——，其中一天是在制成品出现之前十年用去的，另一天在九年之前，其余各天在八、七、六、五、四、三、二及一年之前，而其余的九十天是在紧接着成品出现之前用去的。这样，第一天的劳动报酬是在十年之后偿付的，第二天的在九年之后，第三天的在八年之后，依此类推，而最后九十天的是即刻偿付的。计算法如下：

$$\frac{10+9+8+7+6+5+4+3+2+1}{100}=\frac{55}{100}$$

就是说，一百天的劳动是平均在半年之内偿付的。假使说，另一件商品的生产，也需要费一百天的劳动，这一百天也是在十年之内用去的。但使用的先后是这样的：二十天是在十年之前用去的，另外二十天在九年之前，第八年到第一年之间每年用去五天，最后二十天是在紧接成品出现之前用去的，所得平均数就完全不同，且要大得多：

$$\frac{200+180+40+35+30+25+20+15+10+5}{100}=\frac{560}{100}$$

即超过五年半。此外，在上述两个例子中，很可能有若干天的劳动是在几世纪以前就用去了，但这个微小的数字不会影响平均数，因之在大多数场合下，可以不计。①

上面所说的迂回生产方法的延长和资本主义的程度，必须在

① 第一个例子符合下面这种生产情况：只使用一种工具而全部生产过程延续至十年之久——像制造或利用一把用 Bessemer* 钢制成的斧头。第二个例子符合下面这种生产情况：除了斧头之外还使用别种资本主义工具，辅助机件，和材料——但这些东西都是在十年期内造出来的。这两个例子很明显地指出，无须延长生产时期的绝对长度也可以大大增加资本主义的程度，只要把期初工人数和期末工人数之间的比率作些更动，就可以了。或者是十个工人用在期末而一个工人用在十年前，或者是一个工人用在期末而十个工人用在十年前，这里生产总时数都是十年，但在前例中，期末的工人只有少量的工具和机器等，而在后例中工人们则有大量的工具和机器。当然，后一个例子较前一个例子具有多得多的资本主义性质。

* 指酸性转炉钢，即用英人亨利·巴西所发明炼钢法生产的钢。——译者

方才解释的意义上加以理解。过程的长短,或其延长或缩短不应当用从付出最初一点劳动到付出最后一点劳动之间的这段时期的绝对长度来衡量——否则,拿一把恰巧是用罗马时代开出的铁矿石制成的铁锤敲碎一个栗子这样一种劳动,也可以算作最具有"资本主义"性质的生产了。也不应当用生产过程中所包括的独立的中间产品的数量来衡量——否则,当一个孩子用三种中间产品(树枝、石灰和粘鸟胶),在制造它们的同一天去捉鸟,他的捉鸟工作要比费几年的精力来开矿的矿工的劳动更具有资本主义性质了。这个时期应当以从不断地支出劳动、使用土地直到获得最后产品为止之间的平均时期来计算。只有在那些生产方式中,即这里原始生产力的使用,平均分布在整个生产时期的场合下,生产过程的绝对长度才能正确衡量资本主义的程度。[①]

让我们把上面适用于一个生产过程的说法,运用到整个社会中去。每年一个社会重新获得并运用一定数量的原始生产力——以劳动和土地为代表的生产力。社会的生产离资本主义生产方式越远——当然,完全不用资本的生产是没有的——那么一年内为生产消费品而消耗的生产力的比例也越大。生产越具有资本主义性质,一年内消耗的生产力的比例也越小,而投入中间产品——它们只能在后来才能变成制成品——的比例将越大。再者,资本主义程度越高,这些中间产品变成制成品的时期也将越远。因之,一个做一天吃一天的社会,一年内生产力能生产多少,就消费多少。

① 参阅杰文斯:《政治经济学原理》,第 2 版,第 249 页上关于投资额的有趣的计算法和形象化的说法。

一个资本主义社会只消费本年生产力所生产的成果的一小部分，而更多地消费以前各年中生产力所产生的成果，同时它还有余力制造为将来服务的中间产品。资本主义程度越高，它能消耗更远以前年代的（平均地讲）生产力所生产的成果，也能照顾到更远的将来年代的需要。

现在，我相信，下面这种说法，它说出了资本主义生产过程的主要方面，将不可能被错误地理解吧。

人所生产的一切消费品，都是通过人力和自然力的结合才出现的，而其中的自然力，一部分是要经济代价的，一部分则是没有代价的。依靠这些主要的生产力，人可以直接地，或是通过称为资本的中间产品的媒介，来制造他所想望的消费品。后面的这种生产方法需要耗费时间，但在产品的产量方面有一定的优点，而且这个优点同迂回生产方法的每一延长有关，虽然它也许随着时间的延长而成比例地递减。

第三章　资本在生产中的职能

看了上章所说的之后，就不难指出资本在经济生产中所起的作用。

首先，资本有表征上的重要性。它就是有利的迂回生产的表征。我故意说有利的生产方法的“表征”而不说它的“原因”或“条件”，因为，实际上，它是一个结果而不是原因。人们今天用船和网来捕鱼，而不是在池塘旁边用手捉鱼，不能说他们是因为拥有船和网才采用这种比较有效的方法的。很明显，由于他们采用了这种方法他们才有船和网的。一般讲来，在利用这些东西之前，他们一定早已采用了这种迂回的方式。[①]

但资本的重要性还不止于此。第二，这是资本的生产效率的主要方面——资本是完成这种有利的迂回过程的有效的中间原因。每一笔资本，在某种程度上，是有用的天然能力的储存，这些能力起作用时帮助了迂回过程的顺利进展，而资本就是在这个过程中形成的。我说“中间原因”而不说“原因”。资本不发出独立的推动力；他不过把根本的生产力所发出的推动力传达出去罢了，好像一个台球弹子推动另一个弹子一样。的确，资本的职能曾被称为“自然力的禁闭”。这个名称很合适也很好。但不要忘记，这种特性是属于整个资本主义过程的，不但属于“下降部分”（一般叫做资本的使用）而且也属于“上升部分”（资本本身首先在这里被制造出来）。人们并不首先利用资本把自然力禁闭起来；资本本身是以前被禁闭着的自然力——能听从人们指使的原始的生产力——的产物。总的说来，在经济学家给与资本的许多种特征中，在这方面最确切的一个是“生产的工具”这个特征。

但，第三，资本也是所采用的其他各种迂回生产方法的间接原因——所谓其他各种，是指在生产过程中，除了资本本身形成的以外的各种。当人们掌握了许多资本的时候，他不但能顺利地完成这个过程，在这个过程里现有的资本形成了，但同时也能采用别种

① 如果我们采用资本的另一种概念，即不是单纯地把它理解为中间产品，而是把它理解为国家维持基金的全部，因此其中也包括着工人的维持费，那么情况就稍微不同一些。在这种情况下，也只有在这种情况下，我们可以说，资本是有利的迂回生产方法的原因。

新的方法。因为目前有的资本存货(这些基本上不过是处于过渡状态的消费品的总和[①])每年贡献出其中的一部分,因为这部分已完成了过渡状态而变成制成品了,而这些成品留作本经济年度直接消费之用。这样,资本存货越大,那么过去的生产力对目前消费的贡献也越大,因之,为目前需要而动用目前生产力的数量也越小。这样,就有更多的目前生产力可以留下来为将来服务了,就是投资到更长久的生产过程中去。

如果一个社会这样的穷,一年内,假定为 1888 年,从资本主义的中间产品所成熟过来的消费品,只有该年需要的 1/20,那么其余的 19/20 必须从 1888 年内的劳力和土地的使用中得来,因之该年的生产力中只有很小一部分可以剩下来发展为以后年代生产消费品的生产方法。反过来,如果,从前已经累积好了大量的中间产品——原料、工具、机器、工厂、工场等——它的数量这样的大以至逐渐成熟过来的消费品可以满足 1888 年消费需要的 5/10,1889 年消费需要的 4/10,1890 年消费需要的 3/10,以此类推,那么 1888 年的生产力中只有一半将用来满足本年的需要,而另一半可毫不迟疑地全部用来生产在以后年代里可以转成消费品的中间产品了——后面各年的情况也可按比例依此类推。

在这个意义上,也只有在这个意义上,我们可以正确地说,人们必须先有了资本才能采用迂回的生产方法;也可以说,没有资本,人就不能利用影响深远而有利的生产方法,像铺设铁路,建造

① 沙夫尔很巧妙地把资本说成"好像是一株植物当它还不过是渐渐膨胀的花蕾或渐渐成熟的果实时的消费财富"。(《桑柏格手册》,第 2 版,第 1 卷,第 208 页)

运河和灌溉系统，改变河床之类。如果把这个定理理解为：一个社会必须掌握住那些现成的具体资本，用了它该迂回生产方式才能进行，或者甚至说必须掌握这些具体资本（像原料、工具等）用它来形成首先需要的各种资本——如果这样来理解它，那是不正确的。所需的只是：一个社会应掌握足够的资本（不管它是什么形式）使它——当它逐渐变成消费品时——能够满足本年和最近将来对这种财货的需要，以便把本年的生产力腾出来制造所需的各种中间产品。这样说基本上更正确些：在我们从事迂回的生产方法之前，我们需要**消费品**，不管它们是立刻就可以消费的东西，还是处于过渡状态的中间产品。

最后，我们现在可以容易地和绝对地来回答这个有很多争执的问题了：资本本身是否具有任何种独立的生产力；或者以通常的词句来说，资本是不是同劳动和自然相并立的、独立的第三种“生产要素”？

答案必然是个很明确的否定的答案。我想这是任何人可能得出的唯一的一个答案，如果他对提出这个问题的意义何在有明确的认识，同时他认识到这问题必须提出，如果它值得提出的话。这个意义是一个很值得强调的意义。下面这个譬喻可以使问题弄得很清楚。一个人对另外一个人投了一块石头，杀死了他，是不是这块石头杀死他的呢？如果这问题是随便地提出来的，可以毫不迟疑地回答说：是的。但如果犯人在法院里申辩说，杀死这个人的不是他而是石头，那么怎么样呢？如果这样来理解这句话的意义，我们是不是还可以说石头杀死了这个人，而宣告犯人无罪呢？

现在经济学家就是用这样的强调方式来探讨资本的独立生产

力的。这个问题是在我们探讨构成物质财货的各个因素的过程中出现的。正像化学家对复合物的分析感兴趣，经济学家也有兴趣分析物质财货的各个过渡阶段，追究它们的根源，要把成千上万种生产工具或辅助物——它们直接或间接有助于这些财货的产生——分解成为万物得以产生的简单的、根本的能力。在这一点上，就产生了资本是不是一种独立的生产力的怀疑。探讨的全部精神使这个问题只能有一个意义，而重点是很明显的。我们不是要问附属的中间原因，而要问最终的独立的因素。问题不是资本在获得生产后果的过程中起不起作用——正像石块对杀人起不起作用一样——而是，如果承认有生产结果的话，是否其中某一部分完全地或特殊地由于资本而得来的，而不能归功于其他两种公认的基本要素，自然和劳力。现在这个问题能正面回答么?

肯定是不能这样回答的。资本只不过是自然和劳动力的一种中间产品。资本本身的起源、存在，和以后的作用，也不外乎是生产的真正要素——自然和劳动——连续活动中的一些阶段。唯有自然和劳动自始至终从事消费品的生产。唯一的区别是，它们有时候立即生产出消费品来，有时候要分作几个阶段来完成。在后一情况下，每一阶段的完成，都是以生产出预制品和中间产品作为标志的，于是资本也就出现了。不过，如果产品不是立即生产出来，而是采用分期的方式，试问，它的创造者的工作量会不会有一些减少呢？如果今天我将自己的劳动同自然力结合起来，用黏土制造出砖来；明天我又将自己的劳动同自然的赐予结合起来，从而得到了石灰：后天又制出了灰泥，于是建造了一道墙。能不能说，墙的某些部分，我同自然力都没有做工作呢？而且，在一件需要很长时间才能完成的工作——比如说建造一幢房屋——还没有全部完成以前，那就必然是在某一时刻先完成 1/4，然后完成 1/2，然后又完成 3/4。人们能够将这些不可避免的阶段叫做房屋建造的各不相干的必要条件，并认为为了建造一幢房屋，除了建筑材料和劳动而外，我们还需要一幢完成了 1/4 的房屋，完成了 1/2 的房屋和完成了 3/4 的房屋吗？将工作进行中表面上具有资本形式的这些中间步骤，提高成为同自然和劳动并列的独立的生产因素，也许在形式上不那么使人注目，但它实际上是丝毫也不正确的。

如果没有分工，如果没有分工把生产消费品的整个过程分成若干明显地独立的生产活动，那么这个问题是绝不会产生的。分工使经济学家们忘掉把生产消费品的工作看做一个整体，使他们谦逊地把人类以前的活动所生产的不独立的中间产品看做一种独立的力量。即使这样，如果没有另一个原因，理论家们还是不会产生这种混乱的。那就是一般人都公认生产要素和收入类别是对称的，同时经济学家如果不承认资本是一种独立的生产要素，则在解释利息和把它合理化起来时就会感到为难。人们说，一切天然收入是基于参加了财货的生产。收入的各个类别不过是付给各种生产参与者的报酬的形式罢了。地租是付给自然要素的报酬，工资是付给劳动要素的报酬，而利息呢——好罢，如果它不被解释为付给第三种独立要素的报酬，就没有物质的基础了。在理论上它似乎没有被解释清楚，在实际上——这对理论家可能更为严重——它也没有被证明为合理的。这样就使许多学者钻入了牛角尖，宁愿不正视事实而不愿放弃资本是独立的生产力的看法，以致也不愿放弃流行的利息理论的受人欢迎的基础。

事实说得很明显。不可否认，按照要素这个词的原意来说，资本不是一个要素，因为它本身是由自然和劳动的合作中产生出来的。不但这样，这点（由于命运的嘲弄）应当由那些把资本当做独立的生产力的理论家们明确地加以证明——正像在他们之前曾由亚当·斯密加以证明那样。在他们的价格理论中，当必须指出一切物价最后怎样分解为地租、工资和利息时，他们只得详尽地证明具体的资本不是一个要素；譬如，铜与钢，两种制造表的资本，是由于天然矿石、矿工以及以前的资本的合作而产生的，这些东西本身也是以同样方式产生出来的等等。[①] 在这种情况下，要把方才被证明为不独立的中间产品，说成是独立的生产力，他们不得不采取一些非常独特的办法了。最常用的是暧昧和简略。不是老老实实地设法解决这个明显的矛盾，他们或者根本不指出可疑之点，或者即使指出了，却用一些意简言赅的语句带过去了。一连串作家毫不犹豫地在一页上把资本解释为一种“得自”自然和劳动的生产要素，而在另一页上又把它解释为与自然和劳动并立的第三种独立的生产要素。[②] 穆勒屈服于事实的压力，不得不承认资本本身是劳动的产物，所以它在生产中的功能实际上是劳动的间接形式。但一转身他又保留了资本的独立性。他说“不必要特别把它分割开来。为生产这一工作中所需耗费的资本而在以前投入的劳动和

① 参阅萨伊：《政治经济学概论》，第 7 版，第 344 页。

② 早期作家中如富尔达（《经济政策原理或财政学》，第 2 版，1820 年，第 135 页）；桑（《国民经济学新研究》，1835 年版，第 47 页）。后来的作家中如科萨本人（《政治经济学纲要》，第 8 版，第 34 页）和季德（《经济学原理》，1884 年版，第 101，145 页）。

对这一工作本身投入的劳动是同样重要的”。[1] 因之，由于在两个不同的生产阶段中，必须把劳动投入两次，所以必须承认还有劳动以外的另一样东西是独立的生产条件！

当然有些作者处理这个问题比较严肃一些。他们并不规避这个困难，只是设法去找出一个真正的解决办法来。他们绝不忽视这样一个事实：资本首先是通过几种简单要素的结合而出现的。因此，他们正确地不说资本本身具有一种要素的特征；但他们还是需要一个支持利息的独立支柱。他们把资本分解成几个因素，因而发现除了自然和劳动之外，还有一种独立的因素；西尼尔称它为节制，赫尔曼称它为资本的使用。这些解决办法我在《资本和利息》一书中曾详细地讨论过，并且认为是不很恰当的。特别是赫尔曼的解释，因为这样必须把资本所提供的“使用”说成比资本本身更为基本的东西——好像先有鸡生出来的蛋，后有鸡似的！虽然如此，对于我们目前的问题讲来，这些理论都是很有启发性的。它们说明这样一个问题：我们中最有远见的思想家宁愿以危险的人为的解释冀求问题的解决，而不愿同意流行的学说——即资本本身，虽然起源于自然和劳动的合作，仍然是一种同它们相并立的“独立的”生产要素！

因此，我们可以很有把握地把资本从独立的生产力中除去，正如一部分英国学派在很久以前所做的那样，也正如社会党人近来所做的那样。然而我可以说，他们这样做的方式并不完全恰当。在资本的作用中，他们看到的只是在生产资本中消耗的劳动的作

[1] 穆勒：《国民经济学原理》，第1编，第7章，第1节。

用;他们将资本解释为“预先储存的劳动”。这是不正确的。资本——保持同样的说法——固然是“储存的劳动”,但它却包括更多一些的内容,它也是储存的有价值的自然力。资本是一种媒介,通过它,两种固有的生产力可以发挥它的作用。就拿黄金的作用来讲,当它作为资本用于镀避雷针时,掘出金矿石并加以提炼的矿工的劳动并不是唯一的有贡献的力量;在存贮这种有价值的矿脉或砂金方面,自然也有它的一份贡献。

那么,虽然我们把资本在生产中的作用归因于自然和劳动,资本本身是否有生产力呢?当然是有的,从生产性这个意义非常含糊的词汇的几种意义上说,它都是有生产力的。[①] 首先,资本是“有生产力的”,因为它在财货生产中有自己的目标;其次,资本是有生产力的,因为当迂回而有利的生产方法开始的时候,它就是完成这种方法的有效工具;最后,资本是有间接生产力的,因为它使采用新的可以获利的生产方法成为可能。然而,在一点上它却没有生产力,即按争论最重要部分关键所在的意义来讲,资本并非具有独立生产力的。老经济学家洛茨简明而扼要地说:“在资本中绝对不存在任何独立的劳动的问题”[②]。

第四章　资本形成的理论

关于资本的形成,在经济学里流行着三种见解。一种认为它

① 参阅《资本与利息》,第 114 页。

② 参阅《政治经济学手册》,第 2 版,1821 年,第 66 页,注文。

起源于储蓄，第二种认为它起源于生产，第三种认为它起源于储蓄与生产。其中第三种接受的人最多同时也是正确的一种。但这个公式还必须略加扩张，并且应当以一种比以前既更清楚又更近实际的形式表达出来。①

首先，用最简单易懂的词句把问题说出来。假定有一个隐士不用任何种资本工作着——像漂流在孤岛上的鲁宾逊，既无工具又无武器，由于没有资本，他最初必须以最原始的方法，像采集野

① 关于储蓄在资本的形成中所起的一份作用的争论，几乎同经济学有一样长的历史。第一个出现的理论认为它占主要的地位。重农主义者已经提出过这个理论，但由亚当·斯密用下面常被引用的一句话表述了出来："资本增长的直接原因是节约而不是勤劳。"(《国富论》第2卷，第3章)由于他的威望，这种见解差不多在后来很长一段时间内成为唯一的见解，虽然后来曾受到许多挫折，但仍有一些著名的拥护者：其中有穆勒——"资本是储蓄的结果"(《政治经济学原理》第1卷，第5章，第4节)；罗雪尔——"资本主要是储蓄的结果"(《国民经济学原理》第45节)；沃克尔——"它只是从储蓄中产生出来的。它表示自我克制和节制"(《政治经济学》第67页)。但从一个很早的时期起，对这种理论就有尖锐的反对意见，首先来自劳德代尔(《经济学研究》，1804年，第四章)；稍过一些时候，有社会主义理论家洛贝尔图(《资本论》第240、267页"正像一个孤独个人的资本一样，国家的资本只能通过劳动而不是通过储蓄，才能产生和增长")；拉萨尔(《资本和劳动》第64页)；马克思(《资本论》第1卷，第2版，第619页)。其他学派的近代一些作家也倾向于这一种见解；季德就很明确和坚决(《国民经济学原理》第167页)；克兰瓦赫特不太坚决(《桑伯格手册》，第2版，第213页)；麦耶(《收入的本质》，1887年版，第213页)；瓦格纳更妥协些(《国民经济字原理》，第2版，第298节)；而寇思则暗晦而含混些(《国民经济学原理》，1885年版，第257节)。但是虽然把资本归因于劳动这个趋势正在发展着，把它归因于储蓄的这个见解依然为多数人所接纳。但持有后一种见解的作家经常正确地指出一些限制，并强调指出光是储蓄是不够的。必须也有"劳动"或"用之于生产目的"诸如此类——的确，这或许是许多老一辈主张储蓄理论者的真实意义，不过他们认为太明显了，所以没有明确地说出来。参阅劳(《国民经济学教程》第8版，第1卷，第133节)；里卡-萨勒诺(《资本理论》，第4章，第118页——"资本得源于勤劳和节约")；科萨(《政治经济学原理》，第8版，第39页)以及其他许多作家的著作。

莓之类来维持生命。在他能得到第一笔资本（像一副弓箭）之前，将发生什么事呢？

让我们来考验第一种理论。仅有储蓄就能够产生资本么？当然不能。只有一样物品——野果——我们的鲁宾逊可以随意储蓄一定的数量；他可以积存一堆野毒——消费品——但这不能使他得到弓箭。很明显，这些是必须积极地加以生产的。

那么，说资本是生产出来的，够不够呢？当然也是不够的。当然只要鲁宾逊有时间开始生产资本，资本可以说已经形成了。但是在他有时间生产资本之前，还有些事情必须去做，这些事是什么，绝不是不言自明的。为了要使资本得以形成，生产力必须解放，而只有通过储蓄，才能解放生产力，这一点我们在以后会明白。

我们的鲁宾逊每天能支配的原始生产力等于——不计自然的赐物——一天的劳动，我们假定这一天的劳动为十小时的劳动。现在假定在他茅屋四周的野莓很稀少，以致他劳动十小时所得到的仅足以维持他最低限度的生活，很明显，资本的形成是不可能的。劝他生产一副弓箭也是无用的。生产需要时间和体力，而鲁宾逊的全部时间和精力都已用在维持生命这方面了。所以，如果没有别种东西，要生产资本是很困难的；我们把上面例子中所假定的事实更动一下，就能立刻看出所谓别种东西究竟是什么。

假定，野莓的供应量非常之多，采集九小时就可以维持最低限度的生活。十小时的采集就可以使他非常健壮。那么很明显现在他有两条路可供选择了。或者他可以充分利用这样的机会，把十小时劳动的成果全部消费掉——这样他显然将没有时间和精力制造弓箭了；或者，虽然在他手头上的生产力足够使他生活得好些，但他满足于最低限度的生活，就是，只要采集九小时就够了；这时候，也只有在这时候，他有第十个小时空闲下来，可以利用它来制造武器为将来服务。换句话说，这就等于说：在资本真真能被形成之前，生产资本所需的生产力必须通过侵占目前的享受而储蓄起来。

为了避免预料中很可能会产生的错误，必须明确地指出：这种对目前享受的侵占不必是彻底的匮乏。既然有着更多的生产力，鲁宾逊的选择不是像上面例子中的那样，最低限度的生活和比较宽裕的生活之间的选择；而是较宽裕的生活和极宽裕的生活之间的选择。问题不是这些对目前享受的侵占是否绝对不重要，而是这些侵占对那个数量之间的关系——我用“收入”这个最简短和最能为大家所理解的词来表达这个数量，但这个词不幸在科学使用中还没有确切的定义。[①] 最重要的事是目前的生产力资源不应当全部为目前这个时期的直接消费而用光，必须留下一部分以备未来之需。这部分保留下来的无疑地可以叫做真正的生产力的储存。

要注意，我说的是生产力的储存；因为储蓄的直接对象不是构成资本的财货，而是生产力。这点很重要，必须特别加以强调，因为在目前太不受人注意了。人们储存消费品，他的享受物品；他就储存了生产力，用这些他就能生产资本。[②] 只有在特殊情况下，资

① 关于收入概念的许多不同而矛盾的解释可参阅麦耶著《收入的本质》，1887 年版，特别第 1—27 页。我故意避免对这个概念进行争论，麦耶的著作虽然有许多优点，但我看还没有把问题很好地加以解决。后面我用到收入这个词时，请勿以麦耶的意义来理解，而用和常用的意义颇为相近的意义来理解。

② 因此，亚当·斯密著名的定理“资本增长的直接原因是节约而不是勤劳”，严格说来，被颠倒过来了。资本起源的直接原因是生产；间接原因是以前的储蓄。

本本身才是储蓄的直接对象；这只有在那种财货的情况下才能发生：即那种财货，由于它的特性，既可以用做消费品，也可以用作生产资料——例如谷物。如果人们不把这些财货直接消费掉，他的储蓄直接奠定了资本的基础。当然，要在这个基础上进行建筑，还得在储蓄这个消极因素之上，再加上把储存下来的财货作为中间产品投入生产中去这个积极因素。

不难指出：正像第一次资本的形成一样，以后每一次资本存货的增加都要受这种条件的限制。假定在一个月之内，我们的鲁宾逊每天只消费掉他在九小时内所采集的野果，而用第十个小时来制造武器。30 小时的工作使他有了弓和箭，有了这些他有可能使他的生活过得更容易更丰盛些。自然，他的欲望增大了。他要好衣服，住房，以及一切使他舒适的物品了。但为此，他需要适用的中间产品——斧，钉、钳等等。现在我们进一步要问：还有哪些条件满足后，才能使鲁宾逊得到这种新资本呢？

这是很容易回答的。如果他利用弓箭所给他的优越条件来增加他的直接消费——就是说，他用他的全部时间来为目前服务，如打猎、采果、睡眠等，则他不但得不到新资本，而且还要丧失他的旧资本。弓和箭不能永久不坏。在一个月内，我们可以说他的箭会用光，他的弓会耗损。因此如果他要继续保持这些资本，显然他必须至少用这第十个小时来修理旧资本，而至多只能用九个小时来采果和打猎。

用命题的形式来说：为了使资本继续保存下去，人们必须从**本阶段**的生产力中抽出一部分来弥补在本阶段内所消耗的**以前**的生产力的成果。[①] 或者换句话说，本阶段的消费量受限制于本阶段内出现的生产力——包括现在的和以前的生产力——所生产的产量。

最后，如果有可能进一步增加资本，那么很明显地，必须从目前消费中抽出更大数量的现有生产力来为将来服务；鲁宾逊必须从他的十小时劳动中抽出一小时来用于修理旧武器，而用不到九小时的时间来采果和打猎；如果他要制造新资本，就得利用其余的劳动时间。一般地说，他必须把本阶段的直接消费，减少到这样一个程度，即它所消耗的只能不是本阶段内出现的全部生产力（包括目前的和过去的生产力）所生产出来的产品，简言之，必须节约生产力。

这些都很清楚而简单；的确，对我们的目的言，这甚至太简单了一些。如果目的只在于明确说明最简单的一般原理——提出一个经济过程的雏形——那么鲁宾逊这个例子以及原始情况的描述是很好的，——在这个程度上，我相信我们的鲁宾逊也已尽了他的一份力量。但是当然这些例子不能代表特殊的、发展了的现代社会的真实情况。这里就有必要从实际生活中拿些例子和解释来充实这个抽象的公式。因此，我们就要离开这凄凉的鲁宾逊海岸，而来谈谈有着千百万人口的大国的工业管理。

---

① 只有在这种情况下，只需用较少量的生产力来为将来服务，这种情况是：其时某个生产部门的技术已经改善。例如，如果鲁宾逊学会了在十五天内制造出以前要费30天才能制造出来的武器，当然，他每天只要花费半小时劳动在修理武器上就可以保持资本，而其余九小时半劳动可用于直接取得更为富裕的生活资料。而不会损害他的经济地位。

第五章　社会中资本的形成

假定有一个拥有 1 000 万壮健人民的社会。为了不使问题复杂化，我们暂不把土地的使用计算在内，这个国家一年的资源——它的原始生产力——就等于 1 000 万年的劳力。它的资本积存量我们假定为 3 000 万年劳动的成果（以及适当数量的土地的使用），它们是以中间物品的形式在以前各经济年度里积存下来的。再仔细看看这些资本存货的内容。

从本质看，每一种资本是一群中间产品，它们的共同目标是逐渐成熟起来成为消费品，或享受品。它们通过不断的生产过程——它们本身也是在生产过程中产生出来的——达到这个目标。它们好像都在通向人类消费目标的大道上前进着。但它们必须走过的这条路的长短是不同的。这一方面是由于各生产部门所采取的迂回方法，长短就有所不同：譬如采矿和铁路建筑所采取的方法要比伐木所采取的迂回而冗长得多。但一方面也由于构成社会资本的那些财货，在一定的时刻，都处在各自道路上的不同地点。有许多种中间产品还在迂回道路的起点，像钻孔机，它的毕生工作是把钻杆打进矿里去。有些中间产品在半路上，另一些，像准备做衣服的衣料，已经在它们各自生产过程的末端了。某一时刻的资本存货代表着各种生产过程的截面，而生产过程有长有短，所处地位有先有后，正像国家人口统计代表着个人生活的横截面，把个人在不同生活阶段的情况记录了下来。

根据各种中间产品离消费目标的远近，全部资本可以分成各

种成熟年级或成熟阶段，可以很合适地用同心圆图来表示。第一图中的最外圈包括明年内就成熟为消费品的那些财货；第二圈包括后年内可成熟的那些财货；第三圈包括再下一年可成熟的财货，依此类推。在一个生产尚未高度资本主义化的社会里，最里面的几个圈会很快地略去（第二图），因为在这种社会里，很长的迂回生产方法——像好几年以后才能获得最后成品的生产方法——是很少的。而在一个高度发展了的社会里，中间的圆圈就很多，而最里面的几圈，虽然比较小，但内容是相当丰富的。

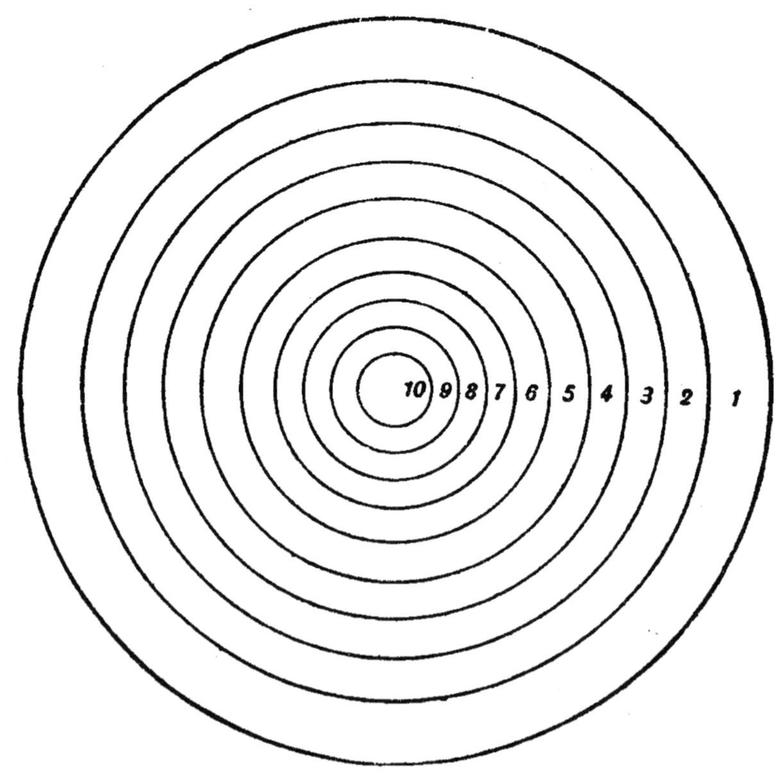

第一图

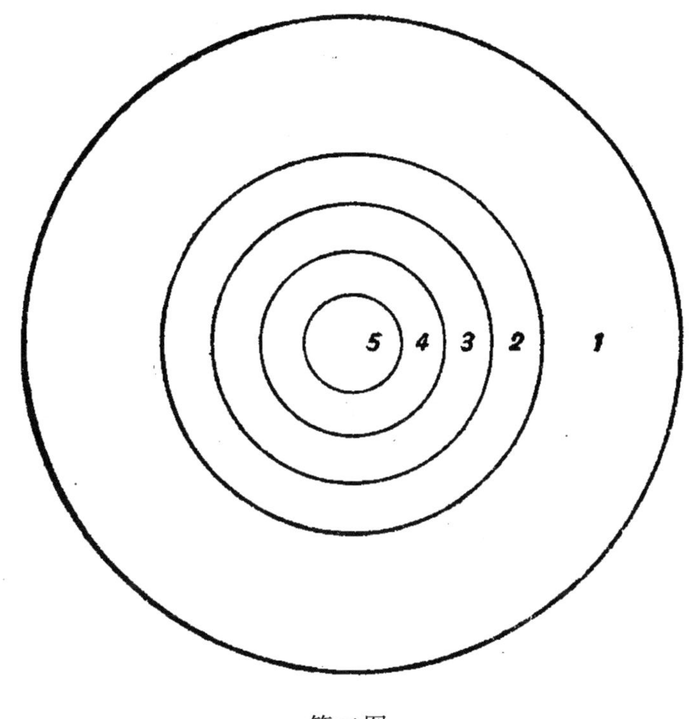

第二图

用同心圆来代表各成熟阶段是特别合适的，因为它也很好地表明了各阶段之间的数量关系，最外一圈面积最大，而里面各圈逐步小下去，正好说明第一级——在生产过程的末端——总是包括最大数量的资本，而以下各级包括越来越小数量的资本。这是由于两个理由。第一个理由是各生产部门一般都采用不同长度的生产过程——长度因各部门中技术情况而有所不同。许多部门在一年之内完成从头至尾的整个生产过程；许多部门需要二年、三年、四年、五年的时间；只有少数部门需要十年、二十年或三十年的时间。结果，在最高各级中——即在时间上离成品最远的各级中——只有不多几个生产部门；譬如，第十圈里的中间产品只能由那些至少有十年的生产时期的生产部门来提供。但是较低各圈不但可以由那些最后被指明的生产部门来满足(因为这种生产过程很长的中间产品也得通过一个圈一个圈而走到成熟),而且也可以由那些生产时期更短的生产部门来满足,因之越近第一级,所包括的中间产品也越多,而在第一级里每一个生产部门都可以找到它自己的中间产品。

但还有另一种情况也在向同一方向发生作用。中间产品逐渐向消费品成熟需要不断加进目前的生产力。在每一个生产阶段必须把新劳动加到从上一阶段转移过来的中间产品上去,而这些中间产品又将以更成熟的形式转移到下一个阶段去。在一个阶段里,中间产品羊毛,加进了劳动,变成中间产品毛线;再在下一个阶段里,再加进劳动变成中间产品呢绒,以此类推。结果是这样,在每一个生产部门中,投资的数量随着阶段的前进,从一个圈到下一个圈而增长着。也就是说,结果,下面的各个圈,正像以前说过的,不但同更多的生产部门有关,而且也包含着更大的投资,这就使下面各级,由于两方面的影响,较上面各级中的数量要大些。①

在这个基础上,我们可以把我们的例子用数字来表达了,为了方便起见,我们假定一个社会的全部资本包括在十个年度圆圈内。如果总资本有三千万个劳动年(为简便计我还不把土地投资放进去),我们假定各圈的分布情况有如下表:

① 能在几年之内被使用的耐久的生产性财货,当然(或者以其作为有用财货的各部分内容,或者以其活动的各个年圈),同时属于好几个圈的。

第一圈	包括中间产品	6	百万个劳动年
第二圈	包括中间产品	5	百万个劳动年
第三圈	包括中间产品	4	百万个劳动年
第四圈	包括中间产品	3.5	百万个劳动年
第五圈	包括中间产品	3	百万个劳动年
第六圈	包括中间产品	2.5	百万个劳动年
第七圈	包括中间产品	2	百万个劳动年
第八圈	包括中间产品	1.7	百万个劳动年
第九圈	包括中间产品	1.3	百万个劳动年
第十圈	包括中间产品	1	百万个劳动年

在正常情况下，最外面的一圈，每个从资本中分裂出来而变成消费品了，但是下一圈推上来，由于加进了新劳动每圈都前进一步——不但离成熟期前进一步，而且在投资数量上也前进了一步。因此，第一级变成了消费品，第二级变成了第一级，第三级变成了第二级，依此类推。现在下面这些重要问题出现了。为了要保持原有的这些资本，这个社会应怎样来利用每年在本年度内出现的原始的生产力呢？——就是说，应怎样来利用本年度内新生的一千万个劳动年呢？（为简单起见仍不计土地的使用）同时应如何来增加资本呢？

这些问题很容易回答。要保持现有的资本，这个社会在现时生产[①]中消耗的劳动年不应当超过400万个。

① （为简短计）我将各种生产活动包括在这个名称（现时生产）下，这些生产活动都有下面这个共同点：在这些活动中的根本的生产力，都在同一个经济年度内达到目的，而变成消费品。这适用于两种生产活动；部分地也是主要地适用于在最后各阶段中的生产活动，即把第一圈中的资本转成消费品的劳力（像农业劳动，磨粉师、面包师、皮匠、缝纫师等的劳动），部分地适用于生产过程短的行业，这里生产从头至尾可在一个经济年度内完成。

有着其余的600万个劳动年、由于第一年圈的分离而已减少的资本,必须在数量上和质量上予以补足。为了达到这个目的,必须加进劳动使其余九个年圈都向成熟前进一步,而现在已消失了的第十级必须从新建立起来。这样做所需的劳动量可以确切地计算出来。以前的第二级,还只包含着五百万个劳动年,为了使它的价值同原来的第一级完全相等,必须加进:

	1	百万个劳动年
第三级　必须加进	1	百万个劳动年
第四级　必须加进	0.5	百万个劳动年
第五级　必须加进	0.5	百万个劳动年
第六级　必须加进	0.5	百万个劳动年
第七级　必须加进	0.5	百万个劳动年
第八级　必须加进	0.3	百万个劳动年
第九级　必须加进	0.4	百万个劳动年
第十级　必须加进	0.3	百万个劳动年
建立一个新的第十级必须加进	1	百万个劳动年
合计	6	百万个劳动年

必须指出,这600万个劳动年究竟用在何处,即究竟用在哪一圈里,这点不是完全没有关系的。如果这600万个劳动年虽然用来制造中间产品,但不是按照上表的分配法——譬如它们全部被用来制造第一圈内中间产品,这些中间产品一年内就会成熟——则就会产生两种缺点:第一,后面各圈中的中间产品的生产就要停滞不前;第二,我们知道,较短的生产方式,生产率不高。600万个劳动年都用在一个圈内,目前的确还可以把同样数量的生产力转移到将来去,但是——这里归根结底是最重要的一点——这些生产力,由于只有一年生产过程,只能提供小于本年度从以前各年得

来的消费品数量，下一年度的生产就因之而减小，资本存货就不能保持在原来的水平上了。

再者，如果要增加现有的资本存量，这个社会必须放弃享受它可以享受的一部分消费品——但同时仍使资本维持在原来的水平——它必须从为目前服务的生产力中抽出一部分来；它必须把它们储存起来，为将来生产之用。生产力可以用各种方法储存起来。(1)其他条件不变，目前生产力的较小的一部分——譬如不是400 万个劳动年而是 300 万个——可以用在直接的“现时生产”。或者(2)对储蓄的准备已作了安排，把全部资本这样组织起来，使即将成熟的一圈减少其资本总额，譬如不是 600 万个劳动年，而是500 万个。那么由于现在只需要 500 万个劳动年，而不是 600 万个来作资本的补充，就剩下 100 万个劳动年可以用来形成新资本——假定像以前一样，目前 1 000 万个劳动年的目前生产力资源中有 400 万个是用在“现时生产”中。或者(3)可以想象，资本的结构也可以改变，把原来规定要流入最近成熟阶段的资本减少下来。大家知道，许多东西有许多种不同的用途，这样就可以把已经成熟了的，或快要成熟的财货推到后面的若干阶段去，例如谷物可以不作食物用而留作种子，或用来酿酒；煤可以不作家庭烹饪用而用在熔铁炉中，铁可以不必用来制造公园铁栅而制造机器；诸如此类。如果采取这种改变用途的方法，成熟的资本从 600 万个劳动年减到 500 万个，再除去 400 万个已用在“现时生产”中的，便将有100 万个劳动年省下来形成新资本了。

所有这三种方法——在实际生活中，第二种最普通，而第一种最少见——有一点很重要的共同点：在当前年度内，只有 900 万个

劳动年的产品被消耗掉而出现的劳动年却有 1 000 万个;换言之,就有 100 万个劳动年被储存下来了。[①]

到这里为止,我们描写一个社会中资本的形成,好像这个社会是个在一个机构领导之下的统一的经济。当然这是不对的。因之,我们进一步看看在一个有着分工而工业由许多人领导的社会里,那些能使资本形成的生产力是怎样被运用的,再进而追问这里是否像上面一样也需要"储蓄"。既然有一种说法——不是没有理由的——认为普通的真理不但应当在目前的和历史的组织中得到证明,而且也应当在任何种社会组织中得到证明,我想在这次探讨中既要检查目前的,主要是个人主义的经济组织,又要检查那种可能想象得到的社会主义经济组织。我们将从后者开始,因为从我们目前的问题着眼,这里比较容易些。

在一个社会主义国家里,那里私人资本和私人企业是被禁止的,那里全部国民生产是由国家组织的,资本的形成以及在这个上面所需要的以前生产力的储存,是由政府管理的。所采方法很简单,只要把全国工人的很大一部分转移到很长的生产过程中去,这样,资本——

① 如果在这个年度内,采用了新的生产技术以致以前要耗费 600 万个劳动年来生产的资本现在用 500 万个就可以生产出来,则我们例子中的数字就应有所改动,但道理是一样的。现在用 500 万个劳动年于现时生产中,以致把 1 100 万个劳动年的产品全部用于直接消费(见本书第 130 页注①)还是可以把原有资本保持在原有水平上。但无论如何,要形成新资本,就必须放弃一部分直接消费(如果光是希望保持住原有的资本,则这部分直接消费就可不放弃);换言之,就得把"收入"中如果消费掉也不会减少资本存量的那一部分不消费掉而储存下来。此外,如果生产技术不再继续改进,那么,几年之后——就是按照旧生产技术生产出来的资本都耗尽的时候——例子中的数字又会适用;如果在任何一个时期内,直接消费掉的产品恰巧和同期内所出现的生产力相等,那么,资本将保持在原来的水平上。

以中间产品的形式出现——的形成将是大量的，将来成熟的产品数量也将大大增加。许多工人——相对地说——将去开矿，造铁路，疏通河流，制造机器等等；较少工人将去酿酒，缫丝，制造花边，制啤酒，织布等等。因此，人民就不得不由于上面的压力而去储蓄，因为由于国家这样经营一国的生产，一年之间将较少地生产直接供消费的财货——就是说，要比仅仅保持原有的资本的情况下少一些。这样腾出来的生产力，将投入漫长的资本主义生产过程中去。

比较复杂些，但是在理论上还是容易掌握的，是目前我们看到的个人主义社会组织的程序。首先，这里决定每年出现的生产力应怎样来使用的是企业家，他们因此也就决定着国家的生产方向。但是他们不能随心所欲地作出决定；他们是以产品价格为指导的。那里需求活跃，价格有利，他们就在那里增加生产；而那里由于需求减退，货物滞销，价格落到低于支付水平，他们就减少那种货物的生产。供应的增加或缩减将继续下去，一直到该商品的生产和需要相适应为止。因此，归根结底不是这些企业家决定着国家生产的方向，而是消费者，“公众”，决定着它。一切决定于有效的需求——决定于他们通过他们的收入而发挥出来的有效需求。一国人民的总收入，在长期内，等于他们的生产的总利润。代表一年收入的那一个圈大体上[①]等于代表其生产力的一年的利润的那一个

① 我虽有足够材料，但我没有时间和愿望来进一步指出其中微妙的差别。关于国民产品和国民收入之间的关系，R. 麦耶的著作（第5、84页）有个很有趣的研究（虽然我不能完全同意这个看法）。也可看雷克西斯的研究（正在本书付印的时候出版的），题目为《论一定价值总量及其与货币价值的关系》，《土宾根杂志》，第2卷，第221页，在这里，每年的“消费量”、“生产量”以及“主要收入量”也被认为是“在数量上大致相等的”。

圈。如果社会上每个人恰巧消耗掉相等于他的年收入的消费品，那么对消费品的需求就会增加；再通过物价就可使企业家调节他们的生产，使全年生产力的利润都以消费品的形式出现。如果一国人民的一年资源是1 000万个劳动年（以及相应的土地的使用），而他们愿意而且也确实消费了他们的以消费品形式出现的全部收入，那么整个1 000万劳动年（以及相应的土地的使用）的产品必须每年都变成消费品。这样再也没有多余的生产力来增加资本了，资本只能保持原状。

反之，如果每个人平均只消耗他收入的3/4而把其余储蓄起来，那么很明显，购买消费品的欲望或对消费品的需求也将下降。只有原来的3/4的消费品可以卖掉。如果企业家在一个时期内仍按照原来的计划来生产，而提供1 000万个劳动年的消费品到市场上来，则超额供应很快就会使物价下降，商业就会亏本，而损失的压力将迫使企业家们调整生产使其适应改变了的需求情况。他们将设法使一年之内只有750万个劳动年的产品变成消费品（不管他们是把第一级产品变成消费品还是增加"现时生产"①），而本年度资源中余下的250万个劳动年将被用来增加资本。我说"将被用来"，因为一个经济上先进的国家的人民绝不会储藏实物，他们一定会把不用的收入购买证券、公债或存入银行。这样储蓄下来的，就成为生产资金；它会提高生产者对生产资料的购买力；这样它就成为对生产资料或中间产品的额外需求的原因；最后会使企业家把他们所掌握的生产力投入这些中间产品的生产中去。

① 计划的改变用这种方法最易达到，即资本从一种用途转移到另一种用途去。

因此，我们看到了这样一个事实：储蓄与资本形成之间有着密切的联系。如果没有人储蓄，全体人民就不能累积资本，因为对消费品的大量需要，通过物价的冲击，会迫使生产者把一年的生产力转向消费品的生产中去，因之没有多余的生产力来增加资本了。但如果人们从事储蓄，改变了的需求，同样通过物价的冲击，会迫使企业家们改变他们的生产方向；用于目前消费的生产力将减少；而用于生产为将来服务的中间产品的生产力将增加；换言之，目的在于增加将来的消费的经济，资本将会增加。

现在还有第三种可能性。每个人的平均消耗量可以超过他们的收入；不但不储蓄反而用掉他们原有的财富，依照我们的理论，这样一定会引起社会资本的减少，事实也是这样。经过的步骤是这样的。由于普遍的奢侈，对消费品的需求就会超过社会一年的收入，也就是超过一年生产力的产品。生产受了物价的刺激会适应于需求。譬如，按照原来的安排，第一圈及其 600 万个劳动年，将在本年内成熟，而构成本年度资源的 1 000 万个劳动年中，400 万个用于“现时生产”，其余的 600 万个用于补充消耗掉了的资本。现在假定由于人民的奢侈，一年对消费品的需求增加到需要 1 200 万个劳动年来生产它。企业家大致将这样来安排生产。或许要以 500 万个劳动年，而不是 400 万个，投入现时生产中去，相应地，作为资本补充之用的，将从 600 万个缩减到 500 万个。这样才能满足上述 100 万个额外需要。同时用转移用途的方法，他们也许会把另外的 100 万个劳动年的产品从较远的一级转入第一级中去，这样也可增产本年的消费品。这样又可以满足第二个 100 万个劳动年的需要。该社会现在有了并消耗了它所需要的，即 1 200 万

个劳动年所生产的消费品；[①]但它这样做有损于资本的存量（资本得不到充分补充了），也就是减少了 200 万个劳动年。[②]

或许我浪费了许多词句来证明这样一条明显的、任何一个不熟悉科学但有头脑的人都不会怀疑的真理。小孩子都知道，任何一笔资本，譬如说一柄铁锤，如果要它存在必须生产它出来。每一个头脑简单的人也知道，如果人们经常消耗掉他的全部收入，换言之，如果他们不储蓄，资本就无法形成或增加。只有理论家才能以尖锐的眼光提出第一个怀疑。但是如果不能断然地提出资本形成的理论，则很难对资本形成的过程作一个完全而有效的叙述。这些以及其他许多经济学说的全部且几乎是唯一的难关就在这里；这也说明为什么许多抽象的推论得不到人们的信任而终于失败了。不应得到信任的不是演绎法而是误用了它的人。的确，有能力的思想家很少犯庸俗的思想上的错误；毛病大体上是在这方面：有关的经济学家，不能使那些作为假设被引入自己的推论的情况和过程，在自己的心目中形成很明确的概念，或者至少他们没有在推论的各阶段中，把这个明确的概念贯彻下去。因之，既然与生活脱离了接触，他们便开始不从事实真相出发、而从公式出发进行演绎，不知不觉中堕入了空洞的理论。我认为许多经济学家已犯了这个错误，所以我宁愿多费词句，而不愿冒诡辩之嫌。

① 就是：原来第一圈中的 600 万个，因改变计划转移用途得到的 100 万个，以及本年度的劳动资源中得来的 500 万个。

② 资本存量原来包括 3 000 万个劳动年的产品；它现在以 700 万个作为本年度的消费，但它只得到 500 万个来补充它，因之存量从 3 000 万个减少到 2 800 万个。

第六章 可能的反对意见

在上面的叙述之后，还应当简略地检查一下若干最重要的反对意见。其中两个特别值得注意。第一个反对意见是，认为构成资本的绝大多数财货，按其性质来说是不适宜于直接消费的。因之把它们从一种它们绝不能效劳的用途中抽出来，并没有什么损失。的确，说一部蒸汽机或土壤改良、或瓦片及金属杆等的“不消费”乃是一种储蓄或节约，这是很可笑的。[①]

我看这对那些仅仅肤浅地或错误地表述储蓄理论的人，是一种无价值，但依然很好的反对意见。但对该理论的实质，它并不能证明任何东西。如果有人这样愚蠢竟把储蓄解释为必须把制成的资本，具体的资本，“储蓄”起来，那么人们必然会反驳他说，人是不能吃铁的机器的。[②] 但这完全不是持这种理论的代表作家的意思。他们只是说，没有储蓄，资本就不能形成或增加；只是说储蓄像劳动一样，是资本形成的不可缺少的一个条件。这些在字面上都是正确的。机器本身不是储蓄起来的，而是制造出来的。但是要制造它们，人们必须在早些时候把生产力从为目前服务的生产

① 社会主义作家很强调这一点，参阅拉萨尔(《资本和劳动》第 69 页)；洛贝尔图(《资本论》，第 271 页)。瓦格纳也这样说，但不十分强调(《国民经济学原理》第 2 版，第 600 页)，他把财货分为具有资本特点的财货和不具有这些特点的财货。前者不是，至少不是直接的储蓄对象。克兰瓦赫特也是这样(《桑柏格手册》第 1 版，第 173 页)。

② 拉萨尔。

中抽出来；因之，人们不得不把它们储蓄起来。[①]

牺牲，节制或克制不必和储蓄联在一起。这样说也许有助于平息争论。储蓄之中或许有牺牲，它也许是值得嘉许的，但完全不需要。收入小的人当然要感到一些不便，要它放弃这些享受，需要高度的克制；但一个收入十万镑的人，如果他满足于消费半数，不能因为他储蓄了另一半作为资本而称他为节约模范。仅是储蓄这个事实乃是资本形成所不可少的东西；不管其中有没有牺牲或克制，结果是一样的。从这里可以得出这样一条理论性真理："储蓄"是资本形成所必需的第一点，是不能用来在道德上或社会政治上，证明利息的合理性。这是利息作为一个理论问题和作为一个社会经济问题两者相混淆的又一个例子——我在别处[②]认为这种混淆带来了许多害处。一方面，把资本的形成事前必先有储蓄这条理论和利息是应得的"节制的报酬"这一道德观念相混淆起来了；另一方面，虽然正确地认识到不能用这种笼统的话来论证利息的合

① 在《桑伯格手册》第二版，第 214 页里，克兰瓦赫特非常接近于我们的概念，他至少在资本的一种主要的形式——生产工具方面同意我们。他承认要制造这种工具"或多或少地要克制些直接的享受"，因为用来制造这些生产工具的材料可能被用作这种或那种消费品；因之没有理由反对把这种享受的节制叫作储蓄。但他说，至于生产用的材料，情况就不同了。像生羊毛、石头、石灰等这些东西不可能是直接消费的物品，所以不可能被储蓄；因此，在经济上只能把它们看作劳动的产物，而不看作储蓄的结果。在这里克兰瓦赫特违反了逻辑。关于生产工具他正确地认为这些东西本身是不能消费的，但是制造它们的材料是可以用来制造能消费的消费品的；由于这个理由，他把它们认作储蓄。但如果他以同样的推论用到生产材料方面去，他定会明白人们用来采石、造房屋、制造石灰的生产力，也可以用来生产直接供消费的消费品——譬如去狩猎或捕鱼——因之，在这里正像在生产工具方面，有同样理由、同样方式把它们看作储蓄。

② 参看《资本与利息》，第 3 页。

理性，但由于这种混淆，不但否定了社会政治的错误结论，而且也否定了真正的理论前提。

如果这些问题分清楚了，可以帮助我们认识双方各自的价值。对洛贝尔图和拉萨尔，我们可以同时承认储蓄不一定是道德的英雄主义，因之不是使利息合法化的充分的社会政治上的理由；但我们必须坚决承认这一个理论真理，即储蓄这个事实无论如何是资本形成所必需的。

第二种反对意见强调这一个事实：一个人要积累资金，他的收入必须多于他的消费，因之得出这样一个结论：资本形成的原因主要是劳动生产率——勤奋，而不是节制。所以洛贝尔图用了许多话说，如果在经济发展初期，一个“孤立的工人由于必须经常做一天吃一天，没有时间做工具”，这只得怪劳动生产力太低了。如果后来生产率增加了许多，譬如说八小时工作就能够维持一天的生活，那么“在他以前不得不全部用来维持生活的劳动时间中，现在已有一部分多余下来可用于其他劳动了，这就是他现在用来制造工具的剩余时间”。从这个非常正确的观察中，洛贝尔图却得出这样一个结论：使首要资本的出现成为可能的[①]只是劳动生产率的增长，而不是储蓄。克兰瓦赫特用了更简短而强调的词句说出了同样见解，他说：“把收入的一部分，譬如说一半，存入银行的人纯粹是勤奋的人。譬如说，他很可以用一天五小时的劳动赚得他的最低限度的生活，而下午则从事娱乐和游玩；但他不这样做，他却

① 《资本论》，第 242 页。

一天劳动十小时而经常把在下午挣得的收入存进银行”。[①]

我认为，这种反对意见是很容易对付的。认为资本的产生是由于人的“单纯的勤勉”，那是不正确的。人既勤勉又能积蓄。如果人仅仅是勤勉，他就会每天将午后劳动的成果连同午前劳动的成果一起消费在即时的生活享受上。人所以不这样做，是由于他也是能积蓄的。我完全承认，愈是勤勉，就愈能得到超过生活必需的报酬，而且同样地，劳动生产力愈高，也就愈有利于积蓄；正如我也承认，没有收入，积蓄和资本的形成都是不可能的一样。不过，我也必须同样着重地指出下面的事实：如果没有从当前的使用中抽出收入的一部分，并把它“积蓄”起来的话，那么，即使是最大的收入，也不能导致资本的形成。生产和积蓄是资本形成的两个同样必要的条件；如果否认任何一方的合作[②]，那就是一种片面的说法——不幸的是，这种说法在资本学说中已经起了相当大的作用。

但是，这是不是和我在上一章坚决主张的命题相矛盾呢？在上一章中我认为一切财货（因而也是一切资本）都是由两个因素——自然和劳动——产生出来的，其中并没有积蓄。[③] 当然不

① 参看克兰瓦赫特：《桑柏格手册》，第2版，第215页。

② 这些词句的一个十分显著的例证，可以从洛贝尔图对这一论题早已提出的说法中找到。在第242页中，如果资本的生产力太小，就不可能有积蓄，也不可能有资本的形成，从这一事实出发，他使自己满足于所引申的完全正确的结论：“除了积蓄而外，还必须加进某些必要的其他因素”。因此他将积蓄本身的地位，归为资本形成的一个因素，虽然单独看并不充分，但实质却一样。只是在243页，劳动生产力在某种程度上是不可缺少的这个事实，又被诡辩地改为这种说法：唯有生产力的提高，而不是积蓄，才使资本的形成成为可能。

③ 老经济学家劳德代尔提出一个类似的异议来反对积蓄理论。参阅《政治经济学》第207、272页。

矛盾，因为我并不打算像西尼尔[①]那样，将积蓄同自然和劳动放在一起，作为生产上的第三个要素。积蓄不能同这两个因素并列，而只能作它们的后援。积蓄不能这样地分担自然和劳动在生产活动中的任务，使生产活动的任何部分是单独由于它发生作用而来的；积蓄只能使无论在何种情况下必须完成全部生产活动的生产力，即自然和劳动，直接用于生产资本的目的，而不是用于生产消费品的目的。总而言之，积蓄所处的地位，不是在生产手段之中，而是在生产动机——决定生产方向的动机——之中。因此，自然和劳动是仅有的真正生产力这一说法，和下面的较广泛的说法，是完全可以并行不悖的；这一广泛的说法是，要生产资本，首先一定要有某些放弃本来可以直接消费的一部分消费品的明智安排；换句话说，首先一定要有“积蓄”。

有人反对说，储蓄是一种“不消费”——一种纯粹消极的东西；而纯粹的否定，不会产生出什么东西来。[②] 依我看来，这里面雄辩多于真理。储蓄纯粹是消极的东西，这样说是否正确呢？既然没

① 在《政治经济学》第3版第57页中，生产的三个重要因素或生产手段被区分为——劳动、自然力和节欲。

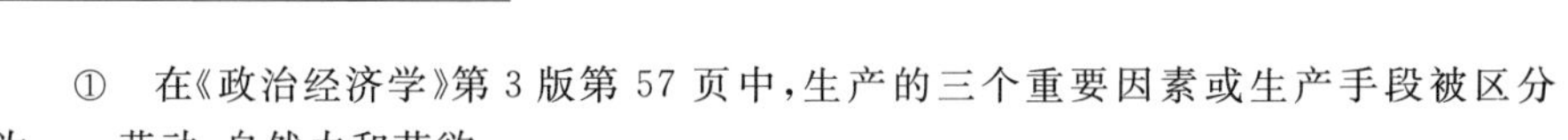

② 马克思《资本论》第2版，第1卷，619页注文（人民出版社1963年版中译本第655页——译者）：“庸俗经济学家从来没有注意到这种简单的思考：任何一种人类行为，都可认为是它的反对物的‘节欲’。吃是断食的节欲，行走是站立的节欲，劳动是怠惰的节欲，怠惰是劳动的节欲，诸如此类。这些老爷们最好是仔细想一想斯宾诺莎如下的命题：规定即是否定。”季德在《政治经济学原理》第168页中说：“一个纯消极行为，一个节制绝不能生产什么东西。无疑地，人们可以说，如果在生产某些财富时，就陆续把它消费掉，这些财富就不能存在；所以储蓄就能够把财富再产生一次。但是如果根据这一点而得出结论说：一项事物，不去触动它，它就能一再生产，而不破坏就应视为一种生产原因，那将是一种奇异的逻辑。”

有比“纯粹的无行动”更容易的了，那么为什么有那么多人感觉到储蓄是一件非常困难、非常不合人意的事呢？实际上，储蓄是种精神活动，时常，虽不是经常，是种煞费心机的精神活动，事前要作长期的考虑和各种敌对动机之间的斗争。当然，这不是一种生产性行动，持有上述反对意见的代表作家们如果他们用这种意见来反对那些要把储蓄提高到这样高的地位，把它叫做第三种生产要素的那些理论家的话，那么它们是对的。但是，的确，虽然储蓄只是一种精神活动，它是足够在资本的形成中发挥它的作用——发挥一种指导生产的作用的。

至于它是不是一个“纯粹的否定”，我们绝不允许让雄辩的考虑来干涉重要的科学事实的确立。我们必须强调地指出，所争论的乃是一个很重要的事实：资本的进展同人们扩大目前的享受是有因果关系的。不管是一个个人或一个民族，如果扩大他的目前享受，以致在本年度内耗尽了他的全部收入所能给它的消费品，他就既不能产生新资本也不能增长原有的资本；这个事实在下面这个命题中找到了正确和坦率的表达：储蓄是资本形成不可缺少的条件。[①]

现在假定我们已经成功地证明了这样一个命题：通过储蓄并把储蓄下来的东西用于生产，资本才能产生出来，我们对于资本形成这个问题还不过解答了一半。我们还得去解决另一个问题：根

① 我不否认有人可能找到一些例子，在那里，如果没有我们所说的储蓄，资本——特别是社会资本——也可以出现。但我坚持我的说法，就是在资本形成的大多数场合下，像我所指出的那一种储蓄是有它的地位的。

据什么，人们能够、愿意和确实从事储蓄而去生产中间产品呢？严格讲来，这第二个问题是两个问题中更重要的一个；它指出了资本形成中的促进的和活动的因素，而以前所说的不过说出了资本形成过程的外表罢了。

最普通的回答，虽然由于笼统而是不够的，是这样的：在经济生活中，人们所企求的是财货的价值，这里我们遇到了一个不能三言两语来讲清的非常重要而困难的问题。为了给我们工作的最主要的部分——对利息的解释——打好基础，我们必须进而研究价值理论。因之，在现阶段我将暂时把资本形成的理论搁在一边，直到最后一章，在那里，我们将给它下一个现在还不能下的结论。

第三篇　价值

第一章　价值的两个概念①

在政治经济学中，正像在日常言语中，两种性质不同的东西，从来就被一起归纳在价值这一名称之下。一开始就不难看出它们之间的差别，但差别的程度确实被低估了。不是把它们看做属于完全不同思想范畴的现象，就是错误地把它们认为同一个现象的两个不同部分；而在不太恰当的使用价值和交换价值的名称之下，它们被当做价值的一般概念的两个分支，而且也是照这样来相互区分的。可是，这种区别，一旦作出之后，所谓使用价值就几乎完

① 我对于价值问题的意见最后发表于另一个地方（《经济财货价值理论纲要》，载《康拉德国民经济统计年鉴》，第13卷，1886年版，第1—86，477—541页）。迄今我没有看出任何理由来变更它们。因此，我现在所要说的，仅能提供几个新的特征。总的说起来，后面所述只是为了适应资本理论的需要而从我的旧著中摘出的一个摘录，而在编写时我是以目前的任务所提出的一些原理为依据的。为全部理论所依据的那些基本观念以及和资本理论特别相关联的那些思想线索，我是详尽地从我的另一部著作中吸取来的；并且，因为简单的形式上的变更既麻烦又无用，所以我就大部分都一字不改地照录了过来。但那些对价值理论虽重要而对资本理论的理解并非完全必需的说明、例证等等，我就把它们删略掉了。代替这些部分，我利用了有关这一课题的最新资料，加进了许多东西，并试图更清楚地说明某些观念，特别是更加精确地发挥那些价值理论和资本理论更有密切关联的若干观点。最重要的增加是在本篇的第4章中，和在第4篇第5章末段和第7章中。凡对价值和价格理论本身感兴趣的读者，我建议参阅刊载在《康拉德年鉴》上的那篇更加完备且我试图用许多参考资料来使其更易理解的论文。

全从视野中消失了。经济学家们不再费神来深入探索它的本质，也不再在进一步探讨中利用它了。他们仅仅把它作为一个概念列入政治经济学中，而任其埋没于他们的体系的一隅，好比一块无用的石头。直到最近，经济研究才在这块被建筑师遗弃的石头中发现了经济学中一个最重要概念的基础和支柱，并觉察到这样一个事实：有许多著名的规律是取决于它的——这些规律的影响所及远远超出价值原理的界限，它们几乎也是经济学中的每一条理论必须追溯到的基础和源泉。

但首要的是，我们要给这些由传统因袭下来的、不适当地被称为使用价值和交换价值的东西，起一些正确的名称。这两类现象，人们一向都含混地称之为“价值”，而我们要将它们区分为主观价值和客观价值。[①]

主观价值是一种财货或一类财货对于物主福利所具有的重要性。在这一意义上，如果我认为我的福利同某一特定财货有关，占有它就能满足某种需要，能给予我以一种没有它就得不到的喜悦或愉快感，或者能使我免除一种没有它就必须忍受的痛苦，那么，我将说这一特定财货对我是有价值的。在这一情况下，财货的存在意味着我在福利上的收益；没有它就意味着我的损失：它对于我是一个重要的东西，它对于我是有价值的。

另一方面，客观价值指的是一种财货获得某种客观成果的力量

① 我坦率地承认，我很乐于用更顺耳和更通俗的术语来代替这些腐儒式的和粗俗的措词，如能找到这些术语来比较正确地表达这一对立面的话。不过我没有能够找到这样的措词。使用价值和交换价值这些名词是完全不适用的，因为我们即将看到，存在着一个主观交换价值。

或能力。在这一意义上，有多少种和人有关的客观成果，就有多少种价值。食品有营养价值，木材和煤炭有发热价值，肥料有肥田价值，爆炸物有爆破价值等等。在任何这类表述中，价值这一概念完全与物主的福利或损失无关。如果我们认为槲木比松木具有较高的发热价值，我们仅仅是说明一种纯粹客观的、而且可以说是机械的事实，即一定重量的槲木比同一重量的松木能提供较多的热量。因此在以上表述中，我们不用“价值”这一名词，而用“力量”或“能力”来作为它的同义语——这种措辞本身就表达了一种纯粹的客观关系。我们不用“营养价值”、“发热价值”、“爆破价值”，而用“营养力量”或“营养能力”、“发热力”、“爆破力”等等，来代表同一种东西。

可是上面用例证说明的各种客观价值，并不属于经济关系，而是属于单纯的技术关系。虽然它们在经济学教科书中经常被涉及，但它们究竟不是属于政治经济学的。详细地说明木材的发热价值，并不是经济科学范围以内的事情。而且在说明其他经济现象时，也没有必要着重论述这种发热价值，正和没有必要着重论述任何其他物理的或技术的事实一样。我提供这些例证只是作为例证，目的在于把上述客观价值和那类对政治经济学当然具有最最重要意义的客观价值——即财货的客观交换价值——的密切关联的性质说得更清楚一些。我用客观交换价值这一个词句，意指财货在交换中的客观价值，换句话说，即用它来换得一定量其他经济财货的可能性，这个可能性被看做是前一财货的一种力量或特性。在这一意义上，我们说一匹马值 50 镑或一幢房屋值 1 000 镑，如果我们能够用它们分别换得 50 镑或 1 000 镑的话。

还必须注意的是，在这里，正像在发热价值及其类似表达中一样，我们毫未谈到财货对任何物主的福利可能发生的影响；我们仅仅指出这样一个客观关系：在交换中，某种财货可以换得一定量的其他财货。在这个场合中，上述的特有的现象再次出现了，“价值”这一名词能够很适当地用“力量”这一名词来替换，而在通俗语言中确实是这样替换的。除了“交换价值”这一名词外，英国经济学家毫无区别地使用“购买力”这一名词，而我们德国人也开始以同样的方式，一般使用交换能力（德语原文为 Tauschkraft）这个名词。

因此，价值的经济理论有双重任务，一方面要解释主观价值的规律，另一方面要解释客观交换价值的规律，后者从经济学的观点来衡量，是客观价值的最重要的一个部分。第一个任务，我们将在这一篇中加以说明，第二个任务，将在下面讨论价格理论的一篇中来说明。的确，“价格”和“交换价值”这两个名词的含义并不一样。交换价值是一种财货在交换中取得一定量其他财货的能力，而价格就是那一定量的其他财货。但两者的规律是同一的。价格规律解释一种财货实际上取得某一价格，并且说明为什么它取得这样一个价格，它同时也说明这一财货是可能，以及为什么可能获得这个价格的。事实上，价格规律包括了交换价值规律。①

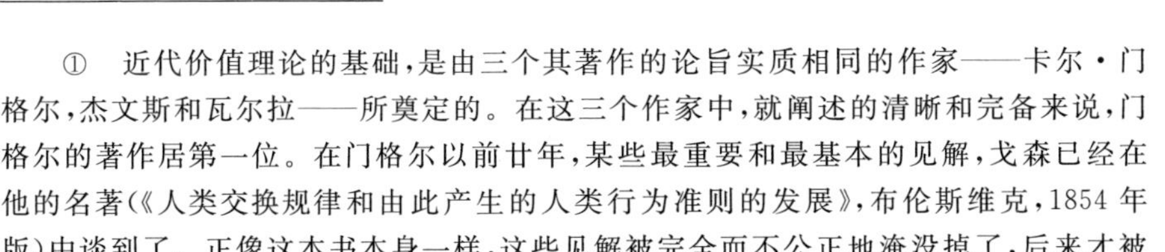

① 近代价值理论的基础，是由三个其著作的论旨实质相同的作家——卡尔·门格尔，杰文斯和瓦尔拉——所奠定的。在这三个作家中，就阐述的清晰和完备来说，门格尔的著作居第一位。在门格尔以前廿年，某些最重要和最基本的见解，戈森已经在他的名著（《人类交换规律和由此产生的人类行为准则的发展》，布伦斯维克，1854 年版）中谈到了。正像这本书本身一样，这些见解被完全而不公正地淹没掉了，后来才被上述三个经济学家再度发现。这一发现几乎为属于三个不同国家的三个不同的人同

第二章　主观价值的性质和根源

一切财富——按“财货”这个词的真实意义来说——都对人类福利具有一定的关系。但这一关系有着两种不同的等级。当一种财货具有为人类利益服务的一般能力时，它属于较低的等级。另一方面，较高的等级要求一种财货应该不仅是满足人类需要的因素，而且必须是人类福利的一个不可缺少的条件——就是这样一种条件：有了这种财货，某种满足才能成立，否则就不能满足。在日常生活用语中，我们可以找到这两个等级的名称。较低级的称为用途，较高级的称为价值。已为普通语言所公认的这一区别，我们必须把它弄得很清楚，因为全部价值理论需要这样做。

一个人居住在涌泉的旁边。他注满了一杯水，而泉源每分钟继续涌出足够注满另一百杯的水。另一个人在沙漠中旅行，在灼热沙地里走了一整天，他同最近的绿洲还相隔很远，而他只剩最后的一杯水。在两个例子中，一杯水对物主福利的关系是怎样的呢？

我们一望可知，关系是十分不同的；但其差别在何处呢？差别不过是这样，在前一场合中，我们只有称作较低级的福利关系，即

时而又独立地提出，则是一个十分不平常的巧合，虽然他们各自叙述的透彻程度并不相同，但这一巧合保证了对三个人所一致同意的那些原理的叙述的正确性。此后，这些原理有了显著的发展，并且得到了广泛的承认。不久以前，瓦尔拉在他的《货币论》（洛桑，1886 年版）一书的序言中列出了许多拥护这新理论的信徒。在此以后，我们可以加上 E. 萨克斯(《理论政治经济学基础》，维也纳，1887 年版，第 250 页）和 R. 麦耶(《收入的本质》，柏林，1887 年版）的名字——然而，对于萨克斯，在许多细节上，尤其在他企图建立与前辈相违背的独创见解这一点上，我不能同意他的意见。

用途的关系；在后一场合中，我们还有较高一级的关系。在满足需要的能力方面，在前一场合和在后一场合中一样，水的用途是一样的而程度也是一样的；因为显而易见，水的有用的性质——水的解渴能力所依据的性质，如清凉、味道等等，——没有丝毫被其他一杯水也有同样性质这一事实所削弱；而在后一场合中，这些对人有用的性质，也不因附近没有水这一偶然的环境而丝毫有所增加。但如果以第二级的关系来衡量，这两种场合就有很大的差别了。在前一场合中，我们可以说，有了这一杯水不会使这个人取得更多的满足，而没有了这一杯水也不会使他的满足减少些。他有了这一杯水，他可以用来解渴；如果他没有这一杯水，他也能用每日每分钟泉源不断喷出来的水来解渴。因此，如果他喜欢的话，他可以把这杯水作为解渴的**因素**，这杯水不可能是他得到满足的一个**不可缺少的条件**；对于他的福利来说，这杯水是可有可无的、无足轻重的。

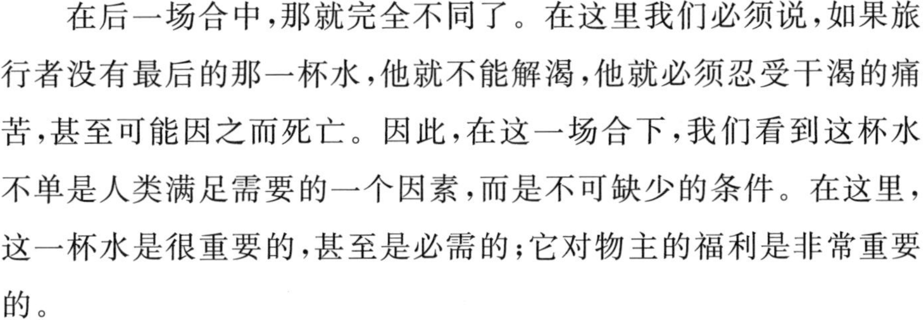

在后一场合中，那就完全不同了。在这里我们必须说，如果旅行者没有最后的那一杯水，他就不能解渴，他就必须忍受干渴的痛苦，甚至可能因之而死亡。因此，在这一场合下，我们看到这杯水不单是人类满足需要的一个因素，而是不可缺少的条件。在这里，这一杯水是很重要的，甚至是必需的；它对物主的福利是非常重要的。

那么，说这里所作出的这个区别是在我们科学的整个范围内最有成效和最基本的区别之一，并非夸大其辞。它的存在既不归功于显微镜的放大，也不归功于逻辑学家的无益的细分。在人类世界中它有它自己的生命，人们认识它，利用它，并把它用来作为他们对财货市场共同态度的指导，这不仅涉及对财货作智力上的估计，而且也涉及财货的实际买卖。一件财货如果仅仅有用，一个实事求是的商人对它是不会注意和关心的。在理论上知道一件财货可能“有用”，如果他同时在其他方面也知道没有这件财货他的需要同样可以得到满足，那就不能使一个人对这种财货有任何实际的兴趣。对我们的福利来说，这种东西实际上等于没有价值，我们也是这样来对待它们的；当我们失去它们的时候，我们并不致受窘，而且也不想去取得它们。谁会关心或设法阻止将一杯水倒入泉中，或让一立方英尺空气逃跑掉呢？另一方面，当一个人以敏锐的眼光认识到某种特定财货与某种福利有关的时候，他的实际兴趣将转移到他认为是福利的条件的那种财货上去；我们从财货中观察到和衡量我们的福利，我们在它对我们的重要性中看出价值；最后，我们产生了和这个重要性成比例的、要取得和掌握这一财货的渴求。

因此，价值的正式定义是一件财货或各种财货对物主福利所具有的重要性。至于重要性的种类和理由，严格地说，都不必加到这一定义里去；因为财货对人类福利的重要性仅能在一种情况下表现出来——即作为为人类福利所不可缺少的条件。可是由于在价值的其他定义中，它往往被译为“重要性”，而所谈及的重要性却错误地建立在单纯的效用能力之上，或者同样错误地建立在成本耗费的必要性上，等等。[①] 所以我们将毫不含糊地将它明确地界说为：财货或各种财货所具有的那种重要性，它是构成物主福利的

① 参阅《康拉德年鉴》，第13卷，第11页。

一种效用的公认的条件，而没有这些财货就不能得到这种效用。

一切物品都有用途，但并不是一切物品都有价值。一种物品要具有价值，必须既具有有用性，也具有稀缺性——不是绝对稀缺性，而是相对于特种物品需求而含的稀缺性。更确切地说：当物品的全部货源不足以保证满足需要时，或当没有某些物品，货源就将不足的时候，这种物品才有价值。另一方面，当货源如此丰富，能满足适合于由它来满足的一切需要，此外还有剩余，这种剩余一方面找不到其他用场，一方面它的数量如此之大，以至没有我们所重视的那些物品也不会影响任何一种需要的满足时，这种物品就没有价值。

在说明了价值的性质以后，就不难证明这些命题了。如物品供应不足，某些需要必然得不到满足，这很明显，只要有一种物品告缺，就会有一种需要得不到满足，而增加一种物品，就会有一种以前不能满足的需要得到满足。因此，十分明显，某些满足或福利决定于那种物品的有无。相反的，同样十分明显，如果任何种类物品都过剩了，那么一种物品的告缺就无足轻重了——因为它可立即从过剩部分中取得替代；同样，如果增加另一种这样的物品也不会取得任何效用——因为它不能被使用于任何有用的场合。例如，假定一个农民每天只要十加仑水供一般需要——比方说，用来作他本人和家属仆役的饮料，用来洗衣服，以及供牲畜和牧场之用等等——并假定附近唯一的水源每天仅能供应八加仑水。显而易见，要从他的水的供给量中，省出一加仑水来，就不能不使他的需要和经济的目的蒙受或多或少的损害。在这种情况下，每一加仑水就成为某种用途的条件。即使水源正好能供应十加仑，情况依

旧是这样。但如果水源每天供应二十加仑，同样明显，损失一加仑水，对农民不会有丝毫的损害。他只能有用地使用十加仑水，而必须让其他十加仑不加利用地流掉。如果一加仑水泼翻了，它可从剩余部分中得到补充，其唯一的影响只是剩余的无用的水从十加仑减为九加仑罢了。

货源不足或仅仅够用的物品才是经济上要加以考虑的物品——即我们要“节约”或设法取得和保持的物品，——而那些货源充沛的物品是每一个人都能免费获得的。我们可以把上述命题简述如下：一切经济物品都具有价值，一切能免费获得的物品都没有价值。[①] 无论如何必须牢牢记住，唯有依靠数量的关系才能够决定某种物品究竟是仅仅能够有用，还是同时也是一种效用的条件。[②]

① 在某种情况下，价值的许多极有趣的现象，也可以表现在免费获得的物品上。关于这一点的解释，可参阅拙著《国民经济学原理》，第 15 页。

② 许多作者(《康拉德年鉴》，第 16 卷，第 417、513 页，尤其是第 424、430、551 页)，其中包括晚近的沙林(他说：要“节约”的和“有价值”的物品的显明标准是不易获得和必须花费劳动等等)，他们只给定义提出了一个次要的理由，而没有提出一个真正起决定性作用的和首要的理由。一般地说，唯有当我们由于物品供应不足因而不能满足或担心不能满足我们的需要时，我们才决定甘愿付出劳动等等，来取得这种物品。在大多数情况下，如果不是同时存在着另一种情况或真正起决定性作用的理由；换句话说，如果不是那些难以取得的物品，同时也是供源不足的物品的话，劳动和辛苦本身是不能使物品具有经济的性质的。可是起决定性作用的是货源的不足，而不是获得该物品的困难，这一点在下列各例子中活生生地表现出来(我承认，这些例子并不很普通)。在这些例子中，技术情况是属于这样一种性质，即只有在克服了一切困难之后，才能取得物品，而困难一经克服，物品就可以大量供应：譬如农民利用管子把水引到屋内取得良好的饮料，这也许使农民付出一笔长时期的劳动和建造、保管以及管理的费用。但此举如果可以不断获得超过他需要的饮水，他就再也不会想到“节约”饮水的必要了，虽然他曾付出过一定数量的劳动。

第三章　价值的大小

谈到规定价值量的原则，我们便进入价值理论的主要任务所在的领域里来了，而同时最大的困难也在这里。这些困难是许多特殊情况巧合的结果。从某一观点来讲，这条真正的原理几乎能自己说明自己。

如果物品价值是其对人类福利的重要性，而这一“重要性”意味着我们的某些福利决定于我们是否占有这种物品，那就很明显，物品的价值量必须由决定于这一物品的福利的量来决定。如果这些物品给予我们的福利很大，那么，这些物品的价值就高，否则就低。

但从另一点来看，经济界的某些事实，似乎同这一简单而自然的解释有着矛盾。在现实经济生活中，每一个人都知道宝石具有很高价值。每一个人都了解没有空气和水我们就不能生存，面包和铁的用途也非常重要，而宝石的作用，不过是为了装饰，它对人类福利是不大重要的。因此，如果坚持物品的价值，是由其对人类福利的重要程度来决定的，那么宝石的价值应较低，面包和铁的价值高些，而水和日光的价值应最高。但事实恰巧与此相反。

这一异常的现象已经成为价值理论中一个真正的绊脚石。效用最大而价值却最小，这是一个奇怪的矛盾。果然不错，由于混淆了用途和使用价值，经济学家们没有十分确切地理解和译述这一情况。当他们错误地认为铁的“使用价值”高，而钻石只有低的“使用价值”时，两者的“交换价值”却完全相反，这是感到惊奇的唯一理由。但这只是变换对立面的名称，并没有减少其矛盾的任何尖锐性。曾经有许多企图，想用各种复杂的解释来调和这一致命的矛盾，但都失败了。因此，从亚当·斯密到现在，有无数理论家在寻找人类福利和价值的性质和标准之间的关系方面已经感到失望，甚至采用了完全无关和往往奇怪的解释，例如将价值解释为劳动和劳动时间、生产成本、自然对人的障碍等等。但是，他们不能摆脱物品价值同效用及人类福利必有某些关系的这种想法，就认为物品的效用和价值之间缺乏协调，是一个稀奇而不可理解的矛盾，是一个经济矛盾，而漠然置之。

在下面，我要证明以前的那个理论无需抛弃这种最自然的说明。衡量一个物品的效用的尺度在实际上无论何处也是衡量这一物品的价值尺度。要证明这一点，只需对下列问题进行冷静的、寻根究底的研究就行了：在一定情况下，一件物品对我们的福利有什么好处？我所以有意识地说：“寻根究底的”研究，是因为主观价值的整个理论无非是一个决疑论的思想体系，它决定何时，在何种情况下，并达到何种程度，我们的福利依赖于一件特殊的物品。值得注意的是：一个普通人在日常生活中经常在作这种决疑区别，而作出了颇为准确的结论。他很少犯错误，而它在原则上从来不犯错误。如果他误认钻石为玻璃珠，当然，他会把它估价得很低。但是像没有水人便不能生存下去这样一种理论性的考虑——它在这里毫无关系——绝不会导致人们得到这样一个决疑性结论，说从乡村水源里流出来的每一加仑水都是无价之宝或都值成千金镑。因此，我们的任务是阐明人们在日常生活琐事中所作出的决疑性的区别，而有意识地将普通人本能地准确运用的那些规律清楚地表达出来。

人类幸福所能从一个物品中得到的东西，也就是从这一物品所得到的利益，在大多数情况下，[①]就是需要的满足。一个人的幸福对一种物品依赖到什么程度，要解答这个疑难问题，首先要解答下列两个问题。第一，这种物品能满足两种或多种需要中的哪一种需要？第二，这种需要或其满足的迫切性如何？

为了方便起见，我们将首先谈谈第二个问题，并在本章中予以解答。大家知道，我们各种需要的重要性是相差很大的。我们经常按照需要得不到满足对我们福利的影响的大小来划分需要的等级。因此，我们把那些得不到满足就会导致死亡的需要放在首位。其次，我们把那些得不到满足就会给我们的健康、荣誉或愉快带来某种长期的严重的损害的需要放在第二位。再次就轮到那些得不到满足就会使我们受到较多的暂时的损害、痛苦或损失的需要。最后，才是那些如果得不到满足，除使我们略感不便外，我们一无损失，或损失极微的需要。按照这些等级来排列我们的需要，我们得出一份轻重分明的需要分级表。当然，由于体力和智力的特性以及文化差别等等，需要的差别是十分显著的。各人有各人的分级表，甚至同一个人在不同的时期也可有不同的分级表。但是，每一个收入有限的人的心目中，总有一个相当明晰的分级表，如果他愿意对各种需要加以选择的话。而理论家们也常常可以从公正的、科学的、“客观”立场出发，来制定这样一份分级表。

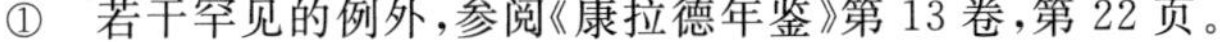

① 若干罕见的例外，参阅《康拉德年鉴》第 13 卷，第 22 页。

当我们谈到需要的分级或归类的时候，如果没有含混的话，那么一切就很简单而肯定了。所谓需要的分级，可以指需要种类的分级，也可指需要程度（即个人对需要的具体感觉）的分级，而这两者是有本质区别的，甚至是背道而驰的。如果我们按照需要对人类福利的重要性来分类，那么可以毫无疑问地说，饮食的需要将放在第一级，衣、住的需要稍差一些，烟草、烈性酒和音乐等所满足的需要将放在更次要的地位，而装饰及其类似品所满足的需要。就要放在极不重要的一级了。

但是按对需要的具体感觉来分级就完全不同了。在同一种需要中，对需要的感觉并不总是一致的，也不总是同样强烈的。每一次饥饿的感觉并不总是同样强烈的，每一次饥饿的满足也不是同样充分的。例如在“饮食需要”这一级中，一个八天没有吃一口食物的人的具体需要总比另一个已经吃过两道菜，而正在考虑应否再吃第三道菜的人的具体需要迫切得多。在作具体需要的分级时，我们必须研究一种完全不同的情况，和更多的各种变化。在需要种类分级表中，“饮食需要”远比烟、酒和饰物等等的需要重要。在具体需要的分级表中，属于极不相同种类的需要相互交错着。的确，即使在这里，最重要的那些需要类别中最重要的具体需要，仍旧处于分级表的上端；但是这些种类中次要的具体需要则常常居于很次要种类的具体需要之后——即高级种类的底层部分可能居于低级种类的顶端部分之后。这很像一个地理学家在某一个时期是按照山脉的高度来排列阿尔卑斯山脉、比利牛斯山脉和哈尔茨山脉的，而在另一时期却是按照它们的个别山峰来排列的。当然作为山脉来说，阿尔卑斯山脉居于比利牛斯山脉之前，而比利牛

斯山脉又居于哈尔茨山脉之前。但当比较个别山峰的高度时，许多阿尔卑斯山脉的山峰，将列在比利牛斯某些山峰的后面，甚至某些山峰还要列在哈尔茨山脉的小山之后了。

现在的问题是，当物品必须被评价时，我们将用哪一个标准来衡量它们所能满足的需要的重要性呢？——是根据需要的种类呢？还是根据具体的需要呢？过去的理论在抉择时——这是这一理论犯错误的第一个机会——选择了错误的道路。它采用了种类的分级。在这一分级中，“饮食需要”这一类占有最突出的一个地位，而“饰物欲望”占有从属的地位。于是过去的理论认为一般地说，面包的“使用价值”高，而钻石的“使用价值”低；当他们看到事实上这两类物品的价值恰恰与此相反，自然就要十分惊异了。

旧理论的结论是十分错误的。决疑论者一定会对自己说：如果我有一片面包，当饥饿时，我确实能遏止这一或那一饥饿的具体感觉，但我永远不能满足这类感觉的全部——现实的和可能的、目前的和将来的饥饿感觉，而这些感觉的总和，构成“饮食需要”这一类别。因此，显而易见，根据这些感觉的总和具有或多或少重要性这一事实来衡量一片面包所能给我的效用，这是很不适当的。如果照这样做的话，就和这种行为无异了：有人问卡楞堡峰（阿尔卑斯山靠近维也纳的一个微不足道的支脉）的高度，他却以阿尔卑斯山脉的高度来回答！实际上，我们在现实生活中，绝不会把我们所有的每片面包都评价为无限重要的宝物。当我们买到一个面包时，我们绝不会每次都喜悦得好像救了一条人命似的；而当一个人无意中失落一片面包或抛给狗吃时，我们也不会责备他浪费。但当我们把生命所依赖的“饮食需要”这一类的重要性转移到真正满足那种需要的具体物品时，我们就必须作出这种指责了。

因此，这一点是够明白的了：我们对物品所估的价值，和需要种类的分级毫不相干，只同具体需要的分级有关。为了显示出这一个结论中的全部内容起见，有必要将有关这个分级表的构成的某些观点说得更加清楚一些，同时把全部论证建立在更加可靠的基础之上。

我们的大多数需要是分得开的，就是说，可以零零碎碎地得到满足的。当饥饿的时候，我并不是不得不在完全满足我的饥饿感和完全得不到满足之间进行选择的。我可以适当地吃一些小餐来充充饥，预计可能在以后饱餐一顿；或者我也可用半饱来权充全饱。当然，一个具体需要的部分满足较其全部满足，对我的福利具有另一种较小的重要性，这一点本身在一定程度上，就足以引起对上述现象的注意，即在同一需要种类中，存在着不同重要性的许多具体需要（或需要的程度）。但与此相关的，还有另一个值得注意的事实。这是人类经常经历到的一种经验：同一种享受，当它不断地被重复而超过了一定限度时，它所给予我们的满足会不断地递减，直到最后，享受转化成它的对立物。任何人都能够为自己证明这一点：在一餐中当吃到第四、第五道菜时，食欲远不如吃第一道菜时那样强烈了，如果菜数太多了，享受必将转为难受或厌恶。同样的情况在太长的音乐会、演讲、散步和游戏等等中也会遇到，一般地说，在大多数体力和智力的享受中都是这样。

如果我们把这一熟悉的事实的要旨用专门术语来说，我们得到下列命题：我们具体需要的程度（就是我们需要的感觉所能划分的程度）或是从同量物品取得的满足的各个程度通常具有十分不同的重要性——这一重要性实际上是逐步递减到零的。

这就可以说明前面简单地说过的这一连串命题。它首先说明如何在同一种类需要中，可以有不同迫切性的具体需要，或不同迫切性的需要程度。事实上，就以上所指的一切可以划分的满足来说——即在最大多数的场合中——这点不仅可能是，而且必然是这样的，这是十分正常的，因此可以说是根本性的。它也说明甚至在最重要的需要种类中，也存在着较低级的和最低极的重要性。正确地说，重要种类之所以区分于次要种类，仅仅是由于这样一个事实：就是它的顶端超出其他各种类，而它的底部却和其他一切种类站在同一水平上。最后它还阐明，正如我刚才所说的（整个来看）一个较重要种类的具体需要，可能不及（整个来看）一个次要种类中的某一个具体需要来得重要。而这种情况的发生，是一种完全正常、普遍和根本的现象。例如，往往有无数的具体饮食需要，比之许多十分不重要种类的具体需要更微弱和更不急迫；这些不重要种类的具体需要，如对饰物的想望，对舞蹈的爱好，对烟草的贪求等等，往往比美食、暖衣的需要更强。

如果我们试图用一个象征性的图表，来表示需要的分类，我们必须根据刚才所说的原理，做成这样一个图式[①]：

① 参阅门格尔：《国民经济学原理》，第 93 页。

Ⅰ	Ⅱ	Ⅲ	Ⅳ	Ⅴ	Ⅵ	Ⅶ	Ⅷ	Ⅸ	Ⅹ
10									
9	9								
8	8	8							
7	7	7	7						
6	6	6	·	6					
5	5	5	·	5	5				
4	4	4	4	4	4	4			
3	3	3	·	3	3	·	3		
2	2	2	·	2	2	·	2	2	
1	1	1	1	1	1	1	1	1	1
0	0	0	0	0	0	0	0	0	0

在这个图式中，罗马数字表示需要的各不同种类，其重要性由Ⅰ递减到Ⅹ。Ⅰ表示最迫切的种类，如饮食需要；Ⅴ表示一般重要的种类，如烈性酒的需要；而Ⅹ则表示可以想象得到的最不重要的种类。

阿拉伯数字10到1表示在不同种类的需要中出现的具体需要和需要的程度，它们的等级如下：数字10是指可以想象得到的最重要的需要，数字9是指次要的需要，余类推，最后一个数字1则指可能发生的最微不足道的需要。

这个图式现在为我们指出这样一个事实：就是需要的种类越重要，其中的最重要的具体需要站得越高；但它同时也表明在每一种类中存在着从最大到最小重要性的全部等级。只有在Ⅳ类和Ⅶ类中出现一些例外，在这里某些个别等级没有了。这些缺少的等级表明某些（比较稀少的）种类中，由于技术原因，通过局部行为而得到的连续满足，或者是不完备的，或者是不可能的，因此，需要不是得到全部满足，就是全部不得满足。举例来讲，厨房炉灶所满足的需要，可以一次满足，我们绝不需要第二只炉灶。最后，图式也表明，在最重要的第一类(Ⅰ)中，也有重要性为最低数字的具体需要(1)，而在其他次要的种类中，几乎都有重要性较高的具体需要(2)、(3)……。

第四章　边际效用

现在让我们回到前一章中提出的第二个问题上来，我们问：在若干或许多需要之中，哪一个需要是真正依赖于某一种物品的呢？

如果经济生活的情况是如此简单，即个别的需要总是由一种个别物品来满足的话，那么这个问题完全不必提出来了。如果一个物品只能满足一个具体需要，而如果它同时又是这一种类的唯一的一件物品(或者至少是这一种类的唯一手头可以获得的商品)，那么显而易见，个别需要的能否满足是由我们是否能支配这一物品来决定的。但是在现实生活中，问题不是简单到如此地步：相反的，它是经常从两个方面同时被复杂化起来的。首先，完全相同的物品时常被用来满足各种不同的具体需要，而这些需要又具有各种不同的重要性。其次，同一种类中经常存在着许多种物品，哪一件物品将被用来满足一个重要需要，而哪一件物品将被用来满足一个不重要的需要，是很不确定的。试举一个简单的例证。假设我在山中打猎已有几天了，由于某一偶然事故，我失去了我的同伴。我距离任何房屋或村落甚远，而留给我和我的猎狗吃的食物，只有两卷完全相同的面包。显而易见，对我来说，我自己充饥比狗充饥更为重要；也很明显，这两卷面包中哪一卷归我自己消

费，哪一卷给狗吃，完全由我来决定。现在问题产生了，这里两个需要中的哪一个是依赖于这面包的呢？

有人会这样回答：是面包实际上所满足的那个需要。不过很明显，这是一个错误的结论。这等于说，用来满足重要性不同的两种需要的两卷面包，必定具有不同的价值；可是，在同样的条件下可以弄到的两件同样的物品其价值必定是完全相同的，这是没有怀疑余地的。

这里，又是从容的反复的考虑给这个难题提出适当的解答。问题是：在若干需要之中哪一个需要是依赖于这物品的呢？如果我们知道，要是没有这件物品，哪一个需要将得不到满足；那么，这个问题就可以非常简单地解决，即：这个需要显然是依赖于这个物品的需要。现在不难指出，得不到满足的需要，不会是这作物品原来（偶然和任性地）被选定用来满足的那一个需要，而总是一切需要中最不重要的那一个需要，亦即在已往准备用这类物品的全部存货来满足的一切需要中最不重要的一个需要。

为自己的方便着想，显然是必要的，这使每一个进行经济活动的有理性的人在满足他的需要方面，确定某种先后的次序。没有一个人会愚蠢得用尽自己所有的资源来满足微不足道的、可有可无的需要，从而使自己的必要需要反而得不到满足；相反的，每一个人都会谨慎地使用他所有的资源，首先满足他最重要的需要，其次满足次要些的需要，再次满足第三级的需要，依此类推；——他总会这样来安排，即当所有高一级的需要都已满足，而且还有一些剩余的时候，才满足比较次要的需要。当我们的物品存量损失一部分的时候，我们也要按照同样明显而合理的原则来处理。当然，这将变更我们原来据以使用自己资源的计划。我们原已安排要满足的一切需要，现在未必能全部满足。所以满足的总体势必要有所缩减。不过，聪明人当然要把这种缩减转移到最不重要的方面去，这就是说，如果预定用来满足重要用途的物品有了损失，那么，他绝不会放弃满足那些重要的需要，而顽固地坚持他的老计划，来满足次要的需要。我们可以肯定说，他必然先满足更重要的需要，而不再满足原计划规定要满足的全部需要中最不重要的部分。再用上面的那个例子来说：如果猎人损失了他预备自用的那一卷面包，他不至于拿仅留的一卷来喂给狗吃，而使自己遭受挨饿的危险。他一定突然变更他的计划，使留下的那卷面包起更重要的作用，而将损失转嫁到最不重要的喂狗的作用上面去。

因此，事实是这样：比这个“最后”需要更为重要的一些需要，绝不会因物品的损失而受到影响，因为必要时它们的满足将通过代用品的代替照旧得到保证。而比“边际需要”更次要的那些需要也不致受到影响，因为无论有没有这件物品，它们总是不能得到满足的。唯一受到影响的需要，就是当物品不受损失时原会得到满足的那些需要中最后的一个需要。如果有这种物品，它就会得到满足；如果没有这种物品，它就得不到满足。因而，它就是我们所寻求的依赖于这件物品的需要。

这里就是我们目前的探讨的结果，我们可以这样说：一件物品的价值，是由现有的同样的一些物品所能满足的一切需要中最不迫切的那一具体需要（或部分需要）的重要性来衡量的。因此，决定物品价值的不是它的最大效用，也不是它的平均效用，而是它的最小效用，即这件物品或类似它的一件物品在具体经济情况下合理使用时可能产生的最小效用。为了避免重复这种详尽的说法——虽然这些说明必须详尽一些才能正确——我们将仿照维塞尔[①]把这种最小效用——处于经济上所容许的边际的这一效用——叫做这物品的经济边际效用。因此，决定价值量的规律，可以用下面的公式来表达：一件物品的价值是由它的边际效用量来决定的。

这一规律是我们价值理论的要旨。但不仅如此，依照我的看法，它是实事求是的人在物品问题上的行动指南。在最简单的情况下，正如在现代多变的经济生活中一样，我们发现人们是用物品的边际效用来评定它的价值的，并且按照这一评价结果采取行动。从这一方面看，边际效用学说不仅是价值理论的要旨，而且由于它能对一切经济交易提供解说，它是全部经济理论的要旨。[②] 我想，那些仔细观察现实生活的人，将确信这种说法并非夸张。但是，要正确地观察和正确地解释观察的结果，并不是容易的。因此下面我们将利用价值理论作为指导来观察和解释在它范围内的一切现

① 参阅《经济价值的起源和基本规律》，第128页。杰文斯用“末等效用”和“终点效用”这些名称。门格尔第一次十分明确而系统地表述了上述规律，但没有用简便的专门名词来叙述。他所述的规律如下(同上书第98页)：“因此，在任何具体情况下，在物品总量所保证的需要的满足中，唯有对人具有最小的重要性的那些满足是依赖于他对物品总量中由他支配的一定部分的支配权的。因此，这一部分物品价值相等于由物品总量保证的一切满足中最不迫切且可用同样部分数量获得的满足对那个人说来具有的重要性。”

② 即使人们的行动不是自私的，而是利他的，他们也有机会来考虑边际效用，即失去的物品在得到它的人看来所具有的边际效用。一个人赠送礼品、捐款或类似的东西，这时，这些赠品的重要性用其边际效用来衡量时，对接受者的福利来说，比对馈赠者的福利来说要高得多，而且几乎绝不会有相反的情况。我很高兴地听说，在上述观点上，我同瓦尔拉这样一个杰出的经济学家相一致。对于瓦尔拉在他的《货币论》的序言(第11页)中所说的，关于边际效用对于经济理论和经济生活的普遍重要性的话，我只能表示完全同意。

象。我们用一个尽可能简单的例证来开始。

一个殖民地的农民，他的木屋孤立地处在原始森林中，距人们常到的热闹地方很远。他刚收获好五袋谷物。这些谷物要用到来年秋天。他是一个节俭的人，他安排了一个在一年之中使用这些谷物的计划。一袋是他一年生活所绝对必需的。第二袋是在生活所绝对心需之外用来保持强壮和充沛的精力的。此外，他不想再要更多的谷物来为自己做面包和其他面食了。另一方面，他却愿意有些肉食品，所以他留下第三袋谷物来饲养家禽。第四袋谷物他预定用来酿造酒类。现在假定他的各种个人需要已由这四袋谷物所满足了。对于第五袋他想不出更好的处理办法，除非用它来饲养一些他喜爱的鹦鹉。当然，这些谷物的不同用途，其重要性是不同的。如果用数字来简单地说明这一点，我们拟定一个具有十级重要性的分级表，不用说：这个农民对维持生活的重要性要给以最高数字 10，对保持健康的给予数字 8，然后往下降，他对增加肉类来改善他的菜肴的，可能给以数字 6，对他从酒类得到的享受，给以数字 4，最后，对饲养鹦鹉，他要给出最低可能的数字 1。现在让我们自己站在农民的立场上来设想，我们试问，在这些情况下，对他的福利来说，一袋谷物的重要性是什么呢？

我们知道，这一问题很容易解答，只要我们问一下：如果一袋谷物遭到损失，他将失去多少效用呢？我们再来详细地说明这问题。当然，这个农民不会削减他自己的消费，从而危及他的健康和生命，却照原来计划来酿酒和饲养鹦鹉。只要考虑一下，我们就可以看出只有一条可能采取的道路：他将用剩下的四袋谷物供应最迫切的四类需要，而放弃最后和最不重要的需要，即边际效用——

在这里，即饲养鹦鹉。因此，他有没有第五袋谷物，对他的福利而言，唯一的差别仅是，有了这第五袋他可以容许自己得到饲养鹦鹉的快乐，没有了它，他就不能得到这种满足，从而他将正确地按照这一不重要的效用，对他所有的每一袋谷物作出评价。并且不仅对一袋谷物是这样，而且对每一袋谷物都是这样。因为，这些袋谷物都是完全相同的，农民无论失去甲袋或乙袋，对他将完全是一样的，失去一袋后，还有其他四袋能满足他更迫切的需要。

把这个例证改变一下，假定这个农民的需要保持不变，而他只有三袋谷物了。现在一袋谷物对他的价值是什么呢？上述检验仍是可以应用的。如果他有三袋谷物，他能够并将供应最重要的三类需要。如果他只有两袋谷物的话，他将被迫只能满足两类最重要的需要，而放弃第三类需要，即肉食品的需要。因此，有了第三袋谷物——应当记住第三袋不是指定的一袋，而是三袋中的任何一袋——他就能满足第三个最重要的需要；亦即在他所有的全部谷物所能满足的最后和最不重要的一个需要。在这种情况下，除了应用边际效用外，任何其他的评价显然都是和事实相矛盾的，因而一定是很不正确的。

最后，假定这个农民的需要保持不变，而他只有一袋谷物了。在这一情况下，十分明显，谷物的其他用途都将置之不顾了。它将用于维持农民的生命上面——这是一袋谷物刚巧能够执行的任务。同样明显的是，如果没有这最后的一袋谷物，这个农民将不再能维持自己的生命了。因此，他有这袋谷物就意味着能生存，失去了这袋谷物就意味着死亡；这一袋谷物，对农民的福利具有可以想象的最大重要性。这一切是仍然符合我们的边际效用原理的。最大效用——维持生活——在这里是唯一的，也是最后的或边际的效用。

根据边际效用来估价的说法不仅仅是“学院的”原理。没有人会怀疑这个农民在适当的时刻——譬如说，在有人向他购买谷物的时候——实际上将按照这一道理来采取行动。任何一个人，处在他的地位，将按照第五袋的最小边际效用，便宜地出让五袋谷物中的任何一袋：但他将对三袋谷物中的任何一袋，索取大得多的价钱；但他绝不会以任何价格，出让那不能替代的，具有最大边际效用的仅有的一袋谷物。

现在我们从独居在原始森林中的农民的例证，回到一个高度组织的经济社会的闹市中来。这里，我们碰到一个完全占统治地位的一条经验，即物品的数量和物品的价值成反比。市场上某一类商品越多，在其他情况相同的条件下，这一商品的价值就越小；反之亦然。每一个人都知道经济理论曾利用这一条经验的命题——价格学说中最基本的一条——来证实“供求”规律，但这一命题保持其正确性，完全与交换和价格无关。例如，一个收藏家对单独的一件标本的标价，比对一打同样标本中的任何一个的评价不是高出很多吗？不难说明，像这些十分可靠的事实，是从我们的边际效用理论里引申出来的。任何种类的物品越多，它能满足的需要就越能得到完全的满足，而最后得到满足的需要——这些需要如果物品数量减少就不能满足——就越不重要。换句话说，任何种类的物品越多，决定其价值的边际效用就越小。再则，如果某一种物品的供应很多，多得使一切需要完全得到满足以外，仍然有剩余的物品不能找到有益的使用，那么，它的边际效用就等于零，这一种物品也就无价值。

因此，对于原来使我们感到十分惊奇的这一现象——即珍珠、钻石等比较“无用”的东西，具有很高的价值；更加“有用”的东西如面包和铁等具有小得多的价值；而水和空气却毫无价值——我们在这里找到了十分自然的解释。珍珠、钻石数量很少，仅能满足有限的需要，因而达到满足的边际效用是相当地高。[①] 另一方面，（我们很幸运）面包和铁、水和阳光，数量这样的大，使一切较重要的需要都保证能得到满足。只有极其微末的具体需要，或甚至没有任何需要是靠一片面包或一杯水来满足的。当然，在非常情况下——例如，在被包围的城市中，或在沙漠旅行中，水和食品很少，而且小量的存货只能满足最迫切具体的饮食需要——边际效用就会暴涨。按照这条原理，那些在其他情况下价值很小的商品，也必定要涨价；这种现象也为经验所充分证实了，在围城之中即使粗劣的食物价格也非常之高。因此，骤然看来，这些事实似乎同我们的理论——即价值量决定于在一定条件下的效用量——是相对立的，但仔细观察，恰能给它一个明显的证实。

第五章 复杂的现象

迄今我们所考察的情况是比较容易解释的，然而现实经济生活却带来许多复杂现象。对待这些现象，经验丰富的人固可悠然

---

① 为了防止可能出现的混淆，必须指出，德国作家在价值论中，一般用一个递减的分级表的隐喻来说明“需要的满足”：满足量增加时分级表上就呈现徐徐下降的情况，满足的饱和点是零，而不是一百。——英译者注

自信，但经济理论家加以解释时不免要遇到相当大的困难。[①] 要了解这些现象，一切决定于我们对在一定情况下体现为边际效用的效用总量是否判断得正确。为了达到这个目的，下面所述的一切可作为解决价值理论中一切最困难问题的总钥匙。我们必须从两点着眼来考察给物品估价的人所处的经济地位。第一，我们必须设想，如果他的存货中加进了这件物品，这时有哪些较不重要的具体需要能进一步得到满足。第二，我们必须设想，如果从他的存货内减去这件物品，这时哪些具体需要还能得到满足。当然在后一情况下，这就显而易见，某一阶层的具体需要，即最低阶层的需要，失去了它从前所得到的供应。这一最低阶层指出决定评价的边际效用。[②]

第一个极明显而在理论上并非不重要的运用，使我们承认评价一件物品时，有时要考虑到某一单独具体需要的重要性，有时要把许多具体需要综合起来一并考虑其重要性。那就是说，就事物性质言，依赖于我们正在评价的该物品的需要阶层，在范围和程度上是很不相同的，要看该物品的内容结构而定。如果它是一组非

① 关于在评价方面理论和实际的关系问题，参阅《康拉德年鉴》，第 16 卷，第 74 页。

② 一般说来，有两种情况会使一个人对价值作出判断。其一是在割爱一件所有物时，例如，将它赠送给别人或将它同别人的东西交换，或自己将它消费掉时，其次是在设法取得一件物品时。在这两种情况下，在思想中进行的评价方法在外表上略有差别。一个人评价他自己具有的物品，是以他失去它时，他会遭到何种损害为依据的；因此，他评价这一物品是以有了它他能得到的最后满足为依据的。相反的，一个人评价他所没有的物品，是以取得了它他所能增得的效用为依据的，就是说是以直到现在他的经济情况还未能取得的那些满足中最迫切需要的满足为依据的。由于一件物品所保证的最后满足总是和如没有这一件物品就会失去的第一项满足相一致的，不用说两种方法的任何一种都可给我们同样的结果。在正文中，我已将公式安排得足以使两种方法都能包括进去。

耐久性物品中的个别物品，例如食物，其边际效用将至多包括一个具体需要，甚至是部分的需要。如果是一种耐久性物品，从而可以重复使用，或者如果它是作为一个整体来考虑的若干物品，那就很自然，具体需要的整个总和——在一定情况下，一个颇大的总和——可能包括在依靠这一种物品来满足的需要阶层之中。例如，许多音乐享受是否能得到满足决定于是否有一架钢琴，许多口福的享受，决定于一桶酒的占有，而在评价这些物品时就必须把这些娱乐的重要性集合一起来考虑。[①]

现在我们来考察另一种影响深远的复杂情况。从前面的分析中，我们认识到决定物品价值的边际效用不是（或仅仅偶然是）和物品本身实际提供的效用相一致的。[②] 通常，任何物品的边际效用不是它固有的效用，而是可以拿来代替它的最后一件物品（或最后相同部分）的效用。在简单情况下，这种效用虽属另一物品的效用，它至少是同一种类物品的效用。在业已引用的例证中指出了，每单独一袋的谷物价值——例如第一袋的价值——是由另一袋，即最后一袋谷物的效用（但是它总是一袋谷物的效用）来决定的。然而有组织的交换的存在可能在这里引起不少的复杂情况。如要使一种物品不失时机地交换另一种物品，总是要使一种物品所遭受的损失转嫁到另一种物品上去，如果一件物品损失后，我们不从

① 可能和此相关联的某些影响深远的复杂情况，参阅《康拉德年鉴》，第16卷，第34页。

② 后者仅发生在某些个别物品或那些偶然被选择用来作最无关轻重的用途的物品上。

用于次要用途的同一类物品中抽一件来弥补它，使后一用途空着，我们可以把用于别处的不同种类的物品调过来，用交换方式获得它，来弥补这个损失。当失去了一个 A 类物品时，这里所遭受的损失实际上是从 B 类取得的物品在别处所能提供的效用；当然，因为我们不应当从效用较高的，而应从效用最低的使用中取得代替品，这一损失落在别种物品的边际效用上，这种物品就是从 B 类转移到 A 类去的。因此，在这里，一类物品的效用和价值是由另一类物品的边际效用来估量的——由用来替代它的物品或物品的一部分来估量的。

举例来说明。我的唯一的一件大衣被窃去了。由于我只有一件，我不能用同样的另一件大衣来代替它，但我绝不能对窃贼给我的损失置之不顾。因为现在我感受到的需要——对寒衣的需要——是十分迫切；如得不到满足，可能使我的健康受到严重的影响，甚至危及我的生命。因此，我将设法转嫁这一损失于他种物品上。我将把原来要用在别处的物品出让出去，交换一件新大衣。出让的物品的用途，当然是对我影响最小的。那就是说，我将让出对我仅有最小边际效用的物品。如果我的情况好，我或许将从我的钱柜里取出三镑，相当一件新大衣的价格，这样，我的资金减少了，只能少买一件奢侈品。如果我的情况不好，但并不太穷，我将节约一两个月的日用开支来弥补这一损失。如果我非常穷，手头没有余钱，又无法从每月收入中节省出一些钱来的话，我将不得不把最不常用的某些家具出卖或质押。最后，如果我是如此极度的潦倒，以至只有最迫切的具体需要能得到满足，那么，我就不能把这一损失转嫁到别种需要上去，我就必须不穿大衣过活。

假设我们现在把自己置于大衣主人的地位上，试问，就他的幸福言，什么东西依赖于大衣的被窃与否上，我们将发现依赖的情况是这样：在第一种情况下，能否花钱购买某些奢侈品；在第二种情况下，要否节约家庭日用开支；在第三种情况下，要否质卖物品，从而抛弃其使用；在第四种情况下。能否实际保持健康。因此，只有在最后的情况下，大衣的价值，才决定于它本身这一种类的直接边际效用（由于这类物品现在只有这一件大衣，所以这里的边际效用恰巧和该件大衣的效用相一致）；在其他情况下，它是由外来物品和外来需要的边际效用决定的。

在交换是高度地组织起来的现代经济制度下，我们所述的一个修正特别重要。我们几乎可以说，它包括对价值的主观评价的绝大部分。从我们所述的内容中我们可以很容易推出这一点来：我们对于不可或缺的物品，很少用它们的直接效用来评价，而几乎总是按照别种物品的"代替效用"来评价的。但是我应该强调地指出，即使在交换是极高度组织起来的场合下，我们也不一定总是使用这后一方法；只有在某些条件下（虽然这些条件是常常会有的）我们才这样做。换句话说，只有当代替品的边际效用，小于原来的物品的边际效用时，我们才使用"代替的"方法。说得更确切一些，就是，当物品的价格以及各种需要的供应情况是这样：如果在一种需要的内部遭到了损失，那么除非代替品的购买价格可由其他种类需要中抽出来，否则，比较重要些的需要就将得不到满足时，我们才使用"代替的"方法。但是无论情况如何复杂，决定物品的真正边际效用和价值的，总是间接或直接依赖于这一物品的**最小**效用。

和那些由交换产生的复杂情况相类似的实际复杂现象也可能

由于用来替换的物品可以通过生产而迅速地得到这一事实所引起的。这一类复杂现象，从它说明了生产成本影响价值这一点来说，在价值理论中也有值得注意之处。因此，就需要特别仔细加以讨论。但对这点和其他一些决疑性复杂情况，放在后面来单独加以讨论，似乎更好些。目前我们且回到一条基本规律上去，它在某些方面还需要加以补充说明。

第六章　什么决定边际效用

到目前为止，我们已经把物品的价值量，追溯到它们的边际效用量。但是，我们还可以进一步探索决定价值的根源，并寻求这些边际效用量本身是由什么情况来决定的。答案是：它是由需要(want)及其供应(provision)之间的关系决定的。需要和供应这两个因素影响边际效用量的途径，已经在以前的分析中屡次充分地谈过了；因此，我无需再加以解释。只要把这条规律简短地写出来就够了。这一规律是：需要越广泛和越强烈，边际效用就越高；需要越少越不迫切，边际效用就越低。这就是说，一方面，要求满足的需要越多和越强烈，另一方面，能满足该需要的物品量越少，则得不到满足的需要阶层就越重要，因而边际效用也越高。反之，需要越少和越不迫切，而能够用来满足它们的物品越多，则更下层的需要也可得到满足，因而边际效用和价值也就越低。也可以用一个近似而不太精确的方式来说：有用性和稀缺性是决定物品价值的最终因素。有用程度既然表示物品是否能对人类福利提供比较重要的服务，它同时也就表示（在极端情况下）边际效用可能达到

的高度。而稀缺性则决定在具体情况下，边际效用实际上达到的那一点。[①]

边际效用的高度由需要和供应的关系决定，这一命题可以有很多的用处。现在我只强调两点，这两点是我们将要在客观交换价值理论中用到的。第一，由于个人与个人之间需要和供应的关系非常不同，所以完全相同的物品，对不同的人可以具有完全不同的主观价值——如果不是这样的话，确实很难看出为什么还能有货物的交换。因此，第二，在其他一切不变的情况下，同样数量的物品，对富人和穷人的价值就不同；它们对富人具有较小的价值；对穷人则有较大的价值。富人可以得到各种物品的充分供应，所

① 沙林也在他新近发表的《价值理论和价值规律》一文（载《康拉德年鉴》，纽芬兰，第 16 卷，第 417－437，513－562 页）中，否认需要和供应的关系是物品价值的最重要和最普遍的决定因素，并想用获得的困难性来代替它（同上书第 425 页，尤其是第 430 页的附注和第 551 页）。虽然在这篇文章里有某些特殊的东西，我坦率地认为——更坦率地承认，我非常看重这位丹麦经济学家在科学上的重要性，也非常重视他所说的一切东西——不仅这一命题，而且他用来证明这个命题的整篇文章，都是科学分析中的可悲的后退。沙林尽一切可能重新陷入某些迄今未能避免混乱的事物中去。更坏的是他用巧妙的和似是而非的真理来阐述问题。我认为“获得的困难性”，是像橡皮带那样可以任意伸展的最不幸的一个流行语；它使人从一个混淆进入另一个混淆，它或是不正确地解释事物，或是全然没有解释事物。我的意思是说，不是一个人把它和某一确定的、有限的和狭窄的意义联系起来并且坚持下去——在这种情况下，植根于这个狭义概念的解释，证明是绝对地错误的；就是，一个人像伸展橡皮带那样，用制造颠倒的和粗暴的推定方法，强使各种不相同的事物隐蔽在伸缩性之中——在这种情况下，虽然避免了公开的矛盾，但用标语或平淡软弱的字眼来表达概念是不能解决问题的。这一点正是沙林的命运。他所说的“获得的困难性”究竟是什么意思呢？他将它解释为任何人为获得某一物品而作的努力的量，或者由于有了这物品自己就能节省的努力（第 430 页）。那么，“努力”一词的意义又是什么呢？如果正确地加以解释的话，只能把它理解为某种体力活动，痛苦或劳动。但是，如果这就是它的含义，那么，诉诸“节省下来的努力”作为物品价值的原理，就是绝对错误的。从上千的例证中只举一

以一般说来，他们的很不要紧的需要都可以得到满足，因此，多一些或少一些由某种物品给他的满足是无足轻重的；反之，穷人一般只能供应他的最迫切的需要，因此，由每一件物品所给他的效用都是很大的。经验也指出，穷人得到一件物品时就感到愉快，失掉它时则感到痛苦，而对富人就不会发生丝毫影响。一个在月初第一天领到一个月五镑工资的普通职员，在回家的路上把它遗失了，而一个富豪也遗失同样数目，他们两个人的思想状况是不能相比的。对于前者，遗失必然意味着一整个月的痛苦；而后者只是损失了一些无关紧要的满足。

个不工作而领养老金的人（他有一笔60镑的按月收入）来说，让他根据“节省下来的努力”对他的大衣进行估价，那可能是怎样一种努力呢？是不是他自己来生产这件大衣时所需要的努力？当然不是的；他绝不会自己来生产大衣，而总是去买大衣的。还是他如果生产他必须作为大衣的等价物而付出去的那些物品时必须作的努力呢？这也是不可能的。因为，他既已不做工作，他绝不可能通过努力获得这个购买代价，而只能从他的定期收入中取得它。惟其如此，他当然一定要削减其他不太重要的需要的满足了。因此，买一件大衣不是使他省下一些努力，而是使他失去一些满足。这一损失的总量，正如我在同沙林争论的著作中所指出的，恰恰决定于这些物品所能满足的最终需要的重要性。损失了这种物品，也就损失了这些最终需要的满足。而最终需要的迫切程度，又由当前的需要和供应的关系所决定。唯有在我在《康拉德年鉴》（同上书第42页）中提到的那些稀有的情况下——不管沙林的说明（第430页注1）如何，我明白地说，这是超出常规的情况——努力量或劳动的痛苦可以成为价值的直接标准。——现在，我承认，沙林有时给了“努力”一词一个不同于痛苦的意义。然而，为了避免重复起见，我愿意稍后在价格理论中说明它所导致的后果。——最后，沙林以为他采用的例证显然驳倒了我的学说，可是这个例证并不能迷惑任何一个能正确理解边际效用学说的人。如果从来只有过一个苹果的小孩，一旦被允许在邻居的花园中随意摘取苹果，我认为，他会立即降低他对叫做“苹果”的这种东西的评价。但为什么呢？并不是因为（像沙林所认为的那样，可以看作是不解自明的）“他在吃水果方面的胃口和享受依然未变”。从吃仅有的一个苹果起，直到吃饱苹果为止，他的享受可以逐步地下降；但十分明白，就仅有一个苹果的小孩来说，他所牺牲的是程度最高的享受；反过来，就“可从许多苹果中挑一个苹果来吃”的孩子来说，他所牺牲的只是一个非常微小的享受。

第七章　可选择的用途

在本篇的各章中，我们将继续讨论关于价值形成方面，在日常生活中所发生的各种复杂情况。为了下述两个理由，我们必须深入探讨这些复杂情况：第一，为了把我们的价值理论和实际生活现象的完全一致，放在更牢靠的基础上，第二，因为现在所得出的结论，在以后讨论资本理论时，会找到重要的运用。

经常遇到这样的情况，一种物品可以有两种甚至若干种完全不同的用途。例如，木材可以用于燃烧或建筑；谷物可以用来做面包、做种子或制酒；盐可以用作调味品，也可以作为生产化工产品的辅助原料。因为物品在每一不同的使用中满足不同的需要，而这些不同的需要当然具有不同程度的重要性；更因为在这些不同种类的需要中，需要和其供应的关系是常常不同的：最后，也因为物品即使有多种有用性，通常也不是在各个时期都有同样程度的有用性——由于这一切理由，不难看出，一件物品所引起的效用的增加，或者它所提供的边际效用，可能从一个用途到另一种用途中急剧地改变。例如，一堆木板用作建筑材料对物主的边际效用可用数字八来表示，然而同一堆木板用作燃料，它的边际效用只能用数字四来表示。现在的问题是，在这样的情况下，哪个是决定物品价值的真正的经济边际效用呢？

解答这个问题相当容易，总是最高的边际效用决定物品价值。正如已经详细说明过的那样，任何物品的真正边际效用，同经济地使用它时所提供的最小效用是相一致的。因此，如果一种物品有若干相互排斥的用途时，十分明显，在任何合理的经济组织中，最重要的用途一定占先；唯有它在经济上是可允许的；一切次要的用途都要被排斥掉；由于这种物品不能用在这些次要的用途上，它们就不能对该物品的价值有什么影响。用我们的具体例证来讲，如果一个农民在使用他的所有木料满足了建筑和燃料方面的一切更迫切的需要之后，还有两个使用木材的用途——他能有利地加以使用的两个用途（用数字八和四来表示的），但只剩下了一堆木板。显然，他一定会把这堆木材用在两个用途中最重要的一个上面，而让次要的用途得不到满足。只要他能在建筑方面取得用八表示的效用，他一定不烧木材来取得用四表示的效用。因此，他能不能得到用八表示的较大的效用，取决于他有没有这堆木板。我们可以将这个规律一般地写成这样：如果一种物品有几种用途，并能在这些用途中提供不同的边际效用，则能产生最高的边际效用的用途，是物品经济价值的标准。这一规律将被经验所充分证实。没有人会把橡木家具按照燃料的价值作价，或者以旧帆布的价格出卖一幅精美的图画，或者把一个贵族夫人的猎马按照它拖车的能力来估价。

但是现在所叙述的公式可能很容易产生一些错误，在进一步研讨之前，要适当地预先估计到这些方面。我刚才所讲的好像和我在先前所说的有所矛盾。在几页以前我曾说过，如果一件物品的直接边际效用（即同类物品中最后一件物品的效用）大于它的间接边际效用（即用作代替品另一类物品的边际效用），那么较小的一个边际效用是评价的标准。而现在却说，在具有不同的边际效用的几个不同的使用中，最高的边际效用是评价的标准。这种表面的矛盾是可以简单地说明的。在前面一种情况下，我们所讨论的区别是现有物品可能提供的若干种用途之间的区别，而现在我们讨论的区别则是这种物品不足时其两个或更多的用途之间的区别；正如在前一情况下已经说明了的，一种物品所提供的几种用途中的最小的一个用途总是准确地和如果没有这种物品就不能提供的那些用途中最大的一个用途相一致的。

因此，在上述公式里，当我们谈到几种可选择的用途和可选择的边际效用时，必须承认，照字面来解释，这样的表达方法是不很正确的。因为，很自然地，在那些互相竞争的用途中，只有一个用途在经济意义上讲，是最后的，因此，只有一个是真正的“边际用途”——我们认为这就是边际效用——而其他一切用途在经济上都要被排斥掉。然而，由于它们是全体用途中的第一个或最特殊的代表，这就更加要求我们注意。只要我们一想到后面这些用途，这些代表性的用途就首先迫使我们考虑，使我们在各种用途之间进行选择，好像我们对全部用途投票似的，例如刻木呢还是燃木，租出废马呢还是屠宰废马等等——这是上述公式很简明地指出的一种实际心理过程。

但是，在这里必须强调指出：我们在探讨过程中给予那些假象的边际效用的优先地位仅是形式上的优先地位，在我们经济的判断中：它们不能实实在在地享受任何优先地位。一般地说，一种物品可以提供若干种不同用途，这一事实对我们计算价值实际上没有丝毫影响。正如我们不按照需要的种类来评价物品那样，我们不按照使用的部门来把它们分类。每一具体使用仅仅被看做是所有各部门中各种互相竞争的使用，按其重要性的等级来衡量的一个可能的使用。因此，在遵循经济活动的原则上，我们总是采取同一条路线；我们把现有物品分配给在分级表上居最重要地位的具体用途，其中最后的一个用途就是决定该物品的边际效用和价值的。

现在，当这样做的时候，经常要遇到这种情况：我们只考虑了一种使用部门。当我们只有一件物品要处理的时候，这种情况是常有的。但是另一种情况也是有的：属于某一类的一系列具体用途，在重要性上超过了属于另一类的一系列具体用途，而同时这一系列的用途很多，或者现有的物品太少，以致不敷供应次要的用途。例如，在任何工业部门中，某些物品有成百的使用场合，而每一场合的重要性可以用数字八来标志，而在另一个工业部门中，其使用的重要性只能以数字六来标志；如果我们现有的物品只有五十件的话，当然，全部五十件物品都将用于第一类工业中，而它们的价值将按照最高效用八确定下来。但是，也经常有这种情况：不同使用部门的需要——比如，建筑方面需要的木材和燃烧方面需要的木材——同时要求得到满足；在这种情况下，使用场合和物品之间的比率，就将决定“最后的”使用将属于哪一个需要部门；所谓“最后的”使用就是决定价值的这一使用。假定在某一使用部门中，有四个使用场合，分别标志其重要性为十，八，六，四；而在另一部门也有四个场合，标志为九，七，五，三；并假定一个人总共只有五件物品；则无疑的，这五件物品将被分配给十，九，八，七，六这五个场合，而最后的一个数字（这个数字偶然属于第一类使用部门）是真正的边际效用，并决定商品的价值，而在第二部门中由数字五标志的其次一个使用，按照我们的公式一定会变成“假象的边际效用”。

第八章　主观交换价值

现在我们可以来考虑前章所述内容的一个具体运用了，而这一种运用是许许多多的现象的基础。迄今为止，我们所考虑的大多数情况是，一种物品由于它特有的某种技术适应性，可以有各种不同的用途。但是，除了这特殊的假定外，在一个有组织的交换制度下，每一种物品都有第二类的用途——亦即用它来和其他物品相交换。通常把交换和其他各类用途对立起来。而把“使用”和“交换”之间的这种对立和价值论中的“使用价值”和“交换价值”之间的区别联系起来。

在某一种意义上（我们在这里将坚持这一点）交换价值和使用价值二者都是主观价值。使用价值是一件物品当它直接用来增进人的福利时，对人的福利所具有的重要性；同样的，交换价值是一件物品由于它有通过物物交换方法取得其他物品的能力，因而对人的福利所具有的重要性。按照我们业已了解的规则，使用价值量是由该物品被使用时给予物主的边际效用量来衡量的。另一方面，（主观）交换价值量显然是同在交换中得到的物品的使用价值量相一致的。当我用一件物品来做交换时，我为自己福利所取得的东西，正是我从交换得到的物品中取得的效用。因此，物品的主观交换价值量，是由它交换得来的物品的边际效用来衡量的。

物品的使用价值和交换价值对物主不是等量的，这点是很普通的。例如，对一个学者来说，他的书籍的使用价值，通常大于它的交换价值，而对书商情况恰好相反。现在的问题是，在这样的情况下，这两个价值中哪一个是真实的价值呢？[①]

这里我们只须讨论已往所谈的一般情况中的一个特殊的情况。自己使用这一物品同用它来交换别种物品是两种不同的使用方式。如果这个物品在每一种用途中提供不同的边际效用的话，那么，较高的效用就是其经济价值的标准。因此，如果物品的使用价值和交换价值的价值量不一致的话，那么，较高的价值量是物品的真正价值。在现实生活中我们可看到这个原则。我们总是把物品用于与其较高的和真正的价值相适应的用途上。学者保存他的书，而书商却出售他的书。或者，如果学者所处经济情况恶化，他也可出售他的书，但在这一情况下，虽然书的使用价值和客观交换价值仍旧不变，对学者来说，它们的主观交换价值提高了。这就是说，现在有一些其他种类的更迫切的需要亟待满足，而通过出售书籍来满足这些需要的可能性，目前对他的重要性大大提高了，而这一重要性超越了书籍的使用价值。

承认主观交换价值的存在以及承认它完全不同于经常所称的交换价值（即客观交换价值），是在价值现象中指导我们的基本重要点。因此，对这一问题略加讨论可能是适当的。上述学者的例证足以使我们相信，在物物交换的可能性之下，主观重要性所取的方向可能和物品的客观交换能力和价格所取的方向有所不同。因

① 显而易见，我们只能用上面谈到若干“可更代的边际效用”时使用的那种不严密的方式，来谈两个价值。因为很自然地，一种物品对一个人从来只能有一个价值。价值是一个物品对人的福利所具有的重要性，而这个重要性不能在同一个时候，既是大的又是小的，或者是高的或者是低的。但我们确实时常用这样颇不正确的想法和表达法，因此，正如在前面的场合一样，我在这里，也用这种说法来说明我的见解了。

为价格虽保持不变，物品的主观交换价值可能提高。但是两种交换价值甚至可能同时向相反方向运动。举一个穷学生作例子，他的最后的和唯一的所有物——他能称为属于自己的唯一的东西——是一个为纪念维多利亚女王即位50年而发行的纪念金镑。毫无疑义，这一金镑在满足他的需要方面将有一个很高的主观重要性；也无疑义，这一重要性是一个**交换**价值，因为金镑没有使用价值。现在，假定这个学生意外地继承了一笔值10 000镑的财产，而同时由于发行额的限制，这个纪念金镑的价格从20先令上涨到40先令。现在这一金镑的交换价值又是如何呢？在这里，两个观念的差别就很明显了。**客观**交换价值，即这个金镑的市价已从20先令上升到40先令；但对满足金镑主人需要而言，它所具有的重要性，即金镑的主观交换价值，由于学生的需要和他的资源间的关系起了变化，无疑地已下降了。昨天，这个学生如果失去这一金镑，就会像失去了对饥饿和贫困的最后防御手段那样感到非常痛心；今天，也许他将毫不经心地把这个金镑赠与一位搜集钱币的友人。虽然，市价增长了，它对这一学生已微不足道了。

交换价值的两种观念的这个基本的、真正的区别，就是我们为什么不能把**使用价值**和**交换价值**的通常的区分看做整个价值现象的最终区分的主要理由。这样做，将会使有关系的东西拆开，而把那些不能找到共同定义的异质的东西混在一起。显然，主观交换价值与主观使用价值之间的关系要比主观交换价值与客观交换价值之间的关系密切得多。如果我们要在那些与价值有关的现象中不迷失方向，应当依照我们所已做过的那样去做：把客观交换价值单独地放在一边，而把主观价值放在另一边，并在以后把主观价值划分为主观使用价值和主观交换价值。①

第九章 补全物品的价值

经常会碰到这样的情况，若干物品必须以某种方式结合起来才能取得一个经济效用，如果少了一个物品，效用即不能取得，或不能完全取得。凡用途相互补足的物品，我们可以仿照门格尔称它为补全物品。例如，纸、笔和墨水，针和线，车和马，弓和箭，左右手两只手套等等都是补全物品。这种补全特性，一般说来，在生产性物品中几乎普遍地存在着。

很容易看出，补全物品的亲密合作关系——它们提供这个效用的合作关系——将在它们的价值形成中得到反映。这将导致许多特性，虽然，这些特性都出现于边际效用普遍规律的界限之内。要说明它们，我们必须区分属于全组的价值和仅属于其中单个成分的价值。

一般说来，全组补全物品的价值是和它作为一个整体所能提供的边际效用相适应的。例如，如果三件物品 A、B、C 形成了一组补全物品，并且由于联合使用这三种物品而能在经济上得到的最小效用具有 100 的价值，那么 A、B、C 三件物品合在一起就值一百。

这一规则的唯一例外发生在以下场合中。根据我们已熟悉的原则，一种物品的价值不是由它自己这一类的直接边际效用而是由

① 尽管迪尔有不同的看法，他赞成"使用价值和交换价值的传统的区分"(《蒲鲁东，他的著作和生平》，第 1 卷，1888 年版，第 109 页)，我必须坚持我在上面的说法。

用来作为代替品的其他类物品的边际效用来衡量的。在这种特殊场合中,如果补全物品组的每一单独成分,是可以用购买、生产或者甚至从其他孤立使用中取出的代替品来替换的,同时如果这些代替品在其他(孤立)使用中所具有的效用总和,比其综合使用时为少的话,就会发生这种例外情形。例如,假设综合使用的效用总和等于100,而其代替品的价值,即三个成分的价值分别为20、30和40(总数为90),那么,由三个成分共同决定的东西,不是取得综合使用100——这一综合效用无论如何要由代替品来保证——而只是取得较小的效用,即90。这是当补全物品组的各成分全部被代替品所代替而失去综合作用时的表现。但是,因为在这种情况下,补全性质本来对价值形成没有任何影响,而价值仅仅是依照我们所熟知的通常规律决定的,对于这一点,我们无需另行探讨。因此,我们在下面将仅仅特别注意正常情况,在这种正常情况下,各物品在联合使用中所能取得的边际效用,同时就是真正的边际效用。

如前所述,这个边际效用,首先决定全部补全物品的综合价值。但当总价值在补全物品的个别成分中分开时,很大的差别出现了,差别的大小依实际情况有所不同。

首先,如果物品组中任一成分除了联合使用以外没有其他用途,同时,如果在联合使用中的各个成分,没有一个能够被替换的话,那么,其中一个成分就具有物品组的全部价值,而其他成分就完全没有价值。举个例子,假使我付5先令买一副手套,5先令就是一副的总值。如果我遗失一只手套,我就损失全部效用,并由此损失了一副手套的全部价值,而其余一只手套也就没有价值。当然两只手套中的任何一只都可以单独地加以评价,至于它们中间的哪一只可以代表两只的全部价值，而哪一只没有价值（要配成一副时才需要它，或者只是一只单独的无用的手套），这只有具体情况才能决定，这种情况在现实生活中是比较罕见的。

第二，更普遍的情况是，物品组中的个别成分在它们的联合使用之外，还能提供别的、虽然是较小的效用。在这里，这个成分的价值，不是介于全部价值和毫无价值之间，而是介于这个成分单独能够提供的边际效用量这一最低限度，以及全部联合边际效用量减去其他成分的单独边际效用量的差数这一最高限度之间。例如，三个物品 A、B 和 C，结合起来提供边际效用量 100；A 本身的边际效用为 10，B 本身的边际效用为 20，C 本身的为 30。那么，A 的价值决定如下：100－(20＋30)＝50。A 的价值处于 10 和 50 之间。如果一个商人只有单独的 A 这样一个物品，他从它仅能取得孤立的边际效用 10，而物品的价值也相应地仅仅是 10。但是假使他具有全组物品，而别人出价要他从全组中出售或转让物品 A，他所必须考虑的是：有了物品 A，他能取得边际效用 100；没有了它，则他只能取得物品 B 和 C 的较小的（孤立的）效用，即 20＋30＝50；因之，有没有物品 A，其间的差别是价值 50。A 作为全组的补全部分，值 100－(20＋30)＝50；而作为孤立的物品，仅值 10。[①] 在这里，价值的差额虽不若在第一种情况下那样大，但依然是很大的。

① 当然，在这一情况下，也是由情况的特点来决定哪一个成分应作为这组的补全成分，哪一个应作为孤立的成分。例如，如果有人要求全组物品的物主出售物品 A，则物主就会把物品 A 估为这个组的补全成分，而把其他物品 B 和 C 估价为孤立的成分。但如有人要他出售 C，则他将把它估为补全成分，即估为 100－(10＋20)＝70，而 A 和 B 将被估为孤立成分了。

第三，更为普遍的情况是，物品组中的若干个别成分不仅可以用于其他用途，而且同时是可以由同一类的其他物品来代替的。例如，建筑基地、砖头、横梁和劳动力在建造一幢房子上是补全物品。但如果准备用于建筑的几车砖头在运输途中走错了路，或者从事建筑工作的若干劳工拒绝工作，在正常情况下这丝毫不会阻碍人们取得联合效用——把房屋建造好。劳工和材料只要由其他的人和物来替换好了。关于价值形成的结果如次：——

1. 可被替换的成分，即使它们作为补全品是需要的，也不能得到比“代替品的价值”更高的价值——即代替品在那些别种使用部门中能提供的效用所给予的价值。①

2. 这个事实大大的缩小了价值的限度；就是可能决定单个物品——有时作为补全品来衡量，有时作为孤立的物品来衡量——的价值的限度缩小了，特别当这种物品是一种有销路的物品的时候。任何种类的现有物品越多，使用它们的场合越多，介于各种用途之间的重要性的差别就越小。这就是说，介于一件代替品可能在其他用途中提供的重要性这一最高限度价值和一件多余的、孤立的物品可能在次一等用途中提供的重要性这一最低限度价值之间的这一差别也就越小。例如，包括在补全物品组中的物品 A，除了我们称之为 A_1 的物品之外还有同类的 A_2 和 A_3；再如果可能利用它们的场合（在补全组以外的场合）其重要性分别由数字 50、20、10 等等来标志，而且，只有由 50 和 20 标志的两项用途将由物品 A_2 和 A_3 来

① 具体说来：虽然一车砖头对完成房屋建筑来说是不可缺少的，但这一车绝不能得到比由一般砖头的边际效用所决定的价值更高的价值，即比由一般砖头提供的一切用途所决定的那个价值更高的价值。——英译者注

供应；如果现在把 A_2、A_3 中的一个用来代替 A_1 的话，那么由 20 标志的这个效用将会损失掉。在另一方面，如果补全组被拆散了，而物品 A_1 将被迫寻找一个孤立的、次等的使用场合，它唯一被利用的场合将是第三项，即数字 10 所标志的这个场合。因此，它的价值将位于 10（孤立的）和 20（补全的）之间。但是如果不是只有三件物品，而有 1 000 件物品，有 1 000 个使用它们的场合，介于第 1 000 个使用场合（必要时从这里把代替品调出去的这个场合）和第 1 001 个使用场合（由于物品组被拆散而其中一个分子必须寻找的这个场合）之间的差别一定会降低到一个微不足道的数量。

当然，任何个人在他自己经济范围内不可能有 1 000 件同一种类的物品和 1 000 个不同使用它们的场合。但是，同样的，刚才所叙述的结果的有效性一点儿也未取消，只有它们活动的场面从个人经济转变到市场经济来了，详细情况如下。个人购买他所需要的东西而在市场上出卖他所多余的东西。这里在整个市场所包括的一切种类的物品和一切使用它们的场合都汇合在一起了。而现在——正如过去——一切依赖于在市场上的物品和使用它们的场合是否稀少。如果物品很少，不管我们是这件特殊物品的买主或卖主，在决定价格时将有着巨大的差别。例如，假使像过去那样，只有三件相同的物品而有三个买主，每人都希望得到这样一件物品，目的在于使用它产生 50、20 和 10 的效用，如果这些物品中的一个从市场上被撤回去要作补全物品来使用，其余的两个物品将被买去作为效用 50 和 20 来使用，而——依照第四篇将说明的价格规律——购买价格一定被确定在 10 和 20 之间，比方说在 15 这个数字上。但是，如果补全使用没有了，而第三个物品也被抛到

市场上了，它必定——如果它找到出售的机会——落到能够得到效用十的这个买主身上，结果是市场价格总是被确定在十的水平之下。因此，在这里价格——以及以它作为根据的主观交换价值——变动很大。

在另一方面，如果有 1 000 件同类物品供应市场，也有 1 000 个买主需求它们，显而易见，无论出现第 1 001 个买主或 1 001 个卖主，对市场价格都不会造成很大的差别；无论有没有补全使用，该物品将独立地得出它的价格和价值。

因此，在现在提出的假设下，可代替的成分的价值总是固定在一定的水平上，和它们的具体补全使用无关。并且当我们将物品组的总价值分配给每一个个别成分时，它们才具有这一价值。因此这种分配是这样进行的：在联合使用的边际效用所决定的整个物品组的总价值中，这一固定价值是预先分配给可代替成分的，而其余的价值——它随着边际效用总量而变化——则算给不可代替的成分，作为它们的独立价值。再用老的例子来说明。假定联合边际效用总量等于 100，而 A、B 两个成分分别具有固定的“替换”价值 10 和 20，那么，70 必须算作不可代替的物品 C 的单独价值；若物品组的边际效用总量等于 120，则 C 的单独价值将是九十。[①]

我们所讨论的三种例证中，其最后一个在现实生活中最为普遍；因此，在最大多数情况下，补全物品的价值是依照后者的公式来决定的。它的最重要的运用是把一件产品分别归功于共同生产

① 如果 C 也是可以用一个价值较小的代替品来代替的话，那么，本书第 190 页上所述的情况就会出现，而联合使用的边际效用将不决定补全物品组的价值。

它的各种不同的生产力。几乎每一件产品都是一组补全物品联合活动的结果;这种补全物品组包括土地、劳力、固定和流动资本的使用。补全成分中的大多数是有销路的商品,而且可任意替换;例如,工人的劳动,原料,燃料,工具等等。只有其中的少数是不能替换的,或不易替换的;例如,农民耕种的土地,矿场,铁路线,工厂墙垣,企业家的活动连同他自己的特殊才能等等。因此,不难看出,这里的情况,正是前面的分配公式所能适用的情况,而事实上,它已在现实生活中极其准确地发挥作用了。在实际买卖中,“成本”总是首先从总收入中减去的。但是,如果我们更仔细地考虑就可以了解,所减去的并不是成本——因为,如果是成本的话,那么土地的使用和企业家的活动,作为有价值的物品,也将算作成本——而只是用于那些有替代价值的可代替的生产手段的开支,即是工资、原料和工具的折旧等等。减剩下来的以“净收益”的名称归属于不能代替的成分:农民把它算归他的土地,矿主把它算归的矿藏,制造商把它算归他的工厂,贸易商把它算归他的企业活动。

如果联合收益增加了,任何人就不会把增加部分归属于可以代替的成分;而总认为土地或矿坑“增加了生产”。同样的,如果联合收益减少了,也没有人会把减少部分算在“成本”的账上;这种减少也将被认为完全由于土地或矿坑的生产力的降低。这是完全合乎逻辑而且是正确的:任何时候,只有固定的替代价值是真正地依赖于可以代替的物品的;能得到的联合效用量的整个余额依赖于不能代替的物品。

补全物品的价值理论乃是一把钥匙,它可以解决政治经济学中最重要、最困难的问题之一——在竞争比较自由、价格由自由契约决定的目前社会情况下，物品分配的问题。一切产品都是通过三种互相补全的“生产要素”（劳动、土地和资本）的合作而生产出来的。我们的理论既然能够说明联合产品有多少可以在经济上[①]归功于哪一个要素，从而能够说明各个要素在总价值中所占的份额，那么，它就能够为决定各个要素所应得到的报酬量奠定最有决定意义的基础。因此，虽然我们知道，作为“生产要素”的资本和作为“收入来源”的资本并不完全相同，但是，它至少可以大致指出决定三种收入——工资、地租和利息——的数量的方法。

这点并不是直接地指出来的。工人所得到的份额和共同起作用的土地的主人所得到的另一份额是直接和工资与地租相一致的。但是落到共同起作用的资本头上的份额并不是利息——正如，在分配理论中，经济学家们自从萨伊以来轻率地一再假定的那样。首先它是对资本的合作所付的总报酬；而利息是从这里面取出来的，好比核仁从壳中取出一样，因为，从总报酬内减去消耗掉的资本的价值后，还有这么多的一些剩余。要说明为何是这样的，这本身就是个问题。举一个例子来说明它吧。假使有一件由三个要素合作生产出来的商品值100镑。补全物品的规律可使我们知道这些；它使我们能够决定劳动（直接用于生产的劳动）的份额相

① 不是在物质上。在多数情况下，绝对不可能来计算物质方面的份额——怎能评定对造一个雕像，原料和艺术家在物质上各贡献百分之几呢？——但这也是无关轻重的事。另一方面，在多数情况下，很容易决定，如果没有某一项要素，多少效用或多少价值就会得不到，而这项要素所产生的这些效用或价值量，我称之为它的整个产品中所占的经济份额。

当于，比方说，20 镑，土地的份额为 10 镑，而资本的份额为 70 镑。但这条规律并不告诉我们在这 70 镑中，在减去资本折旧之后，作为利息的净剩余是什么和有多少。相反的，补全物品这条规律本身却使我们得到这样一个结论，即没有剩余了。因为，按照这条规律，就自然会认为由于 70 镑收益应归功于资本的合作，同时资本已在取得收益时被消费掉，所以资本已评得全部 70 镑了；如果情况确是这样，那么资本的收益当然会被资本的折旧全部吸收去。但事实并不是这样的。这好比是一件内部的事情——是在补全物品规律所决定的资本总报酬内部起作用的一件事情，且是一个独立的问题，即特殊的利息问题的对象。但在我们能够讨论利息问题之前，还有许多问题尚待解释。[①]

第十章　生产性物品的价值。价值和成本

物品的价值是由它们的生产成本规定的，这几乎是经济学中

① 对于资本合作的总份额（毛利息〔Rohzius〕）和净利息两者的意义，一般经济文献中，普遍地存在着混淆的情况，对此，我已在拙著《资本和利息》中充分讨论过了（参阅对劳德代尔的批判，第 146 页；对凯雷的批判，第 155 页，对斯特拉斯伯格的批判，第 175 页；对萨伊的批判，第 189 页，等等）。在这里，把完整分配理论叙述一下似乎不是我的分内事。我故意避免作进一步的探究，除非对我的特殊任务——利息理论的发挥——有所必要，就是在有必要叙述它的时候，也只是把规定资本所得总份额的范围——有别于同资本合作的劳动和土地使用所得的份额——这一原理，粗略地叙述一下就够了：我们的特殊任务是规定资本总份额的情况是什么，此外，我希望，对于各个要素所得份额这个问题（我只得很草率地讨论它），大家所热烈期待着的维塞尔的著作不久将清楚地加以阐明（维塞尔的《自然》〔维也纳 1889 年版〕出版时，本书正在付印中——英译者注）。

的口头禅了。这一学说在理论[①]上很少被怀疑，但是，它的确实性经常受到列举的许多例外和插入的各种保留条款的严格限制。可是，在这个受到限制的范围内，这一学说几乎作为不容争辩的权威一直流传到我们的时代；它在现实经验中得到一定程度的证实，但最严重的问题是，它看起来似乎是和上面所阐明的价值理论相矛盾的。因为“生产成本”无非是消耗在物品制造中的生产性物品的总和——所消耗的具体资本，所耗费的劳动等等。现在，对于物品价值的根源和价值量的问题，我们的理论是这样回答的：价值依赖于物品所能提供的边际效用；就是说，它依赖于物品未来的使用。但是，其他的理论却回答说：物品的价值依赖于在其生产过程中所消耗掉的生产性物品的价值；就是说，依赖于物品来源的条件。暂时把这个矛盾丢开，并忘记人们教导我们的关于成本的一切东西，让我们无偏见地问一问：我们合理地得出来的边际效用理论对生产性物品的价值和对“成本”应该怎样说呢？

为了清楚起见，在进一步追索以前，我们应当对我们目前要探究的对象，即生产性物品，下一个更加确切的定义。和直接满足人类需要的消费品相比，一切生产性物品具有这一普遍的特征——它们只是间接地满足人类的需要。但是它们在间接的程度上，相互之间还有差别。譬如，烤面包的面粉，比生长小麦的田地，在某

① 在前辈作家中，萨伊曾争论说(《政治经济学概论》第2卷，第9章，第7版，第404页)：“这使我们又想到这个已定的原则：生产费用并不是构成物价的原因，这一原因是由产品所能满足的需求的情况决定的。”在近代文献中，麦克劳德所说的话(《政治经济学大纲》1858年版，第3页)是值得注意的。不过，首先真正全面了解问题的是门格尔、杰文斯和瓦尔拉等。他们的著作对全部价值理论说来是划时代的成就，而其中尤以门格尔的著作最为深湛。

种程度上更接近于需要的最后满足。我们将利用门格尔将物品划分为若干等级的方法,[①]来表明这些程度——我们将发现这些等级不论在理论上或是在实际上都是很重要的。我们把消费品——亦即那些直接用来满足需要的物品,例如面包等——放在第一级。我们把那些协助生产第一级物品的物品——在面包生产中联合使用的物品,例如面粉、烘炉和面包师的劳动等——放在第二级。我们把那些用于第二级物品生产的物品放在第三级,如磨面粉的小麦、用来磨粉的磨子、烘炉的建筑材料等等。我们把生产第三级物品的生产手段放在第四级,例如生长谷物的土地、耕作使用的农具、农民的劳动、磨坊的建筑材料等等。由此类推以至第五、六、七级,它们包括参与下一级物品生产的那些物品。

按照我们的价值概念,这一点是自明的,生产性物品,像其他物品一样,只有当我们认识到它的有无同我们能否获得某一效用和使某一需要得到满足有关时,它对我们才有价值。也很明显,当该物品可能满足的需要很重要时,它的价值将高些,而当它所能满足的需要不太重要时,它的价值将低些。唯一的差别是,直接消费的物品,它和满足之间有着直接的因果关系;而生产性物品,和最后依赖于它们的满足之间,插入了一连串的中间成分,即它们的一连串的产品。在这一连串联系中,存在着使新的正常关系发展的一些事实和机会,特别是介于生产手段的价值和它们的产品价值之间的关系。但是,价值基本规律既不会被这些关系所推翻,也不会受到它们的妨害。实际上正如类似的补全物品的情况一样,它

① 门格尔:《国民经济学原理》,第 8 页。

不过被一些细节弄得好像模糊不清而已。而这些细节是在事态发展之中产生出来的。我们现在就来考察这些细节。为此目的，让我们举一个典型的一系列生产过程作为例子。

一个直接消费品 A，是从第二级生产性物品组 G_2 制造出来的，G_2 是从第三级物品组 G_3 生产出来的，而 G_3 最后是从第四级物品组 G_4 生产出来的。为了简单起见，首先假定这些生产性物品组中的每一个不费时间地立即变成下一级的产品；同时，假定这一物品只有目前的一种用途，我们必须找出所述系列中的每一成分和物主福利之间的依存关系。

我们已经知道，决定最后成分（即物品 A）的价值的，就是它的边际效用。因此，我们的考察该从 G_2 开始。假如我们没有 G_2，我们就没有它的产品 A；这就是说，在 A 所属的物品种类中，我们将比应该有的少去一个。但是我们知道，缺少一个物品意味着缺少一个满足，也就是这个物品在经济上所能提供的最小满足。换句话说，这就意味着失去了物品 A 的边际效用。因此，A 的边际效用也依赖于 G_2，正如它依赖于产品 A 本身一样。再考察下一成分，我们发现，如果我们没有 G_3，我们不能有由它生产 G_2，结果，我们将损失 A 类中的一个物品，或它的边际效用。因此，就是上述的这个边际效用和对福利的重要性，也依赖于 G_3，正像它依赖于在生产过程中居于 G_3 以后的各个成分一样。同样的情况也可以推论到第四级物品组上去。倘若我们没有 G_4，我们当然要损失第三级物品组中的一个物品（否则它是可以从第四级物品中生产出来的），我们进一步也要损失 G_2 物品中的一个，从而损失 A 物品种类中的一个，而最后也要损失 A 物品的边际效用。这样，我们得到如下的一般结论：人类福利的增进，依赖于一连串生产过程中所有的较近一级的生产手段；也就是依赖于最终产品的边际效用。没有一个人会对此结论感到惊异。一系列生产过程只有通过最后产品，才能同我们的福利发生关系，除了这种最后产品所规定的效用以外，既不能导致别的效用，也不能规定别的效用。这是一个不可避免的结果。在一系列生产过程的每一个环节里，我们连续地掌握着这个最后效用的条件，有时是在较远的阶段，有时是在较近的阶段。

我们可以从上述内容中引申出关于生产手段价值的原理：第一，由于所有的各级生产手段都依赖于同一个效用，所以，所有各级物品组的价值，在实际上一定是相同的。第二，所有这些物品组的价值量，即它们的共同的价值量，最终是由它们的最后制成品的边际效用量所规定的。在这里应为强调“最终”这一点。因为，第三，每一物品组的价值是由它的下一级产品的价值来衡量的。首先，生产手段的效用和功用，体现于并耗尽在其产品中；不用说，制成的产品对我们越重要和越有价值，这种效用和生产这一效用的物品的重要性，也被估计得越高。上面第三条原理实际上全部被第二条原理所包括了，因为最终制成品的边际效用是反映在高一级物品的价值上的。价值从这一边际效用传递到作为生产手段的一切物品组上，但这一传递好像是分级进行的。边际效用量，首先，也是直接地表现在最终制成品的价值上。这就成为产生这个制成品的物品组的价值标准。后者又成为第三级物品组的价值标准，而第三级物品组最终又成为最后物品组的价值标准，即第四级物品组的价值标准。价值决定要素的名称，逐级地变化，但名称虽不同，起作用的总是同样一件东西——最终制成品的边际效用。

虽然上述第二条和第三条原理在实质上是一致的，但明白地阐明第三个原理，也还是必要的。它很重要，因为它是在日常生活中比主要公式更为常用的一个方便的简化的公式。假使我们估计一个生产手段能给我们多少福利，我们当然首先考察我们能从它那里取得的产品，然后，再进而考察这个产品所能为我们带来的福利。如果我们不了解这一点，我以为，我们必须仔细检查效用传递的整个过程，从一个成分到另一个成分，最后直到我们达到了最后成分的边际效用，即最终制品的边际效用。但是这样做往往是不必要的。根据过去的考察或过去的经验，我们对产品的价值已经形成了某种意见，因而无需深入考察，即可以此作为我们对生产这些物品的生产手段的评价根据。例如一个木商为了做桶而买木料，不会费多长时间来考虑木料对他的价值。他估计从木料中能取得多少块桶板；他知道在当时市场情况下，桶板的价值是多少。除此之外，他就无需再作其他考虑了。

到现在为止，我们纯粹根据理论阐明了关于生产手段价值的原理，在某种程度上，是作为经济学逻辑的假设而加以说明的。倘若现在，我们问经验对这些假设能否证实呢？我们将发现前者证实了后者。的确，我们能够求助于和边际效用理论如此相对立的那个“成本规律”来证实这些假设。经验表明许多物品的价值是等于它们的“成本”的。但“成本”无非是那些有价值的生产性物品的综合——在制造产品中必须耗费的劳动、具体资本、财富的使用等等。成本和价值的著名的一致性仅是一直在从这一个变成另一个的不同等级物品组的价值的一致性的另一种表达形式而已。当然，我很明了，关于这个一致性的原因，那些采用成本规律的人经常用颠倒的方式来了解它。我们说生产手段的价值，因而也是成本的价值，是由它们的产品的价值所规定的，而这一规律的一般的解释则说产品的价值是由它的成本的价值决定的——也就是由生产它们的生产手段的价值决定的。往后，我们将有机会彻底地来探索关于这种一致性的原因上的不同意见。这里我只企图来肯定这一说法，即一连串生产手段组的价值的一致性——不论其原因是什么——是经验中的一个真实事实。

当然，这个一致性不是绝对的，而只是近似的；我们仅能说价值有趋于一致的倾向。从绝对一致性中产生出来的有两种分歧——一部分是不规则的，一部分是正常的。这两种分歧都是由生产需要耗费时间这一事实产生出来的。第六级物品或第八级物品逐步地经过一切阶段的变化而变成最后消费品的漫长过程中，人和物都可能有变化。需要可能变化；需要和它的供应的关系可能变化；并且同样重要的，对这些关系的认识也可能变化。当然，随着这些变化，对处在到达制成品的道路上的各不同阶段的物品的评价也会变化。不难理解，由于这种原因而发生的波动有时可能大一些，有时小一些，有时向上，有时向下；它们是不规则的波动。但是，除此以外，还有一种脱离一致性的分歧，它是不变的，是正常的。可以看到，远一级的物品组全组的价值多少小于它的产品的价值，并且有着一定的比率；而价值的差别的量是按照把生产手段组变成产品时所需要的时间的长短而分等次的。例如，如产品的价值是 100 镑，经验告诉我们，花费在生产中的劳动、土地使用，固定资本和流动资本的总价值要比 100 镑少一些——也许是 95 镑，如果生产过程长达一年的话；也许是 97 镑或 98 镑，如果只

需要一半时间的话。这个价值差额仿佛是一个躲藏利息的摺缝。它的解释本身就是一个独立的课题,我们将在下面几章中详细来谈它。目前,我们不必把它和正在探讨的问题——生产手段的价值与它们的产品的价值之间的一般关系——纠缠在一起;因此,目前我们将完全不顾这种特殊的价值差额的存在。

直到这里,我们都是在一个简单的假设之下——即生产手段中每一个物品组只有一个完全固定的用途——来说明支配生产性物品价值的规律。但在现实生活中,这一假设同事实符合的情况是极其有限的。事实上,生产性物品的特征是,它们比消费品有着更多的非常不同的用途。其中大部分都有若干种生产性的用途,而有许多种,像铁、煤,尤其是人类劳动,却有着成千上万的不同的用途。在理论探讨中,我们当然必须注意这些实际情况,看看是否需要对价值规律——即上一级的物品组的价值是由它的产品的价值来决定的——提出某些修正。

因此,我们现在变更一下典型例子中的假设。一个人有着大量第二级生产手段物品组(G_2)。他能随意从任何这样一组中,制造一个A类、B类或C类的制成品。当然,他一定要协调地满足他的不同需要,因此,他将利用各组物品,按照各种需要的程度,同时生产A、B、C三类成品。在一个真正协调的供应计划中,生产量将这样地被规定,使得在每一种类中,同样重要的需要将依赖于这一种类的最后一件物品,而每一件物品的边际效用将因此大致相等。[①] 虽然

① 这是"经济活动"原理所要求的。参阅维塞尔:《经济价值的起源和基本规律》,第148页。

如此，边际效用的差别，甚至颇大的差别仍然会存在，因为，我们知道[①]，在任何种类需要中具体需要的分级，并不是始终一致的，也不是连贯不断的。例如室内有一个壁炉对我有很大的效用——我可以用数字200来代表它——而第二个壁炉对我将没有任何用途。很自然地，在满足我的需要方面，当我已有了一个壁炉及其200边际效用之后，就不再需要第二只壁炉，即使在其他各类需要方面，供应的边际效用降至100或120，也是如此。因此，要使我们的典型例证符合于实际，我们必须假定在A、B、C三类产品中一件物品具有不同的边际效用量——比方说，在A中是100，在B中是120，在C中是200。现在问题是，在这样的情况下，G_2的价值是什么呢?

在我们作出类似的划分之后，我们能够毫不迟疑地回答这个问题——价值将等于100。因为，如果已有的物品组之一遭到了损失，物主当然会把这一损失转移到感应最小的部分上去；他将既不会限制B类产品的生产，因为在这里他要损失120的边际效用；也不会限制C类产品的生产，因为在这里他要损失200的边际效用。他将仅仅少生产一个A类的产品，在这里，他的福利的损失只是100。一般来说：生产性单位的价值，是和该单位在经济上所能生产的一切产品中具有最小边际效用的那个产品的边际效用和价值相适应的。因此，在各级生产手段只有一种用途的这一简单的假定下，所说的生产手段的价值和其产品价值之间的一切关系，也一般地适用于生产手段的价值和其价值最小的产品之间。

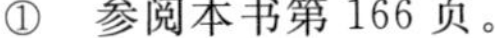

① 参阅本书第166页。

那么,它和其余两类产品B和C的价值有什么关系呢?这个问题将我们引到"成本规律"的来源上面。

在一切情况下,如果要决定这种产品在本身范围内可以达到的边际效用的话,则B种和C种物品的价值,既不同于A种物品的价值,也不同于其成本G_2的价值。B种物品的价值将是120,C种物品的价值将是200。不过,这是下面这些事例中的一个,即由于代替,一种物品遭到的损失可转移到另一种物品上去,因而后者的边际效用就变成前者的标准。这就是说,如C类物品中的一个遭到了损失,并不至于失去它能直接产生的边际效用200,我们可以而且一定立即从生产性单位G_2中取得另一个C;我们将宁愿少生产一个边际效用最小,亦即效用损失最小的那个物品。在我们的例证中,这就是A种物品。由于生产物品相互替代的可能,C类中的一个物品就不是按它本身的边际效用200来评价的,而是按最小的同类产品A的边际效用100来评价的。这也适用于B种物品的评价,而且一般说来,也适用于评定一切同A"在生产中属于同类",[①]而同时具有大于A种物品直接边际效用的物品的价值。

这就导致许多重要的结论。首先,在这种方式下,具有较高个别边际效用的物品价值,被放到和"边际产品"——即具有最小边际效用的产品——的价值相同的水平上,因而也被放在和生产这二者的生产手段的价值相同的水平上;因此,价值和成本的理论上的同一性,在这种情况下也表现出来了。不过值得注意的是,价值

① 参阅维塞尔前书第146页。

和成本在这里的一致，与成本和边际产品之间的一致在本质上是不同的。在后一场合下，同一性是由于生产手段的价值本身适应于产品价值而引起的；产品的价值是决定的因素，而生产手段的价值是被决定的因素。反之，在现在的场合下，产品的价值必须去适应另一价值。当然，到了最后，它只是去适应和它在同一生产系列中的边际产品的价值。不过，在最初，它也同生产它的生产手段的价值相适应，而这种生产手段是为边际产品的替代关系联系起来的。在这里，价值的联系好像划出一根断断续续的线。首先，它由边际产品出发到生产手段，再去决定生产手段的价值；然后，它又转到相反的方向，从生产手段出发，到生产手段可以生产的其他产品上面。因此，到最后，直接边际效用较高的产品，从其生产手段方面得到它的价值。将这一点从抽象公式改用实例来说明。如果我们估计一个物品 B 或 C(一般来说，即一个具有较高直接边际效用的产品)对我们有什么价值，我们一定首先说：它的价值，恰巧和我们可以在任何时刻用来代替它的生产手段的价值相同。如果我们进一步研究生产手段本身究竟有多少价值，我们就回到边际产品 A 的边际效用上。不过实际上我们经常可以免于这种进一步的研究，因为我们已经知道形成成本的各商品的价值，不必自第一级开始，再逐步推导上去；在所有这些场合下，我们都用一个简略的方法——一个既准确又方便的方法——来估计物品的价值，即简单地根据它的成本。

因此，在这里，我们拥有关于驰名的成本规律的全部真理。事实上，人们说成本规定价值，这是正确的。但必须认识到这一“规律”所能适用的范围和它的理论根源。首先它仅是一个特殊的规律。只有在恰当的时间内可随意通过生产而取得代替品的这一范围内，它才是有效的。如果没有代替的机会，每一种产品的价值必须由它本种类内的直接边际效用来衡量，而它和边际产品的价值以及和中间生产手段之间的一致就要受到干扰。因此，就有了著名的从经验得来的命题，即成本规律只有在物品可以"随意仿造"或者"自由制造"的情况下才有效，并且它仅是一个近似的规律，它并不能使受它支配的产品的价值很严格地和成本相一致，而只是——按照当时的生产不敷需求或超过需求的情况——时而在这一边波动，时而在另一边波动。

其次，更需强调的是，甚至在成本规律有效的场合下，成本不是价值的最后的，而只是中间的原因。归根结底，成本并不把价值给予产品，而是从产品中取得价值。在只有一个用途的生产性物品上，这是很清楚的。匈牙利土凯葡萄酒并不是因为有了土凯葡萄园而有价值的，而是土凯葡萄园所以有价值，是因为土凯葡萄酒的价值高。同样地，没有人会否认水银矿的价值取决于水银的价值，小麦田的价值取决于小麦的价值，砖窑取决于砖头的价值，而不是颠倒过来。只是由于大部分值钱的物品具有多方面的特性——即它们可以用于许多用途——才产生了相反的现象，而只要略予思考就能知道，这不过是个表象罢了。正如月亮反射太阳光于地球上一样，多方面的成本把它们从边际产品那里取得的价值反映到它的其他产品上去。价值原理不在成本之中而在成本之外，在产品的边际效用之内。成本规律不是一条独立的价值规律；它仅在边际效用这一真正的普遍规律之内形成一个偶然的事例。它不过是补全物品规律的一个相反的东西。正如补全物品规律解开了并解释了暂时的因果配置所产生的价值关系——即若干物品同时作用于一个共同有用的目的；成本规律也解开了并解释了那些临时有着先后顺序的各种物品——各种递随跟踪和彼此渗透而向同一目标前进的物品——之间的价值关系。如果我们把互相起作用的物品的价值关系当做一个紧密缠结着的网，那么我可以说，前一条规律在长度和广度方面理清了网丝，而后一条规律在深度上理清了它；但两者都属于包罗万象的边际效用规律之中，且不过是这一规律对特殊问题的特殊运用罢了。

第四篇　价格

第一章　基本规律

交换不是仅仅为了娱乐。人们忍耐着麻烦——并非经常是微小的麻烦——以自己所有的物品交换其他物品，他们这样做是为了合理的物质的目的，且一千个人中就有九百九十九个人其目的是用交换来改善他们本身的经济状况。[①] 这一目的是否能达到，以及能达到什么程度，当然取决于当时的交换的行情，特别决定于参加交换的双方所取得的作为他们的物品的等价物的代价，即价格。因此，十分自然，引起交换的一般动机，即追求经济利益的动机，应该在交换价格的决定上起支配性的影响。

在下文中，我想研究一下价格是怎样根据下列假设决定的，这一假设是：一切参加交换的人，是完全从追求本身的直接经济利益这个动机出发进行活动的。我们将按照这样的方法探索到的这个规律，我有充分的理由，称它[②]为价格形成的基本规律。我完全知道，在实际生活中，这一规律不为一般人所承认。因为，虽然利己动机几乎总是少不了的，而且几乎总是最突出的动机，但在价格交

---

① 门格尔：《政治经济学原理》，第 153 页，当然，有时交换可能只是为了对某人表示友好而进行的；也许用交换的伪装来隐藏馈赠或布施。但是这种情况只占极少数。

② 《经济财货的价值论纲要》，第 2 部分，《康拉德年鉴》第 13 卷，第 486 页。

易中，往往还有别的一些动机混杂在一起；这些动机，如人情、风俗、友谊、虚荣，或外界制度的影响，如政府税制、工会规则、工资评议会等等，将使价格向另一个方向移动，即向不同于完全受利己动机支配时所采取的方向移动；这些动机，的确很少会比另一些动机占上风，甚至使我们作成一种肯定会使我们蚀本的交易；但它们往往使我们决定满足于比我们拼命追求个人利益时所能得到的为少的利益。我已在同一个场合[①]，对这些影响的混入在理论上和实际上的重要性，十分明白地表示过自己的见解。现在我仅仅扼要地总括一下我当时所说的话。在现实生活中，这些动机的混入使价格形成的基本规律发生某些变更，而就规律理论的完整性和精确性来讲，把这些变更说明一下是必不可少的。但如果只要掌握价格形成的特征，那么提出前面所讲过的"基本规律"就够了。正因为在交换中利己动机在决定价格的动机中占主要的地位，所以在价格现象的理论解释中，这里所指的"基本规律"也应占主要的地位。由于我们无需为了探究价格理论而探究价格理论，而只需确立主观价值的根本现象和复杂的利息现象之间的理论上的关系，所以这样做，对我们目前的工作来说，已经足够了。在这一规律中我们所得到的原理并非十分精确，但对于资本理论的进一步发挥来说却非常足够了。在说明价格的特殊规律以前，或许有必要，先指出一些应考虑之点，这几点可以更正确地说明作为以下全部探讨的假设和根据的基本动机的内容。

在交换买卖中，总是要看下面两点作出决定，这两点就是：(1)在

① 《经济财货的价值论纲要》，第480页。

某种既定情况下,一个人是否应该进行交换;(2)如果他决定进行交换的话,他应该怎样提出交换的条件。在作出这些决定时,显而易见,一个只注意自己的直接利益而不顾其他的人,将根据下面的原则来行动:第一,只有在交换给他带来利益的时候,他才愿意交换;第二,他愿意为较大的利益不愿为较小的利益而交换;第三,如果不交换便没有利益可得,他愿意为较小的利益进行交换,而不愿意不交换。

不消说得,这三条规则是受基本动机的指导的,而且也是它的实际物质内容;需要加以明白的解释的是反复出现在所有三条规则中的"进行有利的交换"这句话。

这句话的意义显然是——在这样的情形下进行交换,即交换者从换进的物品所得到的福利比他在换出的物品上所失去的为大;或者,因为物品对生活和福利所具有的重要性表现在它们的主观价值中,所以得在这样的情形下进行交换,即换进的物品所具有的主观价值大于换出的物品所具有的。如果A有一匹马,且愿意用它来换取十桶酒,这只能由于十桶酒比一匹马对他说来具有更大的价值。但是,当然,买卖的对方也正是这样考虑问题的。在他那方面,如果他换不到一个对他具有更大价值的物品,他就不愿让出十桶酒。只有当他认为酒的价值比马的价值小的时候,他才愿意以十桶酒来交换A的一匹马。

从这里,我们得到一条重要的规则,只有在那些人们之间,才能在经济上进行交换,他们对物品和等价物[①]各给予不同的价值,

① 我们将看到,我们的作者不把价格一词的意义仅限于货币价格,而是用来指交换中得到的等价的一件或几件物品——买主需求的目的物和卖主供应的目的物。我把"价格商品"(Preisgut)这个词译为"等价物"。——英译者

甚至相反的价值。购买者对物品必然比对“等价物”估价估得高些，而出售者适相反。的确，双方对交换的兴趣以及从交换中取得的收益，随着他们的估价差额的增加而增加；如果差额减小，他们的收益也会减少，如果差额没有了，他们的估价一致了，他们之间在经济上就没有交换的可能。①

很容易看出，在劳动分工的社会制度下，必然有许多不同的估价，从而有许多交换的机会。这就是说，当每个生产者只制造一种或两种物品而这些物品远远超出他本人的需要时，他一方面自己的产品掌握得太多而另一方面其他的产品却一无所有。因此，他加于自己产品上的主观价值很低而加于其他产品上的价值则较高。但是，相反，其他生产者对于他们所没有的产品估价估得高，而对于他们掌握得太多的自己产品估价估得低，在这里，我们可以充分了解到最有利于交换的进行的相反评价的关系。

上面所说的一切，可以引出另一个观念，我们可以把它进一步追究下去得出它的逻辑结论。正如我们所看到的，对一个谋自己利益的人来讲，只有他对他所要得到的物品的估价比他所具有的物品高的时候，交换在经济上才有可能。那么，很明显，如果他对自己的物品估价愈低而对等价物的估价愈高，那么交易就愈易做成。一个人评自己的马为 50 镑，而评一桶酒为 10 镑，另一个人评

① 例如说，A 评自己的马值 5 桶酒，而 B 评它值 15 桶，那么，如果马和 10 桶酒相交换，每人所获得的价值可用五桶酒来代表。如果 A 评自己的马值 8 桶酒，而 B 评它值 12 桶，每人所获得的价值不过 2 桶。最后，如果双方都评马值 12 桶酒，B，当然，愿意用 10 桶酒，或 12 桶以下的任何桶数来取得马，但是 A，当然不愿按这个价格把马换出去。参阅门格尔：《政治经济学原理》，第 115 页。

自己的马为100镑，而评一桶酒为5镑，前者较后者更有做成交易的可能——或者像我们以后为了简略起见要说的那样，他更有“交换能力”。显然，前者只要别人愿意拿6桶酒来换他的马就能成交，而后者一定要人家愿出20桶以上的酒才能成交。如果第三个人，只评价自己的马为40镑而评一桶酒为15镑，那么显而易见，只要给他3桶酒，他在经济上就能成交了。因此，一般地讲“最有能力”的交换者是对自己的物品比对人家准备同他交换的物品评价得低的人，或者换句话说，是对其他物品比对他换出的物品评价得高的人。

现在我们对“基本动机”的意义和内容已经十分熟悉，我们可以进行我们的特定工作，并考察一下这个基本动机在价格形成上所起的正常作用是什么。在这部分工作中，若干著名经济学家所采用的方法，就我看来是最方便的：首先用典型的例证说明，在某些明确的假设下，价格是怎样而且必然是怎样被决定的。然后，从普遍的典型的东西内剔除例证中的偶然因素，并把前者加以系统的说明使它成为规律。我将从最简单的有代表性的事例，即在一对交换者的孤立的交换中决定价格的事例入手。

第二章　孤立的交换

一个农民A，需要一匹马。他的个人情况是这样，他认为有了一匹马就同他有了30镑一样。他的邻人B，有一匹马要出售。如果B的情况也是这样，即他认为有一匹马等于有30镑或更多一些；正如我们所看到的，在他们之间就不能有交换。但是，假定B把自己的马估价估得很低，比如说，估为10镑。那么将发生什么事呢？

首先，成交是肯定的；在假定的情况下，成交的每一方将通过交换而获得很大的利益。例如，假定马以20镑的代价交换出去了，认为马值30镑的A，赚了10镑，而以自己认为仅值10镑的物品换得了20镑的B，也得到了同样多的利益。因此他们会在任何情况下，根据“宁愿得较小的利益，不愿不交换”的原则同意以对双方有利的价格进行交换。现在的问题是：这个价格将多高呢？对这一点，可以肯定地说：价格无论如何将低于30镑，不然，A将得不到经济利益，因之不想进行交换。它将无论如何高于10镑，否则，在交换中B将没有好处，甚至有损失。但是，价格将究竟确定在10镑与30镑之间的哪一点，这是不能在事前明确决定的。在两者之间的任何价格都是经济上可能的：10镑1先令或29镑19先令。因此在这里是有“讨价还价”的余地的。价格将看在交易过程中，是买主还是卖主显得更灵巧、更狡猾、更顽强、更有说服力或类似的技巧，而趋向于上限或下限。倘若双方在交易中具有相等的技巧的话，那么价格将确定在中间附近；就是说二十镑左右。

不难将这一点用一般命题的形式简略地表达出来。在孤立的交换——即一个买主和一个卖主之间进行的交换——中，价格的决定，是以买主对物品的主观评价为最高限度，而以卖主的主观评价为最低限度。

第三章　单方面的竞争

第一，买主单方面的竞争。为了使我们例证中的条件适应于新典型例子的需要，让我们假定 A_1 发现一个早在市场上的竞争者 A_2 也想买马。这个竞争者的情况是这样，他认为这匹马值二十镑。现在会发生什么事呢？两个竞争者都希望买这匹马，但当然，只有一个人能买到它。两个人都希望自己成为那个买到它的人。因此，两个人都力图说服 B 把马卖给他自己，而说服的手段是出高价。于是发生了互相抬价的惯见现象。这一现象能持续多久呢？将持续到叫价上升到能力最小的竞争者即 A_2 的评价为止。只要叫价低于 20 镑，依照"宁愿得小利而不愿不交换"这一格言行事的 A_2 总会用抬高出价来争取买进，而也是依照同样原则行事的 A_1 当然也会用抬高出价来相对抗。但 A_2 不能超过 20 镑的限度，否则在交换中会遭受损失。在这一点上，他的利益指挥他："宁可无交换不可有损失，"从而他会把交易让给竞争的对手。

这并不是说，A_1 所付的价一定恰恰是 20 镑。很可能，B 由于知道 A_1 迫切需要一匹马，就不以 20 镑为满足而压住不卖并施展讨价手段索价 25 镑、28 镑，甚至 29 镑 19 先令。但，价格肯定不能超过 30 镑（成交的 A_1 的评价）而也肯定不能低于 20 镑（被排除了的竞争者 A_2 的评价）。

现在假定，A_1 和 A_2 之外另有三个买主 A_3、A_4、A_5 来竞买这匹马。他们的情况是这样：即他们对这匹马分别估价为 22 镑、25 镑和 28 镑。同样很容易指出，在竞争过程中，A_3 将叫价到 22 镑为止，A_4 到 25 镑，A_5 到 28 镑；其中最有能力的竞争者 A_1 始终是作成交易的一个，而价格将确定于作为高限的 30 镑和作为低限的 28 镑——被排除了的竞争者中最有能力的一个的评价——之间。

因此，这种考察的结果可用如下的命题表达出来：在买主的单方面竞争中——即只有一个卖主，而买主不止一个——最有能力的竞争者将是买到货物的人；也就是说对他所要买的货物给予最高的评价而对他要卖出的货物却评价评得很低的那个人，将是买到货物的人；而价格将以成功的购买者的评价为最高限度，并以竞争失败者中最有能力的人的评价为最低限度——不用说，价格绝不可能低于卖主自己评价的辅助的最低限度。将这个结论同前一典型情况下得到的结论比较一下，我们可以看到，买主之间竞争可以使价格决定的范围缩小，且使价格决定的范围向上涨的方向缩小。在A与B之间，价格决定的上下限是10镑和30镑；由于竞争者多了，其下限被提高到28镑。

第二：卖主单方面的竞争。这恰恰和前面所说的相反。完全相同的倾向导致完全相同的结果——不过方向适相反。这个叙述不需要费词很多。

假定我们的朋友A是一个唯一的买主，有五个商人B_1、B_2、B_3、B_4和B_5相互竞争，要卖一匹马给他。我们假设所有的马都同样的好，但B_1评自己的马值10镑，B_2评自己的马值12镑，B_3评自己的马值15镑，B_4评自己的马值20镑，而B_5评自己的马值25镑。五个对手中的每一个都力图利用目前这个出售的唯一机会，并极力压低售价（正如前例中极力抬高喊价那样）来击败竞争者。但是，由于没有人愿意以低于自己的评价出售货物，B_5将以25镑为最低售价，B_4以20镑为最低售价，B_3以15镑为最低售价；然后B_1和B_2将再竞争一会儿，直到最后减至12镑时，B_2发觉自己“在经济上被排除了”,[①]而 B_1 一个人还留在市场上坚持战斗。他的售价必须高于 10 镑——否则在交换中就没有好处,因而也就没有出卖的动机——但售价也绝不能高于 12 镑,否则 B_2 将继续和他竞争。

一般说来,我们的命题如下。在卖主的单方面竞争——即只有一个买主而卖主却不止一个——中,最有能力的竞争者是实际卖掉货物的人;也就是说,对他要卖的比对他要买的货物给予最低评价的那个人,将是卖掉货物的人;而价格将介于实际卖掉货物的人的评价这个最低限度和竞争失败的人中最有能力的人的评价这个最高限度之间。[②] 因此,同孤立交换的情况(在那种情况里,按照第一种公式,价格必须处在 10 镑和 30 镑之间)相比,价格决定的范围将因卖主的竞争而缩小,而且向下跌的方向缩小。

第四章　双方面的竞争

双方面竞争的情况是经济生活中最普通的现象,而且对**价格规律**的发展也非常重要。因此,要求我们密切注意。

现在假定的双方面竞争的典型情况,可以用下面的表解加以说明。在表解中列出了十个买主和八个卖主。他们之中每一

---

① 参阅门格尔前引书,第 183 页。

② 这个最高限度通常并不损害由买主的评价形成的第二种上限(或称辅助上限),因为价格绝不可能超出后者。不过,在卖主之间存在着充分竞争(full competition)的情况下,这一点很少有什么实际的重要性。

个人都要买进或卖出一匹马。表中同时为我们指出这些交换者中每一个人对马所作的主观评价的程度。由表中可以看出,代表这些主观评价的数字差别很大,而这确实是符合实际情况的。的确,决定主观评价的需要和对需要的供应之间的个别关系,是多种多样的,因而很难找到两个人,对同一事物的价值,具有完全相同的意见。

买主			卖主		
A_1	对一匹马的评价(而且愿意用低一些的价格买进)	30 镑	B_1	对一匹马的评价(而且愿意用高一些的价格卖出)	10 镑
A_2	″	28″	B_2	″	11″
A_3	″	26″	B_3	″	15″
A_4	″	24″	B_4	″	17″
A_5	″	22″	B_5	″	20″
A_6	″	21″	B_6	″	21镑10先令
A_7	″	20″	B_7	″	25 镑
A_8	″	18″	B_8	″	26″
A_9	″	17″			
A_{10}	″	15″			

为了使这个表解完善起见,必须附加下列几点说明:所有的竞争者同时出现在一个市场上;所有出卖的马优劣相等;最后,这些买主和卖主对市场的实际情况都未估计错误,从而能够追求他们各自的利益。[①] 那么,我们现在试问,在这种情况下将会发生什么

① 如果一个买主将市场上出卖的马匹数目错误地估计得比它实际的数目少得多,那就很可能发生这样的情况:他急忙同意付出一个较高的价格;但如果他能更好地照顾自己的利益,他就会感到只要付出较低的价格就可以了。当然,我们一定不能在价格理论中忽略掉这样一种错误对价格形成的影响;但是,如果我们仅仅试图得出最简单的基本规律;那就没有必要对这些细节作深入的研究。参阅《经济财货的价值理论纲要》,第 2 编,第 486 页。

样的事情呢？

A_1 的情况是这样，即他认为一匹马对他值 30 镑；因此，甚至以 29 镑买它，对他也是有利的；十分肯定，八个卖主中任何一个都愿意以这样有利于他们的价格卖一匹马给他。但是，十分明显，如果 A_1 鲁莽地以这样高的价格买一匹马，他是一个十分拙劣的生意人。因为他的自身利益要求他不仅从交换中获得利润而且要获得最大可能的利润。因此，他将宁可开出一个低价，如他的能力最小的对手所出的那样，并且只有当必须避免被排出于市场之外的时候，他才提高买价到必要的程度；而不以最高价格来购买——在最坏的情况下，他也可能这样做。

同样，B_1 在经济上很可以按十一镑的价格卖出，而在这个价格上也很容易找到买主，但他将小心地拒绝以这个最低价格出卖他的马，并将不把价格减到低于自己参加竞争所必须采取的那个价格。因此，可以假定，买卖的开始将是买主先出低价保持不买，而卖主先索高价，[①]保持不卖。

假使买主们以出价 13 镑开始。那么，立即可以明显地看出——关于市场情况的巨大错误估计姑且不问，——在这一价格

① 双方经验越多，市场情况越熟悉，用初步喊价来“试探行情”的时间就越短。在一个老的、组织得很好的市场上，竞争者可以无须用不会被接受的喊价来自找麻烦，而至少会在市价最后将被确定的那个范围的左右提出最初的喊价。减价的极限就是卖主的“定价”。在这种情况下，试探行情的过程完全被免除了，卖主好像一下子就击中了市场情况所规定的那个价格的范围。他们必须设法十分准确地击中这个范围；因为如果他们喊价太低，他们就会损失利润，而如果他们喊价太高，市场里的买主就会由其他竞争者手中得到供应，而他们的货物就不能脱手。但固定价格在公开市场上不像在店铺里那样普通；在店铺里，销售从来不是在竞争的充分压力下进行的，因而喊价上的任何错误并不是十分危险的。

上买卖不能成交。因为在13镑这个价格上，所有十个买主都愿买进，因为他们大家对于马的估价都高于13镑；可是，在这个价格上，只有B_1和B_2的两匹马能够（在经济上）出卖。那么，十分明显，如果B_1和B_2不利用买主的积极竞争而提高他们的价格，他们将是外行的卖主了，而买主们如果让最好的买进机会被他们中的两个人抢去而不想略微提高些价格（这对他们说来依然是有利的价格），来争取买到这两匹马，他们就同样是外行的买主了。因此，正如前一章所讨论的情况一样，剩余的买主将由于互相抬高出价而被淘汰。这种淘汰的过程将持续多久呢？

在15镑以下的任何价格上，所有十个买主都能竞买。从这一点起，能力最小的竞买者必定一个接着一个地退出竞争。在15镑的价格上，A_{10}被击败了；在17镑上A_9被击败了，在18镑上A_8被击败了，在20镑上A_7被击败了。不过，一方面喊价在递涨时，另一方面，在经济上能够出卖的卖主的人数也在递增。在15镑以上的任何价格上，B_3可能认真地考虑出卖，而在17镑以上B_4考虑出卖，在20镑以上B_5考虑出卖。因此，开始时对马的需求和实际供应之间的显著的不平衡逐渐地减小了。价格在13镑上时，对马的有效要求为十匹，但只有两匹能够在经济上卖出；而在20镑以上的任何价格上，只有六匹马的需求而有五匹的供应，买主超过卖主的多数减到了一。可是，只要竞买的人占多数，而这一事实又为大家所知道，最后的解决就不能达到。因为，一方面，卖主总是有机会并且总想利用买主人数之多来坚持较高的价格；而另一方面，买主们由于互相对立的利益将不得不提高出价彼此竞争。十分明显，如果A_1静静地眼看着他的五个对手牵着五匹价格最便

宜的马走了，而他自己竟得不到一个交换的机会，从而也就得不到一个获利的机会，[①]那么他真太不照顾自己的利益了。但是，同时，这五个对手中没有一个会让 A_6 买进最“热切地”要售出的五匹马之一。因为，如果这样做的话，那么自己退让而让 A_6 买的这个人，可能的确也能买到一匹马，不过要按较不利的条件来买了——就是要按最保守的卖主 B_6、B_7、B_8 所提出的条件来买，亦即至少要按超过 B_6 对他的马的主观评价 21 镑 10 先令的价格来买了。因此，如果买主们都照顾自己的利益，他们全体将不得不继续在 20 镑以上互相竞争下去。

最后，当喊价涨到了 21 镑的时候，情况变得根本不同了。在这个价格上，A_6 不得不停止竞争而现在只有五个卖主对五个买主了。这些买主能够同时得到满足，而在他们之间没有进一步竞争的余地：与卖主相反，他们的共同利益是在按可能的最低价格成交。以前阻碍最后成交的买主间的竞争现在结束了，而买卖可以在 21 镑价格上成交了。但是他们未必在这一价格上成交。卖主们可能坚持不接受 21 镑而希望更高的价格。在这种情况下，又将发生什么事呢？首先，买主们与其空手而回，宁愿再抬高些价格。不过，现在它们离限度已不远了。如果卖主们坚持索价 22 镑以上，那么 A_5 一定会放弃购买的念头，而只有五个卖主对四个买主了。于是，卖主中必将有一个退出，但因为没有一个愿意退出，这里就会发生过多的卖主之间竞相削价的现象——出于和以前过多

① 如果 B_1 到 B_5 的马都已经卖出去了，留下来的最有能力的卖主是 B_6，他给自己的马评价 21 镑 10 先令——即高于 A_6 的评价。因此，正如我们所知道的，A_6 和 B_6 之间做交换在经济上是不可能的，更不必说能力更弱的 B_7 和 B_8 了。

的买主之间竞相抬价的同样动机——直到第五个卖主找到一个买主为止:这将是在22镑的限度以下的情况。[①]

的确,在目前的情况下,限度还得低一些。只要价格超过21镑10先令,那么,就会出现第六个可能的卖主,他就是B_6;这将使卖主们的人数比买主的人数多出一个。倘若他们不愿被排除在交换之外,他们将被迫竞相减价以求出售。在这一竞争过程中,最弱的卖主必将首先退出,而当对手们满足于21镑10先令以下的价格时,B_6就得退出。——在这个价格上双方竞争者的人数相等,而竞争可能停止的价格水平也找到了。因此,假定,正如我们在这个例证中所做的那样,每个竞争者都了解市场情况而合理地遵循自己的利益,决定最后价格的限度必将被缩小到21镑和21镑10先令之间;这是发生有利于最后成交的关系的唯一限度——每一个能够参加买卖的人都感觉到这样做对他们有利,而一切没有能力阻止别人达成协议的人则感到这样做对他们不利。[②]

现在,让我们试图把这些冗长分析的结果运用到我们的价格理论中去。

首先,我们注意到,在双方面竞争中起决定作用的东西,正如

① 毋庸说,买主逐步抬价和卖主逐步削价,并不是在两个分开而又相继的时期里发生的,而一般是在同一个时期内发生的。

② 实际上,如果一切有利害关系的人越明了市场的整个情况,就是说市场愈有机会,交易进行得愈公开,则我们抽象计划中所指出的结果,在实际生活中,将被更正确地实现。在另一方面,如果像常有的情况那样,交易是分组进行的,而各组之间的确是互通音讯的,不过在空间上或在时间上彼此还是各自分开的,那么流行在整个市场上的竞争关系,在各单独组内当然不会十分活跃;这就会产生这样的结果,即在各单独组内所形成的价格,往往只是多少接近于我们计划中所指出的理想市价,不一定确切和它一致。

在单方面竞争中一样，都是交换“能力”的程度。无论在买者方面，或者卖者方面，谈妥交易的人总是最有能力的竞争者，也就是说，给货物最高评价的那些买主（A_1 到 A_5），和给货物最低评价的那些卖主（B_1 到 B_5）；而被排除在交易之外的总是那些能力较小的竞争者。如果我们更仔细地加以考察，我们将发现，在成功的竞争者的行列中，包括所有按能力排列的成对的竞争者，他们之间都存在着为交换所必需的关系，亦即，买主对货物的评价比卖主的评价都要高一些。在我们的例证中，A_5 对 B_5 的马的评价，比 B_5 本人评得要高一些；因此，他们相互之间可以进行交换。① 另一方面，A_6 认为 B_6 的马只值 21 镑；而 B_6 认为它值 21 镑 10 先令，因此，他们不可能谈妥交易——而那些能力较小的竞争者更谈不上做成交易了。

其次，同竞争中决定竞争成功者的原因密切相关的，就是这一竞争所引起的决定市场价格的原因。这一价格——回头看一下我们的例证——无论如何不可能高于 A_5 的评价，也不可能低于 B_5 的评价。否则，在前一个场合中的第五个买主，和在第二个场合中的第五个卖主，就不可能谈妥交易了。不过，一匹马的价格无论如何不可能高于 B_6 的评价，也不可能低于 A_6 的评价；否则，在前一场合下，第六个买主就可以开始同其他五个买主竞争；而在后一场合下，第六个卖主就将同其他五个卖主竞争；于是买卖双方的平衡要遭到破坏，而过高出价和过低讨价又不可避免地要使竞争继续

① 或者同更有能力的竞争者之一做交易，但绝不会同能力较差的一个竞争者做交易。为了更确切地了解这个论点，可以参阅拙著《经济财货的价值理论纲要》，第 499 页。

下去，直到价格被限定到所述的范围以内为止。

将这些结论用一般的说法表示出来，那就是：在双方面竞争中，市场价格被决定在这样一个范围内：其上限由实际进行交换的最后的买主（简称最后的买主），和被排斥的最有能力的卖主（简称最早被排斥掉的卖主）的评价来确定；其下限则由实际卖出货物的能力最小的卖主（简称最后的卖主），和被排斥的最有能力的买主（简称最早被排斥掉的买主）的评价来确定。这两个界限的意义是，无论在哪一场合，它是决定价格的较小的限度。[①] 最后，如果我们用简短而意味深长的名称“边际对偶”（marginal pairs）来代替决定竞争价格的四个方面的繁琐的叙述，我们得到这一简单的公式：市场价格是由两对边际对偶的主观评价所限制和决定的。

这一点引起我们许多联想。

第一件引起我们注意的事情是在价格形成和主观价值形成之间的类似性。我们知道，任何物品的主观价值（不受同一种类内个别物品可以提供的更重要用途的影响）是一种“边际价值”——即由该物品的边际效用，或者是处在经济上可能允许的界限上的那个效用所决定的价值。现在我们看到，任何市场价格都是一种“边际价格”——这一价格是由那些处在可以交换的界限上的竞争对偶的经济关系所决定的。不难看出，这里的类似性不是偶然的巧合，而是由密切关联的和内在的原因所产生的结果。在主观评价

---

① 在我们的例证中，这个限度是指被排斥掉的 A_6 和 B_6 的评价。然而，如果 A_6 的评价不是 21 镑而是 19 镑，B_6 的评价不是 21 镑 10 先令而是 23 镑的话；那么，这个限度必然由实际谈妥交易的最后交换对偶的评价来决定，价格将介于 20 镑和 22 镑之间。

的场合中，经济利益的动机要求已有的物品应当被用来满足个人分级表中最重要的需要，这样满足的最终需要表示“边际效用”。在价格形成场合中，竞争者经济利益的动机，要求在竞争者的分级表中最有能力的对偶应当谈妥生意；而这些对偶之一也是最后的，亦即“边际对偶”。在前一场合下，所有比边际效用更重要的需要，即便没有这一特定物品（其价值是讨论的主题），都能保证得到满足。而唯一依赖于这一特定物品的效用是最后的，亦即边际效用。在后一场合下，所有比边际对偶更有能力的对偶，也能以或高或低的价格谈妥交易，在这里也唯有最后的亦即边际对偶的命运依赖于刚好达到某一确定高度，既不过高，也不过低的价格。最后，正如在前一场合下，最后需要的重要性，由于它的依赖关系，给予物品以一定的价值，同样在后一场合下，物品的最后对偶的经济情况——这里也是由于它的依赖关系——给予货物以一定的价格。

不过，这种类似性还没有全部说明价格和主观评价之间的关系。更重要的是，价格自始至终是主观评价的产物，回过来看一下我们以前所述的一切。物品的主观评价同等价物之间的关系，决定着买主或卖主是否值得参加竞争；亦即决定着那几对人是有“交换能力”的。这正是这一关系，它决定着每一个竞争者交换能力的程度。它正确地为每个人决定在什么数字上他的利益要求他参加竞争；同时它也决定他竞争失败而不得不退出竞争的限度。更进一步，这个关系也决定在最有能力的竞争者中究竟哪几对人实际上谈妥交易；它决定哪个交换对偶就是边际对偶；最后，它也决定市场上签订合同的价格。因此，事实上在价格形成的整个过程中——就价格纯粹是由利己原则支配来说——没有一点或一个情况不是以主观评价作根源的。实际上这是十分自然的。因为，如所周知，对我们的经济福利讲，这些主观评价指出了物品是否有或大或小的重要性，以及这一重要性究竟有多大。因此，每当我们完全从我们的经济福利来考虑，买进或卖出物品时，这些主观评价都指出了自然的、也确实是唯一可能的交易的标准。因此，我们有充分的理由，将价格说成是对物品的主观评价和市场上的等价物的综合结果。[①]

当然，这是一个主观评价特殊种类的结果。价格数量不是表现出来的主观评价的总和或其平均数：在价格形成中，这些评价起着不同的作用。评价中的某一部分对价格毫无影响；那就是对除最有能力的竞争者对以外的一切失败者们的评价。在市场上有没有这部分评价，或有几十个这样的评价，都是一样的：它们对最终价格不发生丝毫关系。在我们的例子中，无论有没有失败者们，即买主 A_7 到 A_{10}，无论失败者只有这几个或者另外有成百个——只要他们的评价不多于 20 镑，就很容易指出，最终价格总是波动于 21 镑和 21 镑 10 先令之间。被排斥的竞争者可以增加市场上的拥挤，但他们不是在那个市场情况中决定价格形成[②]的因素。

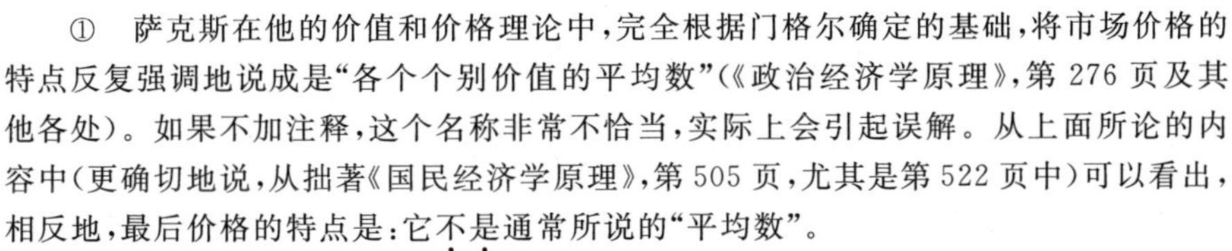

① 萨克斯在他的价值和价格理论中，完全根据门格尔确定的基础，将市场价格的特点反复强调地说成是“各个个别价值的平均数”(《政治经济学原理》，第 276 页及其他各处)。如果不加注释，这个名称非常不恰当，实际上会引起误解。从上面所论的内容中(更确切地说，从拙著《国民经济学原理》，第 505 页，尤其是第 522 页中)可以看出，相反地，最后价格的特点是：它不是通常所说的“平均数”。

② 至少在我们的探讨中所明白指出的下列假定下，即市场上的竞争者对市场情况都是正确的认识。如果我们离开这一假定，市场上出现一百多个需求的人可能会引起错误的看法，认为他们中间可能有许多“能力”较高的人，而这可能会迷惑市场上少数有能力的竞争者，使他们鲁莽地喊出更高的价格。

第二类评价在决定价格中起着特殊的作用,那就是,除最后一个以外的一切实际成交者们的评价。他们所做的,仅仅是相互的束与相互抵消。再回想一下我们的典型例子。例如,倘我们追问,A_1 在市场上对价格的形成贡献了什么?我们发现他和卖方内的一个成员,即 B_1 配对起来了,其结果使价格的形成进行得完全好像 A_1 和 B_1 都不在市场上似的。同样,不难看到,A_2、A_3 和 A_4 的效用,仅仅在于抵消 B_2、B_3 和 B_4 的效用:如果他们参加竞争,所得价格将落到 21 镑和 21 镑 10 先令之间;如果他们都不在场,A_5 和 B_5 仍旧会在 21 镑和 21 镑 10 先令之间的价格上作成交易。值得强调的是:这一类的主观评价的程度是和结果无关系的。例如在我们的例子中评价为 30 镑的 A_1,仍将彻底抵消 B_1,即使 A_1 的评价只有 25 镑或 22 镑;反过来,倘若 A_1 的评价是 200 镑或 2 000 镑的话,这个庞大的数量,除了抵消 B_1 的一部分外,对最后价格一点也不发生影响。

但是,如果这一类评价对价格的形成没有直接的影响,这不能说它们毫无影响。如果 A_1 到 A_4 的评价抵消 B_1 到 B_4 的评价,它们有双重结果。第一,它们防止比 B_5 更强的任何卖主进入直接决定价格的边际对偶中去。第二,它们防止最强的卖主们来抵消次强的买主们——如果尚未被抵消的话,它们是可能这样来抵消的,——因此,它们可以防止比 A_5 更弱的买主们中的任何一个进入到边际对偶中去。[①] 因此,比最后一个更强或更有能力的一切

① 为了说明这一点,我们假定我们的例子中没有 A_1 到 A_4 这些人。这时,买卖双方的地位如次:

交换对偶所起的作用，可以用以下的词句来正确说明：他们的评价对最终价格的形成没有直接的贡献，但由于他们相互抵消，他们就间接地作出了贡献，这样就把边际对偶的地位让给了另一对。

最后，价格的真正决定完全依赖于第三类评价，这是最小的一类——两个边际对偶的评价。由于所有较弱的竞争者都绝对没有影响，而所有较强的竞争者又相互抵消；所以只有他们是直接有效的成分而市场价格是他们合成的结果。

乍看起来，似乎很奇怪，这样少的人而且那些这样不显著的人，居然能决定整个市场价格的命运；不过，仔细地考察一下，就会发现这是很自然的。如果大家都按一个市价进行交换，价格必须被所有参加者认为合适才行；由于适合于能力最小的成交对偶的价格当然更加适合于一切更有能力的成交对偶；因之十分自然，价格必须适合的最后一对，有时或者价格所不能适合的第一对，提供

买主	卖主
A_5…22 镑	B_1…10 镑
A_6…21 镑	B_2…11 镑
A_7…20 镑	B_3…15 镑
A_8…18 镑	B_4…17 镑
A_9…17 镑	B_5…20 镑
A_{10}…15 镑	B_6…21 镑 10 先令
	B_7…25 镑
	B_8…26 镑

在这里我们看到，有经济条件进行交换的最后一对是 A_8 和 B_4 这一对。因此，目前在决定性的边际对中出现的是一个较弱的买主和一个较强的卖主。决定价格的限度，在原来例子中，在 21 镑和 21 镑 10 先令之间，现在下降到 17 镑和 18 镑之间了。

最后价格高度的标准。①

第五章 供求规律

我们知道,竞争迫使价格形成的这个地带其特征是在边际对偶的主观评价之间,且我们已经根据这一特征表述了我们的价格规律。但是这一个地带还有第二个特征,即在这一地带内有多少商品要卖出就恰恰有那么多的商品要被买进;②或者,用通常的话说,在这一地带内,供和求在数量上是平衡的。在我们的表解中,马的喊价在21镑以下时,需求比供应多;喊价超过了21镑10先令时,供应比需求多;而在我们的边际对偶规律所指出的这个地带内——在21镑和21镑10先令之间的这个地带内——结束竞争所必需的局面达到了,在这一价格上马的需求和马的供应恰巧相等。

① 研究经济学文献的人不会不注意到上述理论和某些久已得到充分公认的学说之间存在的一种有趣的关系。当屠能(和他的全部经济学说)说:利息率决定于"最后投入的那部分资本"的生产力,而工资率决定于"最后一个被雇用在企业中的工人"的报酬时;或者,更早些,当人们对在若干个成本中,哪个成本规定市场价格这个问题,主张以"对供应市场说来仍然必需的最高生产成本",亦即主张以"最后的卖主"来解决时——我们毫无困难地在所有这些中看出,人们已把我们的边际效用学说和价格形成学说所依据的这个原理运用到特殊情况中去了。要注意的一点是,那时经济学家还没有意识到这种特殊思想体系的普遍重要性。他们仅仅要说明一些范围有限的特殊规则,而实际上他们已击中了占统率地位的主要主题。这一主题成为在利己观念指导下进行的工业的整个机构的基础,因此它贯串于价值和价格形成的整个过程中。

② 我无须用许多话来说,价格的形成不依赖于希望购买和出售的人数的多少,而只依赖于需求和供应的商品的数量,而在典型的表解中,仅为了简便的原因,我假定每一个人只需求或供应一件商品,因之以人数计或以商品数计是一样的。

现在,如果我们认为这是可取的话,价格规律的表述可以建筑在这第二个特征之上,因此,我们可以采取下一形式来表述:市价可以在供和求在数量上互相平衡的地带内找到。这个公式和另一个公式是同样正确的,它用另一个形式来就明这个地带。但它不甚明显:(1)因为它只是用迂回的方法指出了决定价格地带的水平,而通过我们的公式,这个地带的界限就被直接地、肯定地指出来了;(2)因为它必须和必须用供给和需求这两个词的困难相斗争——因为这两个词的变化不定的含义肯定会带来一系列的错误和误会,正如这种含糊使这两个词对许多人说来已声名狼藉了。[①]虽然如此,这些缺点可用高度的注意来加以克服;而在我看来,用好的一向流行的供给和需要这两个词来处理价格理论是无可非议的,可要注意避免那些充斥在它们周围的那些错误和误会并用新的明确的知识来赋予旧形式和旧公式以活力就行了。[②]

在某一特殊情况下,我们的价格规律的第二个公式甚至是两者中更确切的一个。在绝大多数情况下,供求在里面相互平衡的那个地带和其范围由各边际对偶的评价标出的那个地带,恰巧完全相一致。但这里有一个十分明确的巧合:可能发生如下情形,即供求间的平衡不是出现在上述最后一个地带的整个范围内,而是出现在这个地带内的很狭隘的范围内;并且在这种情况下,价格总是在这个狭隘的限度内决定的。产生这种结果的巧合的情况在经

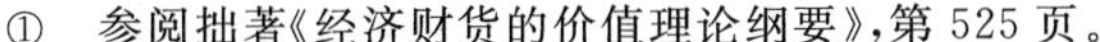

① 参阅拙著《经济财货的价值理论纲要》,第525页。

② 关于上述价格理论和旧的供求学说的关系,以及包含在这一学说中的真理与错误,我在拙著《经济财货的价值理论纲要》,第524页—534页中已写得很多;在这里我只请读者参考那一著作就够了。

济生活中确实是很少遇见的，但是在它发生的许多情况中，有一个情况对利息的理论解释是很重要的，由于这个理由，尽管它具有“外来的”性质，我还得对它讲几句话。

这个情况的决定性条件如下。第一，各边际对偶的主观评价之间必有很远大的距离。如果所有的竞争者都能成交（因此，没有被排斥的竞争者），而同时，买主们，作为一个整体，对商品的评价大大超过了卖主们的评价，那么，上述条件就可以最彻底地得到满足。例如，倘若有十个买主，他们每一个都主观上评这种商品值10镑，而十个卖主都主观上评它值1镑；这就显而易见全部十对买卖者都能够谈妥交易，而最后一个买主的评价和最后一个卖主的评价之间的那个地带将是从1镑到10镑这样一个宽的范围。第二，这个宽度如果缩小下来，那么一定会出现另一种情况，即买主的欲望被导向无限数量的物品，同时，用来购买商品的货币其数量必然有严格的限制，而买主们必须决定花尽全部款项来购买目前所说的这种商品——如果价格高，买的商品数量就少一些，如果价格低，买的商品数量就相应地多一些。用我们例子中的词句来说。比方说，10个买主个个都决定花100镑来买棉织品；就是说，在10镑以下的任何价格上，他将尽量用100镑来购买棉织品。再假定对着这整个1 000镑的需求，有着200件棉织品的供给量，这些棉织品只要价格在一镑以上，其物主都愿意脱手。很容易看出，价格必须确定在每件5镑这一水平上。因为，如果价格减到比方说4镑，800镑就可以买光200件棉织品，余下的200镑将无法运用。在这里，物主们根据“宁愿得较小利益，不愿不交换”这一格言，将继续竞相抬价因而把价格提高到5镑，在这个价格上，全部

1 000 镑资本都找到了用场。反过来，如果，价格更提高一些，比方说，提高到 8 镑，1 000 镑现款只能买 125 件棉织品，还有 75 件就卖不掉。现在，显然，没有一个卖主（考虑到价格依然对他有利，只要它不跌到一镑以下）会愿意放弃交易，因此，卖主们由于怕自己做不成生意，将互相削价，价格就被压到 5 镑的平衡点。因之在一镑到十镑这个较宽的地带内——即在由边际对偶的评价所决定的这个地带内——供求平衡的必要性，使价格决定得更确切些，把它决定在 5 镑上，这是竞争者如果遵循他们自己的利益而不受任何阻碍时，市场价格必然会决定在上面的一点。

如我们已经说过的那样，产生这种结果所必需的特殊巧合情况是很少出现的，但是，如果这种情况真的出现了，那是非常值得注意的。这些情况之一是货币价格的形成——可是它在这里和我们无关。[①] 第二个情况是劳动市场上价格的形成，这是我们在以后将要研讨的，因为它和利息的起源和高度密切地关联着。但是，应当小心注意，即使在这两个情况中，出现价格规律的这种特殊形式的情况，在经济生活中很少遇到是孤立地存在着的。因此，这种情况的实际重要性更进一步减低了；虽在理论说明中，这些情况必须一提，但在绝大多数场合下，价格规律的第一条规律——即边际对的主观评价决定价格高度的这一规律——仍是充分可靠的。这条规律总是正确的，在绝大多数的场合下是足够准确的。此外，在

① 既不是“数量理论”的盲从者，我相信，像其他重要的情况一样，货币的数量，即货币的供给量，对它的购买力有着很大的影响。不过，货币的供给具有本文所叙述的那一种特性，货币的所有主不愿让货币储藏着不用，而宁愿把它用在收益较小的场合，同时货币的全部供给量力求用来购买无限数量的商品——愈多愈好。

大多数例子中，它还容许进一步地简化，无损于它的实际价值。但是在进入这一工作以前，还有几点是有说明必要的。

第六章　价格的各别决定因素

在第四章中，我们已经看到，价格被决定在由边际对偶的评价所规定的水平上。我们还要追问，决定这一水平本身高低的情况究竟是什么呢？

回答这一问题，最初几个步骤是很容易的。一眼看来就很清楚，有两件东西，对边际对偶的地位肯定有决定性影响，它们是买卖双方的需要或评价的数目与强度。这样，如果买主的评价很高，同时数量又相对地多，而卖主的评价低，数量又相对地少，则边际对偶的评价水平就趋高。因为，在这样的情况下，少数评价低的卖主将为许多评价高的买主中的一部分所抵消，而因为在抵消以后，还有着评价高的买主，而同时，余下来的卖主们评价也高，这时，双方的边际对偶都是些评价高的人。由于同样的理由，如果买主方面评价高的（相对地）少，而在卖主方面，评价低的（相对地）多，则边际对偶的评价水平就趋于低。

如果我们从上述边际对偶的评价水平的综合作用中提出几个单独的因素来，我们就得到下列决定价格的各别因素：[①]

① 我想说明一点，我在这里提出的关于价格决定要素的理论，只是摘要中最为简短的部分。因为它的详细内容对资本理论没有直接关系。任何人对价格理论中的这一点感兴趣的话，我愿推荐他参阅载于《康拉德年鉴》第13卷，第508—524页中的全部陈述。

1. 对物品的需要的数目(即需求程度);

2. 买主对物品评价的数字(即需求强度)。

然而,买主对物品评价的数字,并不是一个简单的问题。表示评价的数字,绝不是简单地表明物品对评价者具有的主观价值的绝对量。它只是表明一种关系,这种关系是通过比较两种不同评价——对于物品的评价和对于等价物的评价——而得到的。在我们的表解中,我们说A认为一匹马值三十镑的时候,这并不说明,也不证明一匹马对A的福利的绝对重要性;它所表明的是,马对A的价值同货币对A的价值之间的关系。它仅仅表明A对马的评价,比他对一镑的评价高出三十倍而已。因此,如果我们打算在价格形成中定出各基本因素——这正是我们现在要做的事情,我们必须记下的不是构成我们评价的数字的综合量,而是这种综合量所由以构成的各个因素。这种因素有两个:第一,物品对评价者所具有的主观价值的绝对量;第二,单位等价物对评价者所具的主观价值的绝对量。的确,它们在下列这个意义上显然是倾向于合并的,即评价数字的高低和物品的绝对价值成正比,而和等价物的绝对价值成反比,反过来也是一样。

因此,在价格决定因素的表解中,我们要记下来的不是评价数字,而是决定这些数字的要素,这些要素是:

(a)买主对物品的主观评价(按照上述的边际效用规律,这一主观评价本身,也由需要和其满足之间的关系来决定);

(b)买主对等价物的主观评价。由于在现在情况下,货币主要用作等价物;而正如我们在前一章中已经看到的,单位货币的主观价值对富人要比对穷人为小,因此,结果,买主心目中的舒适标准，对这个决定要素的形成，具有压倒一切的影响。[①]

继续列举下去，我们有——

3. 提供出售的物品的数目（即**供给程度**）；

4. 卖主对物品评价的数字（即**供给强度**）。

正如上面的情况一样，第四个决定要素可以分作两个更简单的因素：

(a)卖主对物品的主观评价；

(b)卖主对等价物的主观评价。

这两种主观评价进一步依照边际效用规律被决定着。不过，这经常导致一个十分值得注意的特点。在现代工业的情况下，大多数交易是由职业生产者和职业经商者进行的，他们掌握的商品数量完全超出他们自己的需要。结果，大部分商品的主观使用价值[②]对他们来说，是很接近于零；因而他们加在自己评价上的数字（在他们的评价中，主观使用价值是标准因素）也几乎下降到零。最后，产生这样的结果，在这种交易中，按照我们理论公式所说的，即最后一个卖主对价格有限制影响这种说法，实际上并不起作用了；因而价格实际上只是由买主的主观评价来限制和决定的。换句话说：当物品一旦被生产出来，而物主自己对它没有个人需要，它们仍然必须另找市场。为了找到这个市场，卖主通常必须把他的物品定价定得很

① 旧的理论用买主的“支付能力”来代替“对等价物的主观评价”这个要素，这虽然不是完全错误的，但至少是十分片面的。参阅《康拉德年鉴》中更确切的说法（第520页、527页）。

② 这个，即主观使用价值，而非主观交换价值，对价格的形成是很重要的。参阅《经济财货的价值理论纲要》，第516页。

低，使全部物品都能找到买主。例如，有 1 000 件物品，卖主所定价格比第 1 000 个买主的评价略低一些，而比第 1 001 个买主的评价略高一些，他就可以卖掉这些物品。如果，现在，生产和销售的关系是正常的，那么所提供的全部货物必然会在这样一个价格上被买去，这个价格将远远高于物品对卖主的最小使用价值，但它除全部成本外，还能使卖主得到一笔商业利润。但是，如果情况不顺利，很可能卖主必须在需求量很少的市场上出售它的商品，不得不满足于不足生产成本的价格。但是，一般甚至这些被迫接受的价格也仍然高于商品对卖主的主观使用价值，而这个主观使用价值作为价格下限的这种作用并未发生作用。只有当价格几乎下降到零的时候，这个下限才会阻止其下降，卖主的评价才最后起作用。但很少会发生这样的情况。因为，差不多在一切情况下，买主的竞争本身就足以使价格停在较高水平不再下降。因此，关于在一个广大而有组织的市场内实际上规定的价格，价格规律将被大大的简化。在四个评价中(它们，作为“两对边际对偶的评价”，限制着决定价格的地带)卖主的两个评价，由于上述理由，都不成立了。但是，如果买主很多，则介于两个相继的买主的评价数字之间的差距就会小得使最后买主的评价数字和第一个竞争失败者的评价数字所限定的地带差不多缩小到一个点。如果情况确是这样，可以足够准确地说，在大市场上进行的经济交换，其市场价格决定于**最后买主的评价**。①

① 这里可能是完成我在本书中开始的对沙林论点的分析的适当的地方。沙林说(《康拉德年鉴》，第 16 卷，第 542 页)，在一切要点上，他同意我的价格理论；他说，但这理论还不够深透。我的“决定因素”甚至这些决定因素的决定因素，没有深入到解释的根源；还缺乏着某些东西；而这个某些东西，这个最后决定或“最后决定交

第七章 成本规律

在价格领域内和在主观价值理论中一样,我们看到一条在经

换条件的因素”,沙林认为他已在“买主的省下来的辛劳(分开,Anstrengung)中找到,因为货物,在这个例子中,是由交换对方转移给买主的”(第 551 页)。如果这里沙林所说的 Anstrengung,是指为获得物品所必须在生产过程中直接或间接地付出去的辛勤劳动,那么他的主张将肯定是错误的(参阅本书第 180 页注①),而这个,的确,沙林自己似乎也是明白的,并且至少间接地承认了的(第 531—554 页)。但是他继续给予这个词一个更广泛的意义。在这个词中,除了其他东西外,他也把物主出卖货物时所花费的“辛劳”(第 554 页),或“对付竞争者”时所花费的辛劳(第 556 页),或“用抬价来对付买主”时所花费的辛劳(第 558 页),或“克服物主不愿出让物品的厌恶情绪”时所花费的辛劳(第 558 页)等等包括在内。沙林在这种极为重要的段落中说,“物主占有物品的权利是妨碍买主取得物品的最后一个障碍,这是现在要消除的东西。为了这个而费去的辛劳决定着价值即交换的条件”(第 558 页)。那么,这是哪一种类的“辛劳”呢?沙林自己不止一次地说得很清楚(例如第 555 页,第 15 行;第 558 页,第 5,第 16 行等等)。这仅仅是在喊价上涨或更上涨时提出一个足够高或更高的价格。那么,我要问:第一,称喊价为“辛劳”在物质上或语言学上有没有根据呢?特别是当喊价二十镑时,是不是比喊价十镑时用去一倍的“辛劳”呢?第二,在拍卖场所,买主喊出买价所用去的“辛劳”是不是省了买主的力呢?或者,如果买主要取得这一物品,他宁愿费几分力呢?第三,也是主要的一点,它是否在解释价格的形成,或者明显地在解释的四周打圈子,用对付竞争和诱使卖主出卖时所花费的辛劳量来说明价格的高度,然后再把这种辛劳解释成为喊一个足够高的或更高的价格,这是不是在解释价格的形成,还是在明目张胆地在解释的周围绕圈子呢?直接说“由于买这件货物,必须付出许多钱,所以价格高,而在另一场合,由于必须付出的钱不多,所以价格贱。”不是更好吗?谁愿意接受这个说明作为最后决定的真理(德语原文为 der weisheit letzten schluss)作为久经企求的价格理论的基础呢?——还有一点必须说明以免误会。我绝不是否认“取得的困难”或“生产的劳动量”对供需的关系,从而对边际效用的高度,最后对价值量的关系,可以是,而且事实上经常是一个重要的第二级的决定性因素。不过,这个决定性因素仅在我的理论中所指出的那种方式和限度内发生作用(参阅拙著《经济财货的价值理论纲要》,特别是第 42 页,那里叙述了所免除的痛苦和紧张的量决定物品的价值的“特殊情况”;还有叙述生产成本对价值和价格所起的影响的第 61 页和 521 页、532 页、534 页)。另一方面对沙林所着重提出的(第 16 卷第 551 页和 552 页上)唯有取得的困难本身是价值的最后的普遍的决定性因素和尺度这一更为广泛的论点,我只能加以极其强烈的反对。

济文献中扎了根的且为普通经验所承认的规律。它告诉我们，一种可以随意再生产的物品它的市场价格最后总会和生产成本趋于一致。下列完全正确的理论系统通常被引用来证明这一规律。可以随意再生产的物品的市场价格不能长期保持在大大高出或低于成本的水平上。只要一种物品的价格上涨得显著地高于成本，它的生产就对企业家特别有利。这就不仅会诱使后者扩充他们已经兴隆的企业，而且会鼓励新企业家进入这一有利的工业部门中来。因此，投入市场的产品数量就会增加，最后——按照供求规律——价格就会随之下跌。如果，相反地，市场价格跌落到成本以下，继续生产就要亏本；许多企业家就会减少他们的产量；商品的供应量就会缩减；最后，按照供求规律，就一定会导致市场价格的上涨。

围绕在这个成本规律的四周，许多理论细节[①]发展了起来，但对我们的目的来说，这些都可以置之不顾。我们的全部兴趣集中在：为经验所承认了的这一规律在系统的价格理论中处于怎样一个地位的问题。它是不是和我们的边际对偶的规律相矛盾呢？

我们的回答是，不。它们之间并无矛盾，正如我们过去发现边际效用决定主观价值高度这一命题，和成本决定主观价值高度的命题之间并无矛盾一样。在两种情况下引导我们解决这个矛盾的思路是完全一样的，逐步逐步都是一样的；不过在目前情况下，由于存在着交换——即是，由于个体经济的现象解释为社会经济的

① 譬如，涉及生产成本和再生产成本的问题；如果各个成本不同，究竟应该以最高的成本作为标准呢，还是以最低的或平均的成本作为标准；哪些因素可以算作成本，等等。

现象了——所以在思路的每一个阶段,出现了更丰富的内容。

在下文中,我将设法尽可能扼要而明确地叙述一下价值、价格和成本之间的联系;我认为,如果我说,明确地理解这一联系就是明确地理解政治经济学的精华,这样说并非夸张。

价值和价格的形成开始于消费者对制成品所作出的主观评价。这种评价决定着对那些产品的需求。同这种需求相对照的供给,首先就是在生产者手中的成品存货。正如我们所熟悉的,两方面的评价,即边际对偶的评价,其交叉点决定着价格,当然分别决定着每类产品的价格。因此,例如,铁轨的价格是由铁轨的供求关系所决定的;钉的价格是由钉的供求关系所决定的;同样,其他由铁所制成的每一种产品——诸如铲,犁头,锤子,铁板,锅炉和机器等——的价格是由这些特殊种类产品的供求关系所决定的。

为了把这点搞得十分明确,让我们假定各种铁制产品的需求和存货之间的关系——因而它们的价格——在开始时是很不相同的;又假定,从同一种材料[①]——譬如,100 斤铁——所制造出来的若干种商品,其价格最低的为 2 先令,最高的为 20 先令。这些价格是当时市场形势的结果,而我们最初已经假定产品的存量(即供给量)是一个一定的量。不过,它们仅暂时是一个一定的量罢了。随着时间的推移,它们总会从生产中得到补充,因之它们就成为不定的量了。让我们一步一步地观察这个生产过程。为了制造铁质的产品,生产者当然需要铁[②]。在劳动分工的制度下,他们必须从

① 为了使问题简单化,我们暂时不计任何其他补全生产手段的合作。

② 为了简化起见,我们也不计生产的其他要素。

钢铁市场中买进铁。制造商代表了对铁的需求。至于这种需求的广度，显而易见，每一个生产者将根据他能出售多少产品，就买多少铁。但是关于需求的强度又怎样呢？显然，没有一个生产者愿意使在铁上付出的价格超过他能从他顾客那里得到的价格；[①]但是，到这里为止，甚至在更坏的情况下，他能够，而且宁愿竞争而不愿让他的生产由于缺乏原料而停顿。因此，如果制造商用这些铁制成产品而能从他的顾客那里获得20先令的话，他将在钢铁市场上买铁，只要铁价不超过他的最高限额20先令；而另一个制造商只能从产品中获得16先令的，自然不能在超过16先令时继续买铁了，……依此类推。这样，每一个生产者从他自己的产品上所得到的市场价格（或者依照补全物品规律，应归于铁身上的市场价格的一部分）使他在需求铁的时候心目中有了一个具体的评价标准。

和这种需求相对照的供给是在铁矿主和炼铁主们手中的铁的存货。这些存货，将以我们所熟悉的方法转移到最有能力的买主手里去，价格将接近于最后买主的评价。假使铁的存货足够应付那些认为每百斤铁值20先令到6先令的买主们的话，那么最后买主的评价，也就是铁的市场价格，将为六先令。

现在我们必须考察一下造成这个最后价格的因果关系。它是以极其可明确的方式，从产品的价值和价格不断地一环扣一环地

① 必须记住，这里我们没有把别的补全生产手段，如劳动、工具、煤等的合作计入。否则，当然，依照以上（第189—190页）所说的关于补全物品价值的原则，我们应该把产品价值的一部分归到其他合作物品的账上去，而只把铁制产品的价值的一部分划给铁料。不过，在这一情况下，正文中所指出的铁料价值和铁制品全部价值之间的关系，也就是铁料价值和一部分铁制品的价值之间的关系。

联系到成本的价值和价格,——从铁制品到铣铁而不是相反。链条中的各个环节是这些:消费者对铁制品的主观评价形成第一个环节。接下来,这一评价有助于决定评价的数目——消费者能对铁制品有所需求的货币价格。然后,这种价格按照我们现在已熟悉的方法,决定市场中这类铁制品的最后价格。这个最后价格又对生产者指出他们所能加于生产性铁料上的(交换)评价,从此也指出他们在市场上作为铁的买主可能订出的价格数字。最后,从他们订出的数字中产生了铁料的市场价格。

但是,还有另一个十分重要的关系可以从这个因果关系中推测出来。那就是:在这里我们所有的仅仅是应验其本身的伟大的边际效用规律。依据这个规律,现有的物品存货可被相继地用到最合算的使用中去——放到最有利的用途中去——而该物品的最后一种用途决定着它们的价值。在个人经济中,最有报酬的用途就是那些代表最迫切的主观需要的用途,而由这些个人关系所产生的价值是纯粹的个人主观价值。另一方面,在一个更广泛的市场中,一切东西不再直接和主观需要相联系,而是和那些用货币作媒介的需要相联系——货币好像是,对各种不能直接用共同单位来衡量的东西的需要和感觉的中立的共同单位。这里作为最合算的用途出现的不是那些代表绝对最迫切的需要,而是那些代表最高货币评价的需要;即是,那些最有利可图的用途;[①]而所得出的价值是客观交换价值。这样,我们首先来讲铁制品。在它们各自

① 不幸的是,这两种情况并不完全相同,这一点我在讨论这一事实的因果关系时,已在《康拉德年鉴》第510—513页中详细加以指出。

的市场上，它们转移到出价最高的买主们手里，而代表最后一个买主的评价的这个价格决定着它们的市场价值和价格。其次，以略微迂回的方式，它也同样适用于铁这种“成本商品”上。在铁料市场上，铁料转移到出价最高的生产者们手里，而其中最后一个的评价决定着铁的价格。但是这里生产者们仅是中间人。当他们再把这些铁卖到出价最高的消费者手中去时，这些铁实际上不过是一步一步地转移到各种出价最高的消费形式去罢了。而这些形式的最后一个——通过在市场上买铁的最后一个生产者所喊出的评价——决定着铁这种成本商品的市场价格。因此，并不是成本商品把自己的固定价格强加于它所生产的产品上去；相反地，它通过它的产品价格的媒介，得到它自己的价格，这是和边际效用规律相一致的，依照这一规律，现在存货被迫投入到最合算的用途中去，而从最后一个用途的货币评价中，得到它的价格。

但与此相关联的是一连串的继续发生的现象，这些现象显然造成了一种意见，认为成本对产品的价格起着一种因果性的影响。只要铁制成的各种产品的价格处在 20 先令和 2 先令之间，同时铁料的单位价格为 6 先令，这就可以证明，铁定会被运用到最合算的用途中去这条经济原则，在这里并未充分实现。铁料被用于其产品仅能得 2 先令或 3 先令的用途中，因此，这个用途比在经济上可能的“最后”用途为小；而在另一方面，还有许多可使产品得到大于 6 先令的价值的用途，没有得到供应。例如，倘若一种铁制品的市价是 20 先令，这就证明只有那些评价这一产品值 20 先令以上的消费者才真正在购买它，而评它值 18 先令到 6 先令的其他消费者，就不能得到市场的供应。同样地，当产品的市场价格是 16 先令时，相当于14先令到6先令等等价格的那些用途，它们的需求将得不到满足。这种情况必须加以纠正——而企业家的企业通常很快就会提供这种纠正。当铁制品的价格依然保持在6先令以上时，受价格和成本间差额的引诱，这些铁制品的生产将会增加，直到那些效用比6先令大的用途，全部得到供应为止。当然，这种供应的增加有这样一种影响，即经常减低“最后”一个买主的评价水平，从而使市场价格下降，直到最后买主的货币评价以及市场价格达到6先令的正常水平为止。相反地，当铁料被使用于其产品卖价小于6先令的生产时，随之而产生的损失将阻止铁料继续被用在这些产品的生产上。这将使市价在6先令以下的铁制品的生产暂时停止或受到限制。供应少了将迅速地使价格上升到6先令；这时正如情况所要求的，铁这种商品，将只被那些能生产卖价不低于6先令的产品的买主所买去。因此，不论从上而下，或从下而上，全部铁制品都将会合在6先令这个价格，即它们的成本数值上；但是，很明显，原因并不是铁这种成本商品能够把自己专断的固定价格强加于它的产品上，而是，一切有关的产品，包括铁这种成本商品在内，符合于边际效用这条规律，它们一步一步地找到最合算的用途，而都得到由它们中最后一个所规定的价格。[①]

这种情况要在经验中找证明，是有很多很多的。大家知道，积

---

① 成本数值本身可能由于刚才所说的纠正手续而发生变动——例如提高。这种情况可能发生，就是说，为了满足迄今没有得到满足的愿意以6先令以上的价格买铁制品的那些需求，许多铁料从铁市场上被卖掉了，以致存货不敷供应只愿出6先令代价的需求。因此，后者当然将被较强的竞争者所排斥，而市价将决定在六先令以上——这是另一个证据，证明成本不是产品价格要使自己适应的固定点，而恰恰相反。

极建筑铁路会提高铁轨的价格，而通过它也会提高铁的价格；又如目前照明用电方面对铜丝的强烈需求使铜的价格上涨。在这种情况下，显而易见，价格的上涨运动是从最后产品开始，而从这些产品转移到成本商品上去的。但是，许多读者要反对说，也有许多的情况，价格运动是从成本转移到产品去的。例如，在我们的例子中所讲过的，铁的存货并不是一个固定的量，而是依照铁的生产的情况而有伸缩的。如果生产扩充了，铁的供应增加了，它的价格肯定会跌落，而这种下跌是由铁所特有的原因所引起的。铁价的下跌会把铁制品的价格拉下来。这里的因果关系不是从成本转移到产品价格的吗？

回答这种反对意见，我们只要把迄今所考察过的因果关系向其开端回溯几个环节就够了。铁的存货的确不是一个固定量，而是一个能够随意扩充或限制的生产的结果。要生产铁必须有两件东西——矿藏和（扼要地讲）直接的和间接的劳动。矿藏是一个已定的量，而除产铁外不能生产其他东西。另一方面，可供经济地使用的现有的劳动量，作为一个整体，是受目前人口状况的限制的，但用在铁的生产中的这一部分劳动并不是受这个限制的。劳动这一种生产力可以被用于许多方面，社会上所经营的生产各部门都竞相争取它。那么谁或什么东西能决定，工业所能支配的原始生产力——即劳动和土地的运用——究竟有多少将用来生产铁，以及谁或什么东西能决定这些生产力每单位的价值和价格是多少呢？

因此，在全部经济的一切因素中，正像我们在最后产品和中间产品那里看到的那样，最后一次重复着这样的运动。国家的原始生产力迫使它们自己一个接一个地投入最合算的用途中去，而从这些用途的最后一个中取得它们的价值和价格。这些原始生产力同其他任何东西一样，没有一个预定好的价值：它们仅从使用机会中取得价值。一天工作值 2 先令还是值 6 先令决定于这一天工作所生产的产品价值；其实是决定于“最后的”一种产品——取得最坏报酬的一种产品——，这种产品是在这种情况下生产的：在一切较好报酬的用途已经得到供应后，仍然有足够的具有必要质量的劳动留下来供应这一最后产品的生产。

生产可以比作一个巨大的泵。每一种需要有它自己一根独立的管子，下沉到原始生产力的蓄水池里，它和其他各种需要相竞争，试图由蓄水池内吸取生产力。每一需要各有不同的吸取能力，这种能力随着它所拥有的各种用途的数目和它们的获利能力（即有组织的交换市场中的货币价值）的增长而增长。各种吸管的性质也有所不同。许多是很简单的：另一些具有独立的中间的长度，它们好像可以分阶段地来传送来自需要的压力；与此相符合，供应需要的生产力也可以分阶段地提高。

这譬喻还可向前推进一步。要求个人服务来满足的那些需要，依照它们能够而愿意出的酬报，直接吸取劳动。又如要求物质财货来满足的那些需要是这样得到供应的：首先，付出有利可图的市场价格，然后这些有利可图的价格必然会吸引生产力来制造它们。这种传递过程有时通过一个或两个，有时要通过 20 个或 30 个步骤。在我们的例子中，人们对铁制品的要求通过：铁制品的市价吸引人们买进铁料；最后，铁料的价格吸引原始生产力投入铁料的生产。至于在其他消费品中，中间步骤的数目，或者，用我们例子中的词句来说，中间吸管的长度，可能加倍或加 20 倍。但是，运动的原则和使我们感兴趣的主要东西，即其结果，总是一样的。无论中间步骤是多是少，它可以加速或阻滞其结果的到来，但却不能削弱或加强其结果；最后，按照它的货币评价的大小，每一需要，直接地或间接地，把它所需要的生产力吸引到自己身边来。许多生产力总是活跃地去供应富有者们的需要，即使同时在经济的其他各点上，人和物品的供应都感到不足。这个原因是，有钱的人，为了满足他们的需要所提供的高价，必定而且继续会在生产的一切阶段施展它们的吸引力，一直深入到原始生产力的蓄水池里去。

因此，人们的一切需要，好像发出一种由它们的评价数字表明的吸引力量。凡愿意并能够对用来（直接或间接）满足它的一天的劳动付出 20 或更多先令的那一层需要，都能迅速地得到满足。在此以后，那些能够并愿意对一天的劳动付出 18 先令、16 先令、14 先令和 12 先令，甚至少到 10 先令、8 先令、6 先令和 4 先令的那几层需要，将一个跟着一个地把供应吸到自己这边来。如果在 4 先令这个限度时全部原始生产力都被吸尽了，这就决定了两件事情：——凡不愿或不能对一天的劳动付出 4 先令的一切需要将得不到供应；而一天劳动的市价将决定于最后一个买主的评价即 4 先令上。但倘若，如我们可以假定的那样，现有劳动的量比这个量大，则更低各层的需要可能得到供应。得到供应的最后需要——直接的或间接的——可能是那些只能对一日的劳动付出 2 先令的需要；与此相适应，劳动的市价也将被确定在 2 先令这一较低的数目上。的确，市价将是一个普遍的市价：对同样的工作或同样的物品，绝不会对最高阶层付以 20 先令而对最低阶层付以 2 先令：市

价对一切买主都是一样的。

现在我们可以对上述例子所提出的怀疑作个回答了。假如一天的劳动的代价是 2 先令;而需要三日来生产的 100 斤铁料的价格是 6 先令。假如,突然开出了丰饶的新矿,或者发现了大大改进工序的方法,这些发现和革新使生产一百斤铁料只要用两天的劳动。其结果是怎样呢?只要铁料和铁制品保持 6 先令的老价格,除了那些能够并且愿意对两天的劳动付 6 先令——等于对一天的劳动付出 3 先令的代价——的各铁制品部门的需要可得到供应外;同时在其他需要和生产部门中对一天劳动只付出 2 先令的那些阶层的需要仍能得到供应。按照经济原则——总是乐于抓住一切获利机会的工业企业家所乐意贯彻的那些原则——那些对一天劳动愿付 2 个以上先令而迄今未得到供应的使用机会,现在将得到供应:因此更多的原始生产力将被投入铁料的生产;而铁料和铁制品的供应将要增加,直到这里同别处一样,愿意对一天劳动付出 2 先令的那一阶层的需要得到满足,因此,要花两天的劳动来生产的 100 斤铁料取得 4 先令的价格为止。当然,和这个情况相平行,铁料和铁制品的价格[①]将下降到 4 先令的水平。这一切和我们的边际效用规律并不相矛盾而是它的真正的应验,而成本规律,如果正确地被理解的话,仅是边际效用规律的一种适用于某类特殊现象的特殊形式。

① 不要忘记,我们为了简化问题而没有把其他补全物品在生产铁制品中的合作计算在内。如果我们把这些一起来考虑,并假定,例如,把铁变成制成品,另外得支出两天的直接劳动或间接劳动,那么,铁制品的 8 先令价格将相当于铁料的 4 先令价格,依照补全物品规律,这 8 先令中的 4 先令将划到生产性财货即铁的账上去。

如果——这是实际上不可想象的事——生产是在理想的情况下进行的，不受地点和时间的限制，没有阻力，完全明了人们的需要状态，又没有任何需要、存货，或者技术上的变化，那么，原始生产力将以理想的和数学的准确性被投入到最合算的使用中去；而成本规律（就我们所能对它谈到的而论），是十分有效的。制成品最后由以产生的补全物品组将在生产过程的一切阶段上准确地保持同样的价值和价格；商品价格将准确地等于它的成本；这些成本又相等于它们各自的成本，一直回溯到一切物品最后由以产生的最后原始生产力。但是这一理想的均衡受到两个干扰因素的打搅。

第一个因素，我用一般的名称，叫它摩擦。当原始生产力被投到当时最合算的用途和消费形式中去的时候，几乎总要遇到一些或大或小、或久或暂的阻力。结果，需要的供应，以及价格就会有些不均衡。有时，某一种个别的需要比别的需要获得更充裕的供应；因此，例如，在羊毛业中，那些对一天的劳动仅间接地付出 1 先令 8 便士的需要得到了供应，而同时可能在铜业中对一天劳动不能付出 3 先令的需要得不到满足。但有时有这样的情况，好几组不断地改变形态直到最后变成制成品的生产资料，在生产的各阶段中并不是被评为同一个价格的。如果我们把生产手段比作一条河流，我们可以说，这条河，并不像我们所想象的那样，在其流经的各阶段上有相等的宽度：由于这个或那个干扰因素，可能有些地方有个坝，有些地方有漏洞；这些往往使价格和前一阶段或后一阶段的价格发生不均衡的分歧，或者，正如寻常所理解的和所说的那样，产品（或中间产品）价格和它的成本之间的差距。这就是我们所举铁的例子中，当生产突然从6先令跌到4先令的时候所发生的情况。其结果，铁的生产起先得到了增加，并压低了原料的价格，而同时铁制产品在若干时间内仍能保持高于成本的价格。但是，供应的增加逐渐地向前推移到生产的以后各个阶段，——从原料的生产推移到最后成品的生产，——由于这里的价格也被减到四先令，就恢复了价格和成本之间被干扰了的均衡。

在现实生活中，这种阻力的干扰是不可胜计的。没有一个时间，没有一个生产部门，它没有它们的存在。因此，成本规律被认为只是一条近乎有效的规律；一条从头至尾充满着例外的规律。这些无数大大小小的例外是企业家利润的无尽藏的来源，但也是企业家损失的来源。

第二个干扰因素是时间的推移——从开头利用原始生产力起到最后产品出现之间所必须经历的岁月。在我们对物品的评价上起着深远影响的时间差别使处在生产过程各阶段的各组生产品的价值之间形成一个正常的差别。所以必须把这个差别，和由于阻力干扰而产生的不均衡的分歧明确地区分开来。就是这第二个干扰因素使利息产生了。我们下一项任务将是把利息理论插入我们已经略述过的价值和价格理论中去。

第五篇　现在和未来

第一章　经济生活中的现在和未来

现在的物品通常比同一种类和同一数量的未来的物品更有价值。这个命题是我要提出的利息理论的要点和中心。我要用来阐述利息现象的全部说法，贯穿着现在和未来的差别这一事实；并且，我们的全部理论工作，在本质上和现象上也都是围绕着这一事实进行的。我们首先将试图证明这一命题的真实性；然后要说明，从这个事实，自然地和必然地产生出利息现象所表现的许多形式。在本篇中，我们要从事第一步的工作。由于这样一个命题非常重要，我打算详细深入地来探讨这一命题。为了这一目的，我们首先对人类经济生活中现在同未来之间的关系作一个通盘的观察——这显然是一个极为重要的课题；但十分奇怪的是，到目前为止，它还没有引起科学上的足够重视。[①]

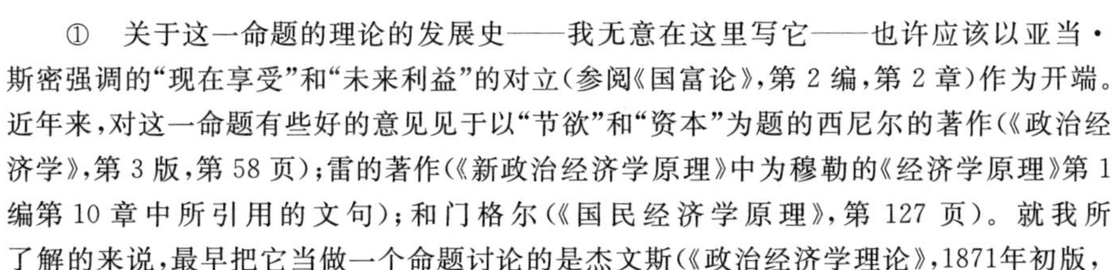

① 关于这一命题的理论的发展史——我无意在这里写它——也许应该以亚当·斯密强调的“现在享受”和“未来利益”的对立（参阅《国富论》，第 2 编，第 2 章）作为开端。近年来，对这一命题有些好的意见见于以“节欲”和“资本”为题的西尼尔的著作（《政治经济学》，第 3 版，第 58 页）；雷的著作（《新政治经济学原理》中为穆勒的《经济学原理》第 1 编第 10 章中所引用的文句）；和门格尔（《国民经济学原理》，第 127 页）。就我所了解的来说，最早把它当做一个命题讨论的是杰文斯（《政治经济学理论》，1871年初版，

现在，我们生活、活动着；但未来，并不是和我们毫无关系的。我们的愿望有充分的理由指向不限于现时的福利。我们在我们的经济安排中，树立一个既为我们现在的福利又为我们未来的福利准备条件的较大的目标，这不过是上述一般原则的必然的贯彻；事实上，在我们的经济准备中，未来占着重大的地位；的确，占着比人们寻常所认为的更大的地位。当然，这是一个常识，但它还是一条在其一切关系方面很少被人理解的真理，这就是，我们的经济行为

1879 年再版)。杰文斯的著作是非常有趣和有参考价值的，但从整体来看，它还是有些不够完善——这是第一次尝试，而且是迄今从来没有接触到的一个探索领域所不可避免的。这个著作表现出一系列错误，许多矛盾，尤其是有很多明显的漏洞。可以说，杰文斯只用了一个大胆的天才手法，指出这里有一个有待进行研究的新的思想领域，而没有说明应怎样来处理这些思想。密切追随着杰文斯，但并没有胜过他们的老师的，是近代的朗哈尔特(《国民经济学的数学论证》，1885 年版)和埃密尔·萨克斯(《理论政治经济学基础》，1887 年版，第 187、313 页)。比他们两人略早一些，格罗斯(《政治经济学中的时间》一文，载《社会政治学杂志》，1883 年，第 126 页)曾提出过一个善意的建议——这个建议在当时为杰文斯所贯彻，现在又为我所发展——即经济理论中的时间因素，值得给予更充分的考虑，最后，关于我自己的著作，我认为自己有必要说明，我是完全独立地得到关于这一课题的个人见解的，全未受到杰文斯的影响——当然受以后作者的影响就更小了。我最早熟悉杰文斯的著作是在 1883 年——在拙著《资本和利息》出版前不久——当时我为补足搜集在那一本书中的史料，采用了有关这一课题的最新英国文献的一个评论。另一方面，我自己关于资本理论的原理，早在 1876 年就被我确定下来。那一年我最先在一本从未出版过的早期著作中提示了这些原则。在以后的著述中，我仍然很审慎地提出了我的许多主导思想的萌芽〔例如在《法权和分配》第 68 页关于损耗(Abnützung)现象的附注中，第 76 页，尤其是 109 页、115 页关于未来用途的估计的附注和 152 页中；在《资本和利息》第 257、276、343、424 页中，尤其是 428 页在我系统地讲述我的实证论的纲要，说明利息的解释是从时间对人类评价物品的影响推论出来的各个方面〕。在说明这些思想萌芽时，我仍然有意地采用了谨慎的语气，这是由于我希望我的新见解不要被它们任何不成熟或不完全的表述所损害。我的意思是这个见解不应该公之于世，直到我能够把它们作为一个完成的整体，全部协调地适合于仔细拟定的经济学说的体系提出来时为止。这就是我为什么宁可花费十年的时间来建立现在的理论的基础，先完成商品理论(1881 年)，资本理论的批判(1884 年)和价值理论(1886 年)，而不愿简易地在十年前出版原始的但仍然是不成熟的见解，来夺取优先权的荣誉的缘由。此外，我的理论即使在某些论点上接近于杰文斯的，但和他的理论在实质上绝不相同；而且在最重要的论点上，如利息的解释方面，我的理论同杰文斯的论点显然是对立的。

和现在的关系很少，而差不多完全和未来有关。

让我们清楚地理解这最后一句话是什么意思。它的意思是：我们现在所操心的是要在将来能支配可以满足那些要到将来才会出现的需要的手段。换句话说，它的意思是：那些我们只有在将来才能体验到的欢乐和痛苦，现在就使我们决定去准备那些只有到将来才能发挥它们的效用的物品和服务。但是还没有体验到的感觉，也就是实质上尚不存在的感觉，怎样能成为意志和行为的动机呢？

正如一个富于启发能力的作者曾经说过的那样，我们的确并不具有感觉到未来的感觉的天赋，但我们具有在想象中预测到它们的另一种天赋。[①]要么是，我们在过去已经一次或多次地体验

① 当杰文斯把那种迫使我们为未来需要作准备，并评价未来物品的智力现象，叫做一个“现在预期的感觉”时（《政治经济学》，第2版，第37页），这种说法是很容易使人误解的。我们必须区别两个根本上不同的东西，据我看来，杰文斯似乎没有把它们划分开来。在我们自己心目中描绘或设想一个未来的欢乐或未来的痛苦，并根据这个设想来估计它的大概强度；这是一回事。就在这个设想中体验一个欢乐，一个预期的实际的现在欢乐，这是另一回事。举一例子。我想到意大利去旅行一次。从个人经验中，或者从听到的或读到的旅行故事里，我想象得到这一旅程的欢乐，而我把这些欢乐的强度估计得很高，据我看值得牺牲50镑来实现它。但是，除此以外，在想象旅程未来欢乐的时候，作这种预期的一个真的目前欢乐被激发起来了。设想着这一旅程就能给我一个实际的欢乐，不过，无论如何，它是一个完全不同的欢乐，而它的强度比起旅程本身的欢乐来总是要小得多。如果我评价后者值50镑，作这种预期的欢乐也许至多值10先令，——关于这一点的充分证据也许是：我愿意只用这么多钱而不用更多的钱买一本能使自己进入快乐的精神世界中去的旅行指南。具体的数字在这里是无足轻重的。在预料到的欢乐和作这种预期的欢乐之间是没有一定的或正常的数量关系的：依照不同的人，不同的动机和不同的情况，这种关系可以有很大的不同。例如，习惯于幻想的人很容易被他们自己的幻想所激动，这种人作预期的欢乐可能相当强；另一方面，冷静而不敏感的人作预期的欢乐就很微弱。对我们的目的说来，确定两件事就够了：第一，想象中的未来欢乐的强度和实际感觉到的作这种预期的欢乐的强度，两者在分量上是有所不同的；第二，在绝大多数的情况下，作这种预期的欢乐的强度比预

到我们希望在未来体验到的那种需要，并在我们的记忆中留下一幅关于它的图景；或者，至少，我们业已体验到的需要和感觉同我

见到的欢乐的强度不是小百分之几而是无限的小。

现在的问题是：当我们评价未来物品时，当我们按照我们的评价，作出我们为未来需要作准备时作为依据的这种经济决定时，我们和这两个强度中的哪一个有关系呢？无论如何，在这一点上是毫无怀疑的：我们将一致同意，和我们有关系的是根据想象而估计出来的未来欢乐的强度（或者避免了的未来痛苦的强度）。我有充足理由来期望的一件物品所能给我的满足，其强度用 100 来标志，我就评它值 100 而不评它值 1，虽然在预想它时，我所体验到的仅仅是其强度为 1 的一个作这种预想的实际欢乐。同样，在选择是否要为未来的需要作好准备，或在几个未来需要中，我将选哪一个的时候，我将按照我对未来欢乐所作的合理的评价而不按照我对欢乐的一时感觉的程度尽可能公正地来设法作出决定。（我们清楚的判断力有时要被一时的感觉所掩蔽，因而它对我们的决定有着间接的影响，这是完全属于另一个范围的现象。）如果在说了这些话以后，对这个问题还有任何怀疑的话，——我并没有这样的预期——只要指出下列这一熟知的事实就可以消除这种疑虑：那就是，某些富于幻想的人（他们对未来事件的想象能激起强烈的目前情绪），并不是最能有效地为未来的需要作好经济安排的人。相反地，只有冷静地精打细算的人才能这样做。他们对未来的情况所作的清醒而有理智的判断很少或完全不会被随之而来的激动情绪所影响。

杰文斯根本上混淆了这些东西。他说我们的经济行为乃是以目前的感觉为它们的动机的，这些感觉，按照时间的差距，比未来的欢乐和痛苦的强度小百分之几——对后者也许形成 95 对 100 的比例。但是没有什么东西比这点更确定了：虽则我们心里想象到某种强度的感觉并预感到它们，但我们并不把它们作为目前的感觉来加以体验。在这一点上，萨克斯显然追随着杰文斯而没有为自己去证明这种事实，这就更粗暴地犯了同样的错误。他谈到对未来需要的一个预感（vorempfindung）——有别于一个单纯的预知（《政治经济学原理》，第 178 页），他甚至从这些“预感”中创造出实际的“目前需要”和“需要的感觉”，它们按照时间的差距比相应的目前直接需要要微弱些（同上书第 314 页）。的确，萨克斯没有考虑到，如果所有我们用预见来防止的未来欢乐和痛苦，我们真的要在预期中加以体验，且其亲切之感仅比现实生活中的差百分之几的话，我们将经常承受多少痛苦呀！——请容许我插入下面的一点意见。我很知道心理学家们把两种不同的概念附在“感觉”（Gefühl）和“知觉”（Empfindung）这两个词上。可是经济学的语言还没有作出这种区别，并且通常不是说需要、痛苦等等的知觉，便是说需要、痛苦等等的感觉。我之所以保留这种普通的说法是因为，如果抛弃这种说法，可能在经济学读者看来。我在明了方面的所失大于我在确切方面的所得。

英译者注：——我可以在这里指出，就杰文斯而论，上面的批评颇难适用。这是以“目前预感到的感觉”和“虽强但含糊的未来感觉”这两个倒霉的措辞的字面上的解释为依据的。但是，整段文字表明，杰文斯的意思并不是指目前的感觉，仅是指想象中的未来感觉——就是他自己所称的“预感到的感觉的实际量”。可是，上述批评可能对那些过于忠实地了解杰文斯的文字的德国学者们是击中要害的。

们所想象的感觉很类似，而根据这种类似的回忆能为自己在心中创造一幅相当真实的图景。我们把一切经济计算和经济决定建立在这些图景的基础上。的确，许多人要反对说，这是一个危险的，靠不住的基础，但是，不管怎样，它几乎是我们所有的唯一基础。根据现在所感觉的痛苦来评价某些物品，或作出经济决定，对我们是件不常有的事。的确，一个文明社会的特征之一是：它预测需要而先作准备，绝不容许未得满足的需要所引起的感到空虚的痛苦发展到它的最高度。我们并不是当饥饿达到苦恼的高峰，才开始准备饭食；我们并不是等到洪水淹没了屋宇和家室，才想到去筑堤坝；我们并不是等到火烧到了我们头上才去制造救火机。当我们决定一个经济行为的时候，促使我们作出决定的需要，差不多总是未来的需要，因此，不管这个未来是多么的接近，它们不是作为实际的感觉而仅仅作为预测对我们发生作用的。有好多人，甚至在过去也从未充分感觉到使他珍惜日用品的那种需要，好多富人仅从传说中知道什么是真正的饥饿。

因之，显而易见，不管这种预测的天赋是怎样的不可靠和危险，不管在个别情况下，它可能引导我们远入迷途，我们仍有充分理由衷心地感谢我们确实有了这一种天赋。不然的话，既不真正感觉到未来的需要，又不能通过预测来预见它们，我们当然就不能未雨绸缪了；一旦需要来的时候，我们所能采取的任何措施将非常不够应付它们的；我们将比最困乏的野人更困乏，过着一种危险的现挣现吃的生活。

不过，经济行为的意义不仅限于一般地考虑到有待满足的需要。的确，由于一切节约行为都是由于满足需要的手段在数量上不足以供应要求满足的需要而产生的，所以就得经常进行选择，在那些能够并且应该满足的需要与那些不能够满足的需要之间进行选择。选择自然是根据同各个需要及其满足联在一起的快乐和痛苦的感觉的重要性和迫切性——或者，如我们所说的，“强度”——之间的比较来进行的。现在，如果在作出经济决定时，我们很少会真正感觉到这一个需要；那么，在选择时，我们更不会体验到我们所必须选择的所有那些欢乐与痛苦的感觉了。我们的选择必须（几乎不变地）是部分地或往往完全地根据我们对未来的感觉所作的预测。这就引导我们到我所要强调的一个客观事实：即我们所想象的未来感觉是可以比较的。它们可和目前实际感觉到的感觉相比，同时它们彼此之间也可以互相比较，而且无论在同一个时间或不同时间都可以比较。这样我就很容易在一个目前合意的欢乐和另一个八天后能得到的欢乐之间进行选择；同样，也很容易在两个都在八天后得到的欢乐之间进行选择；或者，在一个八天后得到的欢乐和一个八个月后或八年后得到的另一个欢乐之间进行选择。

我们从未来感觉取得我们目前行动的动机这一事实是我们和未来之间的关系的一个方面。另一个方面是：通过我们目前的行动，我们为未来的利益准备物品或物质服务[①]。如果我们分析构成财富的物品的总体，我们将发现它们的绝大部分具有，由于缺之更好的名称，我们可以叫做“未来物品”的特征。一切生产性物品，没有例外，完全旨在为未来服务的。耐久性消费品在目前只提供它们的物质服务的一个部分而其余的则在未来提供。例如，一所

① 关于物质服务的概念，参阅《资本与利息》，第 223 页。

住宅继续占用了一百年，并在所有这些年内提供遮蔽和舒适，在今天只提供这种服务的一个极其微小的部分；在本年所提供的依然是一个很小的部分；服务的最大部分扩展到遥远的未来时期。就是那些非耐久性物品，如我们准备为家庭经济直接消费的肉食品和饮料、木柴和蜡烛等，严格讲起来，也只有它们用途的一部分为目前提供服务；更大的一部分将用于未来，虽然可能是极近的未来。正像未来的感觉在我们的动机中占统治地位，所以在我们所掌握和使用的物品中，“未来物品”也占有较大的地位。

这里还存在着一个重要的类比。正像未来的感觉，无论它们属于近的或远的未来是可以比较的那样（彼此之间，或和目前感觉相比较）未来的物品也是可以比较的（彼此之间，或和目前商品相比较）。我们能够把在一小时内就要凋谢的山茶花的价值和一张下星期音乐会入场券的价值相比，或和一束来年的蔷薇花的价值相比；或者，我们能够把三者中的任何一件和别种物品相交换。我们用来比较的或交换的“未来物品”，不管它已是在手头的或现在正准备交货的；或者它所表现的具体形式仅仅是将产生它的生产手段；或者在此刻，它本身还没有准备好，也不能被接触到的——这些都没有关系的；也就是说，就极狭义的和极严格的词义来讲，它是“未来物品”。因此，我们付出现钱所交换的，不仅是面包这样的目前消费品，而也包含生产未来物品面包的生产性物品面粉在内。但是，我们能够同样容易地用现钱从农民那里购买他的来年收获物。我们买“包座”票就是购买演员和歌手的未来服务。我们买“统一公债”就是以现钱交换一系列未来的付款。未来物品和服务对我们是——我有理由强调这一点——经济交易中完全熟悉的

东西，正如未来感觉是完全熟悉的经济动机一样。两者都以我们个人的生活为它们的终极基础。在一星期或一年后我们将经验到的东西，对我们的影响并不少于今天我们正经验着的东西，所以这种未来的东西要求我们在经济安排中作同等的考虑。两方面的安排都以我们的福利为目的。

未来和现在，在理论上对我们提出同样的要求，这一点在现实生活中是不是完全被承认，却是另一个需要充分考虑的问题。

为未来作准备对我们的智力提出巨大的要求；甚至，对我们的道德品质也提出某些要求；而在文明进展的一切阶段中，人们对这些要求都不是应付得同样好的。现在总是占着优先。它通过我们的感觉迫使我们应付它。甚至一个婴儿，感到饥饿时也会啼哭。但是，对未来，我们必须预见和想象。的确，对未来要有所影响，我们必须能预见两系列的东西。我们必须能够预见到在未来任何一个时刻中我们的需要、要求和感觉的实际情况。我们还要有能力预见到我们在将来所采取的措施将产生什么后果。我们对因果过程的知识必须使我们可能预先见到，我们现在正在开始着的那些生产性和商业性活动将产生什么商品，数量多少，以及它们将在什么时候出现等。对比较遥远的未来，清楚而真实地做出这种双重的预测，对幼儿是不可能的，对未成年儿童和野人也是不太可能的。文明，当然，逐步地教会我们这种困难的艺术。不过，甚至在最先进的民族中，这种艺术还是很不圆满，而实际上为未来所作的经济准备是相当不充分的。但是，不管对未来的预见和准备的程度是怎样，凡对未来作出最一般的预见的场合——甚至在最野蛮的民族里——未来的物品和未来的服务，如同目前物品一样是经

济交易中的真实的东西。我们努力取得它们；我们生产它们；我们评价它们，我们买卖它们。

我说，我们估价它们；这一个要点，我们必须深入地研讨。根据什么原则，我们估计未来物品的价值？回答是：根据我们估计一般物品价值时所根据的那个原则：即是，按照在当时情况下物品所带给我们的需要和需要供应的边际效用而估计的。不过，在这里，我们关心的当然不是目前的需要和供应之间的关系，而是物品将出现的那个时候的需要和供应之间的关系。对在围城中受到饥饿威胁的居民来说，答应在解围后一年内交货的谷物，绝不会按照目前急需的标准来评价和偿付的；可是，相反的，一个酿酒商人在一月间订约购买七月交货的100立方尺冰也一定不会按照一月里的供过于求的情况来评价，而一定会按照夏季[①]往往会出现的冰供应稀少的情况来衡量冰的价值的。

但是，评价未来物品时常遇到一种因素，它使我们对未来物品评得略微——或甚至大大——低于它们的未来边际效用；不过，这个因素——正如我就要指出的——同利息现象没有联系。这个因素就是不定性。对我们来说，未来的东西都是不确定的。在经济联想中，不管我们可能把现在和未来紧紧地联系在一起，不管我们有多少理由希望在未来能把商品生产出来，使我们能支配它们；但我们的希望能否确切地成为事实，严格说来，还是永不能确定的：它总是有几分或然性的。当然，这种或然率常常是这样的大，实际上，它等于能全部实现：正像，例如，一张罗斯契尔士所承兑的票据

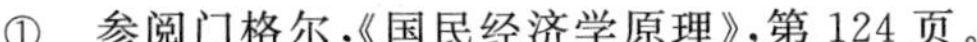

① 参阅门格尔，《国民经济学原理》，第124页。

一定是能兑现的那样。在这样情况下，我们绝不计较不能全部确定的微小可能，而不以不确定为理由从这张承兑汇票的价值中减去任何东西。但是，通常，全部实现的或然率要小得多。例如，一个农民可能尽了最大的努力去耕田、施肥、播种等等，期望丰收：但收成可能受到冰雹、霜冻、洪水或虫灾等灾害而遭致部分或全部的毁损。有时候，的确，或然率的数字很小，例如，一个人持有一百张有奖彩票中的一张，而能得奖者只有一张。

这些情况，使经济界人士抱着某种程度的怀疑。他们对不定量的未来物品能像对定量的物品那样准确地估价吗？不可能！因为，如果这样的话，那么一张可能赢得一百镑的彩票将被评价为一百镑，而每一张都可要求它的全部票面金额；——这样做法，明显地，很快就会使人宣告破产。或者，是否不定量的未来物品一点也没有价值吗？它是否对我们的福利一点重要性也没有吗？同样是不可能的，同样是有害的！因为，如果是这样的话，就没有人会买彩票了，即使中奖机会是 999‰；也没有人由于收成的不确定而敢于付出细微劳动从事播种了。从这个两难的窘境中，只有一条出路：我们必须对不定量的未来物品评出一个对我们福利的重要性，但同时，我们必须依照不定性的程度估计到实现的不定性。不过，实际上，只有这样一种做法：从等次存在的（但不能被表达出来的）地方起——即是从或然率的程度起——把等次转移到等次不存在的（但只有在这里才能被表达出来的）地方——即转移到预期的效用的程度：这样就把一个较大但是有较小的实现可能的效用和一个较小但有较大的实现可能的效用等同起来，而又把前者和更小但绝对可以实现的效用等同起来。总之，我们把效用的一切可能

性变成确定性，并用下列方法来恢复平衡：即从上述效用或价值中减去我们为了要把它提高到确定性而必须加到预期效用的或然率上去的数量。因此，我们对罗斯契尔士承兑的票据按照它的全部票面金额承认下来（我们暂时不管承兑票据经常要打的折扣，因为这是属于完全不同范围的现象）而对奖金 100 镑的 1000 张彩票中的一张，也许估价只值 2 先令，对 100 张中的一张，也许估作 20 先令；对 10 张中的一张，估作 10 镑。

严格说来，这一类估价——除非预期的未来效用实际上是可靠的——总是不正确的。[①] 因为，回过头来看我们的例证，彩票不是中奖，就是落空。如果中奖，它将值 100 镑；如果落空，它将分文不值。在任何情况下，它绝不会值 2 先令、20 先令或 10 镑。不过，在个别情况下，这种估价的方法，无论它怎样的不正确，按照平均规律，在许多场合下，它至少接近于正确；在缺乏更好的估价方法的情况下——这里由于受我们预见能力限制的缘故——这种估价方法也无妨作为实际的权宜办法。[②]

我要重复说，成为对特种未来物品赋予较小价值的原因的这一不定性要素，同利息的现象没有因果关系。由这一要素引起的

① 这个命题最近马塔加曾加以驳斥（《从国民经济学观点看要求赔偿损失的权利》，莱比锡，1888 年版，第 149 页注文 1），其理由是：在出卖这些商品时，一个人可能在价格上实际取得它们的平均报酬，因此，很正确地依照这个价格来评价它们。不过马塔加忘记了市场价格不是原因，而其本身仅仅是下面这个事实的本身结果，那就是，在市场上作为这些商品的买主和卖主而出现的一些人在*最初*评价它们时——即是，在个别情况下，客观上不正确地——是依照平均报酬来评的。

② 参阅我过去写的小册子《法权和分配》，第 85 页，在那里，我在类似的场合提出了同样的观点：马塔加也如此，同上书第 139 页。

较小估价是一种特殊的估价，它只适用于某一类未来物品，[①]它在这里具有作为保险费而被扣除的折扣的特性。

除了这个特点以外，对目前物品和未来物品的估价是根据同一条原则进行的。但是，如果根据这一点就作出结论说，目前物品和未来物品的价值量必定是一致的，那就太轻率了。相反地，由于目前物品和未来物品是在不同时期出现的，因此，所遇到的情况也是不同的，并且又为不同的需要服务，根据我们关于价值的一切知识，我们可以说，这些物品的价值，通常一定是不同的。事实上，确是这样。因之，我们得出我们探讨中的一个基本性的结论：目前物品通常比同种类、同数量的未来物品具有较高的主观价值。由于主观评价的结果决定客观交换价值，目前物品，通常比同种类、同数量的未来物品具有较高的交换价值和价格。

这一现象是许多原因综合的结果；——这些原因，单独地看来，都有不同的性质，但它们碰巧都向同一方向运动。这些原因，我们将顺序地加以考察。

第二章　需要和需要的供应之间的差别

现在物品和未来物品之间价值上的差别，其首要原因是需要和供应之间的情况，在现在和未来是不同的。我们知道，现在物品由现在的需要和供应的情况得到它的价值，而未来物品则在未来

---

① 它也包括那些在物质上是现在物品，但打算供未来消费的物品；例如那些在通过技术变成消费品的过程中，会带来失败的危险的生产性的物品。

的时间里，当我们有了它们的时候，才由类似的需要和供应的情况得到它的价值。如果一个人非常需要某种物品，或是一般物品，虽然他有理由希望在将来他可以更加富有，他也总是对当前就能得到的一定数量的物品，比同样数量的未来物品，评价要高一些。在经济生活中，这样的情况经常会出现，而且可以被当作是下面两种场合下的典型情况。第一种场合是目前有困苦和急需的人。例如收成不好或因火灾遭受损失的农民、由于疾病或家中有人死亡而开支很大的技工、为饥饿所苦的劳动者——所有这些人，对现在可以使他们免于痛苦的一个先令的评价，要大大超出对一个未来的先令的评价——这些人常常甘愿接受高利贷的条件就可以证明这一点。[①] 第二种场合是指有理由希望经济情况会好转的那些人说的。一切类型的没有产业的创业者，如年轻的艺术家、律师、官员、新开业的医生、学生意的人等等，他们为了得到一笔现在的财物来开始自己选择的职业并充作他们经济生活的基础，都不惜在将来付出一笔更大的款项，条件是在他们得到一笔相当的定期收入以前，暂不必偿还这笔债务。[②]

当然，与此相反的情况在经济生活中也不是不常有的。这就是一些当前比较富有，而将来经济情况可能不好的人。属于这种类型的，人数也很不少，他们的收入的全部或大部分是依靠个人劳力得到的，而到了老年，当他们不能担任工作的时候，他们就将没

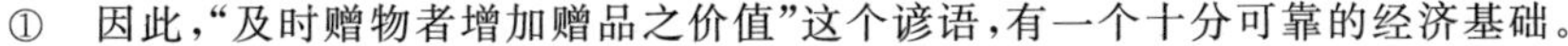

① 因此，“及时赠物者增加赠品之价值”这个谚语，有一个十分可靠的经济基础。

② 由于这个理由，众所周知的德国允许穷苦学生延期缴付大学学费的制度被认为是一种同奥地利全部免除穷苦学生大学学费的制度相差不多的救济制度。或者，我们可以想到音乐会主持人(impresario)同他训练与培养的歌手签订的合同的条件。

有收入。例如,一位店员在他50岁的时候,每年有100镑的收入,但在十年以后,他也许除了每年30镑的一小笔退休补助金,或者他可以从保险公司中拿到一笔养老费外,就没有其他收入了。显而易见,对于这种人,由现在所花费的1先令得到的边际效用,要比从没有保障的未来的1先令所得到的要小一些。在这种情况下,似乎是现在的1个先令没有未来的1个先令更有价值。如果现在物品必须在现在消费掉的话,情况确实如此;但是,事实并不是这样。大多数物品,特别是能代表一切物品的货币,都是永久性的;因此,它可以保存下来以备将来使用。所以,现在物品和未来物品之间的情况就成为这样。未来物品自然只有在将来才可以使用,而现在物品则有在将来使用的可能性,而且此外——根据选择——既可以有现在使用,也可以在现在和用来作比较的未来时期之间的任何时间内使用。

因此,这里有两种可能性。或者是这样一种情况,一种物品的现在和最近将来的一切用途,都没有未来的用途来得重要;这时,现在物品将被保留下来以备未来使用,它将从这些未来的用途中得到它的价值[①],而其价值正好与同样可得到的未来物品的价值相等,或者是另一种情况,一种较早的用途,比未来的用途更重要,于是现在物品就从这一用途中得到它的价值;因此,现在物品就优于只能在较不重要的未来用途中得到价值的未来物品。不过,人们通常不能预计最近将来的某些意外事件,是不是可引起某些更迫切的需要。无论如何,这种情况总是可能的,这就使现在具有的

① 根据本书为具有不同边际效用的另一种使用情况制定的规律。

物品有了有利的使用机会，这种机会是只能在未来才归我们掌握的物品所没有的——我们已经看到，这个机会也算在价值量中，并且根据实际的虽然是不正确的方法，作为一种增值——按它的或然率计算出来的增值。用数字来说明。如果在五年末的时候，我可以得到一百镑的款项，那么，我只能指望一种由1896年的事物情况决定的边际效用；我们可以将这一效用算作1 000个假定单位。要是现在我有这100镑的话，至少我能实现同样的1 000个单位的边际效用。但如果在这期间产生一个迫切的需要，给我提供一个得到1 200单位边际效用的机会，那么，我就会实现它。现在譬如说，这样一个机会出现的或然率等于1/10，我除了估计现有一百镑的价值确实为1 000个单位而外，还要加上可能有的余额200个单位的1/10，亦即总共估计为1 020个单位。[①] 因此，即使在最坏的情况下，现在物品也和未来物品的价值相等。而现在物品由于可用作一种储备，通常总是优于未来物品的。仅有的例外发生在那些比较罕见的情况下，即要把现在物品保持到供应最坏的时刻是很困难或实际上不可能的时候，例如，这种情况常发生于容易毁坏或腐烂的物品，如冰、水果，及其他类似物品上。任何一个水果商人在收获的时候，对在四月份交货的一蒲式耳葡萄比当时在他仓库中的一蒲式耳要估价得高得多。或者，比方说，一个富人预期将被长期监禁，在这一期间，将度着牢狱的生活，他将乐意付出一百餐目前奢侈伙食的价格，如果他在被监禁的期间能够

① 我几乎无需说明，在实际生活中，我们难得或者绝不会作出像上面例子中那样精确的评价的。不过它的确真实地描述了在这种情况下我们所作的那种考虑。

保证得到十次这样的伙食！

因此，我们可以作一个对比，将现在和未来的不同需要及其供应情况的影响表示如下，许多现在需要没有得到很好供应而预期未来会好转的人，对现在物品的估价，要比对未来物品高出很多。许多现在需要供应得比他们期望于未来的更好的人，他们有机会将现在物品储存起来供未来使用，并且还可以将这些储存的物品作为一种备用基金，来应付某一时刻可能发生的任何事件——这些人对现在物品的估价，或是和未来物品相等，或是比未来物品略高一些。唯有在极少数的场合下，当现在和未来之间的联系受到特殊情况的妨碍或威胁时，现在物品对于物主说来，才会有比未来物品为低的主观使用价值。事实既然如此，即使现在和未来的需要及其供应之间的这些差别，同别的什么东西都没有关系时，决定客观交换价值的主观评价的结果，显然也会使现在物品的价值必定比未来物品的价值相应地高一些，有一种相应的时间贴水。此外，还有其他有关的情况，它们甚至更明显地向同一个方向作用着。

第三章　低估未来

我们经验中最重大的一个事实是，我们不太重视未来的欢乐和痛苦，因为它们是未来的事情，而且按未来来衡量它们的缘故。因此，对于被预定用来满足未来需要的物品，我们给它一个实际上小于这些物品未来边际效用的真正强度的价值。我们习惯于低估未来的需要，低估满足未来需要的物品。

对这个事实本身不可能有怀疑。当然，在个别国家里，在生活的不同阶段，对不同的个人，这种现象的表现程度是很不相同的。我们发现它最明显地表现在儿童和野蛮人身上。对于他们，即使是最小的享受，只要能在目前得到的话，也比未来的最大和最持久的利益来得重要。很多印第安部落，由于轻率的贪心，将他们先辈留下的土地——维持生活的来源——卖给白种人，只是为了两桶烈性酒。不幸的是，在我们自己的高度文明的国家里，也可以看到很多类似的情况。一个工人用星期六领到的一周工资，在星期日去饮酒，而其余六天却同他的妻子和儿女一道挨饿，这和印第安人又能相差多远呢？不过，我敢于断言，这种现象在较小的程度上和在更精细的方式下，在我们任何人身上并不是完全没有的，不管他是怎样的精明，怎样的有文化，或有高度的原则性。我们中哪一个没有在一时的食欲的压力下接受过医生所禁止的某些喜爱的菜肴或雪茄？他完全知道他正做着一件对自己的健康有损害的事，冷静的考虑会告诉他，健康比那小小的任性的欢乐重要得多。或者，我们中的哪一个人未曾为了避免一个微小的暂时的难堪或麻烦，而粗暴地投入到一个大得多的难堪或麻烦中去呢？谁从来没有耽搁过在一定时间内必须完成的那些麻烦的，但不能不作的访问，交易或工作，一直等到能够用很小的麻烦完成这些事的那一天过去了而又必须在更加困难的环境下，匆匆忙忙地，用极度费力的和不高兴的情绪来完成它而又要使那些由于耽搁而受到损害或创伤的人感到不愉快呢？任何一个能认识自己并能注意周围环境的人都会发现在我们文明社会里以千百种形式表现出来的低估未来欢乐和痛苦的这一事实。

因此，对这事实是没有什么可怀疑的。至于为什么是这样，那

就很难说了。的确，未来感觉一般借以对我们判断和行动起作用的全部心理学上的关系，还是十分模糊的。并且为什么未来感觉对我们判断与行动的作用，要比现在感觉更微弱，其原因也是模糊的。不打算说明心理学家有什么看法（在我看来，他们似乎比经济学家更有资格来决定这两个问题），我大胆地认为，这个现象不是由于一个原因，而是由于至少三个不同的原因。

据我看，第一个原因是我们在设想自己未来需要时，考虑得并不完善。不论是不是由于我们的想象力和抽象力不够好，或者是不是由于我们怕麻烦，我们对未来需要的考虑，特别是对遥远的未来需要的考虑，都或多或少是不完善的。因此，很自然地，所有这些我们没有考虑到的需要，不会影响用来满足未来需要的物品的评价。结果是，这些物品的边际效用就被估计得很低。

如果说第一个原因主要是估计中的一个特有的缺陷，那么据我看来，第二个原因则是意志上的缺陷所造成的。我相信经常会有这种情形：一个人当他在现在的和未来的欢乐和痛苦之间进行选择时，虽然他完全了解未来的损失将要比现在的痛苦更大，虽然也意识到从福利整体来看，选择现在的欢乐是不适当的，但他仍然决定选择现在的欢乐。许多“善良的人”都知道，在拿到工资的那一天将它花光，会给自己带来多么大的痛苦和穷困，然而他却没有能力拒绝当时的诱惑，而将工资当天就花光了！或者一个人怎样经常地“由于意志薄弱”让他自己匆促地采取某些步骤，或作某些许诺，而这些举动他也明知不到二十四小时他就会后悔的！造成这些行为上的缺点的原因，据我看，和前一情况不同，不在于缺乏知识，而在于意志的缺点。但是，如果心理学家把这种情况解释为只是前一情况的变种，我并不会感到惊奇。这可能是对目前的较弱的感觉，所以胜过了对未来的较强感觉，仅仅是由于后者虽一般地存在于意识中，但不够生动、不够强烈、不足以占领他的心灵。但是，对于我们的目的说来，这是无关紧要的。

最后，第三个原因，我认为是由于考虑到人生短促无常而来的。就未来物品来说，它们在客观上是确定可以获得的，[①]然而，我们也许不能活到获得它们的时候。这就使未来物品的效用，对我们成为一个不确定的因素，要使我们——同客观上得不到的物品完全一样——依照它们的不确定程度，对它们的价值打一个折扣。[②] 一个等于 100 的效用，由于有 50%的机会我们不能活到看见它，我们当然不能把它的价值估计得等同于 100 的现在效用一样高，也许我们估计它的价值和一个等于 50 的现在效用一样。我深信我们之中任何一个人，如果今天有人许他在百岁寿辰的时候给他一张 10 000 镑的支票的话，他一定愿意用这笔虽然很大，但未必能到手的礼物和一笔少得多的现款相交换。然而，要正确地决定这种因素的实际影响，我们必须在两个方面——它适用的范围和它起作用的方式——作更进一步的考虑。

关于这一点，我以为我们能够这样说：我们讨论的这个因素，只是在少数情况下直接起作用的；而在大多数情况下，它的作用是间接的。在人们由于特殊情况被迫考虑到死亡的少数情况下，这

① 参阅本书第 261 页。

② 如果既有客观上的不确定性，又有主观上的不确定性，那当然要打两个折扣。其中由于客观上的不确定性而打这一个，因为是某几种物品的一个特有的现象，同利息毫无关系。我们只讨论由于主观上的不确定性而打的折扣。

个因素才以最直接和最有力的方式起作用。衰老的人、患有绝症的人、处在危险状况下或从事危险职业的人、在瘟疫流行时期的人和在交战时的士兵等等，就是这类的例子。不顾未来的思想，常常使人们在这些场合下表现出疯狂的行为。这是文明历史中经常看到的事实——是许多人包括亚当·斯密都注意到的。另一方面，在大多数情况下，当我们研究一般情况下的人的时候，同时当我们评价不久要获得的未来的物品（亦即几天、几个月甚至几年内就能被他们掌握的物品）的时候，关于人生无常的考虑，据我看来完全不会发生直接影响。我深信给一个健康的中年人一笔明年到期的100镑的定期付款，他绝不会以不可能活到明年为理由，而将这笔定期付款估价得少一个便士。唯有在涉及很长一段时间的情况下，这个因素才能在正常的人们中间，完全地和直接地起作用。对于所有收款人而言，100年、50年，甚至20年到期的款项，都将因人生的无常而在价值上受到损失，而十年到期的款项，对大多数人来说也会在价值上受到损失。

最后在这里，我们达到了这一点，从这一点出发，第三个动机可能发生普遍性的间接功效——虽然同时是一个十分微弱的功效。如果一个长时期的间隔，已使评价产生了差额，那么这些差额一定会在某种程度上通过交换买卖的作用，影响较短的时间间隔。因为决定客观价值的作用不会产生价值上的突然跳跃。例如，一张将在1900年1月1日到期的100镑的可靠的承兑期票，到1889年12月31日为止，一直只值80镑，而在那一夜12点钟的时候一跃而升至100镑的全部价值，因为到期日现在只相隔10年了，这是不可能的事。证券交易套利中的平均倾向和交易，可以使长期间交易所产生的价值差额，均匀地分布于全部中间时期之中。——把所有这些特殊情况集中在一起，我却认为这个因素的实际功效并不是很小的。但是我还不应该把它抬得太高，特别由于还有和它有紧密关系的另两个因素存在着，使它的影响大大减弱了。无论如何，最初提到的两个动机比第三个动机对未来效用的低估有更大的关系。[①] 我们低估未来效用的所有三个原因——由于对将来需要的错误想象而造成的错误评价，意志的缺点，和人生无常的考虑——以不同的程度出现在不同的个人身上，甚至根据性情和情绪的差别，在不同时间的同一个人身上。对同一个时期的间隔，这些原因可能使一个人造成100%的低估，另一个人50%的低估，第三个人1%或2%的低估：而它们在预见和预防方面，可能使狂热者对未来作相反的估计。我还愿意进一步提出下列事实请予注意：由这些原因产生的对价值的低估，在个人的主观评价上，并不是依照时间间隔的长度而相称地分成等级的。我的意思是指，它不是以这样的方法分级的，例如，一个人对一年后可得到的效用如打5%的折扣，则必定对两年后可得到的打10%的折扣，或者对三个月后可得到的打1.25%的折扣。相反地，原始的主观低估是极不平均和极不规则的。特别是，在那些由于意志缺陷而造成的低估中，一个立刻能提供的享受和一个不是立刻能提供的享受之间可能有显著的差别，可是，在另一方面，在一个遥远的享受和一个更加遥远的享受之间可能只有很小的差别或竟无

① 享受能力持续时间久暂的不确定性可能产生一种和人生无常所产生的相同的效果；但是，不管怎样，这个动机的功效的界限要狭隘得多。

差别。正如我们以后将要看到的，只有通过交换买卖才使各种低估在实际上呈现出均匀状态。不管怎样——在这里对我们来讲，这点已足够了——所有三个原因具有一个共同的结果：即在它们的影响之下，我们估计未来物品的效用低于它们的真正价值：我们看到未来物品的边际效用①，好像在远景之中减少了。

现在不难证明，这个现象一定大大有助于加强第一个因素在低估未来物品方面的功效，即加强现在和未来物品的供应之间的差额。一切目前境遇不好而希望未来能好转的人们——在这些人看来，一件未来物品的真正边际效用早就比一件同样的现在物品的边际效用小了——这些人由于这第二个因素的影响，把未来边际效用估计得比它真正的效用还要低些，这将增加价值的差额，而更不利于未来物品。倘使，例如，某一件现在物品的边际效用是100，而在供应更好的未来，同样物品的真正边际效用是 80，由于这第二个因素，未来物品也许只被估计为 70，因而评价的差额从 20 提高到 30。同样地，那些现在和将来境况大致相仿的人们，在别的东西都相等的情况下，将大致以相等价值来评价现在的和未来的物品，他们这些人将属于高估现在物品而低估未来物品的这一类。因之，这第二个因素，既增加评价差别的数目又增加其强

① 杰文斯像他的追随者萨克斯一样，正如我们在本书第 254 页注①中所看到的，误解了正文所叙述现象的全部性质，把我们对未来感觉所作的想象与评价同我们实际上的现在感觉混淆起来了。因此，我在这些作者中找不到任何对这种现象的健全的而透辟的解释，或者，甚至找不到解释这种现象的任何尝试时就无须奇怪了。他们只单纯地认为所假定的对未来需要的“微弱的预感”是一种事实，是一种“著名的心理事实”，他们省略了许多细节——这些细节确实需要解释——认为可“不言自明”毋需解释。（参阅，例如，萨克斯，前引书第 178 页）

度，使它更不利于未来物品；当然，在现在物品和未来物品交换的市场上，这必定使现在和未来物品的合成交换价值更加不利于后者。现在物品的贴水便上升了。[①]

第四章　现在物品技术上的优越性

现在物品一般比未来物品更有价值，还有第三点理由。它所依据的事实，虽然早已一般地为人所熟知，但它的基本性质却被完全误解了。在许多错误的掩盖下，自从萨伊和劳德代尔以来，经济学家们习惯地用“资本的生产力”这一名称作为利息的解释和理由。[②] 这个名称不仅是许多错误的原因，也不完全符合想要说明的内容，我将把它放在一边，只单纯地讨论事实。这些事实是：现在物品在技术上一般是能优先满足人类需要的手段，因此它比未来物品具有较高的边际效用。

需要时间的间接生产方法生产力更大，这是我们经验中的一个基本事实。这就是说，用同样数量的生产手段，生产方法花费的时间愈长，可能得到的产品数量也就愈多。在前几章中，我们对这一点已经透彻地探讨过，指出了它的理由，并用许多的例子解释了和证实了它。我大胆地认为，我们现在可以假定它是已被证明了的。因此，如果我们认为在某一时刻上有着一定量的生产工具，我

① 这个影响将因下面这个事实而间接得到加强：由于低估了未来效用，人们将不愿像原来那样为未来作十分充裕的准备；换句话说，这种低估将对财富的储蓄和积聚不利，而将进一步减少把积累起来的现在物品的剩余抛到市场上去的人的数目。

② 参阅《资本和利息》，第 111 页。

们就得把它的可能通过越来越长的生产过程生产出来的产品的量描述为一个按照某种有规则或无规则的比例增长着的级数。假使在1888年，我们支配了一定量的生产工具，比如说，30天的劳力，我们可以根据上述命题假定如下的情况。这一个月的劳力，被使用在立刻可以提供报酬的方法中，就是用在很不合算的方法中，将只生产100单位的产品：使用在一年的生产过程中，它将生产200单位，[①]但是，当然，只能在1889年度生产它们：使用在两年的生产过程中，它将生产280单位——1890年度生产出——并以累进的方式向后类推；比如，1891年生产350单位，1892年生产400单位，1893年生产440单位，1894年生产470单位，1895年生产500单位。

与此相对照，如果我们在一年之后才得到这一数量的生产工具(即一个月的劳动)，那么我们能从这一数量的生产工具中得到多少产品呢。在1889年才出现的一个月劳力当然不能在1888年内生产出任何东西来。如果要在1889年得到任何产品的话，那么，它只能被使用于一个极不合算的(因为是直接的)生产方法中，而产量也将如上面那样是100个单位。1890年，由于它被用于一年期的生产方法中，它就可能得到200个单位的报酬；1891年，由于它被用于两年期的生产过程中，可能得到280单位的报酬，依此类推。完全同样地，两年后，即在1890年出现的一个月劳动，不可

① 当然，如果生产过程较长，第一次耗费的劳动需要加进新劳动，使生产得以继续。正文中所提供的数目字总是指全部产品中应归功于有关生产力的那一部分——在这个例子中就是指30天的劳动。倘若，例如，在一年期的生产过程的情况下，其他11个月的劳动接着第一次耗费的一个月劳动，这将为，用我们所举的例子来说，在12个月中合计共得2 400个单位的产品，因而200个单位的产品应归功于一个月的劳动。

能生产出任何东西未满足 1888 和 1889 经济年度的需要；可是用不合算的直接生产程序，可以在 1890 年内得到 100 个单位的产品，1891 年内 200 单位，1892 年内 280 单位等等。如果，我们把今年、明年以及以后连续各年中出现的同样数量的生产工具所能产生的结果聚集在一个表中，我们可以得到下面这样一张表：

按年度出现的一个月劳动

这个经济期的产量	1888	1889	1890	1891
1888	100	——	——	——
1889	200	100	——	——
1890	280	200	100	——
1891	350	280	200	100
1892	400	350	280	200
1893	440	400	350	280
1894	470	440	400	350
1895	500	470	440	400

（产品的单位数）

用文字来表达这些数字，这个表指出，不管我们选定哪一个经济期，在这一经济期中，我们的经济利益由 1888 年的一个月劳动取得的要比由 1889 年的一个月劳动取得的更多，由 1889 年的一个月劳动取得的又比 1890 年的一个月劳动取得的多，依此类推。例如，为满足 1888 年的需要，1889 或 1890 年花费的一个月劳动不能给我们任何东西，而 1888 年花费的一个月劳动至少可提供我们支配 100 个单位的产品。为满足 1893 年的需要，1890 年的一个月劳动给予我们 350 个单位，1889 年的一个月劳动给予我们 400 个单位，1888 年的一个月劳动给予我们 440 个单位。无论我们采用哪个时期作为比较的起点，较早期的（现在的）生产工具的数量在技术上要优越于同等大的后期的(未来的)数量。[①]

但是它是不是在它的边际效用和价值的高度上也优越一些呢？肯定是的。因为如果，我们把它用在能满足任何一个可想象到的需要部门中，它对我们提供更多的满足需要的手段，它对我们的福利必有更大的重要性。当然，我知道更大的数量未必总是有更大的价值；——一蒲式耳谷物在饥馑的年岁可能比丰收后的两蒲式耳要值得更多一些；在美洲被发现前，1 个银先令比现在的 5 先令还要值得多一些。但是，对同一个人，在同一个时间，更大的数量总是具有更大的价值的；不管 1 蒲式耳谷或 1 个银先令的绝

① 同样地，正如现在的一个月劳动在技术上优越于未来的一个月劳动那样，过去的一个月劳动也优越于现在的一个月劳动。按照我们的表，1883 年的一个月劳动将在五年的生产过程中为 1888 年提供 400 个单位的产品，而 1888 年的一个月劳动将仅提供 100 个单位的产品。不过，当然，过去的年份只有在这样的条件下才能实现它们在技术上优于现在年份的优越性，即它们实际上也是被投于相当冗长和迂回的生产过程中的。但对很久以前的年份讲，这是罕有的情况。因此，无须对上述理论的结果表示惊慌；例如，15 世纪的一个月的劳动的生产力也许比现在年份的一个月劳动的生产力大 100 倍，而耶稣纪元那一年的一个月劳动的生产力也许比现在年份的一个月劳动的大 1 000 倍。因此在一定程度上，过去的生产力大大超过今天的，而今天的生产力又大大超过未来世纪的——这种见解似乎会给予我们生产力继续下降的可怕景象。的确，如果任何人在纪元的第一年耗费了一个月劳动，展望在 1888 年内能达到的边际效用，而且作了安排使在 1888 年以前的一段时间中，继续不断地工作，在这种情况下，由于在这种迂回的生产过程中，加进了自然力，那很久以前的一个月的劳动的产物比起现在年份的一个月劳动的产品来要像高山一样高了。但是，事实上，树木绝不会长入云霄。生产力对人类生活需要太必要了，绝不能让我们为了未来几世纪或几千年的利益而预先使用它们。因之，那些未来需要的年份——为那些需要我们期待着和工作着，并用它们来计算生产力的大小——是和生产力被利用的年份密切平行地向前运动着的。可以肯定说，1888 年的生产力为 1889 年需要服务的能力等于或大于纪元第一年的生产力为第 11 年需要服务的能力。因此，巨人的生产力不会变为侏儒的生产力的，有如诡辩的辩证法可能使我们相信的那样：在任何时期，生产力，按照技术的进步，将为它们自己的供应范围的需要提供等量的，或越来越多的服务。

对价值是怎样，这一点是肯定的：对我来说，我今天有的 2 先令或 2 蒲式耳总比我今天有的 1 先令或 1 蒲式耳要值得多一些。当我们比较生产工具的现在数量和未来数量的价值时，情况确实也是如此。可能 1889 年的一个月劳动为 1895 年生产的 470 个单位的产品，比之同一年的一个月劳动为 1892 年生产的 350 个单位要值得少一些；而后者，不管数目大小，可能是 1889 年中一般的一个月劳动的产品中最有价值的产品。无论怎样，一个人从 1888 年为 1892 年耗费的一个月劳动中得到的 400 个单位，依然有更大的价值，从而证明较早时期的（现在的）生产工具所生产的产量的优越性——这里和任何地方都是这样，无论例证怎样变化。

现在的生产手段在技术上优越于未来的生产手段的这种优越性也必然和价值上的优越性联系在一起——这一命题的真实性在下面的情况下更具有绝对的说服力：如果把上面表示各年度生产工具的技术生产力的数字比较，扩展到各年度生产工具的边际效用和边际价值上去的话。由于我们在这里必须处理的一个命题在我的利息理论中是一个中心，我宁可犯过于清楚的毛病而不愿冒不够清楚的危险，我将不遗余力地以最完备的方式来证明它。在其他方面，也一样，我们所花费的麻烦并不是完全浪费掉的：当我这样做的时候，我们将看到不常有的或从未想到过的某些关系，而这些关系，对我们完全地和彻底地掌握整个理论却具有某种重要性。

正如我们所知道的，生产手段的边际效用和价值依赖于它们产品的预期的边际效用和价值。但是，我们所谈到的生产手段，（即一个月的劳动）可能投入到一个提供直接报酬的生产中去，或投入到

一年、二年、三年或十年期的生产中去，因而按投资期长短，我们可以获得不同单位的产品，100、200、280、350 单位等等。这些产品中哪些是我们的标准呢？前面几章已经给了我们一个回答。如果物品可以使用在不同的生产方法中，生产出不同边际效用时，最高的边际效用就是标准。因之，在目前情况下，那就是提供最大价值量的产品。[①] 但是，这无须和最大量的产品(即包含最多单位的产品)相一致；相反地，它很少或从不和后者相一致。我们可以通过一个无限长的生产过程，或长达一两百年的生产过程，来得到最大数目单位的产品。不过，那些要到我们的孙儿或重孙的一生中才能初次到手的商品，在我们今天的评价中，具有很少价值或没有价值。

在决定各种可能的产品中哪一个对我们具有最高的价值时，我们是受已讲到过的两点考虑的指导的。第一，我们是以各个不同时期我们的供应的预期地位作指导的。例如对一个目前景况不好或生活毫无后备的人来说，现在的一个单位产品，就由于这个原因，具有这样高的边际效用和价值，以致 100 个单位的现在产品的总价值，对他来说要比他在 1895 年时可能到手的 500 个单位产品的总价值大一些。又对另外一个现在景况和未来景况同样好或差不多同样好的人来说，500 个单位的未来产品可能对他提供更大的价值。我们用作指导的第二点是：我们对未来物品或产品的现

① 为了防止因词句相似而易引起的一个错误，我在这里再度强调一下，正文中的命题，即对生产性物品来说，它们产品中价值最低的产品的价值，边际产品的价值，是衡量物品价值的标准这一命题是不相矛盾的。这就是说，边际产品是完全可以从现有生产手段中制造出来的若干产品中的最后一件产品；不过，在我们现在考虑的例子中，问题不是把一个月劳动用在一年和更多年份的生产中去，而是用在一年还是更多年份的生产中去。而在这些可选择的用途中，当然，最重要的用途享有优先权。

在评价不依赖于它的真正的边际效用，而依赖于我们对边际效用的主观估计。但是，在形成这个主观估计时，正如我们所已经看到的，往往发生一种远景降值：一种和该物品所属的未来时间的远近成正比例的降值。因此，我们所探求的数量（即最大的价值量）将明显地属于各种可能产品中的这样一类产品，即它的单位数字乘以产品单位价值（根据该经济期内的供需关系，以及根据未来商品所有的远景中的降值所表示出来的价值）提供最大的价值量。

我们将用随便选择的数字来作例子。我愿强调说数字能够随便选择，并可由读者任意改变，因为我们的命题，不管主观评价处在哪一个地位，都能保持它的确实性。不仅如此，我还有意识地采取变化很大和不规则的数字，因为很明显，毋庸任何证明，如果物品的单位价值不随着不同的时期而变更，或者变更不大，目前的生产手段，由于提供较大的产量，将必然地也有较大的价值量。现在随便假定，对某一个人说来，一单位产品的真正边际效用和价值——考虑到他的特殊的供应情况，这些情况，我们将假定一般地是逐步改善的——如下：在 1888 年，值 5 个单位（镑、先令或任何理想标准的单位）；在 1889 年，值 4 个单位；在 1890 年，值 3.3 个单位；在 1891 年，值 2.5 个单位；在 1892 年，值 2.2 个单位；在 1893 年，值 2.1 个单位；在 1894 年，值 2 个单位；而在 1895 年值 1.5 个单位。这个真正的边际效用，由于它是属于将来的，在以后各时期中，要遭受这种不规则的减值：在 1888 年，它被主观地估计为 5（没有减值）；在 1889 年，不是 4 而是 3.8；在 1890 年，不是 3.3 而仅是 3；在 1891 年，2.2；在 1892 年，2；在 1893 年，1.8；在 1894 年，1.5；而在 1895 年为 1 单位。如果，现在，根据这些数字，我们

计算在1888年到1891年各个年度到期的一个月劳动的十分不同的产品所代表的总价值量，我们得到如下的几个表式：

1888年可利用的一个月劳动的产量

经济期	产品单位	单位产品的真正边际效用	属于未来的已减少了的边际效用	全部产品的价值量
1888	100	5	5	500
1889	200	4	3.8	760
1890	280	3.3	3	840
1891	350	2.5	2.2	770
1892	400	2.2	2	800
1893	440	2.1	1.8	792
1894	470	2	1.5	705
1895	500	1.5	1	500

1889年可利用的一个月劳动的产量

经济期	单位	真正的边际效用	已减少了的边际效用	价值
1888	——	5	5	——
1889	100	4	3.8	380
1890	200	3.3	3	600
1891	280	2.5	2.2	616
1892	350	2.2	2	700
1893	400	2.1	1.8	720
1894	440	2	1.5	660
1895	470	1.5	1	470

1890年可利用的一个月劳动的产量

经济期	单位	真正的边际效用	已减少了的边际效用	价值
1888	——	5	5	——
1889	——	4	3.8	——
1890	100	3.3	3	300
1891	200	2.5	2.2	440
1892	280	2.2	2	560
1893	350	2.1	1.8	630
1894	400	2	1.5	600
1895	440	1.5	1	440

1891年可利用的一个月劳动的产量

经济期	单位	真正的边际效用	已减少了的边际效用	价值
1888	——	5	5	——
1889	——	4	3.8	——
1890	——	3.3	3	——
1891	100	2.5	2.2	220
1892	200	2.2	2	400
1893	280	2.1	1.8	504
1894	350	2	1.5	525
1895	400	1.5	1	400

从这些表格中我们可得到如下的结论。1888 年的一个月的劳动所能获得的产品的最高价值——决定它自己的评价的东西——是 840。1889 年的一个月的劳动所能获得的最高价值仅是 720。可是,1890 年和 1891 年一个月的劳动所能获得的最高价值分别为 630 和 525。因之,事实是:不仅在技术生产力上,而且也在边际效用和价值上,现在的一个月的劳动优于所有未来的一个月的劳动。

我重复强调说,这个结果不是偶然的现象,不是我们假设中所引用的特殊数字所能产生的一种偶然现象。在单独的假定下,较长时期的生产方法,一般地导致较大数量的产品,这是一个必然的结果;不管在不同年份中产品的数量和单位的价值是多少,都将完全同样地达到这样一个结果。

此外,我必须特别强调这一事实:这个结果的出现并不是仅仅由于,在我们的假定中,我们引进了已经起着作用的、适宜于说明现在物品比未来物品具有剩余价值的那两种情况——即,在各个不同时期中,供应情况都有差别,和未来效用由于它是属于未来的,所以价值有所降低。以技术优越性为根据的现在生产手段在价值上的优越性,不是从这些情况中得来的,即使这些情况不起作用它自己也会出现的。我在假设中引入这两个情况仅要使它更真实于生活,或者,不使它太不合理。例如,完全除去例子中由于属于未来而发生的降值的影响,我们就得到如下的数字:——

这些年份的一个月劳动

为这些经济年度生产出	1888	1889	1890	1891
1888	500	——	——	——
1889	800	400	——	——
1890	924	660	330	——
1891	875	700	500	250
1892	880	770	616	440
1893	924	840	735	588
1894	940	880	800	700
1895	750	705	660	600

这些价值单位

现在我们看到价值总和的绝对数字都增加了，又看到经济重心也移到了另一年份；[①]不过与我们有关的事情是，结果仍然没有变更；——1888 年的一个月劳动表示出最高的价值，而其他各年份的都逐年地减小。

但是，如果我们也把不同时期的供应的不同情况从这里抽出来的话，那么，情况就极不现实了，甚至是自相矛盾的。如果单位产品价值在不同时期是同样的，不管时期怎样遥远，那么产品愈多，价值自然就愈大。但是，由于最大的产品量是用最漫长而迂回的生产方法——也许延续到几十年——取得的，则根据这一假设，一切现在的生产手段的重心将在极端遥远的时期内出现[②]——这

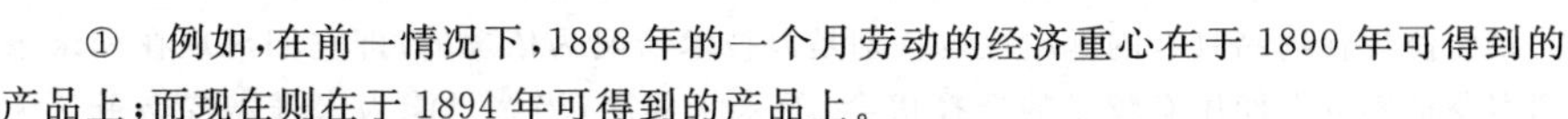

① 例如，在前一情况下，1888 年的一个月劳动的经济重心在于 1890 年可得到的产品上；而现在则在于 1894 年可得到的产品上。

② 但是，在这里，1888 年的一个月劳动依然优越于 1889 年的一个月劳动。因为，在任何一个遥远的时期，比方说，在 1988 年内，前者由于使用在长一年的生产过程中，所以能够生产出比后者稍多一些的产品。

是和一切经验完全相矛盾的。此外,如果这类情况真的在某一个时刻出现了,它会立刻被自己所纠正。因为,如果物品用于未来,不仅在技术上,也在经济上,比用于现在或不久的将来更加合算,人们当然要把大量物品从现在服务中撤回而把它们用到更合算的未来服务中去。但这将立刻降低目前的供应并增加未来的供应,因为这时候未来将得到双重的利益:既有更大量的生产工具投入为它服务,而那些生产工具又被使用在生产力更大的生产方法中。这样,那些可能暂时消失了的供应情况的差别会自动地再现。

但正是在这一点上,我们得到最好的证明,即所指的优越性是和供应情况的差别无关的:它无须从这种差别中取得它的活力,反而能够(如果需要的话)产生这种差别——这样(作为我们离开本题的结果)我们对两点确立了信心:——第一,目前商品在生产上的优越性保证它们,不仅在产品上有所剩余并且在价值上也有所剩余,第二,在这优越性上,我们必须涉及剩余价值的第三个原因,而这个原因是和已叙述的[①]两个原因无关的。

我们必须问一问:这第三个原因活动到什么程度呢?关于这一点,我们前面的分析,讲得很不够的。以前所说的仅仅足以解释

① 那些喜欢作更大胆的概括的人也许要把第一个和第三个原因一起放在一个范畴之内,即放在现在物品"在技术上的优越性"这一范畴之内。因为,由于供应的不同关系而使现在物品具有的优越性也特别是以技术情况为依据的;即它们对现在和未来的需要都容许对使用有较多的选择机会,而未来物品,当然只能为未来需要服务。无论如何,这种技术上的优越性基本上十分不同于其他优越性,即具有更大的技术生产力,以致必须把两者区别开来。因此,据我看来,为了明晰起见,它们应该和第一个原因完全区别开来。

现在生产手段是怎样比未来生产手段值得多一些。但是，由于同样的原因，正如我们现在所必须指出的，现在消费品也优于未来消费品，所以，根据第三个原因，我们有着普遍的确实的理由说，现在物品比未来物品具有更大的价值。

这个关系是这样的：占有一定数量的现在消费品，使我们在目前经济时期中有了生活资料。这就使我们可以把在这期间已有的生产手段（劳动、土地的使用和资本），用到技术上生产力更高的未来服务上去，并使我们能用较长期的间接生产方法生产更丰富的产品。另一方面，如果我们只占有一定数量的未来消费品，当然不能在现在使用，因此，我们就不得不把现在已有的生产手段，整个地或部分地来为现在服务。这就意味着生产过程的缩短，结果生产也减少了。这两种产量的差距，就是掌握现在消费品的一个优点。

用一个简单而熟知的例证来说明这一点。用罗雪尔所用的例证，[①]设想有一个没有资本的渔民部落，只是靠空手捕捉退潮时留在海岸坑洼中的鱼来维持生活。在这种情况下，一个劳动者每天可以捕到并吃掉 3 条鱼。如果有了一条渔船和一张渔网的话，他就可以每天捕到 30 条鱼，而不是 3 条鱼。但他不可能有这些工具，因为要制造这些工具需要耗费他一个月的时间和劳动，而在这段时间里，他将没有什么东西来维持生活。为了使自己免于饿死，他必须辛苦而费力地继续用手捕鱼。但是，现在有一个聪明人，他借了 90 条鱼，约定两个月后归还 180 条鱼。他用借来的鱼维持自己一个月

① 参阅罗雪尔：《国民经济学原理》，第 189 页。

的生活，造出一条船和一张渔网，他在下一个月里，捕到900条鱼，而不是90条鱼。从这些捕获的鱼中，他非但可以偿还约定的180条鱼，而且还有很大的剩余。这个例证明显地证明，他借到的90条（现在的）鱼对他的价值，不仅大大超过了90条鱼，而且甚至还超过了他用来偿付债务的180条（未来的）鱼。

当然，价值上的差别并不总是如这个例子中的那样大。对仅堪糊口的人们，差别是最大的。对他们来讲，取得了现在消费品就意味着转入到资本主义生产中去。对早已具有一定的存货量的人们，差别就不太显著，但总是有差别的。例如，倘若他们的存货足敷三年之用，他们可以把他们的生产手段用在一个中等的三年期的生产过程中。如果，现在他们通过某种方法得到另一年的现存的生活资料，他们可以把它们的平均生产期从三年扩展到四年，从而使产品增加，这个增加，在绝对数字上总是重要的，但相对地比起第一个情况来，就少得多了。

我们可以看到，在这里，我的结论所根据的事实，又是一个古老的、众所周知的事实：甚至在亚当·斯密和杜阁的时代，人们也都知道，占有现在消费品能给人某些利益。但正如老的资本理论，一般地说来，是一堆歪曲的观念和不正确的解释，这一事实也被以一种既独特又不适当的形式记载下来。消费性物品——用来直接消费的物品——被看做生产性物品或生产手段；它们就被算作资本；因而，一切包含在它们中的优越性，被说作资本的生产力。的确，像杰文斯这样有地位的作家，仅仅由于强调了掌握现在物品的巨大重要性，就误认为消费品是唯一的资本！面对着这些误解，我们的任务是弄明白事实的真相。而这些事实是很简单的。消费品并不是生产手段。因此，它们并不是资本；而它们所给予人们的利益，并不是从它们所具有的生产力中发生出来的。一切事情的关键在于下面这个简单的事实：根据十分熟悉的价值规律，由于上述的各种情况之间的那种关系，现在物品通常是一种获得较高边际效用的手段，因而具有比未来物品高一些的价值。

第五章　三个要素的合作

现在把我们迄今为止所达到的结论集合起来。我们认识到有三个要素，它们中的每一个都是彼此独立的，每一个都适宜于说明现在物品在价值上优于未来物品的差额。这三个要素是：现在和未来供应情况的差别；对未来利益和未来物品的低估（由于它们是属于未来的）；最后，冗长的生产方法具有更高的生产率。现在的问题是：——这些同时起作用的要素怎样互相影响？

关于头两个要素我们已经晓得的是：它们的影响是累积的。假定一个人他的目前境遇很差，如果现在物品的边际效用是 100，而它在未来时期的真正的边际效用只有 80，如果没有其他影响来干扰的话，现在物品和未来物品的比例为 100 对 80。但是，如果真正未来的边际效用还有个由于属于未来而发生的减值，譬如说，减 1/8，那么边际效用将是 70 而不是 80，而现在物品对未来物品的优越性将为 100 对 70。

和第三个要素相合作是有实质上的区别的。的确，它也会加强其他两个要素的作用，但它这样做不是累积性的而是交替性的；就是说，给予现在物品以更大利益的那个要素总是作为积极的要素从其他要素中突出来。例如，第一个要素（供应的情况）和第二个要素（由于属于未来而低估）积累在一起，将使现在物品有30％的利益，而生产力这个要素将使它有25％的利益，我们得到的不是55％的利益，而只得到30％的利益，这个数字是根据更强大的要素而来的。

现在情况是这样。现在物品的优越性，由于它使迂回的和更有成效的生产方法成为可能，不能够由于未来物品属于未来价值被低估而有所增加，因为从冗长的生产过程中所得到的效用，本身是一个未来的效用；这个效用也像同现在物品相比较的未来物品一样要遭受到因属于未来而发生的低估的。譬如说，把一个月劳动在现在1888年用于一年期的生产过程中，我能够为1889年创造200单位的产品，而使用1889年的一个月劳动，我只能为这一年造出——因为短期的和生产力不强的生产方法——100单位的产品，我就有理由把现在一个月劳动的价值评为来年一个月劳动的两倍。如果，现在，对来年的效用要有10％的低估，当然，我只能评价来年的100单位为现在的90单位；但是，正由于同样的理由，我只能评价200单位为目前的180单位；而评价的比率，二对一，仍旧保持不变，正像由于属于未来而发生的低估从未发挥过作用一样。

第三个要素也同样不能为第一个要素（即考虑到现在的更大的需要的因素）所加强。因为，显而易见，使一件物品为遥远的未来的生产性效用服务和使它来满足一个直接的现在需要是两项相互排斥的使用；也很清楚，一件物品仅能使用在这个或那个场合中，就不能从两个场合中取得累积的利益。

但是，这两个要素确能以如下的方式相互发生作用。现在物品可以用来供应现在的需要，或者用于为未来的生产。这是每一个人可能处理他的现在物品的两种可能的途径。依据我们所熟悉的原则，一批存货将这样地被投入这些用途，即首先利用最重要的使用机会；次要者放在第二位；依此类推。但是，在这里，应该注意的是：使用于为未来的生产，与使用于满足直接需要不同，必须服从我们所熟悉的未来减值的原则。例如，一个人的具体情况是这样，他对下一年到期的一个效用的评价要比对同样大的一个现在效用的评价少 10%；那么一个 110 的未来效用将等于一个 100 的现在效用；由于这个理由，如果要在使用之间选择一个的话，那么 110 的未来效用将让位于 102 的现在效用。因此，最后的用途（根据这种原理，它依然从存货中获得供应）指出（像我们所知道的那样）边际效用，同时也指出该物品的单位价值。

现在，下面的情况可能出现。第一，这个人目前的境遇可能很坏。在这种情况下，当时的迫切需要本身将用去少量的现在物品，由于目前这样少的供应，这些物品的价值将很高，并比未来物品更受人欢迎。迫切需要的人更喜欢现在物品，因为他必须在目前消费它们。把物品使用于未来的生产目的的机会，在这种情况下——因为现在很贫困，当然不能把任何物品留作现在以外的任何用途——是经济上不可能的，当然也不会对现在物品的价值或优先价值有所影响。

或者会发生第二种情况，即一个人现在和未来的境遇可能都不差，但他没有预谋。这个情况往往产生同样的结果。以前，使一部分存货不能从现在服务和现在享受中抽出来投入未来生产中去的是迫切的需要；现在则是由于缺乏预谋思想；而这种思想的缺乏，同时又使现在享受和为现在享受服务的现在物品，较之未来物品更受人欢迎。浪费的人贪爱欢乐，认为现在物品比未来物品更有价值，因为他要在现在享受它们——如果供应既不足而又无预谋，那么，两种效果，正如我们所看到的，就要累积起来了。

或者，第三种情况，一个人境遇良好也能为未来打算。在这种情况下，当然，以前确认了的两种优先就不会起作用或很少起作用了。在这种情况下，除满足直接需要而外，另一条途径在经济上也是敞开着的——即把现在物品的一部分投入为未来的生产。因此，它们的经济重心，它们的边际效用和它们的价值的形成移转到这样一个领域里去了，在这一领域内，现在物品在第三种确认，即确认它们具有更大的生产力的条件下，在价值上享有优先权。一个拥有 10 000 镑的相当富裕而精明的人，绝不也不会把它的 10 000镑在目前消费掉，总会节约些为未来服务。然而，如果有人向他提议用未来的 10 000 镑来交换他目前的 10 000 镑，那么他拒绝这笔交易是完全合理的；因为用目前的 10 000 镑比用未来的 10 000镑，他可以更好地、更丰富地为未来作好准备。

不过，最后，还有一个第四种可以想象的情况：一个人可能目前境遇很坏，或者完全不为未来打算，由于这两种原因，他认为现在物品的价值比未来物品的价值高得多。可是，这时他被一宗未来可望得到很高酬报的生意所吸引，因而进一步约束自己的目前供应而参加了这个生意。这里，根据本书第 186 页上的例子，现有的全部物品将被连续地运用到两个领域中最重要的用途中去，而这两个未来用途间的竞争的结果是：目前需要的满足在比原有的为高的水平上被打断了。这个结果终将提高现在物品的价值而间接增加它们对未来物品的优越性。①

因此，各种确认了的因素更替地起作用。当头两个活动时，第三个就停止；但当头两个不活动时，或者不充分活动时，第三个就活动起来了。人们很容易理解，这种情况直接地使现在物品评价较高的现象，几乎有着普遍的真实性。境况差的人和不关心将来的人评价现在物品要高一些，因为他们目前迫切地需要它们，或者他们只想到目前。富裕的人和能节约的人也把它们评价得高一些，因为他们能够利用它们在未来取得更大的收益。因此，长期看来，每一个人，不管他的经济地位和经济倾向如何，都有理由把现在物品评价得比未来物品高一些。此外，也很容易理解，在评价中主观差别的普遍出现必将使这种现象扩展到客观交换价值和价格的领域中去。如果第三个要素和头两个要素累积地活动，的确，将有许多人要按过度的行情来评价现在物品；但不能保证不会有同样多的人，甚至大多数人不喜欢现在物品；而且在这种情况下，交换价值的合成结果将怎样产生出来也是个疑问。但是由于第三个要素在它的活动中是交替性的，它似乎把低的提高上去而不夸张个别的高度；因之，它使主观评价普遍地提高；而这必

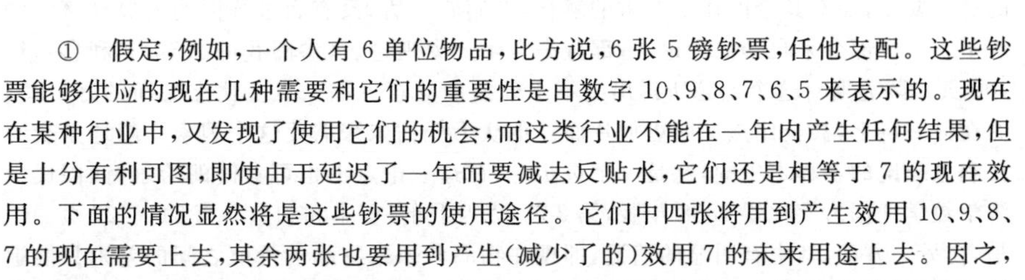

① 假定，例如，一个人有 6 单位物品，比方说，6 张 5 镑钞票，任他支配。这些钞票能够供应的现在几种需要和它们的重要性是由数字 10、9、8、7、6、5 来表示的。现在在某种行业中，又发现了使用它们的机会，而这类行业不能在一年内产生任何结果，但是十分有利可图，即使由于延迟了一年而要减去反贴水，它们还是相等于 7 的现在效用。下面的情况显然将是这些钞票的使用途径。它们中四张将用到产生效用 10、9、8、7 的现在需要上去，其余两张也要用到产生(减少了的)效用 7 的未来用途上去。因之，供现在用的 5 镑钞票的边际效用是 7，可是，没有有利可图的未来用途的竞争时，它只有效用 5。

然是和平均线的提高即交换价值[①]的提高相联系的。

这里,我们达到这一篇书的最后任务:说明现在物品和未来物品在主观评价中得到的比率是怎样转移到它们的客观交换价值上去的。

对单独的个人来说,各种极不相同的主观评价将按照前述要素中这一个或那一个是强是弱而分别形成。这些评价在现在物品和未来物品交换的市场上相遇。有许多这样的市场,它们具有许多不同的形式。在下一篇书中,我们将更加仔细地考察它们的组织。在目前,我们必须满足于在一般的和典型的轮廓方面来考察价格形成的方法。的确,价格的形成在这里和在别处采取同样的方法。在市场上相遇的主观评价的分歧使双方的财产在经济上有

① 叙述资本的生产力怎样调和高估现在物品的其他两个原因,并和这两个原因一起起作用,我想这是利息理论中最困难点之一,同时,又是必然决定这个理论的一点。正在这个论点上,我们发现杰文斯的著作中的主要弱点,否则这一著作倒是很有启发性的。各类有关现象没有一个逃得过他的锐利观察;逃过他的是它们相互进行活动的方式。结果,他的著作是折衷的混合物,而没有融合成为一个有机的理论。他很正确地搜集了解释所需要的一切基本现象。但是,他找不到它们一起活动走向共同目的的道路,所以他从各个不同的观点作不同的解释,结果作出了折衷性的自相矛盾的结论。在一个极有希望的开端之后,他完全忽略了对现在需要和未来需要作不同评价的这个要素,而对其余的作了双重的解释,充满着矛盾,没有超过陈旧的古典经济学的水平——一部分来自禁欲理论,一部分来自生产力理论。(参阅我的《资本和利息》,第400页。)萨克斯对这个论题所提出的不十分独创的意见在一点上比杰文斯的好一些,而在另一点上,甚至比杰文斯更加片面。他认为低估未来需要这个因素一般地是交织在利息理论的解释之中的,这是一个进步。(在这一论点上也可参阅朗哈尔特《国民经济学数学证据》,莱比锡1888年版,第2节,以及我的《资本和利息》,第344、427页。)但是,在另一方面,其中有明显的遗漏,即现在物品和未来物品的价值之间的差别只能追溯到这个要素,而比这个更重要的,和它合作的要素,即更大生产力的要素,甚至没有得到像杰文斯所作的那种考虑。(萨克斯《政治经济学原理》,第314页。)

交换的可能。那些,根据主观评价,对现在物品给予较高价值的人们作为现在货物(交换未来货物)的买主而出现,而那些对现在物品给予较低价值[1]的人们作为卖主出现;市场价格将决定于实际交换的最后竞争者们的主观评价和被排斥在市场外的首先几个竞争者的主观评价之间,或者,正如我们已叙述过的,在两个边际对的评价之间。我们可以用如下的图表来表明市场的状态:

有意买进的买主们		现在物品单位	来年期物品单位	有意卖出的卖主们		现在物 品单位	来年期物品单位
A_1	估价	100=	300	B_1	估计	100=	99
A_2		″	200	B_2			100
A_3		″	150	B_3			101
A_4		″	120	B_4			102
A_5		″	110	B_5			103
A_6		″	108	B_6			105
A_7		″	107	B_7			106
A_8		″	106	B_8			107
A_9		″	104	B_9			108
A_{10}		″	102	B_{10}			110

在这个图表所表示的市场情况下,A_7 和 B_7 形成较上层的边际对,A_8 和 B_8 形成较低层的边际对。100 单位的现在物品的市场价格将被确定在 106 和 107 之间,比方说,确定在 106.5 单位的来年期物品上,这就决定了现在物品有 6.5%的增值。

---

① 由于我们现在所已熟悉的原因,几乎所有竞争者,不管买主或卖主,对现在物品绝对地评得高于未来物品。不过,买主方面(作为一个整体)的评价,要比卖主方面的高一些。

现在物品的这种市场价格一旦确定后，它反过来就对原来非常分歧的主观评价发生一种平衡的影响。甚至那些由于个人情况，对未来物品评得稍微低一些，或者也许评得和现在物品一样高低的人，现在也要依照市场状况所给与他们的较高的交换价值来评价现在物品了。这是实际生活中所以几乎没有人愿意把现在物品同完全相等数量的未来物品相交换的唯一的理由。有许多人他们的需要和需要供应的情况使他们感到现在物品和未来物品的主观使用价值差不多是相等的。但是，市场的一般状况几乎不变地总是十分强烈地有利于现在物品，保证它们在交换价值上有一个优先，这种优先，当然每一个人都能享受。

但发达的市场交换，还有从另一方面来的平衡影响。就是说，它使现在物品对不同时间到期的未来物品的增值量按时间的长度而有相适应的正常比率。很可能出现这样一种情况，即导致低估未来物品的原因可能很不均衡地影响着属于不同时期的物品。的确，由于具有若干原因的性质（例如，关于人生短促的考虑），它们对最近将来的物品，没有任何影响，可是，对遥远时期的物品，它们的影响就很强而且不规则。因此，就很可能发生这种情况，100 单位的现在物品，对 100 单位的来年物品，在市场上只有 5 个单位的增值；对再下一年的物品，它们可能有多两倍的增值，比方说，20 个单位；而对第三年的物品也许可以有四十单位的增值。但对不同遥远时期的物品，这种不均衡的价格不能维持许久。通过一种时间上的套利，它们将很快地达到一个相等的比率。举例来说，如果上面所述的各种市场价格同时出现在挂牌上，投机商人会立即在市场上出现，他们将卖出目前物品并买进两年期的物品；为了抵补这种买卖，再买进现在物品，卖出来年期的物品；为了在次年能偿付下一年要付的，他在次年又买进当时的现货，卖出下一年的期货。这种套利是这样进行的。在1888年，投机家用1 050单位的1889年期货买进1 000单位现货，同时又卖出1 000单位现货换得1 200单位的1890年期货。到了1889年，他得交出1 050单位的当时的现货，他就用次年（1890年）的期货加上5%的贴水买进当时（1889年）的现货交出这1 050个单位的现货去。为了要交出1889年的1 050个单位的货物，他得拿出1 102.5%单位的1890年的期货。但从第一次（1888年）交易中，他当时买进1 200单位的1890年的期货。因之，在全部交易中他获得约一百个单位的效用。这样的套利交易显然一定会把不同未来年份的货物的价格拉到一个水平上来。投机商对估得较低的两年期的货物的需求必然会抬高它们的价格；而对来年期货的供给必然会压低它们的价格；直到增值部分直接和时间长度相称的时候为止。当这个情况发生了——比方说，增值已成为每年5%，它就可以保持在这个比率上而不再变动。因为那时，用现在物品和来年期物品连续交换三年，或用现在物品直接同三年期物品交换是同等地合算的，而我们在上面概略地叙述过的套利方法，不再有机会来干扰价格的形成了。

这样，我们可以把以下的论点作为本篇的积极的成果。

现在和未来的需要和需要供应之间的关系，对未来欢乐和未来痛苦的低估，以及现在物品在技术上的优越地位，使绝大多数人感到现在物品的主观价值比同量的未来物品的主观价值高一些。随着主观评价上的这个关系而来的，是：现在物品在市场上一般地具有较高的客观交换价值和市场价格，而这个事实又反过来影响现在物品,使它们有较高的主观(交换)价值,甚至在那些境况好,不会对现在物品在主观使用价值上给予优先的人们中间也会有较高的主观(交换)价值。最后,市场上的平衡倾向使未来物品的抑价和时间上的差距成为有规则的比例。因此,在经济社会上,我们可以普遍地看到,未来物品在主观和客观两方面,都有较小的价值,和它们在时间上的差距程度相适应着。

第六篇 利息的来源

第一章 借贷和借贷利息

在上一篇中，我试图指出和说明存在于现在物品和未来物品的价值之间的差别。现在我要指出，这种价值上的差别是一切资本利息的来源。但由于现在物品和未来物品相交换的形式是多种多样的，利息现象的形式也是多种多样的，我们必须把这些形式全部处理。因之，在以下各章中，我将连续地讨论利息的各种主要形式。我还将指出，虽然形式上有所不同，它们的积极原因只有一个，就是现在物品和未来物品的价值之间的差别。

这种价值差别的最简单的情况，在借贷中看得很清楚。一笔借贷无非是现在物品对未来物品的一个实际而真正的交换；它确实是这样一种最简单的可以理解的表现形式，而且，在某种程度上，也是理想和典型的情况。“贷款人”A 给“借款人”B 一笔现在物品——比如说，现在的若干镑。B 得到了这些物品，能充分自由地使用它，而他给 A 一笔完全相同的未来物品——比方说，来年的若干镑——作为等值物。

因此，这里是两笔物品所有权的相互转让，其中之一是另一种的补偿或报酬。虽然两者是完全同质的，不过一个属于现在，而另一个属于未来。我认为，要说明一般的交换，和现在物品与未来物品之间的特殊交换，没有比这更简单和更清楚的了。在上一章中，我们已经证明，决定现在物品和未来物品市场价格的主观评价的结果通常是有利于现在物品。因此，借款人通常总愿意取得一笔现在款项，而以后用一笔较大的款项来归还。他必须付出一笔“升水”或“贴水”，这笔贴水就是利息，因此，用最直接的话来说，利息是由现在物品和未来物品之间价值上的差别所产生的。

这是对一种交易的非常简单的解释，而几百年来这种交易已成为许多很复杂、很迂回、很不正确的解释的主题。从莫利纳斯和塞尔马西斯[①]时代以来，出借已被理解为一种和租赁同样的交易，被理解为可替代的物品的暂时用途的转移。这种解释方法似乎足够简单和自然了。它也有另一个优点，就是和通常的见解和通常的说法相一致，而得到它们的支持。我们不说“我卖给你一百镑或我同你交换一百镑”而说“我借给你一百镑”。这种交易是一笔借款，而利息是利用（Usura），即货币的使用。但给这个通俗概念奠定科学基础之前，必须找出许多微妙的解释；为要在实际生活中找到这些解释，绞尽了许多人的脑汁。

首先必须指出，当转移一件东西的时候，很可能所转移的超过它自身的全部；就是说，当把一件出借的东西交给借主的时候，很可能，所交给他的是使用该物所能具有的全部效用的权利，甚至可以把它全部消耗掉；此外，还转移了另一种残余使用的权利，为了这种残余使用，可以提出利息的要求。此后，必须另外找出一点微妙

① 参阅拙著《资本和利息》，第 29 页。

的解释，就是，在非耐用物品——在使用中要毁灭的物品——中同样有一种不断从自己的灰烬中滋长出来的继续的使用；这种使用即使“被使用”的这件物品早已不存在了也会继续存在！必须设法解释：一百斤煤可以在1888年1月1日被烧成渣滓，但还可以在全年内不断地“被使用”着，或许可以在以后的五年，十年或一百年内被使用着；最有趣的是，这种持久的使用总是可以用代价买到的，虽然这些灰烬，以及使用它到最后一个原子的权利，早已以另一个价格转让出去了。

在我前一部著作《资本和利息》中，我对这种理论作了一个彻底和批判性的说明。我指出，在特殊的历史条件下，它怎样作为时代的产物出现的；在这种历史条件下，为了针对教会对利息的无疑是不公正的攻击，从而为利息辩护，必须不计代价地为它寻找一个适当的基础；如果找不到的话，也要制造出一个来。我指出这个理论起源于一种虚构；当时老法学家们采用这种虚构时，他们充分意识到它是为了某些实际的法律目的而设想出来的；但是后来，由于某种奇异的误会，它被采纳为一件十足科学的事实。我还试图进一步指出，这个理论本身充满了错误、内部矛盾和不可能性；最后，如果彻底地把它推究下去，必然地会引起更多的矛盾和不可能性。现在我提出当时尚未发表的我自己的实证论，来反对它，来替代它，并听任读者们去判断，哪一边是幻想和错误，哪一边是真理。[①]

如果不是最近有人对我所反对的**使用**理论提出一种新的为它辩护的说法，来反对我所主张的**交换**理论，再如果这种新的说法不是由克尼斯这样一个权威人士所提出的话，我会乐于不再对它加

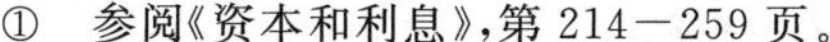

① 参阅《资本和利息》，第214—259页。

以评述。

克尼斯在1885年出版了他的《货币论》的第2版。他对我对第一版中某几段所提出的批评作了答复，同时他特意重复了他对借款是一种交换的这一概念提出的某些积极的反对意见。由于这两点，我觉得必须提出答辩。

很不幸，克尼斯的答辩只触及我对他的使用理论所提出的许多点反对意见中的一点。除了其他一些反对意见，我提出下面这一点：他的证明非耐用物品中存在着耐久使用的证明方法是建筑在语言混淆的基础上的，而我竭力通过对他的词句所作的确切的分析，来加强我的论据。[①] 对这一点批评，克尼斯回答说，我误解了他的意思，而且他把他的正面意义用“另一些词句和补充材料”重复了一遍，好像使他的真正意义明确无疑了。照现在的说法，克尼斯的说明详细得多了（在第1版中占第72和73页，在第2版中从第106页到114页），但从实质上看来，我并不认为比以前更令人满意些。相反地，我认为它好像更明显地指明，这种耐久使用的存在——这是我反对的——没有被证明，而不过是被假定的罢了。

在新加进去的最主要的一段（第109页）中，克尼斯用了这许

① 参阅《资本和利息》，第239页。无需说得，我的意思只是说，在作者的心中有着一种不自觉的语言上的混淆，我毫无意思要中伤一个作家——为我自己和全世界都尊敬的学者——说他故意要把读者引入迷途。我原来以为，在提出批评之前，我说了对他表示敬意的话之后——我在各部著作中都表示对我们科学中的过去的大师怀着崇高的敬意，特别明确地承认了他的“彻底的公正的工作”——可以避免一切误会了。因之，当我知道克尼斯教授以为我的话带着把读者引入迷途的恶意攻击时，我特别感到惊奇。虽然我想，任何一个读者不会这样来理解我的话，我要在这里郑重地、公开地，毫无犹疑地声明：我不但丝毫没有恶意攻击的意图，而且，如果由于我用词不当，以致有可能使读者得出这样一种解释，我是万分抱歉的。

多词句毫不犹疑地说，在一次出借中，虽然“归还的不是原来的那些谷物或货币，而（不过）是一些同样多、同样价值的谷粒和货币”，但依然“从经济上考虑，归还的是同样的东西”。在这里，他认可了在经济理论和经济讨论领域内，可替代的物品之间存在着理想的同一性这一虚构。他以下所说的都是以这点为基础的。他在下面这个事实中找到了租赁的本质：在这里，“借主、租户等，使土地、房屋等等转移到自己手里，在指定的一段持续的时期内，用它来为自己的目的服务，到期时必须把该物归还给原主”。在借款中，非耐用物品也同样被转移过去，“在指定的一段持续的、但有限的时期内，被借主所运用”。因此，租赁和出借，本质上是同样的交易——这是要待证明的一点。

对于这一点，我的回答是：第二个前提不是事实而是诗句。平凡而朴素的真理是：在借贷中非耐用物品并不是转移给借主“一段持续的、但有限的时期”；它们肯定地永久地被转移过去了；它们不再被归还了。实际上，归还的东西是别种东西。那么，所举的譬喻现在应怎样解释呢？

我不是看不到譬喻的价值，也承认在某种情况下譬喻是说明问题的有力工具。在这本书中，我自己也常用譬喻来说明问题。但譬喻是一种应被小心运用的工具。大家知道，譬喻总是不完善的；如果所比的东西在一方面有共同之点，它们经常在其他方面是不同的。譬如一个“法人”在关于财产的问题上，可以和自然人相比较，但在有关家庭的问题上，两者就不能相提并论了。因此，如果我们要从两件东西的共同点上得出结论，我们的结论必须局限在实际上存在着这种共同点的领域内；在一个领域内有相似的情况，我们不能因此得出结论说在另一个没有共同点的领域里也有相似的情况。譬如，没有一个人会说，下面这种推论是合理的：一个法人同一个自然人一样都是人，一个自然人能结婚，所以一个法人也能结婚！

我认为，克尼斯和他一派的理论家们所犯的错误，就是不正确地运用了譬喻。我可以立刻承认，从某种观点看来，所归还的某种具体物品，可以被看做仿佛就是借贷中借出去的那种具体东西，它们对贷主的经济地位有着同样的影响。现在，相同点的范围只有这样大，能得出正确结论的范围也只有这样大——不能再大了。可是使用论者从譬喻得出来的结论，就完全超过了这个合理的范围。这样的一个理论问题（即非耐用品能不能具有持久使用）和这样的一个事实（即从贷主的利益看，他所得到的是具体的 X 物品还是具体的 Y 物品）两者之间究竟有什么关系呢？毫无关系——正像法人能不能结婚和在有关财产权的问题上一个公司可以看做是一个独立的“人”这一事实之间毫无关系一样！的确，如果读者可以容许我举一个可笑的但我认为很有说服力的例子的话，我们不如用可替代的物品之间的同一性来证明：蠔可以保持十年新鲜；它们只要被出借十年，贷主收回“它们”时还是新鲜的蠔！其间的关系太明显了，毋庸多说。借出去的蠔和归还的蠔之间的同一性不是真正的同一性，而不过是为了某种目的而假想出来的同一性。只从贷主的利益看，这种同一性是可以被接受的；但作为科学事实来看，即从蠔能不能保持十年新鲜这个物理问题来看，其间是毫无同一性的。而非耐用品能不能具有一年或十年的持久使用，正是这样一个科学事实问题。要回答这个问题，要看非耐久品的性质和使用的性质而定的；正确地说，从下列事实中是任何论点都得不

出的:从一个人的实际利益看,他得到的是某种 X 物品,还是某种 Y 物品,这是无关紧要的!

克尼斯的确试图——这是第二版中新加各段中的第二、也是最重要的一段——指出在非耐久品中有一种持久使用,又要指出这种使用是什么。他举出几个例子说,“维持生活,保持劳动力,避免损失,获得商业利润”(第 112 页),这些都是借主“可能在借款期内,在借款归还前,从借来物品的消耗中得到的”有用结果。但是,通过这样的例子,克尼斯又证明他自己走上了歧途。享受间接从物品的消耗中得到的结果,完全不是我们从消耗以外所得到的一种效用;它恰恰是从消耗中得到的效用。因此,它绝不是我们必须在非耐久品本身的等价物以外付出一种等价物的理由。如果有人打算按照下列条件出卖一百斤谷物,人们将有什么想法呢?——“为了这些谷物本身,就是为了可从谷物的(突然的或逐渐的)消耗中得到的全部有用的服务,我讨价 30 先令。而为了谷物的永久的间接效用——即表现在像生命的延长、劳力的保持等有用效果的后来享受上的效用——我另外讨价 1 先令”。现在,没有人会否认,在出卖谷物的时候,不可能把后来的享受理解为获得一种特殊等价物的理由;如果后来的享受明明已经包括在转移到买主手中的物品的买价之中了,同样在借贷中(这里谷物也全部转移到借主的手中,他有权充分地运用它)不可想象,每一项间接效用都要分别付钱。再者,为什么这种间接效用一定要按照借款的期限,在一年、五年或十年内偿付呢?生命延长的效用是不是在有生命期间没有被享受呢?被保存的劳力的效用岂不是在我们能工作的时期内一直存在着的那种效用么?

在《资本和利息》一书中，我已经彻底地，而且至少我认为已很明确地，把有关持久"间接使用"的事实全部摆出来了，并指出把它作为借款利息的理由[①]是不可能的；所以我确实未想到会再度被拿出来支持使用理论。更没有想到，再度提出这点的人就是知道我在这个问题上说过什么话的那个人，他答复我当时提出的反对意见时甚至不作只字的说明。克尼斯地我对使用理论的批评这样的不关心，且只作了很简略的答复，我只能表示十分遗憾——不是为了个人，而是为了我们的科学；它只回答了一点，而这一点，不管它本身如何重要，但在决定使用理论的成败上，只居次要地位；而对该理论整体所提出的真正令人信服的各点——除了上述一点外，这些都指出该理论是内部矛盾的，[②]且在理论上不允许的[③]——不幸，克尼斯一句话也没有说。这些问题一经提交讨论就得有人来应战；当然，除了克尼斯以外，没有人更应该出来为自己的使用理论辩护了。[④]

以上的讨论，只限于对其他经济学家们的借贷理论的攻击和

① 拙著《资本和利息》，第229页，第235—239页。

② 同上书，第228页，第247页。

③ 同上书，第264页。

④ 克尼斯在他的书的第2版第106页的注文里提出的对我的批评，不幸只随便地提到了大部分是次要的几点。此外，其中混有一些不符事实的东西，其中有二点我不能置之不顾。第一，克尼斯说我有过某种解释：即物品的可替性——就是，一类物品中的一件物品可以很适当地用另一件物品来替代或代表——不过是一种法律的虚构；我不能承认这一点。我只不过说：可相互替代的各件物品的实际同一性是一种法律上的虚构（《资本和利息》，第253页）；这两句话是很不同的。以外，在我这本书里，我认为下面这一点是不能肯定的：如果一个人谈到非耐用品的用途，他应当指出，并且愿意指出他在耐用品上看到的完全一样的使用过程。相反地，我对萨伊和少夫尔的全部批评（第232页），对赫尔曼，以及甚至对克尼斯本人的批评（第233页）是以这一点为根据的：对方的理论应当指出，除了通常的物质服务以外，还存在着和它不同的某种东西；但他没成功地做到这一点。

答辩。我现在要回答一个对我的理论的攻击。克尼斯现在重复了几年前他提出的反对我的借贷是一种真正的交换的观点的意见：他说，我的说法是和一向习用的交换概念相抵触的。“因为交换——我们不计无意义的和琐碎的行为——只是在这方面或那方面不相同的物品之间进行的。但可替代的物品，像同种类和同数量的谷物，在经济上是当做完全一样的东西看待的。”①

在我看来，这种说法好像是用问题本身来解释问题。克尼斯不是推敲交换概念的含义是什么，再从这个基础上来论证借贷究竟应不应该叫做真正的交换，而是在心目中先有了一个事先假定好的交换概念，而这个概念又是一个主观的、非常有局限性的概念。事实上，克尼斯把交换概念限于不同物品之间的物物交换，不是我们在交换性质中所能找到的那种限制，也不是和“一向习用”的概念相符合的。包含在交易本质中的不过是：有着两种物品，这一种同那一种交换，如此而已；至于“习惯用法”，很容易指出，两种同样的可替代的物品互相交换，被大家理解为真正的交换，且也是这样被称呼的。为了证明这一点，我可以指出，有两个人，出于好奇和怪想，交换两件可替代的物品，譬如两本同样的新书。的确，克尼斯很小心地加上这一句：“我们不计无意义的琐碎的行为”，但他把问题看得太轻淡了。因为不可否认，这种异想天开的行为是可以发生的，有时的确发生的。不可否认，如果这种交易的确发生了，那它既不是租赁也不是借贷，也不是其他东西，而是真正的

① 《信用论》，第一部分，柏林，1876 年版，第 10 页。在《货币论》第 2 版，第 106 页注 1 上，没有新的论据，仅简短地重复了一遍。

交换。

但毋需引用这些不常见的例子。确有一类例子,在这里,人们很有意识地且根据完全合理的经济上的理由,确把同样的可替代的物品互相交换了;就是说:在这里,两种物品绝对相同,不过要在不同的方式——用一个哲学的术语——下才能获得,譬如,在不同的地区,有一个农民A,他有一块树园,离农场有两小时路程,而在附近有一块农民B的树园。两块树园上的木材,已砍下的和正待砍下的,质量绝对相同。很明显,A从附近取得十车木材要比从十里以外取得木材,方便得多。因之,A将很合理地向B建议,由B供给他十车木材,而A将从自己的树园里还B十车——或许十二车,包括酬金在内。如果双方同意了,大家都将叫它为真正的交换。

或者,我们可以想象,任何人根据可替代的物品之间的同一性的虚构,能得出一个像下面那样的关于交易性质的结论么:——"A在十里路以外的地点给B十车木材,而在家附近从B那里获得十车木材。在A看来,获得这十车或另外的十车都是一样的。自此,'从经济上看',他获得的是十车同样的木材,不过获取的地点不同罢了。因之,交易的本质就不是交换——因为相同的货物之间是没有交换的——而不过是把同样的物品转移到不同的地点去罢了——就是说,运输性的转移。再者,如果为了这种两地间的转移所带来的好处,A给了B两车木材的贴水,这种代价,从经济上看,本质上是一种运费"。我非常怀疑任何人会根据这个譬喻得出同他一样的结论。虽譬喻在各步骤上同前一个是一样的。我希望克尼斯会承认,这两个十车木材(它们除了取用的地点不同之外，一切都相同）之间的交换是真正的交换。[①]

现在我要问：如果两种完全相同、只是所在地不同的物品进行交换，而这种交换是包括在交换概念之内的，那么，我们有什么理由说，两种完全相同、只是出现的时间不同的物品之间的交换应该排斥在交换概念之外呢？在这次争论中已用了许多譬喻，为什么要把这一项显然是很合适的譬喻排斥不用呢？如果物品取得的地点的差别是两种相同的、可替代的物品相交换的确当的经济理由，再如果地点的有利性是索取额外酬金的理由，那么同样地，时间的差别也可作为相同商品间交换的适当理由了，也要保证（价值更高的）现在物品给予贴水了。这种贴水，不是别的，就是利息。

一棵大树，不是一斧头砍得下来的。我不能希望几百年来支配着人们头脑的借贷理论会一下子被打倒。但我敢说，我至少已经使人们普遍地感觉到，必须对这个理论的各条原理来一个批判性的检查。以后如果有经济学家要维护克尼斯的借贷理论，我想，有一项工作他必须要做：这就是一劳永逸地、肯定地指出确实存在着非耐用品的“持久使用”，有别于它们的消耗，而由于这种使用，所以要付出利息；再要明确指出，这种使用就在于这里。直到目前为止，这理论的拥护者做得很奇特。用不很可靠的譬喻指出，在借贷中，一种暂时的使用被转移过去了，而从这里得到结论说，一定存在着这样一种使用；结果是——除了克尼斯的最后一次不幸的努力——这种使用的性质、它的内容等等，都完全被蒙在鼓里。我

① 我可以说，很容易举出许多像这类性质的例子。谷物商也许认为把不同地区的谷物互相交换对他有利；银行家认为交换不同地区的货币对他有利等等。

想我们的科学有权要求一种相反的、自然的解释方法。首先指出，确实有这样一种使用，以及它存在于什么地方。如果这样做了，我们将乐于相信它已在借贷中转移过去。如果不能这样做——我很怀疑是否能这样做——我将更有信心提出我对这个问题的解决方案了。至于我的理论，无论如何我是不怕人家说它是诡辩或不自然的。

抛开这种争论性离题话——争论的原因，我想一半是由于这个问题的重要性，一半是由于我的尊敬的对方的科学地位——让我们回到主题上来。按照我们的概念，利息是用未来物品来支付一定数额的现在物品时的付出价格的一个补充部分。它是出借的“本金”的部分等价物。在它本身中，没有东西可阻止它和大部分价格一起被付出去。换句话说，利息和“本金”必须在全部借贷交易结束时一起付出去。为了实际便利起见，一般规定，在时期相当长的借贷中，这种贴水应当分开偿付，而利率是根据期限逐次支付的——一个月、半年或一年等等。这种偿付方式和利息的本质毫无关系。的确，它本来可以在借约上明白地规定。但很可能，这种好久以来流行的风俗——即把本与息分开偿付的风俗——助长了——或许直接造成了——这种流行的见解，即归还的本金本身就是原借款的等价物，而利息是独立的东西，另一种东西的等价物。

有时候借款是没有利息的。但理由很少是，或绝不是因为市场上现在物品的价格比起未来物品来是这样的有利，以致在一般借贷市场上它们能买到等量的现在物品而不必另加贴水。这种情况差不多都是由于友谊、仁爱、人道、阶级义务等私人原因，贷主故意放弃贴水的。通常把无息贷款看做是一种暂时"使用"出借物的恩典。[①] 我们的理论当然要求另一种概念。我们把这一种借贷归在这些例子之中，在这里，一个人由于某种私人动机，在市价之下出售他的商品。我们说，它和下列事例相同：一个制造商以自己产品按成本价格，譬如说 4 先令卖给友人，而这件物品的市价为 5 先令。

最后，很少有这种例子，也只有某一种特殊的物品才有这样的例子：当供求关系是这样，以致未来物品的价格高于目前物品，必须对未来物品以目前物品的形式付出贴水。只有在这种情况下才能遇到这样的例子：即未来的供求关系要比现在基本上更为不利，而同时，由于私人或技术上的理由，不可能把现在的大量存货留到肯定可以卖高价的未来时刻。譬如有个酿酒商，他的冰窖太小不能满足他的需要。如果在一月里，他尽量使他的冰窖装满了冰块，但尚有二百车冰块装不进去，他非常愿意以这二百车冰换取在八月里交货的一百车冰。[②] 这样的例子是可能遇到的。我认为，它对我的借款理论是一个重要的证明。因为，我要问，使用论者将怎样解释它呢？是不是像借款一样，是使用的转移么；不过，这种使用的价值是负数；而借主不是付出而是索取贴水。或者也许可以作为储藏交易，而把付出额和收回额之间的差额作为保管费么？

我认为，两种解释都是人为的、虚构的，很少人会认真地考虑它们。大概使用论者非常愿意承认它是一个真正的交换的例子；如果他们真的这样做，他们将违反他们自己的理论，因为照他们的

① "无息贷款就是免费使用这笔资本"，罗雪尔：《国民经济学原理》第 189 节。

② 同样的例子可以发生在丰收之后，那时生产者没有足够的库房来保存多余的部分。

理论说，只有在不同种类的物品之间才有交换的可能，而在同种类的可替代的物品之间是不可能有交换的。相反地，我们的理论能很自然地解释一切东西，而且只用一个公式。它无须牵强解释，就能够看出，在这里，一切情况都和借贷相同。两组物品相互进行交易，它们之间各方面都完全相同，不过在不同的时刻到手罢了，对这种完全相同的情况，我们的理论作了完全同样的解释：在两类例子中，有着现在物品和未来物品之间的交换，它们的价格是市场上加于这两类物品的许多主观评价的结果。

第二章　资本主义企业利润。利润解释的原理

我们现在讨论利息问题中的一个基本形式。在利息现象中，它实际上是最重要的一个现象。通常它确实被看做是导致所有其他现象的起因和根源。引起激烈的论战的主要是要解释利息的这一形式的企图，这一论战为我的《资本和利息》一书提供了非常丰富的材料。

企业家所进行的由以取得他们的利润的特种活动，通常用一两句话就可以说明。企业家购买较远各级的物品，如原材料、工具、机器、土地的使用，尤其是劳动，并用各式各样的生产过程，将它们转变为第一级物品，即可以直接用来消费的成品。在这样做的过程中，企业主得到——在他作为企业的领导者、脑力劳动者等等参加生产活动应得的个人报酬以外——一笔大致同投入在他们企业中的资本总额成比例的收益。某些人称这个收益为“资本的

自然利息"或"利润",而另一些人称它为"剩余价值"。怎样来解释这种收益呢?

我们必须确认一个重要事实,再来介绍这个解释。较远级的物品,虽然在本质上是现在物品,但在经济上是未来物品。作为现在物品,它们不能满足人类的需要;它们必须首先转变成消费品。由于这一过程需要一段时间,因此,它们只能对未来的需要发挥它们的功用——至早也要隔一段将它们改变成消费品的生产过程所必需的时间。有一些生产手段,如种子、肥料、农具、劳动等等,它们不能在一年以内转变为成品——谷物——而只能用来满足第二年的生活需要。因此,在这一方面,现在的较远级物品(即现在的生产性物品)和未来消费品一样。它们的效用是一个未来的效用;它们是"未来物品"。

显而易见,这个事实不能不对这种物品所得到的价值产生某些深远的影响。我们知道,我们对于较远级物品,一般是根据它们的成品和最终产品的边际效用和价值来评价的。我们用来生产一百蒲式耳谷物的生产手段,对满足我们的需要来说,和它们所生产出来的一百蒲式耳谷物有同样的重要性。不过,这一百蒲式耳的谷物,其价值诚然是生产手段价值的标准,但在时间上仍然是一百蒲式耳未来的谷物;正如我们前几章中已经看到的,未来物品比现在物品的价值要小一些。因此,我们可以说,一百蒲式耳的未来谷物的价值,只能相当于九十五蒲式耳的现在谷物。如果根据现在物品来评价,这些生产手段将比它们可以制成的成品和最终产品的总额的价值要小一些。可以在一年的时间里供给我们一百夸特谷物的一组生产手段,它和一百夸特的下一年谷物的价值相等;但和这些未来谷物一样，比方说只等于九十五夸特的本年谷物。或者，如果我们用货币来表示，假定在来年一夸特谷物值 20 先令，那么，这些生产资料——即能使我们在来年得到一笔 100 镑款项的条件——只和来年的 100 镑在价值上相等，而现在的价值却不会超过 95 镑。因此，如果我们现在要购买或交换这些生产手段的话，买价当然要用现在的货币计算，我们得用小于它们在将来带给所有者的镑数来购买它们。

这就是所谓生产手段买价“低廉”，特别是劳动买价“低廉”的原因。社会主义者正确地将后者解释为资本利润的来源，但却错误地用含糊的措辞，将它阐述为资产阶级对工人阶级的掠夺或剥削的结果。这种购买并不像表面上那样便宜。其所以看来便宜主要是由于价格是以不同于该物品的标准来衡量的，好像是以一条已经磨损了的以十一寸为一尺的皮尺来衡量的。生产手段以及它们的产物——买主心中要购买的成品——是未来物品，而价格是以(价值更高的)现在物品来衡量和偿付的。在这里，以少量的价值较高的现在物品来购买数量较多而价值较低的未来物品并不是“低价购买”，正像以一百个五十弗罗林本位币交换九十个四十五弗罗林本位币不能算作是低价购买一样。占有的情况与下面这个事实只有很少的关系：工人们所出售的未来物品(他们的劳动)比资本家所提供的现在物品(工资)价值要低些。关系最大的是人类本性和生产技术这两个基本事实，也就是我们在上面详细讲过了的那些事实。但利息现象的社会重要性，我们将在以后讨论；目前我只要解释什么是利息，以及为什么会产生利息。

现在已经了解到，企业家购买未来物品——生产手段——是

用一笔比它们构成的未来物品数量较小的现在物品来取得的。我们试问，企业家怎样获得利润呢？答案非常简单。企业家从他的“廉价”购买中，确实得不到任何结果，因为如果用它的现在价值来估计，这物品是昂贵的[①]。利润首先是在企业家手中产生出来的。只有在生产过程中，未来物品才逐渐地成熟变为现在物品，同时它也增值到现在物品的全部价值。时间进展着，来年变为今年；在生活的演变中，万事——人自己、人的需要和愿望，以及他用来衡量物品的标准——也在演变着。去年我们把某种需要当作是未来需要，因而很少加以考虑；现在它却变成了现在需要，而供应这些需要的物品也前进了一步。一年以前它们是未来物品，必须满足于未来物品应有的较低价值。今天它们是现在物品，可以用于消费，因而也享有现在物品的全部价值。一年以前，用当时的“现在”物品来衡量时，打了个折扣。今天，那个标准已经过去了，如果今天再用“现在”物品来衡量它们，它们完全和“现在”物品处在相等的、最主要的地位。扼要地说，随着时间的进展，昔日的未来物品的减值原因消失了，它们的价值和现在物品完全一样。这种价值的增加额就是资本的利润。

① 当然，可能在下列个别的场合碰到这种情况：除了正文中讨论的廉价购买的显明原因而外，还可能出现其他真正反常的廉价购买的原因。例如，对有利时机的巧妙利用，对卖主的高利贷式的压迫，尤其是对劳动者的高利贷式的压迫。这些因素的出现，将使购买价格更进一步受到限制，并造成超额利润。这种超额利润在各方面都和资本的正常利润不同：在性质方面——因为它不是资本的真正利润，而不折不扣地是企业家的利润；在理论解释方面——因为它起源于其他的和十分特殊的原因：最后，我们在社会和政治意义上对它们作出的评价不同。我不用多说，本文中所述的内容只是单纯地同资本的利润有关。

当然,这并不等于说,要使未来物品变成现在物品,只要时间进展,未来变成现在就够了。物品本身不一定保持不变。在物品这一方面,它们必须越过使它们同现在隔开的鸿沟,而它们是通过生产来达到这个目的的,因为生产能把它们从较远级产品变成最终成品。如果没有生产过程,如果资本任其呆滞,则生产手段总是评价较低的未来物品。在1888年,可以在一年生产过程中——亦即到1889年——变成最终产品的一组生产手段,对满足现在需要还是相距一年之久。如果这组生产手段留着没有使用直到1889年,当然它所能生产的产品,在1890年以前是不可能得到的,正如前一年一样,它仍然离满足现在需要有一年之隔。它的价值没有机会增加,它要遭到和"呆滞资本"共同的命运;它不能产生任何剩余价值,也没有任何利息。

这就是关于企业家利润的真实情况,我确信它可以被认为是足够简单的。社会主义者喜欢将这一利润称为"剩余价值"。这一名称比他们所能想到的更为适用。按照字义来解释,它就是企业家把未来物品,转变为现在成品的过程中,由于价值增加而得到的利润。

第三章 资本主义企业的利润。复杂的现象

上一章所提出的原理是简单的,但在实际生活中,它常为许多细节和发展情况所蒙蔽。的确,它们不能阻止它发生作用,但它们可以把它隐蔽在许多现象之下,使它不容易被辨认出来。我们必

须讨论某些发展情况，而以最简单的一种作为开始。

大家知道，在我们估计中的一切未来物品要遭受到的降值，并不是对所有的未来物品都是一律的。它是按照从目前到未来物品能被利用时为止之间的时间的长短而有所不同的。一年后到期的100镑，以现在货币来衡量或许只值95镑，二年后到期的只值90镑，三年后到期的只值85镑，依此类推。[①] 同这种逐级降值相对的有逐渐成熟为现在物品的那些物品的逐级升值。在三年期的生产过程之末可望提供价值100镑的产品而在期初被估值85镑的一些器材，在三年之内不会永远维持在85镑上，而到期末会一下子跳到100镑的全部现值。它的价值随着时间的推移逐渐上升。这种情况具有很大的重要性。在分工制度下，没有任何一种生产自始至终是由一个人完成的。生产的各个阶段变为一些显然独立的由各个企业家经营的生产部门。随着价值在各个阶段上逐步上升，就有相应的收入，作为资本的利润不仅落入最后一个企业家——即在他手里该物品变成现在商品的这个企业家——之手，而是落入每一个使产品逐渐成熟的企业家之手。

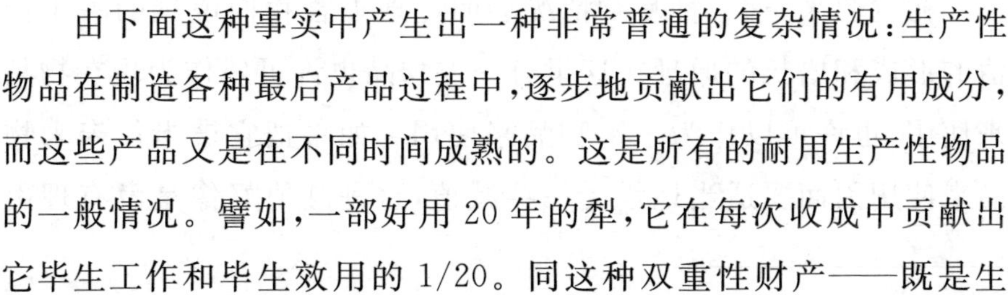

由下面这种事实中产生出一种非常普通的复杂情况：生产性物品在制造各种最后产品过程中，逐步地贡献出它们的有用成分，而这些产品又是在不同时间成熟的。这是所有的耐用生产性物品的一般情况。譬如，一部好用20年的犁，它在每次收成中贡献出它毕生工作和毕生效用的1/20。同这种双重性财产——既是生

① 不完全准确：为了便于理解起见，文中各数字都是约数，也不以复利计算。

产手段，又是耐用物品——相适应着的这种物品，在价值的形成和增长方面，都表现出特殊复杂的现象；它们把我们所熟知的生产性物品所特有的现象和所有耐用物品——甚至那些不作生产用的耐用物品——的某些其他特殊现象统一起来了。但我们在以后的一章里得特别来讨论这后一种现象，因之我们现在必须把对这种混合现象的全部解释工作延到那时再来作。

还有一种复杂情况是由这个事实引起的：几乎所有的生产手段都有许多不同的运用场合，而每一种场合所生产出来的产品是在不同时间出现的。[①] 同样的燃料，可以用来蒸饭，或者为铁匠炼铁制造钻探煤井用的工具。在前一个场合，只要几小时就能生产出成品；在后一个场合要几年甚至几十年。这在那最重要的生产性物品，即“非熟练的劳动”，特别是如此。它的各个部分总是同时被用在成熟期极不同的生产企业中。总得要有一些工人来做扫尾工作，这种工作差不多是当场给付工资的；另一些工人必须生产中间阶段的产品；还有一些人要在最前的阶段中工作。但它们的面额上都没有标明说，他的工作是为目前用的、或为明年用的，或为很远的未来用的。

初看起来，这一种复杂情况会明显地损害我们说过的关于价值的形成和增长的原理。这里有一件物品也许可以作为现在物品来使用，也许可以作为未来物品来使用。如果把它被当作未来物品来使用因而要适当地承受一些减值，这种减值好像是没有理由

① 以下的分析是为了向那些想进一步研究这里提出的一些概念的读者指出他们研究过程中可能会碰到的一些暗礁。这种不可避免的离题的讨论使我们耗费许多时间，同时也有损于文字的简洁易懂，但为使我的理论更稳固起见，我不得不这样做。

的，如果后来它被作为现在物品来使用的话。但如果它作为现在物品来评价而不受减值，而后来都作为未来物品来使用，那么就没有增值的理由。但是，十分明显，同一种物品的各不同部分是绝不可能有不同评价的——一部分作为现在物品，不受减值，另一部分作为未来物品，必须减值。有十车同种类同质量的燃料，其中任何一车的价值都是相同的，不管是在管家妇手中还是在木材市场上。

但如果我们把价值的一般规律仔细地运用到特殊的场合中去，这种表面上的困难就会消失。一种物品的价值是由它的边际效用决定的。这种边际效用就是该物品现有存货所能满足的最不重要的一个用途或运用场合。譬如，某一种物品 A，其存货为 500 件。它们可以用在三个场合中：(1)作为直接消费品用，(2)作为五年期生产过程中用的生产手段，或(3)作为——在另一个工业部门中——十年期生产过程中用的生产手段。如果它们被用做直接消费，其可能情况如下：——100 件可以被用来生产出有益的成果，这成果我们用数字 6 来代表，另 100 件所生产的成果以 5 来代表，第三个 100 件所生产的成果，以 4 来代表。但如被用于五年期生产过程中，首先的 100 件所产生的产品——称它为 X——其价值可用 9 来代表，第二个 100 件的，以 8 来代表，第三个 100 件的，以 7 来代表。[①] 但这些产品要在五年之后才出现。因之，在今天的评

① 为了尽量在例证的有限范围内反映真实情况起见，我故意假定产品的价值随着本部门产量的增长而减少——产量越多，单位价值越小。当存货过多的时候，即使最有利可图的工业部门也会无利可图；这一个事实就足以使生产手段在同一时期内被用在不同的使用场合中。

价中，它们的价值会像一切未来物品的价值一样，受到减值：这种减值的数量，决定于作为市场上许多相交的主观评价的结果而出现的加于现在物品上的贴水。譬如，这种贴水为5％，五年以后才能到手的物品的价值要比现在物品减低1/5强。[①] 因之，如一件物品作为生产手段，五年之后能生产值价9的产品，则这件产品依照今天的评价，只值7.05。同样，五年后获得价值8和7的产品，今天只各值6.26和5.48。同样地，这种情况也存在于第三种使用场合中。如果最初100件物品十年后生产的产品——称它为Y——值价16，第二个100件的值价12，第三个100件的值价8；这些产品，由于要在十年后到手，依照今天的评价要减低价值约2/5，因而各为9.82、7.35和4.91。

如果我们把这些今天的评价数聚集起来，我们得到下列这个表格。

五百件存货，只能用于上述各场合中的五个场合。自然，它们将用于按照今天的评价——今天作决定的唯一标准——最有利可图的五个场合中。这五个场合就是上表中用黑体印刷的五个，分配情况如下：——

100 **件物品可能被运用的场合**

	用在直接消费	用在五年期生产过程中	用在十年期生产过程中
每件效用量	6	7.05	9.82
	5	6.26	7.35
	4	5.48	4.91

① 确数为21.65％或为100：78.35

100 件用于直接消费；200 件用在五年期的生产过程中，生产 X 产品；200 件用在十年期生产过程中，生产 Y 产品。

获利最小的运用场合指出边际效用，随之也指出单个物品 A 的价值。获利最小的用途，其价值为 6，它是用于现时直接消费的。因之，物品 A 将被评价为 6。

现在，增值和资本的利息怎样了呢？至于用于现在用途的、具有以 6 来表示的效用的 100 件，没有增值的余地。但由于它们立刻提供边际效用，它们并不要求生利息。用在五年期生产过程中的 200 件值价 6，而在五年后要产生值价 8 的产品。[①] 这里就有增值的余地了——在五年期内，每年按常率 5%——譬如，按四与五之比，就是从 6 到 7.5。的确，增值的余地，以及价值的增长是很大的。当这件产品获值 7.5 的时候，在正常的利率之外，还有每件 0.5%的利润，作为目前局势下找到了并利用了各个最有利的运用场合的额外报酬；换句话税，就是作为企业家的利润。但通常这种额外报酬不会保持得很久。根据我们早已熟悉的原理，有了这种利润，就要引起竞争，竞争就要抑低价格。要把价格抑低到什么程度呢？——不会低于 7.5；因为五年以后的 7.5 等于以目前货币计算的 6，这个数字就是这种生产性物品本身的价值。因之，任何低于 7.5 的价格，不能认为等于一件值价 6 的物品的损失，而在这无利可图的部门中，生产将停顿下来，直到供给的限制又使产品的价格上升到 7.5(未来货币)，即相等于现在货币的 6。这是最有利

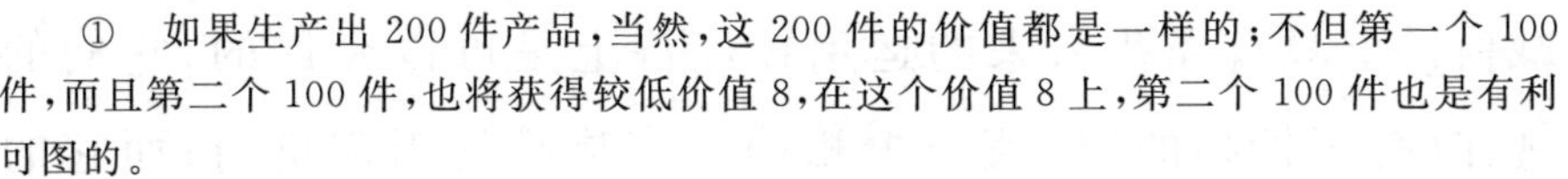

① 如果生产出 200 件产品，当然，这 200 件的价值都是一样的；不但第一个 100 件，而且第二个 100 件，也将获得较低价值 8，在这个价值 8 上，第二个 100 件也是有利可图的。

的持久的情况；虽然这种生产性的(因而也是未来的)物品从从属于现在领域内(因此没有因其未来性而减值)的边际效用那里，得到 6 的价值，但还是有足够的余地使未来产品的价值升到更高的价值。

至于那些用在十年期生产过程中的 200 件也有同样的情况。目前，以同一个边际效用来评价，它们值价 6，它们在十年后生产出来的产品将值价 12。这里，每年有正常的 5%的增值，从 6 到 10；因之，在十年期内，原来的价值有增值约 2/3 的可能。除此以外，企业主还可——至少在第一例中——获得利润。如果后来由于竞争，而这种利润消失了，该产品的未来价值仍将停留在 10 上；因之就永久留有正常的增值的余地，这里面就有习惯所说的利息。

因之，我们看到，虽然 A 类中的每一件物品都评为同一个价值，这个价值对每一个可能的用途，都保证了最后成品出现的期限所要求的增值余地。对于物品的效用立刻可以实现的直接用途，它不保证任何东西；对于用于五年期生产过程中的用途，它保证约四分之一的增值；对于用于十年期生产过程的用途，它保证比原值增加约 2/3。或许还可多一些，在这种场合就有企业家的额外收入，但无论如何，至少要增值如上数。

这种确切的对称，可以很容易地用刚才说过的话来解释。在估计有多方面用途的物品的现在价值时，它的可能的未来用途已经折成现在的价值了，因之，它遭受到同期限长短相适应的减值。但只有那些未来的运用在经济上是可以允许的，它们的现在(打了折扣的)价值至少相等于该物品的固定价值；而它的未来的有效重要性更大，至少多出按照期限长短所打的折扣数。因之，每一种未来用途，都在事前保证它有回复其价值的相当的余地。时间的间隔，代替了通过折扣从估计中取得的价值，而这种价值，在手头的各种用途中——这里无需有利息——是很小的，而在较远的各种用途中——这里需要较多的利息——是相当大的。[①]

这里，通过一个例子呈现出来的情况，在所有的工业用途中都存在着。不是几千个，而是数百万个生产单位——劳动日、成千上万吨煤，无数吨铁等等——被投资进去；它们不是被投资到二个、三个，而是几百、几千个不同的运用场合中去；而每一个运用场合的生产期是不同的。所有这些生产手段，都有着同一个市价。这个价格是根据分配在各种有利可图的运用场合的现有存货，并依照它们所能带来的收入大小而形成的。最有利可图的部门，由于它们的购买力最大，首先得到供应，而且最有得到供应的保障；其次，轮到下一级有利可图的部门；依此类推，直到全部存货都用掉为止。存货的最后部分，被用到某一最后的使用场合；它所产生的收益决定着最后几个买主对这种生产性物品所能偿付的尺度。但由于各部分物品的市价都是一律的，所以最后一个得到供应的使用场合的价值，决定该种生产手段的全部市价。那么，各类不同的

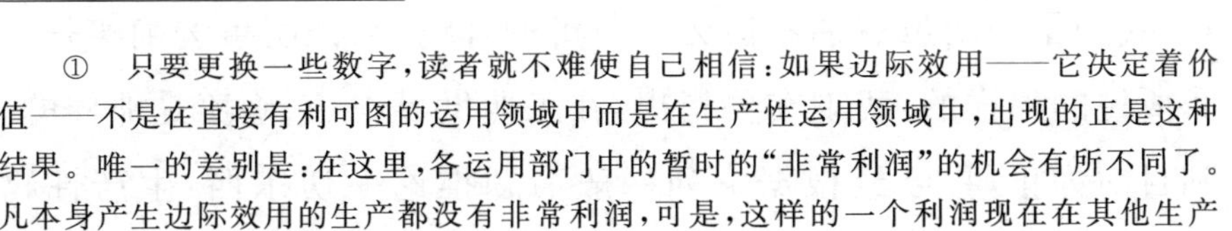

① 只要更换一些数字，读者就不难使自己相信：如果边际效用——它决定着价值——不是在直接有利可图的运用领域中而是在生产性运用领域中，出现的正是这种结果。唯一的差别是：在这里，各运用部门中的暂时的“非常利润”的机会有所不同了。凡本身产生边际效用的生产都没有非常利润，可是，这样的一个利润现在在其他生产部门目前使用中是暂时可能的。

运用场合的收益和价值是怎样决定的呢？——用我们例子中所说的，对谋取未来收益的使用场合打折扣的方法决定；不过，在实际生活中，这种折扣是很近似的，不能很正确。在实际生活中，人们经常看到他们要解释的那些事物的因素已经存在着了，人们也乐于不假思索地把它们看做既成事实。同样，他们也把利息当作理所当然的，而在计算未来使用场合的价值时，只要把它加上或减去就可以了。如果一个企业家要考虑他要不要以 100 镑买进能在两年后生产成品的生产手段，他只要算一算，两年之后，他能不能在两年利息之外至少能收回 100 镑。如果他事前从未来收入中减去按时期长短相称的一笔利息，那么，当未来收入确实到手的时候，它里面自然包括着这笔利息。

上面这些例子并不能包括把我们的原理在形形色色的实际生活中的作用掩盖起来的所有的复杂情况。所幸我们毋需把它们一一列举出来。有许多不太重要，没有理由把它们详细予以说明；至于其余的一些复杂情况，我希望细心的读者认为上面所说的，已足够指导他去研究那些未经明白讨论的复杂情况，不再需要我的帮助了。

但我们面前还有另一件重要的且也不是容易的工作。这就是把抽象的东西运用到实际中去，使它有声有色。我知道，到目前为止，我用了一个虽然抽象但无可争辩的理论，来证明事物确实是像我所说的那样的：我现在要指出，在工业世界中，它确实是那样的。到目前为止，我已经根据下列一般命题推论一切东西：生产性物品，按性质言，都是“未来物品”。我已指出：这是必然的结果，凡能解释未来物品为什么值价较低的理由，也一定能应用来解释生产性物品，因而，也能解释为什么会有增值到和现在物品全部价值相等的余地，并有出现剩余价值的余地。现在，我要肯定地指出，所有这一切正像我所说的一样，同时指出，为什么是这样的。为了这个目的，我将叙述一下，在经济生活中，生产手段或生产工具同现在物品相交换的市场；我也要设法指出，在这些市场上，对现在物品和未来物品给予不同评价的那些动机，也的确出现了，而且是以这样的形式和这样的强度出现，以致作为价格形成的结果，出现了对生产手段的反贴水。在解释过程中，我不但要提出充分的证据来证明我的一般推理的正确，而且也要对这个问题提供一些新的和重要的说明。

第四章　资本主义企业的利润。劳动市场

生产手段和现在的最后成品相交换——实际上是和货币相交换——是在三类市场内进行的：劳动市场，土地使用市场，以及中间产品（如原料，工具、机器、工厂等）市场。由于劳动和土地的使用是原始的生产手段，所有的制成品都从它们制成出来，它们的价格的形成，决定着资本利息的存在。在中间产品市场上，我们看到的不过是另外两个市场上所有的过程的延续罢了。而在这两个市场中，劳动市场又是更重要的一个。因此，我将首先讨论该市场中的情况，并将设法指出和说明为何劳动这种生产性物品的市价，总是低于劳动所生产的产品的价值和价格。

我们假定，在目前的生产方法下，要制成一种能供消费的产品需要两年时间。再假定，这种生产方法的技术条件是这样，要制造一件值价 20 先令的产品需要一个星期的劳动。这件产品也许可以用需时较短的另一种方法来生产，但结果将反而更为不如第一种办法。如果采用需时三个月的生产方法，产量降一半；如果该工人没有资本，因而他采用的是立即能获得产品的方法，产品就要降到 1/4；——就是说，分别降低到 10 先令和 5 先令。在这种情况下，应该付多少钱给“劳动”这种商品，这就是市场上劳动者和雇主要商讨的问题。它的价格是根据我们所已熟悉的方法即双方主观评价的结果决定的。现在，这种评价的情况怎样呢？

在现代工业的情况下，工资劳动者几乎都没有足够的资本用需时几年的生产方法来利用自己的劳动。[①] 因此，他们不是出卖自己的劳动，就得采用需时短而生产率低的生产过程这种自己办得到的方法来使用自己的劳动。当然，他们要挑选对他们最有利的方法。那些比较富裕能够独立进行需时三个月以上能每周生产 10 先令报酬的生产过程的工人们将愿意按 10 先令以上的价格出卖他们的劳动；[②]在 10 先令以下时，他们宁愿为自己从事生产。另一方面，那些自己完全没有资力而用做一天吃一天的方法为

① 不论采取用他们自己的劳动从头到底完成两年的生产过程的方式，还是采取把自己的劳动投入生产过程的后期——例如，在全部生产过程中的第四个半年内投入——而从别人那里买进他们在前阶段所生产出来的产品（原料、工具等）的方式。

② 独立生产地位所引起的欢乐，常使工人们宁愿独立生产而不愿接受较高的工资。但这种影响只能改变数字而不能改变原则。

自己工作只能获得5先令收益的工人，就愿意按超过5先令的任何价格出售他们的劳动。不幸，由于目前一无所有的工人占绝大多数，我们可以说，在上述例子中，在劳动“供给”的行列中，愿意在最坏情况下按一星期5先令的工资出售他们的劳动的人占多数，而愿意按一星期10先令的现钱出售他们的劳动的人占少数[①]。

和这种供给相对的劳动需求是怎样呢？

这种需求来自资本主义企业家们。他们对劳动的评价是很确定的，因为劳动虽能用于许多场合，但这些企业家只从一个用途的角度来看它；就是从自己本业的用途这一角度来看它。因之对他们来讲，在一定的资本主义生产过程下的一星期劳动的价值，将恰巧等于这种生产过程所能生产出来的产品的价值。在我们的例子中，这就是两年之内出现20先令的产品。但对企业家讲，还存在着这一个问题：在两年可以得到的20先令相等于几个现在用来支付工资的先令呢？

让我们一劳永逸地完全弄清楚这一点。如果资本家把全部资金变成现在物品——就是把全部资金用于现在的享受——那么，现在的需要将过分地得到满足，而未来的需要就一无准备了。因之，他们必将认识到，把一部分资金变成任何种形式的未来物品是

① 当然，工人们可以参加到别种工业部门中去生产，但这不能变更正文中所说的一切情况。因为，如果别种工业部门也需要长一些的生产方法，那么，对这个部门的工人来说，一切情况依然不变；而那些资金很少或没有资金的人所能从事的极少数工业部门——像个人服务行业、家庭服务等等——只能容纳极少数工人，而供应一多就要降低报酬。

对自己有利的。换言之：如果我们只从现在和未来的需要和对需要的供给两者之间的关系来看，对一个具有比现在需要量多的财富的人，现在物品的价值要小于未来物品。的确，要把现在物品变成未来物品是很容易的：不是用自然形式储蓄起来，就用将来货币的形式保存下来。这种可能性，当然不会使它们的价值减少，因为对现在的供给过多了，就会降低它们的价值；但另一方面，它们的价值也不会因此而有积极的提高，至少不会提高很多。

对未来需要的低估也不是上述提高的理由。它不会强烈得足以抵消过多供应现在的相反考虑而阻止资本家们把财富的一部分用于未来的服务。可能有少数人没有这种远见，他们就不是资本家，至少不能长久保持资本家的地位。他们根据一时之兴，不顾未来需要，定将随意挥霍而自食其果。

因之，我们在上面所看到的那三种喜爱现在物品胜于未来物品的理由，其中头两项，对大多数资本家是不适用的。对他们，第三个理由，就是像众所周知的现在物品在技术上的优越性，或者经常称之为“资本的生产力”的，是起决定作用的。它产生效果的方式，在简单的情况下，是基本上不同于我们现代充分发展了的经济生活的。

在简单的情况下，企业家自己就是工人，这里无所谓资本，现在物品就有着较高的使用价值。譬如，有一个企业家，他有足够的财产养活一个工人工作四年，——或预付给他这笔资金。他有这几种选择：或者他自己在四年长的生产过程中工作，或者雇一个帮手，同他一起在二年长的生产过程中工作。在二年长的生产过程中，一星期劳动的报酬，我们曾假定为20先令：在四年长的生产过程中——生产过程越长，在技术上就更有生产力——一星期的劳动将生产譬如24先令。现在的收支情况是这样。如果资本家以现钱按每星期20先令付给他的帮手，两年内他要付出104镑；从他的产品上他恰巧收回了这104镑；最后，他只能一星期付给自己20先令，两年共计104镑。两年内的净收入为104镑。另一方面，如果他不雇帮手，而把这104镑作为他自己在第三、第四两年内的生活费，他可以从自己的104个星期的劳动中，获得每星期24先令的收入，两年共得124镑16先令；他两年内的净收入就增加了20镑16先令。在这种情况下，不雇帮手对资本家更为有利。雇一个帮手是否有利，要看从这个帮手那里所得到的是否超过由于缩短生产时期而在变卖自己的劳动方面所受的损失。换句话说，以工资形式付出的一星期20先令的现在货币，应该使资本家以产品形式至少一星期获得24先令的未来货币。只有当他能够以低于16先令8便士的钱数支付一周工资的时候，才会有这种情况。[①]

如果资本主义生产的情况一般都是这样简单的话，对企业家来讲，未来产品20先令的价值一般地等于现在货币的16先令8便士——实际数字可略有变动，但趋势不变。如果买主们估计劳动至多值16先令8便士，而卖主们估计它值5先令或10先令，那就很明显，这些评价的结果，即劳动的价格，绝不会超过16先令8便士，而有更充分的理由相信，未来物品的价格一定低于它的上限

① 16先令8便士:20先令＝104镑:124镑16先令。

20 先令——这是有待证明的一点。

但现在的工业情况并不这样简单。大多数现代企业家本人并不是工人,而他所有的资本一般都大大超过一个人在最长的生产过程中维持生活所需的东西。资本所给与资本家的、在较长生产过程中使用自己的劳动的可能性,在目前情况下,不会使现在物品具有更高的使用价值。我们例子中的简单情况,在别处是具有很重要的证明价值的——这点以后要谈到的——但它不足以解释在资本主义工业情况下的资本的利润。但这种非常复杂的情况产生了一种现象,它以另一种形式向同一个目标前进,这种现象就是信用。资本家不能以自己的现在物品来使自己的劳动获得更多的收益,但别人愿意以未来物品来同它们交换,使他们的劳动更能获利,而且还愿意从未来物品的形式付一些贴水。这样就很明显,如果资本家能在借贷市场上以一定数量的现在物品,交换到更大数量的未来物品,他就不需要以他的现在物品来换取工人们的等价的未来物品了。

或许有人要用这一事实来解释利润,好像利润是借贷市场所提供的一个机会——使资本家的现在物品,在一切场合下,比未来物品具有更高主观价值的机会。但这不是我的解释。我们既没有权利把利息当成既成事实,而从这一点出发来解释资本的自然利润,相反地,我们也无权把后者当作既成事实,从而来解释利息。事实是这样,借贷市场和劳动市场是两个市场,在这里面,同一样东西——即现在物品——相互供应着,相互需要着。在这两个市场上,都有着对生活手段的需求,目的在于用较长的生产过程使劳动用得更有利;不过,需求的情况有所不同。工资劳动者拿进现在物品，而拿出他的劳动所能创造的全部不定期的未来物品作为交换：生产性贷款的借主——消费性贷款不重要得多，但在长时期内，它能产生同样的后果——拿出一定量的未来物品来换取现在物品；但如果后来实际出现的产品量不同于此数时，它就可能获利或亏损。因之，工人们和借主们是这种需求的两个部门；他们一起产生结果；而一起形成最后价格。它们不过在外表上是两个市场；实际上它们是互相重叠的；现在物品的价格是它们的综合结果。

因此，为了要看到事物的真相，我们必须在考虑孤立的局部市场之前，全面考察整个生活必需品垫支市场；在每一个经济社会中，这个市场是建筑在许多关联着的局部市场之上的。

第五章　资本主义企业的利润。一般生活必需品市场

首先，我们必须把这个命题弄清楚，这个命题虽简单，但是很基本；对它有了正确的认识之后，其他一切都可迎刃而解了：在任何一个经济社会里，现有的可以预付出去的生活维持品的供给量是由该社会的（土地以外的）全部财富——有一个例外——所代表的。该项财富的功用，是要在原始生产力开始被利用的时候起，到它们所生产的产品出现止的一段时间内，维持社会的生存——换言之，就是在社会平均生产期内维持社会生存。财富量越大，社会生产期也越长。

这里，我们实际上有三个命题，但它们紧密地联系在一起，所以把它们归入一个命题内，而用同一个论据来说明和证明它们。

如果我们看一看一个国家所积存下来的财富——土地除外——是用在什么地方的，我们可看到下面这样一幅图景。有些财富所有者，不管由于需要或由于奢侈，自己把财富消费掉了。另有一些所有者，自己从事些轻微的劳动，在生产期内，把一部分财富用来维持自己的生活。但其余部分——这是总财富中的大部分——是以这种或那种形式提供到巨大的生活维持品预付市场上来，供应该市场。所有主不是自己把这些财富用在自己的企业中，就是把它借给别人。如果他把它用在自己的企业里，这就是直接地或间接地用来对工人们预付生活维持品。我说，直接地或间接地，因为分工已把统一的生产工作分成一系列显然各自独立的阶段，因而在形式上有所不同，虽实质上并未受影响。如果同一个生产过程的各个阶段都放在同一个企业主的管理之下，他毋需买进上一个阶段所生产的东西了：所有前面的和中间的阶段的产品自始至终都将由本单位的工人制造出来。因此，在这里他的全部"企业资本"将明显地直接用作对工人预付生活费用了。但在现存的分工的情况下，他必须从别个企业家那里获得以前各阶段的产品，所以他得向他们买进这些产品。这等于说，通过这种买进行为，他把以前由别个企业家负担的垫支由自己承担下来了，因而，使别个企业家又有可能为下一个生产期对工人们垫支生活费了。他把买下来的以前和中间阶段的产品交给他直接管辖下的工人们去加工。这样，他所预付出的工资对一部分工人直接提供生活费，而间接地他以买进产品的"开支"形式，对另几部分的(使用在前几阶段

的)工人提供了生活费。[①]

再者,如果财富的主人把他的财富借给别人,别人不是把它作为消费就是作为生产之用。如果他用作消费,这笔贷款就是直接对借主提供生活费;如果用作生产,正如以前已经说过的,这笔资金是通过借主对工人提供预付生活费。因之,一个社会的全部积存下来的财富——除了被所有主自己消费掉的很小一部分外[②]——都被提供到市场上来作为预付生活资料的供给。

但有人可能反对说:全部财富中只有一部分——的确,只有很小一部分——是实际可以维持生活的东西,像食物、衣服、住房等,

① 有人可能反对说,前面各阶段的企业家们出卖货物后所得的代价,不仅可以补偿他们对工人们预付的生活费,并经常用来补偿消耗了的土地的使用,且还有些资本利润。事实确是如此,但它对我所要作出的结论是没有影响的。预付土地使用的必要性(土地使用的报酬要在漫长的生产过程结束后才能得到)和预付劳动的必要性,两者对制成的现在物品和原始生产力之间的价格关系,都产生同样的结果。土地使用市场不过是信贷市场和劳动市场以外的第三个局部市场,在这里,以同样方式,把现在物品和未来物品相交换,因此,关于它对价格的影响,该市场上对现在物品的需求和其他局部市场上的需求,互相支援和被支援。但这一点在以后还要进一步弄明白。最后,这里,我们不能考虑资本利润,否则就要犯在证实之前就加以承认的错误。它所以能存在是生活必需品市场上某种情况的结果,因之,不能予以假定。并不是由于企业家的利润吸收了现有的生活必需品的一部分,以致生活必需品的供应就这样的微小,使它们较之生产性物品有所增值。而是由于生活必需品的供应不足——不计有无利润——所以这些生活必需品有所增值,而预付这些生活必需品的企业家们获得了利润。此外,很容易看到,排除了我在正文开始时所用论据中的利润之后,我并未能更容易地达到这个结果——替加于维持品上的贴水寻找一个理由——,反而使它更困难些。换句话说,如果像我所假定的那样,全部生活资料可以用来作为对工人们预支之用,那么,在任何情况下,要使需求超过全部供给,较之把供给中的一部分划作利润时,更加不容易了。

② 消费掉从资本得来的收入这一更为重要的事,并不属于目前这个问题之内:像前注中所指出的那样,它不过是由于财富的供应不敷需求而产生的结果罢了。

而绝大部分是不可以直接供消费用的，像工具、机器、原料、厂房等等，那么，怎样可以说全部财富可以作为预付的生活维持品呢？

可是，表面上的矛盾是很容易解释清楚的；这不过是由于人们并不是一下子就需要整个生产期内的全部生活资料的缘故。如果在一个社会中，1 000 万人把他们的原始生产力（劳动和土地的使用）投到平均需时两年的生产过程中去，没有必要——的确没有必要——把维持 1 000 万人两年生活的生活资料，在任何一个时刻内，全部以制成品的形式储存下来。储存一个月用的制成品——如果有足够的制成品的话——就可以了，而同时让下一个月的生活资料逐渐成熟为制成品。换句话说，所需要的是这样一种情况：以前的劳力应提供足够的物品——有些已可供直接消费，有些以中间产品的形式相继成熟为消费品——能满足维持两年生活的需要，因而，使工人们能以现在的劳动用于两年后产生成品的生产方法中去。

现在我们要谈到三个命题中的第二个命题。一个经济社会的全部财富用作维持基金，或预付基金，从这个基金，社会吸取维持品作为该社会惯常的生产期内维持社会生存之用。社会中的现有财富或存货中的一切物品，如果还没有变成消费品，都将在加工之后或近或远的未来时刻成熟为消费品，因之，可以在一个或长或短的时期内满足人民的消费需要。当然，这并不是说，在已有的财富所能应付的这一段时期和它尚未能应付的下一段时期——因之，必须通过现有的生产力来为后一段时间作好准备——之间可以划出一条明确的分界线来。我的意思是说，财富是可以伸展到未来时期去的，可以逐步逐步地为未来的需要作好准备，而不是一下子为未来作好准备的。

它逐步逐步地为未来作好准备，表现在两个方面：表现在作准备所用的物品的种类的数目方面，以及表现在当时产品的成熟程度方面。关于前者，由于技术上的原因，有许多种物品（像各种食物）只能为不久的（也许是两个月以后的）未来需要作准备；而同时有许多物品，可以为两年以后的未来需要作准备。还有一些物品，如需要经久耐用的，或是那些要在很久以前就作好准备的物品（如住房、矿产品、机器等），准备工作必须在20年、50年、甚至100年之前做好。因之，事情必然是这样的：不久的未来所需要的物品必须是已经准备好了的，或差不多已经准备好了的物品；迟一些需要的物品，只要目前已处在生产过程中就可以了；而再迟些所需要的物品，或许目前刚开始生产它们就够了。譬如，有一类物品需要五年才能生产出来，那么，要在1889年拿来用的这一类物品，在1888年就应当已完成了4/5；要在1890年用的物品，就应当已完成了3/5；要在1891年用的，就应当已完成了2/5；至于要在1892年内用的，在目前仅完成全部生产过程的1/5就可以了。

因此，现有的财富是按双重递减的比例为未来作准备的：需要时间越远，物品种类的数目按比例地越少，而这些种类的物品也越不成熟。为了要把这种准备情况合适地表达出来，我们可假定，在1888年1月1日[①]所存的全部财富中，9/10是在1888年中需要的，而这些物品平均已有9/10成熟了，以致大体上为1888年所需的劳动已有81%完成了，且已包含在现有的财富中了；又假定，在

① 这些数字当然只作例子罢了。

全部财富中有 8/10 是 1889 年需要的物品，它们已 7/10 成熟了，因此，包含着在 1889 年所需劳动的 56%；又假定，它包括 6/10 为 1890 年需要的物品，4/10 成熟了，因此，包含着在 1890 年所需劳动的 24%；以后 1891、1892、1893 各年也可类推，各自包含着各年所需劳动的 12%、6%和 4%。把这些数字加起来，我们就可得到我要通过该例子来需阐明的结论：就是现有的全部财富事前为人民的需要作好了两年左右的准备，[①]不过，有这一个特点：全部财富不是为连续两年的需要作好准备，而是相继地以递降的比例，为更多年数的需要作好准备。

现在，现有的财富用什么方法来为未来作准备，以及做到什么程度，这对于本年度出现的原始生产力（劳动和土地的使用）的运用有着重要的和意味深长的影响。为了简便起见，我们只对前者做深入的探讨。如果 1888 年存在的财富能满足该年度的需要的 8/10，那么，很明显，还有 2/10 必须首先由本年度的劳动来满足。但这也是很肯定的：本年度劳动中的其余部分不是为本年度的需要服务的；这有两个理由：(1)要在 1888 年获得报酬，那只得采用生产率不高的做一天吃一天的生产方法，(2)这时，市场上供源已很充沛，用这种方法生产出来的产品，销路不会广，价格也不会高。因此本年度的劳动中其余的十分之八，将用来为未来服务了。这里，这一点是很明显的：1889 年的需要用现存的财富来满足的部分越小，那么，本年度的劳动为 1889 年服务的部分就越大——如

① 0.81+0.56+0.24+0.12+0.06+0.04+……

果一年与一年之间供应情况没有间隙——而为以后各年服务的劳动部分也越小。相反地，如果1889年的需要已经充分地（相对地）由现有财富来满足时，那么，只要本年度劳动中的一小部分用来为1889年服务就可以了，而为以后各年服务的劳动部分就比例地大了。[①] 因之，本年度的劳动很自然地和现有的财富相适应着。一个结束了，另一个接上去。如果接上去接得太早了，因而重复了原有的供应，就要有以前曾提到过的双重不利，就是使市场拥塞，以及采用生产力较低的生产方法；如接得太迟了，供应就要脱节，就要使价格上涨，因而，使生产力迅速地作适当的调整。

因此，情况是这样的——这里，我们达到了上述三个命题中的最后一个了——在合理的经济理论中，本年度的生产力一般必须按照现有的财富所能供应的时期的长短，用于久远的生产用途中去（换言之，将用于较长的生产期中去）。如果积存下来的财富是这样的小，以致只能提供一年的生活资料，很明显，不可能把本年度的生产力用在平均三年的生产过程中去，因为在原有的财富被消耗之后和新财富出现之前的空隙之间，人们要挨饿了。同样也很明显，采用短于目前财富所允许的生产期，也是高度的愚蠢和不经济的。一个社会的平均生产期是和它的财富存量确切地适应着的，且完全以它为条件的。

① 不应当作出这样的假定：在满足了本年度需要之后，本年度的劳动必须用来为下一年度的需要服务，直到这种需要全部得到满足为止；例如，不该假定说：如果现有的财富能满足1889年的需要的5/10，1888年的劳动必须，甚至将立刻准备其余的5/10。不过，在1888年内产品又向成熟期前进了一年，而完全成熟是要待加进了1889年的劳动之后，才能在1889年内完成。

原理是很清楚的，但还有一个相当重要的数字问题得考虑一下：一个国家的财富量和被它所限制的平均生产期，两者之间的数字比例是什么呢？

初看之下，人们会回答说：——财富存量能供应几个月或几年，那么，生产期就是这些个月数或这些个年数。譬如说，如果一个国家一年的需要是五亿单位，而该国的财富所包括的物品值十亿个单位，那么，我们将说，平均生产期是两年。

但这个回答是错误的：或者，更确切地说，它只有在实际生活所不能遇到的条件下才是正确的。就是说，只有在生产不是分阶段进行的条件下，它才是正确的。如果生产是这样安排的，就是说，所有相互合作的工人们是在同一个阶段内同时工作的——我是说，如果所有的工人都从第一道工序起同时工作的；然后，再同时顺次进入第二、第三、第四个阶段去，直到末一个阶段为止，他们同时生产出全部制成了的完整的产品——在这种情况下，一个社会的财富，当然必须包括足够的物品（制成品形式的物品）来恰巧满足生产期中所包括的几年的需要。譬如，如果成衣业是这样安排的：第一年中，所有的工人整理羊毛，第二年制造机器，第三年纺成毛线，第四年织成呢绒，第五年制成衣服，财富存量必须包括全体工人五年内所需的制成品。因为在这种生产安排下，在该五年期内，除了原有的制成品存货外没有新成品加添进来了。

如果生产是按阶段安排，情况就不同了，而现在的工业就是这样安排的。一部分工人从事制造衣服——仍用原有的例子——其余工人同时从事于不同的阶段。在每一年中，工人中或许有 1/5 生产羊毛，另 1/5 制造机器，另 1/5 纺成毛线，另 1/5 织成呢绒，另

1/5 制成衣服。[1] 结果是这样：在生产羊毛和制成衣服的五年期内，在期初所存的财富（劳动的成果）上，逐步地加进一些新的东西进去：就是说，另有一些劳动的成果，就是在后来各期中所花费的劳动的成果，正在到达制成品的阶段。譬如说，在 1888 年 1 月 1 日有一群工人开始制造毛衣。这些劳动的成果在 1893 年 1 月 1 日以前是不能出现的。在另一方面，除了在 1888 年 1 月 1 日存货中的全部或局部成熟的产品以外，在 1893 年 1 月 1 日以前下列这些物品将成熟起来：——就是在 1888 年内从事于最后阶段的那些工人的一年劳动成果；在 1888 年内从事于倒数第二阶段的，和在 1889 年内从事于最后阶段的那些工人们的两年劳动成果；在 1888 年内从事于倒数第三阶段的，和在 1890 年内从事于最后阶段的工人们的三年劳动成果；最后，在 1888 年内从事于第二阶段的，而在 1891 年到达最后阶段的工人们的四年劳动成果。现在由于这些逐年成熟的物品可以满足 1888—1892 年五年内的生活需要的很大一部分，那就很明显，当一个社会在进入一个五年生产期的时候，必须掌握相等于全部五年需要的财富存量。或者，如果确已掌握了这许多财富，就可以采用长于五年的生产过程了。

如果我们从另一个角度来看这个问题（这样做，或许更能说明问题）：如果工人们是分阶段工作的，只要对那些在最早的生产阶段中工作的工人们准备好五年的生活品就可以了。在第二阶段里工作的工人们（他们的劳动将在四年之后成熟）只要为他们准备好

[1] 不论同一个工人相继地从一个阶段转入另一个阶段，或者——如在分工制度下那样——每个工人固定在同一个阶段中工作，结果完全是一样的。

四年的生活品。为在第三和第四阶段中工作的工人们，只要准备好三年和二年的生活品。为在最后阶段中工作的工人们（他们生产的产品一年后就制成了）只要准备一年的生活品。因此，把前数平均起来，我们可以说，要使全体工人从事于需时五年的生产过程，只要准备三年（$\frac{5+4+3+2+1}{5}=3$）所需的生活品就够了，也就是比生产期的一半略多一些。

适用于五年生产过程者也适用于任何年数的生产过程。如果我们费些时间计算一下，[①]我们很容易得出有关的规律如下。财富存量必须足够满足生产期的一半，再加上通常阶段的一半。例如，如果生产是以一年为一个阶段进行的——就是说，如果在该生产过程下，产品是每隔一年出现的——那么，在五年期的生产过程中（像上述例子中所举的那样）财富存量必须足够满足生产期一半（即 $2\frac{1}{2}$年）的需要，此外，还要加上“阶段期”的一半（即半年）；共为三年。如果生产阶段期为一个月（就是说，每隔一个月，制成品出现一次）财富存量应为 $2\frac{1}{2}$年＋$\frac{1}{2}$月。总括地说来：如果生产期包括 X 个阶段期，财富存量应足够满足$\frac{X+1}{2}$个阶段的需要。

十分明显，X 越大，那么上面这个正确公式和“生产期的一半”这种简略说法之间的差额也越小；而 X 的数量又因生产期加长和阶段分得越细而增长。在两年期生产过程中，如果制成品每年出

① 我把计算数字放在附录内，以避免正文的繁琐。

现一次，生产期包括两个阶段：依公式针算的数字是$\frac{2+1}{2}=1\frac{1}{2}$年——就是较简略的说法大50%。如果生产过程长达五年，而制成品每一个月出现一次，X=60，依公式计算为$\frac{61}{2}=30\frac{1}{2}$月，这同"生产期的一半"（那$2\frac{1}{2}$年）相差很小。如果生产期为十年，而阶段期为一个星期，X=520，依公式计算为$260\frac{1}{2}$星期，这和简略说法"生产期的一半"相差无几了。现在，由于在任何一个工业社会中，平均生产过程是很长的，而分工又很精细——差不多每天从这个或那个车间都有制成品生产出来——就可以相当正确地认为，一个社会可以采用这样一种生产过程，它的平均长度是它的财富存量能维持其生活的时期的两倍。①

第六章　资本主义企业的利润。一般生活必需品市场（续）

有人可能认为，在上章的讨论中，我们完全离开了本题，即生活必需品市场。在这章里，的确，我们到了问题的中心，因为我们将直接谈到那些构成和调节生活必需品市场的供求的东西。谁需

① 当然，许多生产由于技术原因是很难分阶段进行的；譬如，农业每年只收获一次。但尽管这样上述公式还是相当正确的；我不想把一切推论都建筑在正确无误的数字上，关于这一点我们应该认为满意。我要做的只是要确认下面这条反面的命题：财富存量所要维持的这个时期不需要较平均经济生产期为长。

要把生活必需品预付给他们呢？回答是：愿意采用资本主义方式来生产的任何一个人。[①] 需要多少呢？——需要量将和生产过程的长短成正比。需要的方式是什么？——分期预付的方式。再者，谁持有生活必需品可以预付给别人呢？——所有那些不自己消费掉、而从事“储蓄”的财富所有主。他们能拿出多少呢？——等于他们的财富量。交出的方式是什么？——同样是分期支付的方法——他们存货中未成熟的物品成熟一些就支付一些。这是我们生产手段市场和信贷市场中所存在着的真实情况——但，我承认，由于有了分工和采用了货币，这些市场上隐蔽着一层难于透过的薄幕。

现在，在生活必需品市场上，制成了的现在物品将按什么价格来和未来物品相交换呢？这是我们特别关心的一个问题。要回答这个问题，我们要比以前更为仔细地叙述一下供与求的广度，尤其是它们的强度。我们先讲供给。[②]

生活必需品的供给的广度我们已相当确切地讨论过了。它是一个社会土地以外的全部积蓄下来的财富，再减去那些境况在恶化中的所有主们自己消耗的一部分，以及独立生产的所有主们自己消耗的或预付给别人的那一部分。

至于供给的强度，根据本书第326页上所说的现代经济情况，我

---

① 我再重复说一次，在国民生产过程内，不工作的资本家和食利者也得靠预付的财富来维持生活，而且的确，通常生活过得很好。但他们对生活必需品的要求不是使现在物品具有贴水的市场条件的原因，而是它的结果。如果没有贴水，也就是没有利息，那么，没有人能作为食利者不工作而生活；他不是去参加工作，就得坐吃老本。

② 要注意，我们对参加市场的成分的称呼已经改变了。当我们考虑劳动市场上的特殊关系时，我们是把劳动作为出售的商品看待的，而把生活资料作为等值价格看待的。现在，相反地，生活资料是作为寻求市场的供方出现的。

们可以说，对资本家说来，现在物品的主观使用价值并不比未来物品的主观使用价值大。在最不利的情况下，他愿意以相近于20先令的现钱来交换20先令的两年后的货币，或者，同样地以相近于20先令的现钱来交换两年后将生产出20先令货物的一个星期的劳动。①

相对于这些现在物品的供给的需求是：

(1)大量不能独立从事生产的工资收入者，因此，他们作为一个集体，愿意把自己的劳动的未来产品和少得多的现在物品相交换。我们再用本书第332页上的数字来假定：有一部分工人在最坏情况下，愿意接受10先令现钱来同20先令的未来物品——即一个星期的劳动在两年后全部生产出来的值价20先令的物品——相交换，而另有一些工人，甚至愿意接受低到5先令的现钱来同它交换。

(2)有一些独立生产者，他们自己也工作，他们由于获得了预付给他们的一部分现在物品而能延长生产过程，因之，自己的劳动生产率也从，譬如说每星期20先令增加到24先令了。由于这些人明显地从预付给他们的那一部分中获得一些利益——只要预付了这一部分之后能获得多于20先令时，这预付部分总是对它们有利的——他们在必要时准备放弃这4先令——这是现在物品给予他们的贴水——的一部分。我故意只提到借款来帮助自己从事生产的人们，而不提到借款来雇别人作助手的那些人。后一部分人的需求不过是过渡性的：他们在市场上取去了财富所有主所供应

① 当然，要较20先令少一些；否则，资本家们便不能在交易中获利，因而无意作成这笔交易了；也许是19先令6便士，或19先令9便士——这里差别很小，我们可以不予考虑。

的一部分，而在另一个局部市场上转手给他们的助手们。

(3)一小部分人，他们由于个人急需，要借款来消费，也愿意对现在物品付出贴水。①

这里我们看到，构成需求的这几类人，他们的情况是这样，他们有需求因此都愿意，而且也可能在必要时，比较大数量的未来物品来同较小量的现在物品相交换；换句话说，都愿意对现在物品付出贴水。因此，情况就是这样，凡是供给者都把现在物品和未来物品评得**一样**高，凡是需求者都把现在物品评得**高于**未来物品，价格的决定仅依赖于双方数量的对比。如果现在物品的供给多于需求，就没有利息。我们知道，合成市场价格总是低于那些不能成交的卖主们的主观评价。如果需求数量很小，结果供给的现在物品不能全部销售，又如果所有的资本家——甚至那些不能卖掉他们目前商品的资本家——对 20 先令现在物品只估为相等于 20 先令的未来物品，那么，20 先令现在物品的市价就不可能高于 20 先令的未来物品；现在物品就没有贴水了。相反，如果现在物品的需求多于供给，买主们就不能全部得到满足。我们所熟知的淘汰过程就要出现。凡能对现在物品付出最大的贴水者就能成交；其余，不管多少都被淘汰掉，虽然他们也愿意付出些(较小的)贴水。但既然市价总要高于被排挤掉的买主们所喊出的价格，又既然这些喊

① 我也许可以把如下的地主们称作第四类需要：他们不靠自己劳动而靠地租收入过日子；并像工人们那样，出售未来物品——生产性物品土地的使用——而获得预付给他们的生活必需品形式的代价。但我故意不在这里指出这一类需要，因为，并不是每一种经济中都存在着靠地租过日子的地主们，也因为，在任何情况下，虽同时有地租存在着，但利息的出现——这是正文要予以证明的——和地租是各不相关的。

价中也包含着贴水，那就很明显，在这种情况下，现在物品的市价中必然也包含着贴水——不论大小。

现在我们可以指出——在这里，我们已到达了我们漫长的研究历程的目标了——现在物品的供给量必然小于需求量。供给量，即使在最富裕的国家内，也会受到当时人民的财富量的限制的。但需求量实际上是无限的，至少当产量随生产过程的延长而增长时，需求量就会继续增长，而这个限度就是在最富的国家内，也是远远超过当时的财富量的。

如果有一批人他们是像罗雪尔所说的穷渔民那样做一天吃一天地过日子的，那就不消说得，他们一定热切希望获得一些可以使他们有时间来造船与结网的最初一批辛辛苦苦节约下来的存储物品的，同时他们也愿意以未来物品加上一些贴水来交换它们。但在生活安适富裕的人们中，情况不同，但不是性质不同，而是程度不同。如果存货足以维持人们在平均一年长的生产过程中的生活，而每个人都愿意采用二年长的生产过程（由于生产率高），但存货不足以维持两年的生活，那么，像以前一样，竞争就要开始了；有些需求者就要被排斥掉；而对现在物品的贴水就会出现。如果存货足以维持五年或十年长的生产过程，情况也不会有所不同。如果由于生活资料的日益丰富，平均生产期已不是五年或十年，而是六年或十一年了，人们总愿意采用这种更有利的生产方法而竞相争取不敷全体需求的生活必需品，从而不可避免地会使现在物品的贴水提高。

利息和贴水必然会出现。姑且假定它们不出现。在庞大的生活必需品市场上，现在物品和未来物品等量相交换，而工人们做了一星期工作（未来物品）得到相等数量的现在物品。再譬如说平均生产期(假定在一个极富裕的国家内)是十年;又假定一星期工作产生 40 先令,而该工人得到的工资也是 40 先令。将会产生什么情况呢?在十年期的生产过程中雇用工人和他一起工作的企业家,除了他自己的个人劳动以外,什么好处也得不到。因为工人们在生产期末为他生产的 40 先令已经全部作为工资付出去了。但如果他进一步把生产过程延长,情况又将怎样呢?如果在十年生产过程中,一星期工作能产生 40 先令,经验告诉我们,在十二年的生产过程中,它将产生譬如说 44 先令。在再长的生产过程中,如十五年,它将产生 48 先令。现在,根据上面的假定,企业家能够在生活必需品市场上以等量的未来物品同现在物品相交换,那么,不把生产过程延长到十五年,才是傻瓜哩。如果他把生产过程延长了,他从借来的预付生活费中付给工人 40 先令(就是市场上的价格),十五年之后他从产品中收回 48 先令,从这 48 先令中他以等价(40 先令)偿还借款,他从每星期劳动中留下可观的 8 先令利润。这里,我们就有“剩余价值”,资本的利润。

要防止这种利润的出现,工人的工资必须从 40 先令提高到 48 先令。但这是不可能的。因为众所周知的竞争的平衡倾向不会让某一种部门内的工资不断地升上去——不计特殊的个人才能——因为那时,工资低的部门中的工人将涌到高的部门中来。但工资要普遍涨到 48 先令也是不可能的,因为现有的存货只够维持平均十年期的生产过程。结果,只有少数部门的生产过程能延长到十五年,大多数部门的生产过程仍为十年,每星期只产生 40 先令,因之不允许工资涨到 40 先令以上。

在另一方面,很明显,另一些东西将会出现。不管企业家 A 怎样精明，无息借到款项，从而从每星期劳动中获得可观的8先令的剩余价值，企业家B、C、D和E也不甘后人。大家都会有这种延长生产期、增加预付生活费的愿望，结果，对生活必需品的需求增加了，有限的维持基金就不能满足这种需求；最后，在需求者们之间排斥现象就又出现了。于是，在这里，我们又看到在现在物品的一般市价上，贴水又出现了，这种贴水我们曾姑且假定是不存在的。

这个结果对社会的正常和真正的供应不但是健康的，而且是必要的。不付出贴水而能获得生活手段的可能性必然会诱使企业家们不适当地延长生产过程。如果这种情况只在几个生产部门中发生，有限的生活必需品留给其他生产部门的必将相应地减少；这些部门就得不自然地缩短它们的生产过程，随着就会发生社会供应量的不足，不足之数将超过有利的生产部门通过过分延长生产过程而取得的增加了的利润。[①] 但如果各企业一律都过分延长了生产过程，社会的生活必需品存量将等不到过长的生产过程的产品成熟就用光了；就会出现供应的不足，穷困和苦恼。物价的飞涨将把受到不适当的指导的自然力拉回来，并（很困难地）把它们用来供应目前的需要。要没有侵扰和损失而做到这一点是不可能的。

现在，经常出现的对现在物品的贴水，好像是对延长生产期的趋势的自动阻碍物；虽然它没有一下子抑止这种趋势，但它使这种

① 减少部分要大些，因为经验证明，多余的利润是随着生产过程的延长而递减的。五年期生产过程的产量和十年期之间的差额，要大于十年期的生产过程和十五年期的生产过程之间的差额。如果一个社会的财富存量能维持十年期的生产过程，而一个部门被迫缩短生产过程为五年，因为另一个部门的生产过程已延长到十五年了，该社会损失了大的差额，赢得了小的差额。因此，从整体看，这样做法是不经济的。

趋势越来越困难，计划规定的生产过程越长就越加困难。因此，凡对社会供应有害的生产过程的延长在经济上就将不可能了。超过平均期的适度的延长虽然没有受到绝对的阻止，但只限于某些部门中，这里，由于特殊的经济和技术情况，延长后的生产率很大，足以承担日益增加的贴水负担。而生产过程延长后生产率略有提高的一些生产部门，却宁愿采取低于平均生产期的生产期以免贴水的负担。这样，到最后，在贴水的影响下，全部生活维持基金自动地按照能使各生产部门采用对整个社会供应最为有利的生产过程的数额，分配给各生产部门。[①]

在这里，我们可以祝贺自己，我们已胜利完成了我们目前任务中一件最重要的用实物说明理论的工作。它完全证实了我们从生产性工具（劳动）作为未来物品的性质中得出来的结论，它也给了我们一个解释，大家议论纷纷的企业家的“剩余价值”的钥匙。它指出，在这社会的庞大而复杂的生活必需品市场上，现在物品必然有贴水，它是这个永恒事实的合理结果：现在物品比未来物品更为有用，更为人所企求，但它绝不是永远存在和取之不尽的。这样，这种在机体中所必需的贴水，在借贷市场上，是以利息的形式直接付出的，而在劳力市场上，它是以低于劳动的未来产品的价格的劳动价格的形式付出的，因此，就为获得剩余价值留下了余地。

① 贴水停留在某一高度，经常会使人怀疑资本的使用不再有利了，“资本已经饱和”了。但真相是：有利的使用机会总是有的，而资本常是不足的；不过，由于贴水之高——这是资本不足的结果——使许多有利的使用机会在经济上成为不够有利了。这种情况正像在歉收之后，由于谷价过高，在某些个别市场上，找不到买主了。不能说，谷物过多，需求不足了；恰巧相反，谷物过少了，通过竞争所造成的排斥作用，只有需求中的很小一部分能前来问津。

规定这种生产手段（劳动）的价格的原理，同样也规定了原始的生产手段“自然”的价格，或者由土壤（它有一种经济特性——通常根据其主要代表物称为土地使用）提供的各种功用的价格。如果一块土地——除去了补全的生产性物品的贡献部分以后——在一年内能生产一百蒲式耳谷物，或在五年内饲养出一百斤牛肉，没有人会愿意以现在的一百蒲式耳谷物或一百斤牛肉来租用这块土地，如果现在的一百蒲式耳谷物或一百斤牛肉用在较长的生产过程时，或在借贷市场上直接和未来物品交换时，或者用来雇佣工人时，能获得多于未来的一百蒲式耳或一百斤的话。因之，土地的使用，当它和现在物品交换时，不可避免地要把价格削低些，正像劳力这种生产性物品一样。

最后，这些原理也以同样这些理由适用于中间产品的价格。一般的具体资本——原料、工具等等——都是以低于它们所生产出来的未来物品的价格相买卖的。很容易逐点地来证明这一论据，正像我们对劳动的价格所做的那样，但中间产品的情况太类似了，我觉得无需这样做。

一般地说，我们刚才提出的原理的重要性并不在于它证明了生产手段以低于它们的生产品的价格买卖这一点，因为这是经验和各学派的学说所教导我们的一个老的司空见惯的事实；我们研究的真正的重要结果是，它指出了这个熟知的事实乃是那些现在物品优于未来物品的各种原因的必然结果。

在几章以前，我认可了社会主义利息理论的某一个方面——就是根据生产力卖价之低廉，来解释剩余价值的这一个方面。现在我来补充说明，这个理论在哪些方面是错的。首先，它只根据低价买进劳动来解释利息。但利息也是由于低价买进土地的使用而产生的。当然，从数量上看，从低价购买劳动得来的利润要更重要得多。从“低”价买进中间产品得来的利润不必在这里指出；它和从购买原始生产力得来的利润一样，可以用同样的原理来解释。

第二，正如我在本书所说过的，买价并不像表面上所看到的那样低，因为买进的物品是以（抑了价的）未来物品衡量的，而价格是以（十足估价的）现在物品衡量的。

最后，劳动的价格相对地低这一事实并不是工人们由于贫乏而不得不接受剥削的结果。在某种程度上，虽然，或许在较小程度上，这可能在没有强制情况下（如果财富分配得相当均匀的话）确是个事实。要证明这一点，让我们再度考虑那种原始的情况，这些情况由于和现代经济不相称的缘故，我在前章中仅匆匆提了一下，假定一个社会，其中每一个人都是财富所有主和独立生产者，他们采用两年期生产过程，劳动的生产率适当地提高。假定在这个社会中——这不是一个贫穷的社会——有某一个生产者拥有足够维持自己六年或足够维持自己和另一个工人三年的生活手段。一年劳动的产品，我们假定如下：——在两年期生产过程下为 52 镑（每星期 20 先令），在三年期生产过程下为 60 镑，在六年期生产过程下为 65 镑。[①] 如果这个人不雇助手而延长了他的生产过程，在六年之内他获得 6×65＝390 镑。如果他雇一个工人而同他一起工

① 我假定，六年生产过程的利润略微多于，而不是大大地多于三年生产过程的利润，以便更接近于下列经常提到的经验：生产过程逐步延长，多余的利润就逐步递减。

作三年，他在六年内从自己的劳动获得 6×60＝360 镑，而他的助手的劳动也生产出 360 镑。他可以付给他的助手多少工资呢？

很明显，他付出的工资不可能是十足的 360 镑（就是每年 60 镑），因为这样做对自己是有害的。他单独工作，在六年内可获得 390 镑；雇一个人他只获得 360 镑。因之要避免这项损失，他必须从助手的产品中，至少扣留 30 镑，因此，他只能至多付给他的助手 330 镑，或每年 55 镑。如果他这样做，这项生意显然还是对这工人有利的。企业家一无所得；这个工人获利多些，因为他现在每年获得 55 镑，而如果他自己做独立企业家，在两年期生产过程下，只能获得 52 镑。在这种情况下，剥削是不存在的，被迫协议也是不存在的，但工资（虽然它已经在经济上最大限度地有利于该工人）还是低于未来产品的十足价格。这当然是一个十分明显的证据，证明“低价”买进劳动定有其他理由，而不是由于强制和剥削了。

第七章　耐久物品的利息

物品所以对人类有用，是由于蕴藏在它内部的自然力的作用，或者像我在其他地方所说的那样，是由于提供它们的物质服务。关于这些物质服务的性质和重要性，我已在以前的著作中阐明得很充分了。[①] 现在，我只想再谈谈把我那时所说的和目前我们要讨论的问题联系起来时必须考虑的几个问题。

许多物品在技术构成上只能提供一种单一的服务，而在这种

① 参阅《资本和利息》，第 219 页，兼阅《法权和分配》，第 57 页。

服务中耗尽它们的全部有用性。这些物品就是我们所称的不耐久物品。在这些物品中,物品和服务是一致的。此外还有许多物品,能够提供多次连续的服务。我们称这些物品为耐久物品。工具、住宅、服装和土地就是这些物品的例子。在这里,一次服务形成一个较小的经济单位,显然和物品本身不同,它能够取得某种经济上的独立性。为了提供一项单独的和有限的满足人类需要的作用,一个单独的服务是可以从物品的有用性中分出来的。同一种物品的各种服务,可以独立地和不同地加以处理。单独的服务,或许多不同的服务,可以被独立地转让、馈赠或出售给不同的人,正如我们每天在熟知的租让或雇用合同中所看到的那样。这些服务可以得到独立的价格;这当然就必须以具有独立的价值为前提。[①]正

① 物质服务本身是不是"物品"呢?——许多作者认为它是的,如赫尔曼(《政治经济学研究》,第二版,第 109 页),或门格尔(《国民经济学原理》,第 132 页)即是。另外一些近代作者,像萨克斯(《理论政治经济学基础》,第 209 页)和麦耶(《收入之木质》,第 155、168 页),都强调从物品概念中将服务本身排除出去。(萨克斯主要是指人的服务说的,不过,对人的服务正确的东西,在逻辑上对物质服务也必然是正确的。)按照我的见解,问题似乎如下:首先,整个问题并不是科学知识上的问题,而仅仅是一个提名上的问题。倘若物质服务的性质和地位,在经济学中能被正确地承认的话,那么,要不要用物品这个名称来称呼它是没有多大关系的。然而,不承认物质服务是物品的那些作者,依我看来,抱着一些不正确的见解。像麦耶(同上书,第 156 页、157 页注 4)否认物质服务的经济手段的性质,而宁愿将它们解释为"需要的满足"即是一例。根据我对物质服务的理解,它是用来满足需要的一个实际手段,并不是需要的满足本身。物质服务是介于产生它的物品同它预定引起、而未必经常引起的需要满足之间的独立媒介。例如,如果我租用一座烤面包的烤炉——亦即购买它的使用或它的物质服务——我实际上所买到的是什么呢?难道我直接买到的是需要的满足——止饿吗?——当然不是的。或者买到的是烤炉本身吗?——也不是,或者,也许买到的是用烤炉做出的面包吗?——更加不是了。我买到的正好是称为烤炉的这种物品的一个物质服务,或一组物质服务;这些服务是生产面包的手段,此外,也是满足一种生活需要的手段。因此,物质服务是真实的,也是——按照正文中所述的意义——独立的经济手段和对

正是这些物质服务的价值，我们现在将予以注意。

除了决定一般物品价值的那些规律而外，这种价值不可能受任何其他规律的支配。一次服务得到价值，同一个物品得到价值一样，也就是说，由于它能满足依赖于它的需要。它的价值量也是用依赖于它的需要的重要性来衡量的，也就是说，是由这样种类和这样程度的服务可以得到的边际效用量来衡量的。

因此，在物品本身的价值和它的各种服务的价值之间，存在着一个密切的关系。这个关系的性质简直不需要解释——一种物品显然具有与它全部服务的总和相同的价值。如果一种物品能够提供十次服务，如果每次服务能满足某种需要，那么显而易见有了这种物品也就能获得这些满足，就能获得所有十次的满足。而从这

象。——为了解决提名的问题，如果我们现在追问物质服务在其他经济手段中的地位的话，我们似乎可以得到下列结论。将它列入福利的原因——使我们的需要得到满足的原因——之中，是不可能有任何怀疑的。促进我们的福利的一方面是对我们有用的人（如教师、监护人、牧师、艺术家、工人、佣人等等）；另一方面是有用的物。通过它们有用的力量的运用——亦即通过有用的服务，两者对我们产生出效用。在提供福利的物质手段的范围内，我们将物同它的服务都作为经济对象来看待，但在提供福利的人的手段的范围内，从奴隶制废除以来，我们不把对我们有用的人本身，而只把他们的服务，作为经济对象来看待。因此，我们满足需要的经济手段，可以具有如下的形式：

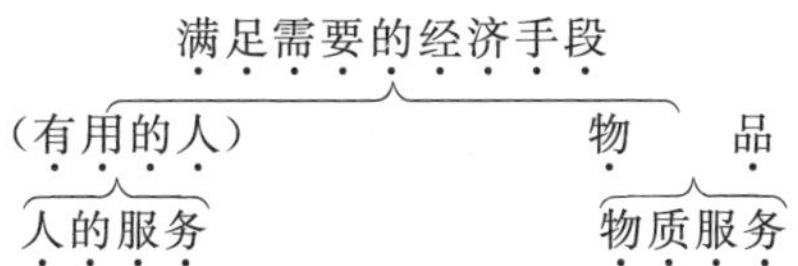

这是一个关于适当的提名的问题，即这两类中的哪一类该称作“物品”呢！我个人深信，科学非常需要用一个简短的词来概括满足需要的各种手段。目前，由于“物品”这个词完全适用于这个目的，而且已经长期被这样用了，我看不出为什么现在一定要废除它。当然，有一个十分迫切的要求，要把物质服务和产生这些服务的物品区别开。不过，这点可以简单又充分地做到，只要在一般的“物品”概念里，加进“物品”和“物质服务”之间区别就可以了。——像权利、利害关系、所有权这些东西，（由于种种理由）甚至也不能包含在这个广义的物品概念中。

些满足中，这些服务取得它们的价值。

当然，不耐久物品的情况是最简单的。在这里，单独一次服务的价值，同物品本身的价值完全一致。例如，一卷软片提供给我们的服务的价值，和一卷软片的价值相同。耐久物品的情况就比较复杂了。我们经常把耐久物品的价值，当作是一个合成的总额；当作是由它的一连串服务所满足的许多需要的重要性组成的；或者——用其他方式来说——当作是由这些满足所依赖的服务的各个价值所组成的。如果一个农民要买一台打谷机而计算它的使用价值，他将考虑机器的寿命和它所能做的工作，并由此来计算机器能够提供多少次服务，和每一次服务对他可以有多少价值①。

然而，这里可能有另一个复杂情况。如果耐久物品的各种服务在一个较短的时间内被消耗掉，则它提供的各次个别服务只要性质相同——为了简化起见，假定他们都是相同的——其价值一般相等，而物品本身的价值，是用每次服务的价值，乘物品可能提供的服务的数目来求得的。不过对许多耐久物品而言，诸如船只、机器、家具、土地等，它们所提供的服务持续在较长的时间内，结果

① 根据“成本”的一般评价方法，很难理解上述内容。因为这种方法总是把物作为一个整体来对待的（参阅拙著《法权和关系》，第 64 页，注①）。凡能理解我们所说的什么是成本规律的性质这一概念，从而认识到，即使在物品似乎是从它的成本中得到价值的场合下，物品的效用总是站在它的背后作为价值的真实来源，而且无论如何，“成本”一定经常同——独立地规定的——物品的边际效用相符合的读者，那么他就不会被任何相反的表面现象所迷惑。甚至在这些问题中，例如，耐久物品一般是不是值它的成本，因而，我们要生产它呢，还是购买它呢？我们必须对它的效用有一种看法，我们很难了解，如果不根据该物品的（个别的或整体的）物质服务的价值的话，这种看法将怎样形成呢？——关于正文中讨论的全部问题，也可参阅拙著《法权和关系》，第 61—68 页。

是:不经过一段很长的时期,后面的各次服务就不可能实现,或者至少是不能在一般经济方式下实现。

因此,较远的物质服务的价值,遭到和未来物品的价值相同的命运。一个在技术上和本年的服务完全相同、但必须到来年才能实现的服务,它比本年的服务的价值要小一些;另一个必须在两年以后才能实现的相同的服务,其价值要更小一些,如此类推。远期服务的价值,随着它实现时间的推迟而减小。比方说本年的服务值一百,那么来年的服务——假定每年相差5%——按现在的评价只值95.23;第三年的服务只值90.7;第四年的服务值86.38;第五、第六和第七年的服务分别值82.27,78.35和74.62。耐久物品的价值在这种情况下,不可能是当前服务的价值和服务总次数的乘积,而是各个递减着的价值的总和。如果一部机器本年的使用值100,它还能够再做同样质量的工作五年,则机器不是值6×100=600,而是值100+95.23+90.70+86.38+82.27+78.35=532.93。①

① 这些数字是根据这样一个假定得出的:即全年效用是立即全部得到,而且是在年初预计全部得到的。例如,租用年利为100而在每年1月1日付息的物品。另一方面,如果每年的使用只能在年终得到的话,则年初的评价,必定要少得多。这就是说,如果本年的使用只能在12月31日得到的话——亦即实际上延后了一整年——那么,在1888年1月1日就不能评它的价值为整整100,而只是95.23;同样,“来年的使用”如果在1889年12月31日才能得到的话——亦即实际上延后了两年——则本年年初只能评价为90.70,余类推。至于整个物品的价值则为95.23+90.70+86.38+82.27+78.35+74.62=507.55。最后,如果效用经常能够在年中得到,或者若效用平均地分布在全年,这时,评价数字便成为——按照1月1日的评价——97.56+92.85+88.38+84.12+80.07+76.21=519.19。——评价数字应当根据评价的日期同得到效用的日期相距的远近而相应的改变,这是十分自然的事,也是日常财务生活中十分熟悉的事。有价证券——它正是一种年年有用的“耐久物品”——的价值在利息或股利到期之前,总是比前一时期稍高一些。我可以注明,上述评价数字同以前一样,都是取自施皮策的利率表,并按年利5%计算得出的。

在这部机器的工作寿命期间发生什么情况呢？在机器的第一年使用中，物主得到价值为一百的“当前的”服务。这样消耗了的或实现了的服务，当然是从机器（我们可以将它称作“使用的承担者”）上得来的，那么物品就要损失一部分价值。但这笔价值上的损失，不可能完全同已经实现了的并被扣除了的服务的价值一样大。它被仍然留在机器中的服务的增值，部分地补偿了。在开始使用时算是“来年的”那些服务，只值现钱 95.23，而在一年后就成为“本年的使用”；它已前进了一年，也得到 100 的全部现在价值。同样地，原先的第三年的服务，现在也变成第二年的服务，其价值也从 90.7 增加到 95.23。第四、第五和第六年的服务也各升了一级，各具有第三、第四和第五年服务的价值。在每一个较后的服务的后面，有着另一个准备代替它的服务，而且将全部代替它。唯有最后的服务，即第六年的服务，没有为任何紧接着的服务所代替。因此我们发现，耐久物品在一年使用中遭到的价值上的损失，恰巧等于物品固有的最远服务的最初价值。当然，这一价值小于当前服务的价值，即被认为是“当前收益”的那个服务的价值；于是又出现下面的情况：对于耐久物品的物主来说，在扣除了物品使用年份中遭到的损失（价值上的这个损失普通被称为“耗损”）以后，当前报酬中常常有几成剩下来作为净利润或净利息。这个“几成”恰巧等于原来物品——即效用的“承担者”——的全部价值（即“资本价值”）的一般百分比。这种巧合是最容易解释的。因为这个“几成”是从物品的全部服务当其由将来逐渐变成现在的增加的价值中得到的。很自然地，当每一次服务距实现的时刻更近时，它在价值上增加的比率，等于过去由于实现期未到而低估的比率；这就是说，它在其本身的价值上，按一般的市场利率增值着。不过，正如我们已经看到的，由于物品固有的全部服务的各个价值的总和，构成了该物品的价值，因此，全部服务价值的增值加在一起，必定恰巧等于一般市场利率乘物品总价值。

把这些用数字来表达出来。一件物品每年能提供服务共六次，在第一年初，以目前价值计，共值 100＋95.23＋90.70＋86.38＋82.27＋78.35，就是 532.93。在第一年末，它现在能每年提供服务五次了，以目前价值计为 100＋95.23＋90.70＋86.38＋82.27，共值 454.58。因此，损失的价值为 78.35，这就是以前最后一次服务的价值。但是由于从该年度里所获得的价值量——出卖的而现在减掉了的服务的价值——是 100，就有 21.65 的净利，这恰恰是 432.93 的 5％。而 432.93 就是该物品在减掉了已实现的第一次服务之后所值的数目。[①]

同样地，在第二年中，物主又实现了当时已成为现在且值 100 的服务。这又从原来的物品价值中扣掉。但以前值 95.23 的下一个服务现在值 100 了；再下一个服务现在值 95.23 了，等等。只有最后一个原来值 82.27 的服务，现在找不到另一个来代替它。因此，在使用的第二年末，该物品还有四次服务，共值：100＋95.23＋90.70＋86.38，即 372.31。较之年初的 454.58 损失了 82.27，这就是最后一次服务的价值；较之收入 100 它又有净利 17.73，就是剩下来的、价值略微减少了些的资本[②]的利息。这样一年复一年

① 如果在这年的第一天减去 100 中的部分收益，该物品当然不再会生息了。但，反之，如果这一年的效用只能在年末得到，当然，要根据它的全部期初的价值来计息；这点将在以后更详尽地指出。

② 即 354.58 的利息，因为在年初减去的 100——这可以独立地获得利息——不再通过该物品而获得利息了。

地下去，总收入总是不变的（因为根据假定在技术质量上服务量是不变的），耗损部分总是递升着的（因为决定价值损失的边际效用更接近于现在，因而更接近于现在价值），而净利息总是递减着的（同耗损所引起的资本的缩减相适应着，而利息是根据资本额计算的），直到该物品提供了它的全部有用性，就是说，直到全部被消费掉为止。

因此，用一般术语来说，我们可以把耐久物品的利息现象简单地说明如下。耐久物品的所有者总是能够得到当时的现在效用的全部（较高的）价值，而这就是这种物品的“总收益”，即“总利息”。另一方面，由于较远的服务越来越接近现在，他只损失这种物品当时固有的最后服务的较小的价值。这一较小的价值决定“耗损”数量，因而总利息和耗损数量之间总有一个差额，这个差额就形成他的纯利润或纯利息。因此，利息存在的原因不是别的而是未来服务在价值上的增长——以前价值较低的服务，在该物品的使用期间，逐渐变成现在的服务了。①

① 如果一年的服务只能在年底获得，估价的数字将有所修改，从而利息数字也要修改，但这种现象的原理，特别是要减去当时最后一次服务的价值这一点是不变的。在下面这个表里，我举一个例子说明这种情况下的价值变化情况。有一件物品能使用六年，而在每年末可得效用100，它的最初价值正像上面所说的等于95.23＋90.70＋86.38＋82.27＋78.35＋74.62＝507.55。

年度	1月1日的价值	12月31日的价值	毛利	耗损	净利息
1888	507.55	432.93	100	74.62	25.38
1889	432.93	354.58	100	78.35	21.65
1890	354.58	272.31	100	82.27	17.73
1891	272.31	185.93	100	86.38	13.62
1892	185.93	95.23	100	90.70	9.30
1893	95.23	——	100	95.23	4.77

这样，我们的理论把耐久物品所给予物主的利润追溯到和借款利息和企业家的生产利润相同的原因上去了。我认为我有理由说，这是这个理论的特殊的功绩，同时，也是它的正确性的有力证据。因为耐久物品的利息问题正是所有以前的利息理论的绊脚石；它好像是和其他各种利息理论相对立的。如果其他各种利息能够用资本的生产率来解释，这当然不能用来解释不生产的耐用消费品——像住宅、家具、出租的钢琴、图书馆的出借书籍等等——的利息。或者，如果企业家的利润被追溯到——具有或多或少表面上的理由——对工人们的剥削，就产生这个问题：工人们被一所房子的主人剥削了什么呢？假定有人付出2 000镑(房子的全部价值)给造房子的工人们作为工资，因此，从房子方面丝毫没有发生过一点从剥削得来的利润；但是，这所房子依然年复一年地提供给他一百镑的资本利息。哪里去找可以从他那里用欺骗或暴力取得一百镑的这样一个工人呢？

“使用理论”至少初看起来，更能够解释这一种利息，因为，它是直接根据不易损坏物品的耐久使用现象来的。[①] 但它不过是表面的解释。它又为“更广的”和“较狭的”使用，以及“总”效用和“净”效用这些微妙的名称所缠搅着——用这些名称来说明某些现象是很正确的，但不能代表鲜明和确切的概念——它们又完全没有解释净使用的价值和总使用的价值之间的关系，或物品本身的价值和它的耗损量之间的关系。净利息的高是不是因为资本价值高呢，或者，资本价值的高是不是因为净利息高呢；总利息是其他

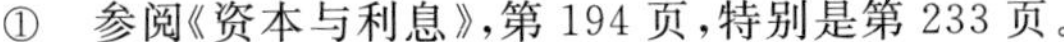

① 参阅《资本与利息》，第194页，特别是第233页。

两个数量的原因呢，还是它们的结果呢——对于这些问题，我们在赫尔曼、克尼斯或沙夫尔等人的著作中找不到明确的探讨和真正的解释。对这些问题，我们的理论提出一个概括的回答。物质服务（总使用）的价值形成因果锁链中的第一环。"效用承担者"（即原来的物品）的价值是它的各次物质服务的价值的总和。耗损是仍旧包藏在该物品内部的服务的缩减的结果，它，由于后面各次服务因时间的进展既不等于使用期内分离出来的物质服务的价值，也不相应于物质性耗损的程度[①]（如果该物品能使用六年，物理性耗损将每年等于全部有用成分的1/6），而只等于计算时最后一次，即最远一次服务的价值。也就是这种时间的进展，造成后面各次服务的增值，从这种增值中产生了净利，即资本利息。

那些阐明了来自耐久物品的利息的理由也大有助于阐明另一种同样熟知且同样被误解的现象——资本化现象。这是众所周知

① 这是理论迄今完全未加注意和说明的一个很值得注意的事实。我已经在拙著《法权和关系》第68页，注6上提请读者注意了。就实际事实来说，一件物品在其磨损过程中遭到的价值递减并不和它的实际磨损程度相等；可是，无疑问的，在开始时，减值较慢，而随着时间的推移逐渐加快。这可能在最纯粹的形式中看得出，因为在这里，在估价一定年数内提供固定年收入的有价证券时，没有为主观的不正确性和变化不定的东西所混淆。例如，一张债券，它保证持券人有权在十年中每年抽取1 000镑的息券，而其原始价值（按5%复利计算）为7 722镑（施皮策利息表，第274页），它不会在十年期内每年损失772.2镑，虽然每年它恰巧损失它的内容的1/10。在第一年它损失614镑，第二年645镑，第三年677镑，接下去为710镑，747镑，783镑，823镑，864镑，907镑，而最后在第十年为952镑，这是在这最后一年的开始时仍然有的价值。但在其他种类的耐久物品中，这种磨损过程也可以很准确地观察出来，虽然，由于明显的原因，我们很少作这样确切的计算。以后，我还有机会提出这一类的事例。现在，在我所知道的一切文献中，我还没有看到对这一事实提出过解释——这个事实确实是有解释的价值的。的确，这样一种解释，不可能从以前的理论体系中得出，特别不能从使用理论中得出，而它却能从我的理论中自然地涌现出来。

的情况，凡给予我们相当永久性收益的物品，我们就根据这种收益给它们某种“资本价值”。我们估计它们的价值等于能按当时的利率在同样长的时期内产生同量的收益的货币资本。因此，一所每年租金为 500 镑的房屋，我们估它的价值为 10 000 镑，如果一般利率是 5%的话；或者估它为 12 500 镑，如果利率是 4%；或者，如果一部机器六年内每年提供总值 100 镑和一些递减着的净值，我们估它的价值在 500 镑以上。

为什么我们估计它们恰巧值这许多？普通的解释是：因为这些物品提供一定数量的净收益。我们必须认为它们的价值相等于能提供同量收益的一笔货币。但这是不正确的，或者可以说，它根本不是个解释，而是一种循环论证。净收益的存在不是使该物品具有一定价值的原因的主要事实，但相反地，如果这种净收益出现的话，该物品一定早已有一定量的价值。在我们的例子里，如果在六年内共产生 600 镑收益的这部机器，被估值 600 镑，那么，显然它的全部收益将被“耗损”所抵消，那就没有留下丝毫收益。只是因为它原先没有被估价得这样高，只估得比 500 镑稍多一些，所以在扣掉了耗损之后还有些净收益剩下来。关于房子和土地等等的收益和它们的资本价值，情况也完全一样，这点我将在另一处进一步说明。

唯一正确的概念，唯一能真正说明这种现象的概念，就是现在所说的概念。真实的主要事实是，未来物品和未来服务的价值较低；其次是，包藏着未来服务的原来物品，其价值被估得低于它们以后逐渐提供出来的服务的总价值；最后，作为结果，就有这个事实，即资本化了的数量小于它逐渐提供出来的服务所实现的数量，因而收益中就有净剩余。在一方面有该物品的价值，另一方面有它的净收益;我们把前者比作一笔货币资金,它按当时利率提供同样数量的净收益——这种说法是一种巧合,我在上面已经解释过了。由于这种巧合,最后很合理地也很可理解地,在实际经济生活中,根据现存的事实,就采用它了,就把物品的净收益当作估价的基础了。它是一个捷径,它实际上是很合适的,虽然它把因与果完全颠倒过来了。[①]

第八章 耐久物品的利息(续)

让我们继续讨论。刚才解释的利息现象是一切耐久物品的特征,消费性物品和生产性物品都一样。不过,关于生产性物品另有一种情况,这种情况的影响必须加以考察。当物品用作生产手段时,不但未来服务离现在很远,而且现在服务和未来服务两者,离通过生产首先必须达到的经济目标也很远。依照我们所熟悉的原理,他们的价值所依据的最后目的是在未来可以从它们[②]那里得到的产品。但是,当前的服务——即使是正在实现中的服务——离达到这个目标还有一段差距,这差距就是投入生产和变成最后成品之间不可缺少的生产时期。例如,假使这生产时期是两年,当前的服务离目标有两年之久,离获得它的十足的现在价值的时候也是两年;与次年的服务相隔三年,再次年相隔四年,依此类推;可

---

① 门格尔在其最有价值的论文《关于资本理论》(Zur Theorie des Kapital,载《坎纳德年鉴》,第17卷,第47页)中,(它出版时,本书正在付印中),也竭力反对使用理论,他说使用理论,在资本化概念方面,没有解决该问题,而不过在问题周围打圈儿罢了。

② 在减去了合作补全因素的份额以后。

是，在耐久消费品的场合下，每一服务就在这一年内，或就在提供服务时，就达到了十足的现在价值。那么，这就产生双重的效果：首先，生产性物品的服务的价值，比它们的十足的最后价值要小一些，其次，它们价值的增长，由于这个原因要持续得长久些。在生产性物品生产出来之后，并开始投入生产时，它们就在所投入的生产的整个期间产生利息；不过，在实践中，这种利息并不划归作为“支出”的一部分的耐久物品，——的确，它现在从支出中划分出来了——而是划归它划分出来时所转入的“营业”或“流动”资本。

举个例来证明。一件可用六年而在每年终产生效用 100[①] 的耐久消费品，它值，正如我们所看到的，95.23＋90.70＋86.38＋82.27＋78.35＋74.62＝507.55。[②] 在另一方面，一件可用六年而它的每年使用提供最后效用 100 的耐久的生产性物品，再使用两年之后，具有如下的价值。首先，在年终得到的当年的使用，当时为 100，再隔两年（即一共三年）就目前价值来说，仅值 86.38。次年的使用，在四年后值 100，在今天只值 82.27。同样，第三年的使用，现在价值为 78.35，第四年，值 74.62，第五年，值 71.06，最后，第六年的价值为 67.68。因此，整个生产性物品，价值为 460.36。

在第一年使用的末期，第一次服务被摘除了，同时，这个服务向最后目标更近了一年，价值也相应地从 86.38 增加到 90.70；其

① 在这里，我必须假定，效用不是预先取得，而是在特殊时期终了时才取得的，因为，用在私人企业的耐久性生产物品情况下——必须和它作比较——按事物本性来说没有预期的使用。例如，一种农具不可能在 1 月 1 日，或一整年以前提供效用的：显而易见，它只能在年底收获时才能实现。

② 当然，利率不同数目字也将不同。

他的服务也照样跟进。这样，这件物品，还有五次未来服务，它们的价值分别为 86.38＋82.27＋78.35＋74.62＋71.06，现在全部共值 392.68。它在一年使用的过程中，损失了价值 67.68，同摘除了的服务所提供的 90.70 的收益相比，产生了 23.02 的利息——恰巧是最初价值 460.36 的 5%。到这里为止，一切和以前情况一样。不过，被摘除的服务的 90.70 的价值，既不保持它原来的形式，也不保持它的原来价值。它从固定资本中被摘去，而已转入流动资本中去，作为这种或那种中间产品的形式存在着，譬如说，以机器纺出来的棉纱存在着。在这个新的形式里，它是下一个生产过程的对象，并被一步一步地带近完全的成熟，因而也就逐渐接近它的未来价值 100。它在下一个——第二——使用年内，达到了这个数字(100)。

在第二个使用年终了时，这一服务（现在是现在的服务了）再度从价值 90.70 的母体物品中摘除出去：现在母体物品的评价为 321.62，损失了 71.06，而同 90.70 的收益比已经产生了 19.64 的利息。在同一年内，在前一年被摘去而归入流动资本中去的服务已经在价值上从 90.70 提升到 95.23，它产生了另一个 4.53 的利息。同样，当第三个使用年终了时，当时值 90.70 的服务被摘去，因而使母体物品的价值损失 74.62，但获得利息 16.08。但是因为两年前被摘去而归入流动资本的服务同时从 95.32 增加到完全价值 100，而在一年前被摘除了的服务，也从 90.70 增加到 95.23，这里，又获得 4.77＋4.53 的利息，就是 9.30 的利息。

这样，耐久的生产性物品的特殊综合情况引起了双重的利息关系。已经摘去了的服务，作为流动资本的一个组成部分，也像流动资本那样产生利息；就是说，它们有权享受利息，是由于它们能变成完成的最后产品。仍然包含在物品中的服务，像耐久消费品那样产生利息；就是说，它们有权享受利息仅仅是由于它们已接近现在了。但是，这两项利息收益之中，只有第二项正式划归产生它的母体物品：当这项服务被摘除出去的时候，不再把它计算在内了，当时具有的价值也不计了。以后它发生什么事都划归它在摘除时转入的流动资本。[①] 因此，我们得出结论：耐久生产性物品所产生的利息，只是由于它们具有耐久性物品的特性而产生的，可是，它们的第二种特性，即生产性特性，仅在已被摘除出而转变为流动资本的服务所产生的利息中才起作用。这就是发展了的利息现象的全部解释，我以前曾提到过它，但不得不耽延到现在才加以详细叙述。

还有另一种极为重要的解释，我们可以约略地叙述一下。

仅能提供少数服务的那些物品，其价值的缩减，甚至在最后几次服务中，也是很微小的。而其结果，是母体物品的价值只稍微落后于它的集体服务所逐渐增长中的价值——在我们的第一个例证中，可用六年的机器的价值，并非确实是 600，但仍然在 500 以上；而在另一方面，磨损量，即使在第一年，[②]也是相当高的，差不多等

① 这在下面情况下很明显地可以看出的：靠耐久物品的帮助而制造出来的中间产品——例如，由机器纺出的棉纱，立刻被卖给企业家。他继续加工，使棉纱变成线或布。棉纱这种中间产品的一切在价值上的增长，现在当然应归功于这种特殊中间产品（或者归功于购买它的货币资本）而不归功于母体耐久性物品了。

② 在以后各年中，“磨损”越来越增长，因为以后没有任何服务来代替的最后一次服务，总是更接近现在价值，从而其价值较高。参阅上面，特别是本书第 358 页注①中的表。

于现在服务的全部价值——在我们的例证中，现在服务的价值是100，决定磨损的最后服务的价值，约为78。

能提供很多次数服务的物品，它的母体物品的价值和它的磨损量两者是成比例的。一件能在一百年内每年提供价值100的服务的物品，它的价值是绝不能用100×100＝10 000的方式来评价的。它至多（如果未来物品通常被低估5％的话）值2 000；而在第一年使用的过程中价值的损失——虽然一个值100的服务已被消费掉并从物品用途内容中摘除掉了——不是100而是76，这就是100年后到期的值价100的物品的现在价值（按每年5％折扣计），不会更多了！[①]

最后，如果一件物品不仅能够提供许多次，而且实际上能提供无数次服务，那么，上述的现象能完全被看出来：母体物品的现在价值，比起它的服务的不断增加着的价值来，是无限地小。例如，一块在无限期内每年产生100镑收益的土地，其价值不是100乘无限数，也不是100 000镑，甚至不是10 000镑，只有约2 000镑，而它的价值的损失下降到零：一块每年当年服务值100镑的土地，产生全部100镑净收入。上述规律并无变更；不过，很遥远的第二、第三、第十世纪的服务，在现在具有极小的价值，以致它们对土地的现在价值几乎毫无影响，而决定折旧量的最后服务，由于无限地遥远，完全没有现在价值。

这是地租之所以看来是一种净收入的根本原因，而在这里，地租问题的解决第一次被追溯到它的真正根源。陈旧的地租理论只提出一个初步的、片面的回答，而很奇怪地，毫不怀疑它的解决办

① 参阅施皮策：《利息表》，第121页。

法从没有接触到问题的核心。从李嘉图以来，一切以往的努力，都竭尽了心力，多少成功地指出了土地的年使用具有经济价值，或能产生一种经济收益，以及为何能产生收益。但，这种服务的收益，首先它本身就是一种总收益。土地所有者得到净收益、净收入，这一事实和土地的肥瘠、地位、种类或任何类似的东西都无关系，而仅仅同对未来物品估价较低，而土地现在价值的决定和这种低估相符合有关系。假设一座可供采掘一百年的石矿，在减去了一切其他被确认的费用之后，每年产生——我们可以称它为——纯收益一百镑；再假定未来服务的价值并不评得低于现在服务；石矿的价值将是 100×100 的十足价值。矿主将取得 100 镑的年收入，但其中没有一个先令是现在意义下的“地租”，就是说，即净收入。它全部将是 10 000 镑母财的长期的消费。其他一切土地和该石矿相比，不是在性质上有差别，而只是在程度上有差别。如果一块田地被认为能够生产谷物一千年——或者两千年，如果我们喜欢这样说的话，因为严格的无限量，在人类事务中是不值一顾的——又如果未来收成将被评价得和现在的收成一样高，对这样一块田地的评价将是非常高的，譬如 100 000 镑或 200 000 镑，而每年 100 镑的地租将好比是母财巨干上的一个零星片断——是母干的逐渐毁灭，但依然是毁灭，而不是净收入。土地所有者将是巨干或财富的领主，但它们将得不到净收入。

因此，对从土地取得的租金的理论解释和对从耐久性具体资本取得的利息的解释最后是一致的，而地租无非是从耐久性物品取得的利息的一种特殊例子罢了。两种解释所以不完全一致，而相反地现在的地租理论所以和利息理论如此大不相同，只能追溯

到这一事实，即在解释地租的过程中，必须插入一些东西进去，而当解释耐久性资本的利息时就无须插入这些东西；同时，经济学家们从地租问题的错误概念出发，竭尽了地租理论的全部内容来插入这些东西。在一切劳动产品的情况下，因而在构成资本的一切物品的情况下，无须说明它们和它们的物质服务都有经济价值：不然，它们就不会被生产出来了。另一方面，在土地的服务的情况下，这一点并不是不言自明的。所以，经济学家首先必须努力证明为什么和在什么情况下土地的使用会有价值和价格。有了一个正确的价值理论，执笔几挥就可以提供这个证明：——借助于边际效用和补全物品的学说。经济学家们由于没有这样一个理论的指导，同时受劳动价值论的束缚，使地租理论在形式上是繁琐累赘的，在原则上是不能令人满意的。关于李嘉图的地租理论（它在实质上直至今日仍然是统治的理论——他的反对者凯雷和洛贝尔图的理论已全部被推翻了）我们必须说，它包含着丰富的真理，但被放在一个基本上错误的公式中了。这是诡辩的杰作，它和正确的原理核心是格格不入的；它照亮了道路的一点，而把其余部分遗留在模糊和错误之中。这就是李嘉图理论的特殊命运。它不能使任何人感到满意。即使它的朋友们也不得不在这理论中找出许多弱点，而它的最普遍的命题，大部分正是它的最弱的地方。但是，那里面有着一个不可摧毁的真理核心，它以极其不同的变态形式生存着，甚至在今天，还是它的实质的较好部分。[①]

① 关于李嘉图的地租理论和价值理论的关系，参阅詹姆斯·邦纳在《奥地利经济学家和他们的价值观》一文中发表的富有启发性的意见，该文载《经济学季刊》，1888年，10月。

但李嘉图的或任何别的地租理论，即使在每一点可议之点上都是正确的，又能领导我们前进多远呢？这些理论不能使我们知道得比我们在利息问题上所知道的更多一些。那时有人指出说，一架打谷机，在减去其他一切耗费后，产生一笔年总利息，并指出为什么会这样的。李嘉图结束他的地租理论时，实际上已结束了这个插入物，这个插入物，由于它很明显，在流动资本情况下，是无须加入的。但是，正是在这里，问题的疑点出现了：为什么从打谷机或田地的年使用或服务所产生的总利息中，减去了一切其他成本后，还有净利息呢？对这个疑点——迄今地租理论还完全没有提出的疑点——除了用对未来物品和未来服务的低估来解答外，不能提出任何解答（不管对田地言或对这机器言）。[①]

第九章　结论

我们已经把获得利率的各个种类和方法追索到同一个来源——当未来物品成熟为现在物品时它们所增加的价值。企业家们的利润也是这样，他们把劳动——他们购买的未来物品——变成可供消费的产品。对地主、财产所有者和一般的耐久物品所有者也是这样，他们让他们所拥有的物品的后来的服

① 显然，土地租金和资本租金两者具有一个共同的最后原因。这一事实，不是取消它们之间的一切差别的充分理由。在理论上和实际上，土地和资本之间存在着许多的差别，所以虽有上述的共同点，我们也有理由坚持前章所作出的决定，就是不把土地放在资本概念中。——最近，卡尔·门格尔，在《康拉德年鉴》第17卷第48页中，已经很有见识地提出了建立一个包罗万象的"财富收益的普遍理论"的意见。我相信，在本章的内容中，他将看到发展这样一个理论的认真的尝试。

务逐渐成熟起来，而到它们成熟到有充分价值的时候摘取它们。最后借款也是如此。甚至在这里，资本家们也并不是像人们初看时以为的那样，由于获得多、付出少而致富的——因为，开始时，有关物品的价值确是小些——而是由于借出的东西开始时价值低，逐渐增加起来，而在成熟时达到了完全的较高的现在价值。

那么，资本家对社会说来是什么身份呢？——一言以蔽之，他们是出售现在物品的商人。他们幸运地拥有自己目前不需要的物品存货。因此，他们拿这些存货来交换某种形式的未来物品，而让它们在自己手里再度成熟为具有全部价值的现在物品。许多资本家一劳永逸地完成这种交换。他们建筑房屋，购买土地，或买进公债或放出五十年期的有息贷款；这样，他们把全部或一部分现在物品，交换了远时期的物品或服务，因而好像一下子创造了一个持久增值机会或条件，并产生了一笔在这个长时期内一直持续着的叫作利息的收入。有些资本家贴现三个月期的票据，或投入一年期生产过程的生产，他们必须经常重复他们的交易。在三个月或一年后，这样取得的未来物品就变成有充分价值的现在物品了。利用这些现在物品，业务重行开始；买进新票据、新原料、新劳动，这些东西又成熟为现在物品，不断地周而复始。

因此，在这样情况下，就很容易解释，为什么资本会产生“永久性”的利息。我们可以排除任何一种这样的想法，认为在资本中具有一种用之不尽的保证永远有效的“生产力”，——可以排除任何一种这样的想法，认为物品能永远提供“用途”，甚至在这物品早已

消失[①]了的时候也是如此。这是因为现在物品的储藏量总是太低，而它们同未来物品相交换时总是有利的。这是因为时间总是向前推进着，审慎地买进的未来物品稳步地变为现在物品，从而成长为全部现在价值，使物主能一次又一次地利用这永远有利的局面。

我看不出，在这里存在着任何可反对的东西。由于天然的理由，现在物品一定比未来物品具有更多的价值。如果我们认为具有更多价值的物品和价值较少而数量较大的物品相交换是合理的话，那么，现在物品和较多的未来物品相交换有什么可以非议的地方呢？正如一个小麦主人以一配克[*]小麦交换较一配克以上的燕麦或大麦一样是无可非议的。如果一个物主不把他的物品变成较高价值的东西，是一种无私的恩赐行为，这种行为不能解释为一般的义务，并且在事实上关于任何其他物品也不能作这样的解释。

① 一个理论的是否正确，表现在它能不能满意地解释所有的情况。我已有好几个机会指出，有些情况，是不能满意地用我认为不正确的那个“使用理论”(参阅本书第296—297页、341页)来解释的。在这里，我必须加上另一个例子；——买进有永久性利息的东西，例如，英国的统一公债；在这里，原始债本既不能被提出，也不能归还。在这些按年的付息中，使用理论认为永远被转移着的“资本的使用”的代价就是这些按年支付的利息。但是，资本的本金发生了什么事呢？当然，它已经被转移了。可是它并不只是被借出了，因为它将永久不能归还。在使用理论家们的心目中，资本也不能为每年的分期付息所转移，因为年息是使用的代价，而除此之外没有偿还什么。最后，资本也不能没有代价而转移——作为礼物来赠予：食利者们，举债人的代表们，并没有这种赠予的意图，而得到借款的政府，当然，也不感觉到它已接受了一项礼物。——现在，使用理论所不能解释的，或者，只能用最不自然的方式来解释的东西，用我的理论就可以十分简易地加以解释：它不过是现在物品(原来的资本)和一系列未来物品(每年的利息付款)之间的交换。

* 配克是英国量名，合9.092公升。——译者

因之，就利息的实质来讲，指不出任何东西可说它为无理的或不公允的。不过，一个制度的实质是一回事，而在实际进行中可能偶尔碰到的情况又是另一回事。社会有权选择自己的代表，这是一件好事，但是，如果在每一次选举中，由光棍和小政客的鼓动而不是爱国的深思熟虑来决定多数的话，那就不是一件好事了。像其他人类制度一样，利息也许要比大多数的制度更有招致夸大、诽谤和中伤等的危险。

不可否认，在现在物品对未来物品的交换中，情况却是这样，好像穷人有受垄断资本家剥削的危险似的。如果人们要活下去，现在物品总是每一个人所需要的。没有现在物品的人，总会出任何代价来获得它们。穷人要自己来生产它们是为环境所不许的；他所能从事的唯一种类的生产是能立即产生收益的生产，而这种生产不仅是不合算的，而且在近代经济条件下几乎是行不通的。因此，他必须向那些具有现在物品的人购买它们，不是用借贷的形式，就是更普通地用出卖自己的劳动的形式。但是，在这个买卖中，他是双重不利的；首先，由于他所处的被迫地位；其次，由于现在物品的买主和卖主之间的数目关系。具有现在物品可供出售的资本家是比较少的，而必须购买它们的无产阶级是数不尽的。因此，在这个现在物品的市场上，大多数不得不购买它们的买主们和少数卖主们相对立着，而这个关系显然很有利于卖主而不利于买主。

当然，不利于买主的环境也许由于卖主之间的积极竞争而得到改善。卖主越少，他们必须卖掉的现在物品的量就越多，为了使全部物品找到买主，竞争必定会把价格从极高度拉到适当高度，在

这个水平上就没有剥削穷人的余地了。[①] 幸运的是，在现实生活中这是通则而不是例外。但是，经常，某些东西会妨碍资本家间的竞争，从而那些被命运投入由垄断资本统治的当地市场上来的不幸的人，就会受到敌对方的支配。因此，出现了穷借户经常遇到的高利贷，以及剥削工人的低工资——受剥削的有时候是个别工厂的工人，有时候是个别生产部门的工人，有时候——虽然并不经常，而只在特别不利的情况下——是全国的工人。

我的任务不是要把这些实际上存在着剥削的过度行为，放在我上述拥护利息实质的意见的掩护之下。但在另一方面，我必须着重地说：我们所谴责为“盘剥”的，并不是从借款中取得收益，或从劳动购买中取得收益，而是这个收益太过分了。如果现在物品和未来物品必须进行交换，得一些收益完全是正常的现象；的确是经济上所必要的。如果没有对穷人的压迫和对财富的垄断，就会有而且一定会有某种资本的收益或资本的利润。应受批评的只是这个收益太高了，在个别情况下，达到了过分的程度；当然，我们近代社会上财富十分不均的情况常常使我们有遭受剥削和盘剥的危险。

再者，没有一个无偏见的旁观者会否认，在有利息收入的情况下，如果有人就利得和应得的报酬作对比，人们的正义感就会受到伤害。如果资本是由个人的努力和才能获得的，没有人会嫉妒他毫不费力地把辛辛苦苦得来的现在物品换成未来物品，从而进一步获取收益。但时常有人没有任何劳绩而只靠法律程序而获得了一笔巨大财富；在这种情况下，以现在物品换取将稳步地成熟为有更大

① 参阅本书以后关于利率的部分。

价值的现在物品的未来物品的这种有利交易也是不费劳力和没有功绩而作成的。在一切其他交换部门中，如果要获利，那么，需要有灵敏的头脑，能及时抓住机会和有利的行市。但拥有现在物品的商人感到行市总是有利的。他只需要对成千渴望成交的买主中的任何一个伸出手来做交易，从而取得利润，可是在他的旁边，贫穷的劳工以个人的精力和幸福为牺牲，才挨过了沉重劳动的痛苦的一生。

但是，从这一切得到什么结论呢？当然，由于附带的原因，利息可能和高利贷剥削和不良的社会条件联系在一起；但利息的本质并不腐败。逻辑的结论是：斧头应该砍在凋谢的树枝上，而不应砍在坚实的树干上，——正如在选举时取消发表言论的权利而不制止暴动一样的愚蠢。如果这些弊病是和利息分不开的，致使它们不能被根除，或者不能全部被根除，那就怎样呢？即使如此，也不能肯定说，这个制度应被取消。在社会事务中，从来没有过绝对无缺陷的东西。绝对的好是没有的，我们必须选择从全体看来是比较最好的东西。必须衡量事物的利弊，而选择对我们最为有利的东西。居住在一个大城市中，的确有许多不利条件，居住在一个小城市中也是这样；居住在乡村里也是这样。但是，我们必须居住在某一个地方，因此，我们在明智地考虑一切情况之后，选择一个利多弊少的地方。同样，在我们取消利息这样东西以前，我们必须首先衡量一下：对人类幸福讲，还是一个容许从资本中获益并承认它的社会好呢，还是一个只容许从劳动中获得收入的社会好。

在作这种衡量时，不要忽略利息制度具有它的多方面的效用，特别是获得利息的希望可鼓励储蓄和资本的积累，从而使采用更加有效的生产方法成为可能，它是为全体人民准备更加丰富的生

活资料的原因。在这方面常听到的和被误用了的“禁欲的报酬”这句话是有它的适当地位的。在理论上它不能解释利息的存在，没有人能用它来指出利息的实质，每一个人都知道，许多利息不是作为“禁欲”的报酬，[①]而被收下来的。不过，正如利息往往带着一些有害的东西，它幸而也夹着一些别的有利和有用的东西；由于这些东西，利息（它是起源于另外一些原因的）起着工资的作用和诱导储蓄的作用的。我很理解私人储蓄并不是积累资本的唯一可能的方法，我也知道，甚至在社会主义国家中，资本也可以积累和增长起来。但是，事实是，资本的私人积累是一个证明了的事实，而社会主义的积累是尚未证明了的；——此外，还有若干十分严重的经验的理由，怀疑它是否能行得通。从整体上看，究竟哪一种社会组织——现在的制度还是社会主义制度——是最好的组织，这不是我探讨的目的和任务。在这里，我不过要回答在探讨利息本质和起源的过程中必须要回答的问题。答案是这样的：在利息的实质上没有内在的缺陷。因此，那些要求把它取消的人们，可能是根据权宜之计而提出这个要求的，而不像社会主义者们现在所做的那样，认为这一类的收入在实质上是不公允的。

那么，取消利息是不是可能呢？我想，对许多读者来说，看看在社会主义国家中利息的命运是有好处的。

① 我高兴地利用这个机会来弥补我在《资本和利息》中的一个遗漏。当我出版那本著作的时候，我不幸没有看到洛里亚的《地租》（米兰，1880 年版）。它包含着（第 610—621 页）禁欲理论的一个非常有力而别出心裁的变种。关于这个变种，我只能说，如果禁欲理论是可以成立的话——当然，我不相信它是可以成立的——洛里亚的变种是第一个应被承认的。

第十章　在社会主义制度下的利息问题

让我们设想一个完全实现了的社会主义国家。所有土地和资本的私有权全都被取消了；全部生产手段属于社会；全部公民都为公共福利作为工人工作着；而国家的产品都按照所做的工作分配给全体人民。现在，在个人主义经济下产生利息的那些因素所起的作用怎样了呢？

首先，必须明确指出，这些因素依然存在的。在现在物品的价值和未来物品的价值之间的自然差别总是有的；既然在社会主义制度下，时间并不是静止不动的，未来物品总会逐渐地变为现在物品，并带来剩余价值。我说现在物品和未来物品之间的价值差别总是存在的。因为它的特殊原因继续存在着——目前和未来供应情况的差别，人类所特有的对未来的低估，以及生命无常和短促等原因。在社会主义国家中，没有一个人会被允许为自己做一个企业家；当然，把现在物品的更大的技术上的生产力用作生产手段的考虑，不再是个人的动力了：因为在现在领导和指导着整个国民生产的大经济组织中，这种动力是特别强有力的。

因此，就是在社会主义国家中，不可想象，一个经济主体，不管是私人或是强大的经济国家，在它们的经济判断和经济实践中，将以同样眼光来看待现在物品和未来物品。例如，对社会主义的工人来说，他以分期方式一星期拿到 1 镑工资，或在一年底拿 52 镑，或者，也许在五年、十年、五十年以后才拿到 52 镑，这些不同的方式难道对他都是一样的吗？或者，怎样能够想象，在社会主义制度下，一株橡树嫩苗——它在二百年后将具有一株橡树的价值——能否和现在已经长成了的橡树价值相等呢？指挥国家生产的中央政权如果要不犯错误，必须根据现在物品和未来物品具有不同价值的考虑，来作出经济安排和处理。如果它不把未来物品估价得小些，它必定会发现一个能在遥远的未来提供较多的产品的生产过程，比一个在现在或最近的将来只能产生少量产品的生产过程更加合算些；因此，它必定要把生产力转移到遥远的生产目的上去，不管它们是怎样的遥远，因为它在技术上是最有效的。自然的结果将多半像我所描绘的那样——现在忍受困难和贫乏：那些负责国民经济的人们最迫切的任务是推翻这种愚蠢的处置办法，而更注意现在物品而较少注意未来物品，因此证明现在物品和未来物品之间的价值上的差别是一个不受任何人类处置办法影响的基本经济现象。

如果现在明确了，即使在社会主义国家内，现在物品的价值也普遍地被评得高一些的话，那就不消说得，如果现在物品和未来物品相交换，价格就不会相等。完全和现在的经济组织下一样，具有更多价值的现在物品将取得贴水。这种贴水的出现——连同最合理形式的利息的出现——只有消除了产生它的一切机会之后，才能加以抑制，换句话说，只有把现在物品和未来物品之间的交换全部从世界上消除了之后，才能抑制它的出现。

当然，在社会主义国家中，这将在很大范围内设法做到。一切生产手段的私有制既被取消了，一切为私人利益而进行的生产也将被取消，私人购买未来物品（劳动，土地的使用，和资本）的一切机会将被剥夺。因为，那时，有息借款无论如何也将被禁止，现今私人取得利息的两个主要源息将被愉快地堵塞起来。但是，如果私人间的买卖没有全部被禁止，某些机会仍将敞开着。例如，假使耐久物品的自由交换被允许的话，那么，贴水和利息就会从后门潜入进来。比方说，有件物品耐用一百年，而它的(现在)每年服务值100镑；则1 000镑必然是该物品的价格，如果第一百年的服务——也许为孙儿或重孙儿所享用——要用十足的100镑来偿付的话。没有人会愿意出这个价格。但只要购买价格是在10 000镑以下，物主在时间推移的过程中，将得到比买价更多的收入，超额的收入就是真利息。

但是，比任何这类不时发生的私人利息收入更加重要的是这样一个事实：在社会主义国家中，国家本身(与公民不同)，将利用利息原理；而这个原理今天被诽谤为“剥削”，或从劳动产品中扣除的东西。社会主义国家，由于掌握了全部生产手段，使一切公民在它的工厂中工作，而付给他们工资。因之，它在最大规模上购买——私人是被禁止的——未来物品，即劳动。由于技术的理由，它必须把它买进的各类劳动安排在生产期不同的生产中去工作。例如，它安排一部分劳工烤面包，安排另一部分挖矿井——也许它有助于生产在二十年后才用的消费品——其他一部分它安排来植林。根据我们现在所熟知的理由，安排在遥远目的中的劳动，在技术上得到较大的产品，而这种产品，当成熟时，将具有较大的价值。可是，例如，一个面包师一天所制造出的产品算是4先令罢，一个从事植林的工人，可能在一天内植100株橡树苗，而这些苗，毋需另加劳动就可能在一百年后成熟为坚固的橡树，每株值20先令。

那么，社会主义国家能够并且应该偿付多少工资给那些为国家分派在那些遥远的生产事业中工作的工人呢？它会付给植林工

人们他们未来产品的全部价值，比方说，每天 100 镑吗？——不可能。这对其他部门工人们显然是不公允的。如果每个人都有自由挑选工作部门的话，那么，每一个人都愿植林，而没有人愿意烤面包了；国家将退步到原始森林时代；而目前的迫切需要都要得不到供应了。[①] 在另一方面，如果工作不能自由选择，少数幸运儿可以得到 100 镑一天的工资，而其他工人只能得到 4 先令或 6 先令；那么，一个富豪集团又将以最适当的形式出现；只是它不像现在那样是以财产为根据，而是更不幸地以偏爱和袒护为依据的富豪集团！

如果植林工人完全像面包师一样，每天得到 4 先令工资，那么他们被剥削了，正如他们在现在制度下被资本主义企业家所剥削一样。在购买劳力这种未来物品时，现在物品可得到贴水，而植林工人并不得到他的未来产品 100 镑，而只得到代表所植树苗的现在价值的 4 先令现在工资。但树苗长成为橡树时所提供的剩余价值，社会主义国家收下来作为真正利息了。也许，——但愿如此——不是收藏起来，而是用它来提高工人们的工资。但是，把这样收藏起来的利息从公共钱袋里拿出来进行补充的分配这件事，并不能改变这个事实，即利息已经作为利息收下来了。在这一点上，社会主义政府所做的仅仅像现在的资本家一样，他从他的剩余价值中积累起一份财产，并为了大众的福利把它处理掉。一笔挣得来的工资可以利己地或利他地加以处理，一笔获得的利息也可

① 答复时也许可能指出，由于木材供应增加，它的价值将被压低，因而，到后来，植林将和烤面包及类似的生产同样有利。可是，我认为，只有当一百年老的木材价值低到半便士的时候才会产生这种结果；而在人口很密的情况下，要把木材价值压得这样的低，就得把全国的大部分地区再度变成森林！

以利己地或利他地加以处理，但是，如果说工资由于用于利己目的就变成了利息，那就如同说利息如用于利他目的就改变了它的性质变成工资一样的轻率！

也很值得指出，社会主义国家把所得的利息平均分配给人民，并不等于根本没有获得利息。在这个分配中，得到利息的人并不是那些由于他们的劳动和产品而产生利息的人，而是完全不同的另一些人。从植林工人所生产出来的未来产品价值中扣除 99 镑 16 先令作为利息。现在，如果由于这样得来的全部利息的分配，平均每日工资从每天 4 先令提高到了 6 先令，植林工人从他的被扣去的 99 镑 16 先令中得到 2 先令的补偿；其余的 99 镑 14 先令为别人所得；而这种收入，的确，正如现在一样，不是用工资的名义，而是用财产的名义取得的——或者毋宁就是以联合财产的名义取得的。那些被雇用在直接生利的企业中的人，如面包师等，每天创造 4 先令产品，他们，作为劳工，只能要求并获得 4 先令工资。他们收到其他的 2 先令，仅仅是因为他们同时又是国家财富的联合主人翁，又因为管理公共国家财富的社会主义国家，作为这笔财产的所有人，拿全部财产权来影响那些为遥远的生产目的从事劳动的工人。因此，在社会主义国家中，完全像在资本主义社会里一样，利息是现在物品所有人所应得的，而不是那些只靠着自己的劳动生产未来物品的工人所应得的。唯一的差别是，在资本主义社会内，财产的分配是不均衡的，而利息大量地落到少数所有者手里，可是，在社会主义社会里，大家都是平等的联合主人，大家都从总利息中获得等量的一小份额。

在以上的分析中，我以林业作为例证，因为它能最特殊地和最

不含糊地说明所要讨论的情况。最特殊地，因为，从开始投入劳动和产品成熟之间的时间差别，以及由此而来的在劳动和未来产品之间的价值差别，达到了最高限度：最不含糊地，因为在这里不需要再增加任何种类的劳动，因此，计算一定数量的劳动所产生的最后产品是很简单的。当然，不需要进一步证明，从事于更遥远的生产目的的一切劳动，情况也完全一样，虽程度可能有些不同。它们在技术上都比那些立即生产成品的劳动更富有生产性。它们丰富的未来产品也必然会有更大的未来价值，因为，如果它们的（已经由于属于未来而打了折扣的）现在价值不等于等量劳动的正常价值的话，那么，未来产品在经济上就不可能被产生出来。最后，既然同样的或有同样价值的劳动的工资不能由于社会主义国家要把全部劳动分配在或长或短的生产过程中去而按不同的水平来加以评价，那些被投入较长生产过程的工人的工资，必定要被评在他们的未来产品的全部价值之下，[①]这就保证了社会这个现在物品的主人将获得剩余收益。[②]

① 提高工资水平——就是把它提高到最有利地使用的劳动所获得的未来产品的价值——当然是不可能的，因为这是国家的产品量不能办到的事。

② 我可以顺便指出，这个论点对地租也同样适用。显而易见，甚至在社会主义国家内，在一块极肥沃的土地（例如罗德香葡萄园）上做工的工人，将比以等量劳动或技巧在一块普通土地上或葡萄园上工作的工人产生更多或更有价值的产品。但同样明显，允许前者把他们的全部较大的产品作为自己的工资，是难以忍受的“偏袒”。要避免不公允，这里的工资必须压低；就是说，首先必须从较肥沃的土地中把“地租”归入公库，以备后来按照他们作为国家土地的联合主人的身份，分配给全体公民。因此，即使在社会主义国家内，地租也将存在，将对在肥沃土地上耕作的工人起影响，并且只能根据全体人民对国有化了的土地享受均等份额的原则，以不同于目前的分配方法，分配给全体人民。

也不需要任何证明，如果一个社会主义社会不是一个单一的组织，而是若干独立的经济集团的集合体，[①]那么，利息现象将表现得更为显著。因为在这种情况下，每一次成熟物品与未成熟物品交换时，各个集团都想占有剩余价值，不仅自己集团中从事于不同生产期的工人，而且在更大程度上，各个集团都要把它作为红利分配给集团财富的股东们。

这样，我们就得到一个很显著而值得注意的结果。今天社会主义者诽谤为剥削的所得，诽谤为劳动产品中掠夺来的东西的利息，即使在社会主义国家内，也不会消失；它将仍然在根据社会主义组织起来的社会和它的劳动者之间以约定的事物或权力的形式保留下来，且必然会这样地保留下来。在新的社会组织中，可能由于所有制的变更，接受利息的人和分配到的份额有所变更；但是，现在物品的主人在把它来交换未来物品时可以得到贴水这一事实是永远不会且也不可能变更的。在这里也可看出，利息不是一个仅在个人主义和资本主义社会内产生的偶然的“历史—法权”范畴，且将随这种社会一同消失；而是一个经济的范畴，是从基本经济因素中产生出来的；因此，不管什么社会组织和法律制度，只要有现在物品和未来物品相交换的场合，利息总是会出现的。的确，甚至在像鲁滨逊那样的孤独经济中，也不是没有利息现象的基地的，这种基地就是准备为未来服务的物品和服务的价值的日益增长；当然，只有没有交换的场合，才没有对物品的价值加上确切的

① 关于这些组织形式，参阅门格尔《对全部劳动产品的权利》，斯图加特，1888 年版，第 104、112 页。

数字的主要机会，从而也就没有引起注意这一现象并给这一现象以确定性的几乎是唯一的机会。

第七篇　利率

第一章　在单独交换中的利率

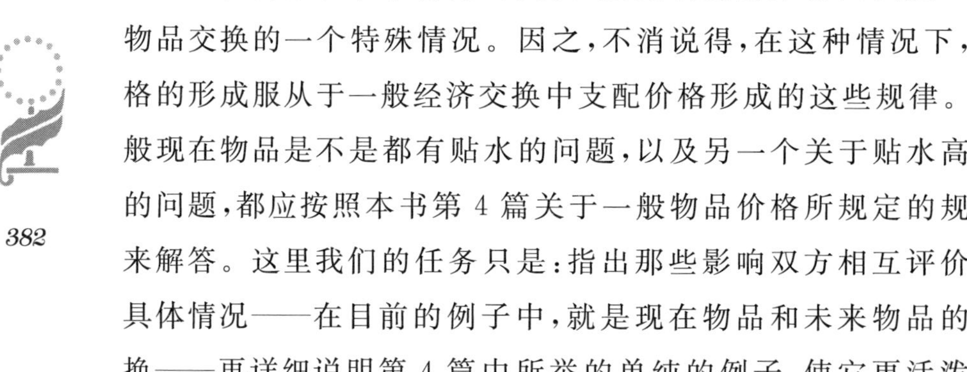

现在物品和未来物品的交换(这是利息的来源),只是一般物品交换的一个特殊情况。因之,不消说得,在这种情况下,价格的形成服从于一般经济交换中支配价格形成的这些规律。一般现在物品是不是都有贴水的问题,以及另一个关于贴水高度的问题,都应按照本书第 4 篇关于一般物品价格所规定的规则来解答。这里我们的任务只是:指出那些影响双方相互评价的具体情况——在目前的例子中,就是现在物品和未来物品的交换——再详细说明第 4 篇中所举的单纯的例子,使它更活泼生动,这个例子说明物品的当前价格是聚集在市场上的一些主观评价的合成结果。

同前面一样,把单独的交换和竞争的交换区分开来是适当的。

当现在物品的物主和需求它的顾客进行交换的时候,价格,按本书规定的公式,价格将被确定在现在物品的所有主对现在物品的估价这一下限和顾客对现在物品的估价这一上限之间。举例来说,如果 100 镑现款在它的主人看来其价值完全和 100 镑来年的款项相等，[①]而在需求款项的人看来，由于主观原因（比方说，由于暂时的紧急情况）它的价值同200镑来年的款项相等；则100镑现款的价格将被确定在100镑和200镑来年款项之间，而其贴水将在0和100％之间。在个别情况中，在这广阔的范围内，确实的数字究竟决定在哪里，要看双方在谈判中表现的技巧和“耐久力”而定。一般地，现在物品的物主处于有利的地位，因为他能够不做交易，而不遭受任何损失，可是，需求者却往往不得不为获得现在物品而偿付任何价格。所以，经常有这样的情况，由于没有竞争，出现了50％、100％，甚至200％和300％的苛重的利率。

当我们进一步研究那些影响请求借款者主观评价，[②]从而影响贴水的经济上限的更深刻的理由时，我们发现，消费借款和生产借款之间是有一些差别的，而买进劳动是和生产借款有密切联系的。

在消费借款的情况下，决定因素是：——当时需要的迫切性，偿还借款时的可能供应情况，以及最后，请求借款者低估未来的程度。他需要借款越迫切，他预料愈能容易地偿还它；[③]他愈不顾明天，他愿付出的贴水（在最坏的情况下）就越高；反过来也是一样。

在生产借款中，我们发现不同的具体决定因素。在这里，重要

① 根据本书所述的理由，这个假定适用得很广泛；——就是说，适用于那些很富有而有多余财富自己不能或不愿用于生产中去的人。

② 就现在物品的卖主来说，为了简便起见，在整个议论中，我将始终假定他们对现在物品和未来物品的评价是相等的。

③ 我们可以举这样一个例子，例如一个将成年的青年，当时在他的保护人保管下缺少现钱，但有希望在几个月内得到一笔巨大的财产可以自由支配。

的问题是得到借款的人所采用的生产方法和得不到借款的人所采取的生产方法在生产率上是不同的。回溯到我们先前的例证。一个没有资本的渔夫，每天只能用手捉到 3 条鱼，如果他借到了 90 条鱼，他就可以在一个月中造一只船和渔网，并用这些工具在其余的十一个月中每日捉到 30 条鱼；相比之下：——没有借款，他在一年中捉到 3×365＝1 095 条鱼；有了借款，他在第一个月没有捉鱼，但是，在其余的十一个月中他每天捉 30 条鱼，就是，335×30＝10 050 条，或者说有 8 955 条鱼的剩余。因此，只要他对借到的 90 条（现在的）鱼，付出少于 8 955 条（来年的）鱼的时候，他就能在交易中得到好处。

在这个例证中，两种生产方法所产生的可能的收益之间的差别以及经济上可能的贴水的上限是特别高的——8 955 个来年的单位对 90 个现在的单位，约达 10 000％之巨。但资本主义生产方法和做一天吃一天的生产方法之间总是有很重要的差别的，因为后者的生产率当然总是很低的。但如果是在两个不同的资本主义生产方法之间进行选择的话，差别是会减小的，并且，这个差别将随着没有借款的生产过程的延长而迅速地减小下来。这个事实对于利率是很重要的，不仅在单独的交换中，而且在竞争的交换中也是如此。如果我们现在就用最清楚的方法来叙述它，将为以后的叙述打下良好的基础。

在本书较早的一章中，我曾提起过一个充分证明了的事实，即资本主义生产过程的延长，总会导致额外收益，但是，超过了一定的点，这些额外收益就要递减。再用捉鱼的例子。如果制造一只船和一个网的我们称为一个月的生产过程能使每日劳动的收益从三条鱼增加到30条鱼——即增加27条鱼——那么生产过程延长到两个月或三个月时，就很少可能使收益也增加到两倍或三倍。当然，延长生产过程到一百个月绝不会增加剩余一百倍。剩余收益——因为总会有一个剩余收益的——增加的比率比生产过程延长的比率要小些。因此，我们可以相当正确地用下表来表达延长生产过程所增加的生产力。

必须说明，我并不重视这些数目字。大家都知道，在每一个生产部门中，在每一个技术知识发展阶段中，数目字都会有所不同。在一个部门中，剩余收益可能下降得缓慢一些，而在另一个部门可能下降得快一些。我要强调的是这一事实，即这些数字只表示剩余收益下降的一般趋向。——把这个假设讲完全，假定一个工人一年需要30镑来维持他的生活在适当的水平，再让我们在这个基础上试图找出一个生产贷款的借款人在最坏的情况下最多能对30镑的一年期借款付出多少贴水。

生产期	每年收益	剩余
没有资本	15镑	——
1年	35	20镑
2年	45	10
3年	53	8
4年	58	5
5年	62	4
6年	65	3
7年	67	2
8年	68∶10先令	1∶10先令
9年	69∶10先令	1
10年	70	0∶10先令

如果借款人没有任何资本，如果他不借款，他只能得到15镑的收益；借了款，在一年的生产期中，他能够得到35镑的收益。因此，在最坏的情况下，他可以付出20镑的贴水，而不会因作这笔交易而使自己的境况恶化；即付出$66\frac{2}{3}\%$的贴水。另一方面，如果借款人已经有了30镑资本（他是从哪里得到这笔资本的——或者是他自己的，或者是由别的方面预付给他的——这一点没有关系），他不借债能够进行一年期的生产过程而获得35镑的产品；他之所以要得到这笔借款是为了把生产过程从一年延长到两年，从而使收益从35镑增加到45镑；就是一年有10镑的剩余。[①] 因此，在这里，借款人对30镑借款至多能够付出10镑的贴水；就是$33\frac{1}{3}\%$的利率。同样地，如果借款人（不论用任何方法）已经有了两年期生产过程的设备，现在30镑借款就是8镑（53镑减45镑）剩余收益的原因，利率是$26\frac{2}{3}\%$。因之，借款人已有的装备越充足——他的资本越多——倚靠借款的剩余收益和贴水率就越低。换句话说，剩余下降到5镑、4镑、3镑、2镑、30先令，20先令、10

① 由于借款而产生的全部剩余收益为20镑，因为在延长了的两年的生产期中的任何一年里，劳动所得的剩余收益是10镑。但这个剩余收益总是均衡地分配于两年间的，因此，一年只能算作10镑。有经验的借款人无须在生产期开始时，就借进要在两年中付出的全部款项：他可以用分期借款的方法来借债，结果只要付出半个生产期的利息就可以了。如果这样安排了，则年剩余收益，在极端的情况下，可能付出仅合借款的半年利息，在我们这个例子中，经济上可能的最极端的利率是正文中的数字的一倍。因此，用分期借款方法借款对维持基金和剩余收益之间的关系的影响以及对利息的高度所产生的影响，是和一个适当的生产阶段（参阅本书第336—337页）所产生的影响一样的，这种影响是紧密地和这些现象联系在一起的。

先令，而贴水率下降到 $16\frac{2}{3}\%$、$13\frac{1}{3}\%$、10%、$6\frac{2}{3}\%$、5%、$3\frac{1}{3}\%$、$1\frac{2}{3}\%$。如果在 1，2，3，4，X 生产期内的收益的递升率不是像我们假定的那样为 35，45，53，58，62 等，而是更大的递升率如 35，45，55，65，75……105……1005 等，那么，上述收益和贴水的递减率必然会出现。在后一个情况下，30 镑借款所引起的每一年的延长将会有固定的 10 镑剩余收益，而经济上可能的贴水上限将都为 $33\frac{1}{3}\%$。不过，像这样的增加率，无论怎样，在某一些生产中，绝不能超过几个阶段。① 它在任何生产中，不能永久地继续下去而一无限制。

因此，我们得到了一个重要的命题：一般地说，对打算生产的人来说，生产期越长，现在借款的价值就越小。这个命题直接运用于单独交换中的利率，因为为生产而借款者的评价直接提供经济上可能的利率的上限。可是，它也容许我们去判断，在竞争交换中，这个命题在哪一方面必然会影响利率，在这种交换中，价格是各个人（其中有许多是打算生产的人）的主观评价的合成结果。

正如上面已经说过的，生产贷款是和购买劳动（由资本家自己雇用生产工人）密切联系着的。但是，这里掺进了一些复杂情况。这些复杂情况可以放在竞争交换中扼要地加以叙述。因此，我将不

① 达到一定点的时候，剩余收益可能时常增加，甚至比生产期长度增加得更快。例如，可能发生这种情况：从执竿钓鱼转变到张网捕鱼，比从原始捉鱼转变到用竿钓鱼要进步得更大些。但是，超过一定点，这种增加就不能被保持下去了，剩余收益就要递减下去了。

单独讨论它们，而将立即去阐述发达的竞争交换中的利息问题。

第二章 市场交易中的利率

现在物品和未来物品相交换的市场的性质已经叙述过了。现在我们已经知道作为买主和卖主出现在那种市场上的人。我们也知道，现在物品的供给量是由社会的当前财富储藏量代表的(虽有某些不重要的例外)，也知道对现在物品的需求来自：(1)那些为了自己的生产工作希望装备自己，因而申请生产借款的人，(2)那些为了支付劳动工资而申请借款的人，以及(3)那些为了消费而申请借款的人。在一定保留条款下，我们还可以在这三类人之外加上地主们的维持费。最后，必须记住，合成的市场价格，一般地，必须有利于现在物品，而且必须对现在物品付出贴水。现在所必须做的是把决定这个贴水的高度的原因集中在一起，构成一幅适当的典型的图景。

如果我们企图立即描绘这样一幅在市场上互相交错的形形色色的，影响的全部图景的话，那么，我们在叙述中将遇到巨大的、的确不可克服的困难。因此我们将按照分而治之的原则来办事，首先考虑价格在下面这个假设下是怎样决定的：即假定现在物品的供应，只遇到一个单方面的需求，虽然，在目前情况下，这方面的需求是最重要的一个，即工资挣得者的需求。一旦我们把画图中最重要和最困难的部分明确地描绘出来了，就可比较容易地确定所有其余市场因素在形成合成价格时所起的作用，从而逐步地使这个画图更接近于现实生活的复杂性。根据充分的理由，我还暂时保留过去的假定，即现在物品的全部供求会合在包括整个社会的一个市场上。最后，我们将假定，当时生产的各个部门都有同样的生产率，而每一次生产期的延长也各产生同样的生产率的增量；就是说，我们将假定一个一致的剩余收益标准。

假定，在社会市场上作为供给的财富储藏量为十五亿镑，而存在着 1 000 万个工资收入者。依照本书所载的图表，每一个工人的年产品在一切生产部门中都按生产期的长短从 35 镑（在一年期的生产过程中[①]）增加到 70 镑（在十年期的生产过程中）。问题是——在这样的市场情况下，对现在物品的贴水将有多高？

可以肯定地说，正如我所已经解释过的，贴水将定在供求恰恰互相平衡的水平上。而这个水平位于实际交换的最后一对的主观评价之间。但是，这些评价的确定，在这里要碰到一个十分例外的困难，这种困难并不发生在任何其他交换贸易中，而其根源就在“劳动”这一物品的特殊性中。这就是说，任何一种物品对希望购买它的人来说，都具有预先决定好了的主观评价。劳动没有这种预先决定好了的主观评价，由于上面这个原因。它是按照它的未来的产品而评价的。可是，未来的产量是随着劳动所投入的生产过程的长度而变化的。上面说过，在资本家的主观情况下，现在物品的价值一般地是和同量的未来物品的价值相等的。因此，资本家把劳动的价值看得恰恰和它将在未来带给他的现在先令数相等。但是，劳动可能被投入短的生产过程，也可能投入迂回的生产过程中去，它将为他生产 35 镑，也可能为他生产 58 镑或 70 镑。

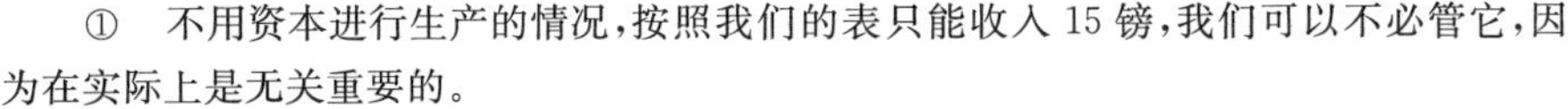

① 不用资本进行生产的情况，按照我们的表只能收入 15 镑，我们可以不必管它，因为在实际上是无关重要的。

资本家将以哪一个数字来评价它呢?

可回答如下:根据投入经济上最合理的生产方式时所预期的产量。因此,如果根据妥当的理由,他计划采用一个一年期的生产过程,他将评价当年的劳动为35镑;如果他认为十年期的生产过程最适当,他将评价为70镑。如果企业家能预先知道多少年期的生产过程最为适宜,那就很好。可是,这并不是确定的;相反地,生产过程的长短本身,决定于工资率,而工资率是劳动市场上的合成价格。如果工资是25镑,一年期的生产过程是最有利于企业家的生产过程。这时,他一年内可得到10镑——或者确切地说,在六个月内可得到10镑,因为预付出的款项一般只分布在六个月内;[①]就是每年80%。在十年期生产过程中,他付出25镑工资而取得70镑,从绝对数来说,45镑剩余收益是太多了,但是,作为利润平均分配在五年中,[②]每年只有9镑,或者36%的利润。在另一方面,如果年工资是50镑,就很清楚,选择一年期的生产过程,产品为35镑,是很不合算的,正如前一情况是最合理的一样;只有那些提供年产品50镑以上的较长的生产期才有考虑的价值。

因此,问题是这样的。在别处,在其他商品的情况下,买主买进商品作何使用是已被决定了的。这是固定的一点——它是首先帮助买主决定喊价的东西,然后通过它来决定最后的市场价格。相反地,在这里,在劳动这个商品的场合,它的使用是一个未决定

① 只有第一个月的工资差不多预付出有一年之久,第二个月只预付了十一个月,以此类推,前六个月的全部工资预付出半年以上。但后半年的工资预付出不足半年,两者相抵恰为六个月。

② 计算方法完全和前面相同。

的数量 X，它是首先由最后价格决定的。在这种情况下，很清楚，我们必须用稍稍不同于寻常的方法的方法来求得价格的固定点；当然不是按照不同的原则或规律，而只是在细节上要略加修正，这些细节，我们现在必须加以研究。①

因为劳动的使用本身是不确定的，所以没有可以利用的确定点；为了弥补这个缺陷，我们找到一个通常不确定的，而在这里是确定的另外一个量，即在市场上出卖的劳力的量，用它来代替上述的确定点。可以确定地说，一切提供到市场上的劳动，正像提供到市场上的现在物品一样，都将找到买主。这种确定性是有个特殊情况作根据的。在货币学中，下列一条是大家所熟知的定理，即：在长时期内，任何一笔货币，不论是大是小，总足以担任社会上的周转工作；完全一样，以下的说法也是正确的，即：任何数量的现在

① 也许有些读者要对我所说的，企业工作进行的生产期不是一个固定不变的量的看法，提出些例外。有人会说，每一个企业家都是把它的生产安排在一个确定的基础上的，同时无论如何总是在符合于这个安排并由这个安排决定的生产期中工作的。实际上，情况并非这样。虽然，看得到的各种安排，如车间，职工的人数和雇员的种类，等等，可能是相当永久性的，但是，在这些确定的范围内，许多小的显著的变动还是可能的，而由于这种变动，生产期的长度可能变化得很大。例如，在一个简易的制鞋工厂内，购置一个新的机制工具，整批买进鞋面皮，尤其是，购入像缝纫机等节约劳动的工具，就必需大大地延长生产期。的确，在制鞋工厂本身中，看不出鞋子的生产现在已变成更冗长的过程了。不过，在生产的预备阶段中就可明显地看出来，在这些阶段中，由于制鞋匠的需求——当然不是一个，而是许多鞋匠的需求——人们现在，好像必须追溯到很早以前的时候那样，要把原始生产力投入机器制造、厂房建筑等等中去。因此，制鞋匠可能由于他用来满足企业对工具的需要时所采取的方法的不同，实际上会使整个生产期延长一些或缩短一些；当然，他会选择在当时情况下经济上较有利的方法。例如，假使工资水平很高，他将乐于购买机制鞋面皮，装置一架缝纫机，等等；就是说，和正文中所叙述的情况完全相符合，他将延长生产期，可是，如果工资水平低，他将宁愿直接使用廉价的手工劳动——就是说，他要把生产期缩短。

物品，不管它是多少，总足以买光存在于社会上的全部工资劳动的供给量，并付给它工资。只要缩短或延长生产期就可以了。如果存在着1 000万个工资劳力者和15亿资本，这个数量恰巧足敷在十年期的生产过程中偿付1 000万个工人每人每年30镑工资。[①]如果只有5亿资本，就没有一个工人会因而失业：当然，不能预付给他们十年生产过程所需的生活费用，但(工资仍为30镑)可预付三年又三分之一的生产过程所需的生活费用，并须相应地缩短平均生产期。假使只有5 000万资本的话，那么，全部劳动仍然能被购买掉，不过，现在只能供四个月期的生产过程之用了；如果生产过程进一步缩短，那么，有限的现在物品必须保证能在短时期内由于新收益的取得而得到更新。

因此，用现在财富来购买全部劳动总是可能的，而且在这里，总是有强烈的原因使这种可能性变成现实。资本家和工人之间的经济条件总是——很少有例外——极端有利于交换的实现。工人们迫切地需要现在物品而且不能够或很少能够利用他们自己的劳动；因此，他们宁可把他们的劳动贱卖给别人，而不愿不出卖。资本家的情况也很类似。在他们的特殊的需要和需要的供应的情况下，他们的现在物品——这些物品，他们无论如何将留作未来之用的——对他们，并不比等量的未来物品值得更多些。因此，如果那里有贴水，不管贴水是怎样的微末，他们宁可购买劳动，而不让他们的资本呆滞；结果，全部资本像全部劳动一样，实际上都能售出。

---

① 根据生产按阶段安排的假定，因此(正如本书附录Ⅰ中所指出的那样)，创业基金只需包含半个生产期的生活资料就可以了。

事实上，我们看到，在一切经济社会内，虽然财富和工资收入者人数之间的数量关系是极端地不同，这两个数量总能恰恰互相买光。到处总有少数工人失业，也有少数资本没有得到使用，不过，这并不和以上所说的相矛盾。我无须指出，这样的失业和游资的存在，绝不能被解释为资本量不足以购买全部劳工——的确，在一个较贫乏的国家中，半数的资本就得偿付同样数量的工人的工资，而实际上却是这样付了的——而总应被解释为由于经济制度的某些局部的和暂时性的干扰；这在一个大国中，在如此复杂的工业劳动分工结构中是不可避免的。

因此，我们可以肯定地说，全部劳动供给量和全部现在物品供给量总能互相交换。在这个事实中，生产期的长度，从而企业家通过他买来的劳动可以得到的产品的数量，都有一种一定的固定性。换句话说，不管怎样，我们必须假定有着这样的一个生产期，在它的持续期间全部可供支配的生活维持基金需要支付也足够支付社会上所提供的全部劳动量。如果生产期短一些，若干资本将保持不用，如果生产期长一些，全部工人就不能在整个生产期中都得到生活上的供应；结果，那一种未被利用的经济元素将迫切地要求使用，从而打破原来的不合理的安排。①

① 例如，假使生活资料的储藏量是这样的大，以至足以偿付四百万个年工资——在这种情况下，正如我们所熟知的，如果生产是分阶段安排的，创业资本只要够付 200 万份工资就可以了——如果国内有 100 万个工人，那时，必须采用一个平均四年的生产期。因为如果，比方说，采用了一个三年期的生产期，100 万工人的三年工资只需要 150 万份工资的资本，而其余的资本就必须呆滞起来了。又如，在一个五年的生产期中，200 万份工资的创业基金只能支付 80 万个工人的生活费，为期五年，而其余的 20 万人将失业挨饿——这显然是一个维持不住的局面。

但是，这个问题还没有完结。不仅只有一个确定的生产期，而是有许多个不同的生产期能和上面的假定相一致。显而易见，一定的资本量和一定的工人数，按照劳动工资的高低而可采用年数很不相同的生产期。例如，15 亿资本，可以维持 1 000 万工人在十年期生产过程中工作，每人工资为 30 镑；或者在五年期生产过程中工作，工资为 60 镑；或者在六年期生产过程中工作，工资为 50 镑。这些可能的配合中，哪一个将被采用呢？——这将决定于在一般竞争下决定价格形成的那些利己主义动机的比赛，其方式如下。

暂且假定一般的工资是 30 镑。一个有 1 000 镑的资本家——为便利起见，我们将拿这个数量作为整个讨论过程中的单位——可以在一年期的生产过程中雇用 66.6 个工人；或在两年期的生产过程中雇用 33.3 个工人；或者在三年期的生产过程中雇用 22.2 个工人。[①] 自然，他将选择对他最有利可图的生产。究竟哪一个生产期最为有利，可以在下表中看出。这个表是根据本书第 387 页上的生产力表作出的，它指出在每一个生产期中 1 000 镑能雇用多少工人，以及每年可得多少利润。

① 我在这里假定一个组织得很好的，分阶段的生产过程，在那里没有资本呆滞下来；因之，在那里，创业基金只要包括整个生产期间所需要的生活费的大约半数就够了。然而，我们要指出，正文中所下结论的正确性和这个纯粹的事实问题(即是否创业资本必须恰恰等于生产期间工人们陆续消费掉的生活费，或是它的一半，或是一半多一些)是无关的。这个数字决定之后，下表中的数字，当然将随之而变更——的确，它们没有其他价值，仅作例证罢了——但隐藏在这些数字下的规律是不会变更的。如果用其他代表生产力和资本的数字，则计算将得出不同的具体利率，但依然将得出同样的关于利率高度的规律，这在以后将更清楚地加以说明。

表Ⅰ　**30镑工资**(参见第400页*注)

生产期的年数	年产品	按每个工人计算的年利润	所雇用的人数	1000镑的年利润总和
1	35∶0镑	5∶0镑	66.66	333.30镑
2	45∶0	15∶0	33.33	500
3	53∶0	23∶0	22.22	511.11
4	58∶0	28∶0	16.66	466.66
5	62∶0	32∶0	13.33	426.66
6	65∶0	35∶0	11.11	388.85
7	67∶0	37∶0	9.52	352.24
8	68∶10	38∶10	8.33	320.82
9	69∶10	39∶10	7.4	292.5
10	70∶0	40∶0	6.66	266.66

这个表表明,在全部因素的既定情况下,采用三年期的生产期对企业家是最有利的。他们得到51.1%的巨大利润率,可是,在较长的和较短的生产过程中,利润都要低一些。在这些情况下,当然,所有企业家将力求采取这样长度的生产过程。但是,这将导致什么呢?在三年期的生产过程中,1 000镑能够雇用22.2个工人,因而要使这一社会的全部可利用的资本(即15亿镑)都被使用,就需要3 333 $\frac{1}{3}$万个工人——可是,这里只有1 000万个工人。这1 000万个工人能为450万镑所雇用,还有1 050万镑资本呆滞着。当然,这1 050万镑资本不能也不会呆滞起来的:它们将为求使用而竞争,将提高工资来吸引工人,这必然要使工资率提高。因此,30镑工资率在上面假定的各种因素下,不可能持久。

现在假定工资为60镑,我们得到下表。

表Ⅱ　60 镑工资

生产期的年数	年产品	按每个工人计算的年利润	所雇用的人数	1000 镑的年利润总和
1	35：0 镑	—25：0 镑	33.33	亏　损
2	45：0	—15：0	16.66	亏　损
3	53：0	—　7：0	11.11	亏　损
4	58：0	—　2：0	8.33	亏　损
5	62：0	2：0	6.66	13.33 镑
6	65：0	5：0	5.55	27.77
7	67：0	7：0	4.76	33.33
8	68：10	8：10	4.16	35.41
9	69：10	9：10	3.70	35.15
10	70：0	10：0	3.33	33.33

这个表证明，如果我们假定工资为 60 镑，生产期少于五年时肯定要有亏损，而较长的八年的生产期是最有利的。它有 3.54% 的中等利率，但是，比较地讲，它是可能取得的最有利的利率。但不难看出，60 镑工资正如 30 镑工资一样，不可能是确定的最后的劳动价格。在假定的生产率情况下，八年期是在 60 镑工资下的最有利的生产过程的长度。采用这样长度的生产过程，1 000 镑的资本，只能雇用 4.16 个工人；因而 15 亿镑的资本，就只能雇用 625 万个工人，而其余的 375 万个工人必须挨饿。这又是不可能的；失业工人将相互竞找工作，工资将被压低到 60 镑以下。

那么，工资太低时闲置资本的喊价就高，而工资太高时失业工人的喊价就低，这种现象将在什么时候结束呢？显然，这只有在最合理的生产期一方面恰巧足以吸收工资基金，另一方面又能吸收全部劳动时，它才能结束。正如下面所要指出的，当工资是 50 镑的时候，这种情况就出现。

表Ⅲ　50 镑工资

生产期的年数	年产品	按每个工人计算的年利润	所雇用的人数	1000 镑的年利润总和
1	35：0 镑	—15：0 镑	40	亏　损
2	45：0	— 5：0	20	亏　损
3	53：0	3：0	13.33	40 镑
4	58：0	8：0	10	80
5	62：0	12：0	8	96
6	65：0	15：0	6.66	100
7	67：0	17：0	5.71	97.07
8	68：10	18：10	5	92.5
9	69：10	19：10	4.44	86.66
10	70：0	20：0	4	80

当工资为 50 镑时，六年的生产期是最有利的。它提供 10% 的利息，可是，五年的生产期只提供 9.6%，而七年的，9.7%。此外，在这个工资上，1 000 镑可雇用 $6\frac{2}{3}$ 个工人，全部 1 000 万工人都有工作，全部 15 亿资本都不闲置；而价格形成可能终止的点也达到了。一切有能力通过进一步喊高价或喊低价的办法来搅乱这个平衡的人，不再有动机来这样做了，而一切要想搅乱这平衡的人，没有能力来这样做，因为，他们由于经济上的原因已被从竞争中排除出去了。没有呆滞的资本想用喊高价的方法来寻求使用场所，也没有失业工人想用抑低工资的方法来寻求工作。最后，那些已经把生产安排在这个有利的基础上且已获得了最大报酬的企业家们，也没有动机作任何改变了。在另一方面，那些可能有希望从事于较长或较短的生产过程，从而将使资本或劳力不敷供应的

人们，已经无能为力了，因为，这些生产方法不是会招致亏损就是会使利润减少。*

因此，工资将必然②决定在50镑上，这就同时必然使现在物品有10%的贴水。我说，必然会这样，因为，只要这一点还没有达到时，总有一些因素会迫使价格向这一点移动的。举例来说，如果工资稍微高一些，譬如说，是51镑，则六年期的生产过程将依然是最有利的，不过只有980万个工人能够由15亿镑所雇用了；失业工人们为环境所迫将对工资施加压力，直至他们也能被雇用为止，就是工资降低到50镑的时候为止。相反地，如果工资稍微低一些，比方说是49镑，雇用1 000万个工人只用去14.7亿镑资本；则没有得到利用的其余资本将通过喊高价来要求使用；结果将提高工资，直到全面平衡点达到了的时候为止。

因此，在一切因素的上述假定情况之下，10%的贴水是经济上必然的结果。为什么恰巧是10%呢？——迄今所说的只能在反面回答这个问题，即不能在其他利率上达到这必要的平衡。但是，

* 正确地说，较长生产期所得的利润应该小一些。当然，它们是在生产期末一下子实现的。因而要减去期间的利息。例如，在十年生产期中，1 000镑的资本在期末将实现2 666.6镑的利润，这比每年获得266.66镑要少一些，因为，在后者的情况下，到期较早的利息还可因复利而增加些。可是，我宁愿放弃数学的确实性而不愿把复杂的复利计算放进去，以免图表复杂化而使我想以图解说明的规则更难以理解。不计算复利并没有在原则上犯任何错误：不计算复利只会导致这样一种结果，即仿佛我把表中的年收益的增长加快了一些，因而算得很精确，这种做法无论如何是不妥当的，只能作为例子。

② 不计算特殊干扰因素，这些因素的影响我不能在这里探索：我现在的任务是阐明利率的基本规律，正如我已阐明了价格形成的基本规律一样。参阅《康拉德年鉴》第13卷，第480页。

现在我们可以追问，是不是这些数字不能产生其他一些情况，在这些情况下，将在正面指出10%的利率，从而给予我们材料，来精密地制订一条正面的利率规律呢？

要达到平衡，社会资本必须被从不能吸收全部劳动资源的短期生产过程中抽出来，而用到逐渐延长的生产过程中去，直到全部劳动都被雇用为止。这在六年期的生产过程中已经达到。在另一方面，采取更长的生产过程，资本就不敷应用了，因之，在经济上是不可能的。在这些情况下，六年生产期的生产者是最后的买主，“边际的买主”；七年生产期的生产者是最有可能被排斥的对生活资料的需求者；依照我们著名的规律，最后的价格必决定在这两个主观评价之间。这个价格和这些主观评价有什么关系呢？

我们所必须注意的东西是：对这两类买主讲，决定于对一定数量生活资料的支配的效用是什么？在这里，首先，我们可以一般地说，能否使每个工人的生产期延长一年，决定于有没有半年的工资——在目前情况下是25镑。[①] 因之，对于六年期的生产者来说，它特别决定于有没有这25镑；对一个工人来说，这决定着他能不能采用或继续采用六年期的生产过程，而不采用较短的五年期的生产过程。但是，依照

① 总是假定一个完整的分阶段生产的安排。对这个几近诡辩的理论，我可以提供数学的证明。雇用30个工人在一个按年度分阶段的五年期生产期中，第一阶段的六个工人，需要预垫工资五整年，即是30个年工资；第二阶段的六个工人需要预垫四年，即是24个年工资，同样，第三阶段的工人需要预垫18个年工资，第四阶段的12个年工资，第五阶段的6个年工资：总数为90个年工资。要维持同样这30个工人在六年的生产期中，第一个阶段，现在只包括五个工人，需要预垫六年工资，即30个年工资，第二个阶段预垫25个，第三阶段预垫20个；其余分别为15、10和5个年工资；总数为105个年工资。因此，为这30个工人把生产期延长一整年，在事实上只需要增加工资基金15个年工资，这就证明了正文中所说的例子。

我们的生产力表，在五年期的生产过程中每一工人的年收益只有62镑，可是，在六年期的生产过程中，它就有65镑。因此，就边际买主来说，能否每年取得3镑剩余产品决定于他有没有25镑。在另一方面，那些试图从市场上抽出生活资料以便延长生产期到七年的可能的生产者们，只能在扩展生产期之后获得2镑(67镑减65镑)的剩余收益。因此，对他们来讲，2镑的剩余完全决定于他们有没有25镑，而他们之从竞争中被排挤掉是因为最后的价格所规定的贴水超过了2∶25的比例(8%)。

因此，如果，——要达到平衡，这是必要的——生产期的延长，将停止在六年期的界限上；而由最后价格所规定的贴水，必定在最后买主的评价率(3镑∶25镑，或12%)这个上限和首先被排斥的竞争者的评价率(8%)这个下限之间。因之，正如我们以往所举的例子所指出的，在市场上可达到平衡的工资率和利率暂时必然指向10%。它至少必然指向介于8%和12%之间的这个区。至于10%这个比例恰恰发生在这个区内，这当然不是由于边际评价对所指出的限度，而只是由于，正如在本书所阐述的，供与求的数量上的影响。然而，我们将立即看到，我们的抽象假定中所指出的供求之间的广大活动范围看起来很大，这只是由于偶尔选择的数字；在现实生活中活动的范围几乎总是非常微小的。

这里，我们可以把已得出的结果用一般的公式叙述如下：

利率——根据已作出的假设——是受制于并决定于经济上容许的最后一次延长的生产过程的生产力，以及经济上不容许的进一步延长的生产过程的生产力；在这样的方法下，使这种生产过程的延长成为可能的单位资本，总要产生一些利息，它比第一个生产过程延展的剩余收益小一些，而比最后一个生产过程延长[①]的剩余收益大一些。在这些边际限度之内，价格将按照供求规律被更加确实地决定于工资基金量和工人数目之间的比例关系。

但是，在现实生活中，后面一种决定价格的方法是很少被采用的。的确，在我们抽象的假设中决定价格的区很广，因为我们假定，剩余报酬有突然从 3 镑下降到 2 镑，即跌去整个一半的可能。不过，在现实生活中，像这样的突然差距是很少有的。代表最后一次可能的生产过程的延长的生产力的数字和代表第一次不可能的延长的生产力的数字经常彼此很接近，因而它们足以严格限制利率的变化，致使通过供求关系从理论上加以更确切的决定，在事实上是无关紧要的。的确，假定这两个边际界限很接近，其中任何一个甚至在计算时被遗漏了，也不会引起严重的错误；这条规律可简单地这样来规定：——利率是由最后一次延长的生产期的剩余收益所决定的。这几乎和屠能的著名规律完全相一致，他的规律说，利率决定于“最后投入的一批资本”的生产率。[②]

① 从这个系统的叙述中，可以认识到，为什么现在得出的这条规律的正确性不决定于，也不需要决定于工资基金量和生产期长度两者之间的具体比例数字。〔参阅本书第 397 页注 1〕例如，假定不是需要半年，而是需要全年工资来延长生产期一年，同样也需要足以支付全年工资的一笔资本才能产生大约相等于生产期最后一次延长的收益的那些利息。数目字可能任意变化，但典型的关系依然有效，那就是生产期每一次延长所需要的单位资本的利息位于最后一次可能的延长的剩余收益和第一次不可能的延长的剩余收益之间。

② 参阅《孤立国》，第 2 版，第 2 篇，第一分段，第 100 页。很值得注意，屠能虽不认识边际效用规律，不认识根据这个规律产生的任何一般价格理论，甚至对利息来源没有任何明确的认识，但能很正确地解决利率这个特殊的问题，而对利率的一般理论他也许已有了一个模糊不清的预感。

第三章 市场交易中的利率(续)

但是,我们的任务并没有完成。遵循在阐明商品价格一般规律时我们所采取的路线,我们必须试图找出决定生产期最后一次延长的生产力程度的具体因素;而从这些知识中,我们特别必须试图找出对现实生活中利率变动的解释,——有时上升,有时下降,但在整个经济发展史中经常趋向于下降。这种分析也使我们有机会用经验来证实我们的抽象理论。如果我们发现以某些假定的实际条件开始的这个理论,因内在的必要,使我们在现实生活和历史的经验中看到,当这些条件实现的时候利息确是而且经常总是这样变动的,我们可以有把握地说,我们的理论,虽然它用这样抽象的方法表达出来,的确不是不切实际的空想,而是从研究了实际生活以后得出来的理论。此外,在以后的阐述中,我和旧学说的对立将比在前几章中更不显著了。利率确定的事实之间的某些关系已为经验十分明显而又无可争辩地指出来了,所以任何利息理论的信奉者,无论怎样错误也不可能忽略它们;而且,不管他们理论的起点怎样的不同,他们都一致承认这些关系。[①] 无论如何,我希望

① 例如,像在熟悉的命题中所说的,国民资本的增加会使利率降低。在这里所提出的论点中,我完全同意瓦尔拉,他像屠能一样,从我认为根本错误的利息理论出发,但尚能正确地得出许多正确的、有科学意味的细节。他的即将出版的第二版《纯粹政治经济学要义》——承作者的好意,我得阅读该书的校样——包含着有关该问题的许多有力的和值得注意的章节。遗憾的是:它们是用麻烦而艰深的数学术语表达出来的。把政治经济学看做主要是数学科学,虽然这个有名的经济学家最近曾经这样说过(新版第 91 页),我们绝不能同意这种观点。

以下的阐述将对许多长期以来由经验所证明的问题提出更加精密、更确切、更适当的新解释。

遵照已经采取的研究线路，我将试图以这样一种方法来考察决定利率的具体因素和它们的活动方式，使我们能逐步改变例子中的个别假定，然后看看这些改变对利率的形成会产生什么样的结果。让我们首先观察国家生活维持基金数量的影响。

假定其他情况不变，可利用的生活维持基金量不是15亿镑，而是24亿镑。重复上面这种计算法，我们得出这样一个结论，即市场的平衡只能在八年的生产期上达到，工资率为60镑，相适应的利率为3.54%。我们可以根据本书的表Ⅱ（以60镑工资率计算的）来核对这一结果。它表明，如果工资率是60镑——生产率是既定的——，企业家将发现八年的生产期最为有利；1 000镑资本可以雇用4.16个工人，即24亿镑资本可以雇用1 000万个工人；最后，用这个（比较起来）更加有利的生产方法，企业家可得3.54%的利息。

比起以前的利率，这个利率有了很大的下降，理由是很容易说明的。当生活维持费增加时，人们只有进一步延长生产期才能使它充分得到利用，而随着生产期的延长，剩余收益将不断下降。的确，经济上所容许的生产期的最后一次延长（从七年到八年）所产生的剩余收益只有30先令，而第一次不容许的延长（从八年至九年）所产生的剩余收益只有20先令。由于年工资率从50镑增加到60镑，生产期延长一年，每个工人需要的资本不是25镑而是30镑，利率的边际限度是以30镑资本获得30先令（即5%）为上限，而以 30 镑资本获得 20 先令(即 $3\frac{1}{3}$%)为下限。事实上，我们在经验中所看到的 3.54% 的贴水处在这些决定性边际限度之间。[①]

表Ⅳ　42 镑工资

生产期的年数	年产品	按每个工人计算的年利润	所雇用的人数	1 000 镑的年利润总和
1	35：0 镑	－7：0 镑	47.62	亏　损
2	45：0	3：0	23.81	71.43 镑
3	53：0	11：0	15.87	174.57
4	58：0	16：0	11.905	190.48
5	62：0	20：0	9.524	190.48
6	56：0	23：0	7.93	182.39
7	67：0	25：0	6.8	170
8	68：10	26：10	5.95	157.675
9	69：10	27：10	5.29	145.475
10	70：0	28：0	7.76	133.28

反过来，假定可利用的生活维持基金量只有 10 亿镑，从表Ⅳ上可以看出，平衡可以建立在 42 镑工资率上，而贴水是19.048%。同时可看到值得注意的某些有趣的情况，它们在现实生活中可能经常出现，虽然不是以纯粹抽象的形式出现。在流行的 42 镑工资率上，有着两个不同的生产期(分别为四年和五年)产生同样的利

① 在这个例子中，由于资本比较充裕，贴水大落，接近下限，资本之多几乎足以采用九年的生产期。

润，即投入的资本都有 19.048%的利息。结果，任何一个不能在经济上排斥另一个；双方可以同时被采用；的确，不仅可能，而且必须同时被采用以保持平衡。如果只采用四年期的，只有 8.4 亿镑资本将会得到利用，工资率[1]为 40 镑。又如果，只采用五年期的，这些资本只能雇用 9 524 000 个工人；[2]而在任何一种情况下，不是未被采用的资本，就是失业的工人，将会干扰这平衡。只有该两种生产方法同时被采用才会有平衡，即 7 619 000 个工人由 8 亿镑资本雇用于五年期的生产过程中，而 2 381 000 个工人由 2 亿镑资本雇用于四年期的生产过程中。

由于这种特点，边际对评价确定的贴水所容许的宽度，在这个情况下，要比过去的例证更有限制。经济上最后容许的生产期的延长是从四年到五年，这种生产期的延长可产生 4 镑的剩余收益，那就是半年工资 21 镑的剩余收益。不过，碰巧第一次被排除的生产期的延长也是从四年到五年，因为——如上面所表明的——现有资本仅容许一部分生产者采用五年的生产期。结果，第一次被排挤的生产期的剩余收益——利息形成的下限——也是确定在 4 镑上。因此，上下限趋于一致，利息必须严格地决定在 21 镑产生 4 镑的这一比率上；就是 19.048%，正如

① 就是说，正如上表所示，在四年的生产期中，1 000 镑资本能雇用 11.905 个工人，因此，要雇用现有的 1 000 万个工人，就需要如下数量的资本：

1 000∶X＝11.905∶10 000 000

X＝10 000 000 000∶11.905＝840 000 000

② 在五年的生产期中，1 000 镑资本雇用 9.524 个工人；因此，10 亿镑资本就可以雇用 9 524 000 个工人。

实际表现在上述表格中的。[①]

在这里，贴水比以前高得多了。我们的理论再度简单地说明了它。其理由是：减少了的生活维持基金一般只容许比较短的生产过程，结果“生产期的最后延长”——决定利率的这次延长——

① 应注意这一事实，现在我们得到 19.048 这个数目字所用方法是不同于上表所述的，思想线索不同，计算方法也不同。在那里，我们根据经验寻求并发现了在既定的假设下可以建立供求平衡的工资和利息的数字。现在，把边际对的规律应用于具体事例，我们得出这样一个结论：利息一定处于最后一次可能容许的生产期延长所提供的剩余收益和首先被排斥掉的延长的剩余收益之间，并恰恰得出了 19.048 这个数字。在前述情况下，我们直接用每一工人提供的收益乘以所雇的工人数得出我们的数字(11.905×16 和 9.524×20)。在这里，我们用工资率半数除最后得到的剩余产品(4:21)而得到同样的数目字。因之，我可以把这个一致性作为一个证据，证明我们演绎的理论正确地表达了由经验得出的结果。——这里也许也是指出杰文斯关于利息问题所犯的错误的最适当的场所。杰文斯完全正确地认识到“最后剩余收益”决定利率；但是，因为忽略了原则，他犯了这样一个错误，即把利率定在同这种剩余收益必然有关系的另一个数量上，且不是从最后剩余收益对容许生产作最后一次延长的生活维持费总量的关系中推得利率，而是从另一个完全不同的关系，即剩余收益对没有最后一次生产延长也能得到的全部产品的价值的关系中推得利率的。“资本的利息是产品增加率除以全部产品”(政治经济学第 2 版，第 267 页)。这个忽略的严重性从一个具体的例证中可以明确地看出来。为了易于理解起见，我将从本书第 366 页所说的孤立的交换情况中举一个例子。让我们假定有一个企业家，他的财富容许他采取八年的生产期，年收益为 68 镑 10 先令，而他借入了 30 镑资金，所以他可以采用九年的生产期，年收益为 69 镑 10 先令，即有剩余收益 20 先令。依照杰文斯的算法，这里利息是 68 镑 10 先令产生 1 镑或 1.46%。很明显地，没有任何理由可以说明为什么借款人愿意每年提供 1 镑而不多提供一些作为 68 镑 10 先令的利息。产生 1 镑剩余收益的不是 68 镑 10 先令，而是 30 镑(获得了这 30 镑才有可能使生产期延长)；因而，在最极端的情况下，能以 1 镑来偿付，但根据本书第 388 页注①的假设，能最多以每年 2 镑来偿付。因此，事实上，在这个例子中，经济上可能的利息不是像杰文斯所假定的 68 镑 10 先令产生 1 镑，或 1.46%，而是 30 镑产生 1 镑或 $3\frac{1}{3}$%；的确，根据上述假定，乃是 15 镑产生 1 镑，或 $6\frac{2}{3}$%。然而，在杰文斯的错误中仍然可以找到一些正确的核心；但要把它指出来还要深入地加以讨论，对这种讨论，我想大部分读者是不会感兴趣的。

落在生产期再延长时将带来很大剩余收益的这个范围之内。

关于生活维持基金量变动的影响,我们已说得很多了:我们还必须讨论工人数目变动的影响,但这里,详细的计算是不必要的。可以很容易地看到,工人数目上的变动必然对利率产生完全相反的影响。例如不管工人数目固定为 1 000 万个,而生活维持基金从 15 亿镑减到 10 亿镑;或者不管生活维持基金保持为 15 亿镑,而工人数目由 1 000 万增加到 15 亿;在任何情况下,生活维持基金只能雇用一部分现有工人在四年生产期中,一部分在五年生产期中,而"最后"和决定性的剩余收益是 21 镑资本产生 4 镑,最后的利率是 19.048%。很明显,如果生活维持费和工人向相同方向同时变动——譬如双方一起增加——这种变动将削弱任何一方的效率,而收益率的最后运动方向将跟随较强的变动因素所采取的方向。在另一方面,如果两个因素的变动不仅方向一致,而且变动比率也一致,收益率将保持不变。例如,假定工人数目和生活维持基金总量两者都增加一倍,显而易见,像以前一样,二倍的基金将足够在同样长的生产期中应付两倍数目的工人。而"最后"和决定性的剩余,以及由它而产生的利率将保持不变。再者,如果基金增加一倍,而工人数目只增加一半,那么,很明显,一个较以前长的生产期可能被采用;在这个情况下,决定性的"最后"剩余收益将在剩余逐步递减的过程中被减低,而利率也将下降。

最后,我们还要以同样方式追究第三个因素,即生产力状况的变动所产生的影响是什么,假定生活维持基金和工人数目都保持不变。在这里,我们也可以省去详细的表式说明。不需要确切的计算就可证明:如果,其他情况不变,剩余收益经常较高,那么,经济上容许的生产期的最后延长——决定利率的东西——所产生的剩余收益也必然较高，反过来也是如此。比方说，生活维持基金和工人数目之间的关系，可以容许采用平均五年的生产期，如果生产期从四年延长为五年，而剩余收益就从 4 镑增加到 6 镑（或从 1 镑增加到 4 镑），那么，利率就会高些。

因此，在我们到目前为止的探讨中，我们发现有三个对利率起决定作用的因素：国家生活维持基金总量，由基金维持的工人数目以及延长着的生产期的生产力的程度。这三个因素影响利率的方式可以叙述如下：——

在一个社会内，国家维持基金越少，该基金所雇用的工人人数越多，生产期进一步延长所得的剩余收益仍然很高，那么利息就越高；反过来，生活维持基金越多，工人数越少，剩余收益减少得越快，则利息越低。

如果我们的理论是正确的话，这就是利息形成的方式，也是它变动的方式。在现实社会中，究竟怎样呢？——完全像我们的公式所预言的那样，因此，经验给予这个公式最完善的证实。首先，因为经济历史中有着这样一件公认的事实：生活维持基金的增加，或者用不很精确而大致正确的词句来说，社会资本的增加，有压低利率的倾向。第二，同样很熟悉而不言自明的是，在这里，我们谈的不是国家资本的绝对量，而是这些资本和人口数目之间的关系。换句话说，我们的意思是说：人口的增加，如果同时没有资本的增加，就有提高利率的倾向。第三，这也是一件公认的事实，如果发现了有助于阻止剩余收益的下降的有更强生产力的新的生产方法或营业机会，就会提高利率；而如果闭塞了原有的生产机会或销售机会，或者发生了使原有的生产力降低的事件，就会降低利率。因此，我们觉得，根据我们过去的研究方法我们曾不得不认为对利率起着决定性影响的那些因素实际上确实具有并发挥着那种影响。

现在可以把实际生活中的特征和形式一个一个地放进我们的抽象图式中去了。

第四章　充分发展着的资本市场

直到目前，我们都假定一个工人的年产品和年工资在一切使用部门中都是一样的，当然，在现实生活中，情况并不是这样的。但这对我们所指出的正常联系和关系并没有丝毫影响，不过好像社会上有着不同数目的拿普通工资和有普通生产率的不熟练工人罢了；因为，即使在不同使用部门中，劳动报酬的绝对量和劳动工资的绝对量总是十分不同的，但两个量之间的比例将依然由于周知的利润平均化的规律而一律相同，而这在利息问题中是根本性的东西。例如，假定在一个生产部门中，不熟练劳动的工资是 50 镑，而一年劳动的产品是 65 镑；在另一生产部门中，大部分工作是由熟练劳动进行的，工人的年产品可能多一倍，比如说，130 镑。不过，那时，这样一个工人的工资也将提高一倍，比如提高到 100 镑。因为，如果它不提高，这个营业部门中的企业家将得到一个不正常的剩余；这将吸引强烈的竞争；这种竞争或者会由于对劳动的积极需要而抬高工资，或者会由于产品供给的增加而压低产品价格。但是，如果不熟练工人的工资超过了 100 镑，那么，有关的企业家又会得到太小的利润而引起该部门生产的限制；结果不是由于这时工人过剩而压低

工资，就是由于产量减少，而提高产品的价格，直到工资和产品的比率，到处都成为 50 镑与 65 镑之比，或 100 镑与 130 镑之比。但是，如果工资对产品的这个比率保持有效，有关利息形成的全部比率将依然完全和我们在早些时的图表中所说的一样。不过，有一点早已提起过的修正，就是工资较高的熟练工人的存在所产生的影响，和为数稍多的领取正常工资的不熟练工人的存在所产生的影响完全一样。因为，十分明显，不论是两个工人各生产 65 镑产品而各取得 50 镑工资，或是一个工人生产 130 镑产品而取得 100 镑工资，在生活必需品市场上所产生的综合结果是完全一样的。

此外，我们直到现在，都假定在各营业部门中，随着生产期的延长而增加的年收益是逐年以同一个比率累进的。这也不是现实生活中的实际情况。相反地，每一个生产部门，由于它的技术情况，具有不同的，且实际上往往非常不同的生产率。例如，很可能，有三个不同的生产部门——叫它们为 A、B 和 C——各在一年期的生产过程中生产出 50 镑产品；如果生产过程延长到两年至五年，每年的收益（或剩余收益）可能很不相同。我们可能有如下的情况：

生产期	A		B		C	
	收益	剩余	收益	剩余	收益	剩余
1 年	50 镑 0 先令	——	50 镑 0 先令	——	50 镑 0 先令	——
2 年	51 镑 0 先令	1 镑 0 先令	52 镑 0 先令	2 镑 0 先令	60 镑 0 先令	10 镑 0 先令
3 年	51 镑 10 先令	0 镑 10 先令	53 镑 0 先令	1 镑 0 先令	65 镑 0 先令	5 镑 0 先令
4 年	51 镑 16 先令	0 镑 6 先令	53 镑 10 先令	0 镑 10 先令	67 镑 10 先令	2 镑 10 先令
5 年	52 镑 0 先令	0 镑 4 先令	53 镑 16 先令	0 镑 6 先令	69 镑 0 先令	1 镑 10 先令

当然，这有它的实际后果。取得最大的收益或剩余收益是生产者的愿望。因此，他们愿意把可供利用的资本投入到他们认为收益最大的地方去。如果资本还有剩余，或者，如果新资本加进来了，他们就要寻求下一个收益最好的使用场所，如此继续下去，这样，只有当一切比较有利的机会都被利用了，他们才愿接受获利较小的使用场所。

现在，如果，正如我们迄今所假定的，从相同的生产期展延中所取得的剩余收益的累进，在一切使用部门里都是相同的，那么，在一切使用部门中，用同样长的生产过程，就会达到同样的剩余，结果同等长的生产期将同时流行于一切生产部门。随着资本的增加，它将全面地向前推进，从一年的推进到二年的，从二年的推进到三年的等等。但是，正如我们所说的，由于各种生产部门中技术情况的不同，我们实际上碰到的是：不同长度的生产期却有相同的剩余收益。因此，虽然在资本投资方面，我们都追求最高的剩余收益，但我们无须追求最长的生产期。各部门的生产，必须以不同长度的生产过程进行，的确，在那些剩余收益迅速下降的部门里，它必须以较短的生产期来进行。

上面的图表能说明这一点。首先，生产在所有三个部门里，都以一年的生产过程进行，每一劳动年的收益为 50 镑。如果生活维持基金增加到足以部分地延长一年期的生产过程，人们首先将转入 C 部门中的两年期的生产过程中去，这里预付工资半年可得剩余收益 10 镑。以后，C 部门的生产期还将延长到三年（有 5 镑的剩余收益），再延长到四年（有 2 镑 10 先令的剩余收益）；同时，其他两个生产部门始终保持着较不合算的一年期的生产过程。只有当生活维持基金再进一步地增加，人们才会在B部门里转入两年期的生产过程中去(有两镑的剩余收益)。但是，在A部门中，生产期不能延长(它只能提供1镑的剩余收益)，除非生产的一切机会都已经被利用了，而剩余收益达到了1镑的高度。只有当C部门的生产期已延长到五年，B部门的生产期已延长到三年，才会发生这种情况。因此，在这三个不同部门里，生产将，而且必须以二年、三年、五年的生产期来进行——这个结论已在经济实践中为这个熟悉的事实所证实了：即不同的产品是在不同资本化程度下产生的。例如，食物同金属品、衣着或一般工业品比起来是一种资本化程度低得多的产品。

那么，我们的利率规律是怎样被这种复杂的实际情况所影响的呢？——它丝毫没有受到影响。因为该规律所根据的一切主要情况都没有变化。这种情况没有变，即现有的资本是被用在逐渐延长的生产工序中，直到全部被使用为止。这种的情况没有变，即生产期延长到某一水平就有某一种数量的剩余收益(这是经济上最后可能的数量)，而下一个水平只能提供小一些的剩余收益(这是经济上不可能的)。最后，这种情况也没有改变，即这些"边际使用"的剩余收益也形成利率的边际限度。唯一的差别——而这不是根本性的差别——是，剩余收益的高度，以及和它在一起的生产期延长的最后可能的界线，都不是一条直线，而是曲折波浪形的，它通过不同的生产部门，视这种剩余收益是用较长还是较短的生产过程达到的而定。但是，这个修正使我们规律的意义更加明确了，因为，由于实际生活的复杂，生产力等级划分得比我们单纯的典型的表中的更加细密了；两个边际界限通常相距得更近了，结果缩小了决定价格的区，使这个区比我们的抽象图表中所表示的更加狭小了。

继续探讨下去。迄今为止，我们已经假定对现在物品的需求完全来自工资收入者（或者是直接地，或者是通过企业家的中介）。但在现实生活中，这也不是正确的，市场上还有少数其他竞争者。

首先，存在着为消费而请求贷款的人们。他们的需求是按照他们对现在物品的需要的迫切性而分级和分层的。有一类人的需要是这样的迫切，在最坏的情况下，他们甚至愿意付出 100％的贴水，另一类人只愿付出 80％，第三类人 60％，另外一些人 50％等等；也许可下降到 2％。现在，这些请求者同工资收入者的需求联系起来，而他们中间的每一阶级或阶层都同时满意于产生代表这种百分比的剩余收益的生产性使用阶层。例如，如果 21 镑资本的投资可获得 4 镑的剩余收益，那么，所有在最坏情况下能提供 19.048％或更多的贴水的请求借款的人，都将同时得到满足；如果 25 镑资本的投资能获得 2 镑 10 先令的剩余，那么，所有愿意提供 10％以上的贴水的请求者都将得到供应，依此类推。

但以上所说并不意味着借款利率完全是由生产中获得的利息决定的。它也能决定后者，正如被后者所决定一样，两类需求完全并肩地活动着。存在着某一类消费性借款的请求者和这类需求者要从市场上抽去一部分现有的生活资料这一事实，意味着生产性投资者所能支配的生活资料减少了；投资必将停止在较高程度的剩余收益上；这就意味着在生产领域中利率要高些。反过来，生产性需求的存在使很大一部分消费资料投入生产性用途，而这又使消费信用的需要不能在原有的低利水平上获得满足。在今天，当然，生产性需求是二者中更为重要的一个，因此人们往往认为它单独地统治着利率。但是，当政府征募大批供消费用的国债——譬如为了战争——而使利率飞涨时，这个错误的印象往往就被经验明显地纠正。但是，虽然对消费信用的需求是微不足道的，它仍对利率发生某种影响；人们总是可以争论说，如果没有这种需求，利率将至少比现在要低一些。

资本市场上的另一个竞争者是土地所有者。如果土地所有者自己耕田，并满足于用自己劳动的成果来维持自己的生活（这样，他们把地租留下来作为储蓄），他们没有加重社会维持基金的负担。但是，如果他们全部或部分地靠他们的地租过生活，他们的生活资料也必须从社会基金里预付出来，预付期的长短将同土地的生产期相适应。例如，有个富有的棉花种植者不从事劳动而靠地租生活，又假定纺织品的全部生产过程，包括纺、织等等各种阶段直到制成的棉织品出现为止，需要五年，种植者的生活维持品正如他的农业工人的生活维持品一样在五年内必须从社会维持基金内预付出来。那时，这项预付费用，当然将从产品的那一份额中得到偿还，这些产品——依照补全物品的规律——是由于土地使用的合作而生产出来的。但是，在这时期内，土地所有者是靠社会维持基金生活的。

这对利率有什么影响呢？——它的影响完全相同于消费信用的影响。地主的竞争从市场上抽出一定量的生活资料，从而减少了资本的生产性投资，又使它停止在较高程度的剩余收益上；最后这就抬高了利率。可是，这样做的时候，地主对生活资料的需求也受到利率高度的反射影响。这当然和地租年率的高度并没有关系——因为地租年率的高度是由影响土地使用的经济价值的那些情况决定的，无须在这里叙述——仅和为此而要求预付生活资料的年租数目有关系。换句话说，如果利率高，漫长的生产期是没好处的；[①]土地的使用将被投资到较短的生产期中去；其结果，对地主的预付将只能是短期的。然而，如果利率低，那么，在投资性和消费性贷款增加的同时，预付给土地所有者的生活资料也会增加；由于现在可以把他们土地的使用投入长得多的生产过程中去，它现在可以扩展到较多的年租上去了。

在市场上还存在着另一个竞争集团，这就是资本家自己。只要他们完全地或部分地依靠利息过日子，他们的生活也得由生活维持基金来负担；由于能用在别处的基金是缩小了，利率将趋向于上涨。可是，资本家对生活资料的需求，和工资收入者的需求、消费借款人的需求以及土地所有者的需求有着重大的差别。后面三类需求是使现在物品有贴水的原因，而前者的需求只是其结果。如果工资收入者、消费借款人和土地所有者对生活资料的需求本身不超过现存的社会维持基金，现在物品就没有贴水；那么，资本家们就不能以资本家的资格有效地对社会维持基金提出要求：若得不到利息收入，他们就得自食其力。仅仅因为存在着其他各类的需求，从而产生了贴水，资本家们才能够要求产品中的一部分作为利息，而且，实际上还要求预先付给他们。当然，资本家们的这种要求也反过来影响了利率。举例说，这完全和电气感应一样。主电流首先产生感应电流，继之，后者反过来影响主电流，并且实

① 这可以很容易地从我们的表例中计算出来。

际上加强了主电流。同样，市场上其他各类需求由于创造了一个贴水，首先产生了资本家们对生活资料的需求；但是，一旦贴水成为事实，它就把维持基金的一部分划作资本家的收入；这样它就收缩了可以自由使用的其余部分；使其余部门中的“饱和点”决定在较高的边际效用上，因此，最后使贴水上升。

假如现在我们设法把零散的一鳞一爪拼成整幅的画图。在财富的总体内，每一个人具有或多或少的一份生活维持基金。这份财富最后被浪费母财的不节约的人和消费贷款的借款人所消费掉：它也作为预付生活费，由土地所有者、资本家和工资收入者在社会生产期[①]内消费掉。维持基金越多，社会生产期就延展得越长，对消费贷款的需求也就越能得到充分的满足。生产期最后一次可能的延长的收益和取得借款的最后借款人的评价共同决定现在物品的贴水的高度。

因此，根据我们的完成了的研究，下列因素可以算作是影响利率的最重要的具体情况或“决定因素”。

首先是根据我们对最抽象的劳动市场的情况的研究我们不得不承认是决定性因素的那三个因素：

(1)国家维持基金总量。

---

① 这里没有谈到的社会成员，如妇女、儿童，和那些从事个人服务职业的人，如艺术家、公务员、家庭服务员等，当然也必须得到一部分维持基金。不过，他们不应独立地加以计算，因为他们不是直接由社会维持基金负担的，而是由正文中已叙述过的那些经济阶级所取得的部分中支出的。例如小提琴师从欣赏音乐的人所得到的维持金中收得一部分；富有地主的家庭的开支是由他的地租中支付的等等。

(2)要靠基金供应的生产者的数目。

(3)和生产过程不断延长有关的剩余收益分级的状态。

接着是：

(4)对消费借款愿望的范围和强度。

(5)地租的存在和高度。地租越高，不做工作而靠地租生活的人越多，他们据以调节其生活的生活标准就越高。当然，如果社会维持基金预付给他们的数量和那种享用标准相等的话，那么，社会基金所能付给别种用途的就少了，利息就会保持在一个较高的水平上。所以，地租的存在会抬高利率。①

(6)一个人数众多的靠利息生活的资本家阶级的存在——其所以存在的理由既适用于资本家也适用于地主。

(7)最后，人民的经济生活习惯直接地和间接地具有巨大的影响。间接地，因为国民的节约能积聚更大的财富：直接地，因为节约生活减少对生活资料的要求，因此，如果生活资料保持不变，人口可维持一个较长的时期，而资本的投资得以扩展直到出现较低程度的剩余收益。如果一个国家能节约，那么，土地所有者和资本家都不会消费全部地租；他们或者以企业家身份工作，靠自己的劳

① 我必须防止一种非常容易发生的误会。我所主张的是：地租的作为一种收入形式的地位——由不劳而获的地主吸收一部分国家产品——往往会抬高利率。在另一方面，我并不说产生和提高地租的原因也能抬高利率。相反，著名的报酬递减律(按照这个规律，如果没有技术发明或改革，农业中新投入的资本和劳动会产生递减的剩余收益)虽然它可以使地租逐步上升，但的确起着一种压低利率的作用(参阅正文的第三点)。我的争点的全部意义，在这里最好地表达了出来；——如果土地私有权被剥夺了，或者对地租课以重税，利息在这个社会里将比原有的低一些。产生地租的原因本身将压降利息，但地租，作为分配中的一份，通过它对分配的影响，将构成这种影响的一部分。

动过活,或者,至少将节约他们收入的一部分。节约下来的部分,好像是已经分配但没有被拿去的维持基金。而这一部分还可派作别用,特别可以用来使生产期进一步延长。工人们或那些有中等收入的人所进行的储蓄,也有同样的作用①。

如果我们沿着这条思想线索再进一步探讨一下,我们将弥补我们以前的分析中的一个漏洞。迄今为止,我们把维持基金和对维持基金的要求看做确实存在于面前的东西,我们现在必须把它们看成正在转化中的东西。迄今为止,我们把维持基金看做是和公开市场对它的要求相对立和对抗的,我们还必须考察那种无声的但永不休止的战争,这种战争是在每个个别经济中由享受财富的愿望挑起来的。下一章将是在本书第147—148页上开始的关于资本形成问题的另一条思想路线的继续和结束。

第五章 充分发展着的资本市场(续)

每一个人有权支配或大或小的一定量的物品,这些物品部分

① 也许读者已经注意到,在现实生活中,特别在决定借款利率上起非常巨大作用的常常被人提到的保险或风险因素,在我列举时被遗漏了。然而这个因素在这里是没有地位的。因为这个因素给予资本家的剩余收益虽然表面上似乎提高了利率,但这个剩余收益实际上不是真利息——不是从资本占有中产生的净收入——而仅仅是用来替代那在许多事例中证明是不可避免的母财损失的代替物。——最后,在我的整个研究过程中,这一点是不言自明的,即我的意图不是要一无遗漏地介绍决定利率的一切次要的因素。我有意识地使自己满足于列举那些如果市场的经济利益被追求得很顺利的话就会作为典型的因素而出现的决定因素中最重要的因素。在另一方面,诸如慷慨、民族成见、虚荣心等等动机的影响(参阅《康拉德年鉴》,第13卷,第486页),我故意不在这里加以考虑。也可参阅本书以后的叙述。

是由上代作为“母财”遗留给他的，部分是作为现在的“收入”由他自己取得的，这两项加起来就形成他的“财富”。这种财富的自然目的就是满足他的需要。可以说，财富是为需要而存在的。但是，许多需要彼此相互竞争并提出对立的要求。在一方面，不同种类的需要在同一个瞬间互相竞争；在另一方面，不同时间的需要——现在需要和未来需要——也彼此互相竞争。怎样来调整这些不同的需要呢？

在一个良好的经济制度中，人们按照“经济行为”的原则来加以调整，这个原则规定，现存的物品应该提供最高可能的个人效用。但是因为即使最富裕的人的财富也不足以满足他的全部需要和愿望，这就要求他在他的许多需要中作出一个明智的选择，使他的最重要的需要在他现有的财力所许可的范围内得到满足，而放弃那些不重要的需要。把这点运用到不同种类需要的竞争方面去，就得出一条均衡满足的原则；这个原则的意思是指：在需要的一切部门中，满足的重要性趋于同一个水平，因此，在整个范围内，单位物品取得同样的边际效用。因为，如果在需要的某一部门中，一个人放弃在高水平上的一项满足，而去寻求一项在另一部门中的在低水平上的需要，这将意味着他有意地放弃一个较大的效用，而去追求一个较小的效用；这是和经济原则[①]背道而驰的。

我们也可以为了这种理由用这同一条均衡满足的原则，来调节不同时间的各需要之间的竞争。在我们经济生活前进的道路

①　一个完全均衡的满足只是由于一方面需要分得不完全，另一方面物品单位分得不完全有时不能达到。参阅拙著《经济财富的价值论纲要》，载《康拉德年鉴》，第13卷，第68页；特别可参阅维塞尔的《经济价值的起源与定律》，第148页。

上，我们只有在如下的安排中，才能获得最高的满足：即我们把所能支配的满足手段，分配在各个时期，使物品的最后一个单位也能在各点时间上提供等量的边际效用。因为，如果不是这样的话，显然，我们就可能从物品取得较小边际效用的那些时期中抽出一些物品，并用之于能获得较大效用[①]的那些时期，从而增加我们的收益。

因此，合理地对待现有的物品，我们在目前只可以消费那么多，使现在需要的满足和未来经济期间需要的满足都停止在同一个水平上——考虑到那个时期的需要和满足的情况：一切超过这个水平的东西，都应该保留下来为未来服务。根据这条规律，“母财”总是应该在经济上节储下来的。因为，如果它和收入一起在现在被消费掉了，目前的供应将相对地太多了，而不重要的需要也将得到满足；可是，在以后的年份中，只有当前的收入（而这是数量较小的）可供利用了，其结果将使满足受到损失，甚至影响到重要种类的需要上去。另一方面，在例外的情况下，直接动用母财可以算作是合理的经济处理方法。例如，在这样一种情况下，当目前收入异乎寻常的少，而需要却异乎寻常的迫切，同时，展望未来将有较大的收入。

① 不能认为这种供应的均衡如在下列情况下就可达到，即：可利用的物品总量是被平均地分配于各不同时期，以致每一个时期所得到的分配给它的消费量，都是等量的物品。需要的情况也会变化。一个单身汉所要供应的需要要比一个家庭中的爸爸少一些；一个健康的人在保健方面花的钱比一个病人或虚弱的老年人要少一些，等等。现在，十分明显，如果一个人要机械地在一生的各个时期（单身时，有家庭时，老年时）都消费同样数量的物品，那他对自己的需要的供应作得太不匀称了。要保证均衡的供应，他必须预料到能有的增加出来的需要而用增加供应来应付它。

关于当前收入的使用问题，现在和未来均衡满足的标准规律，在不同的情况下将导致不同的处理方法。那些未来有可靠的固定收入而同时又预料他们的需要不会有任何重大的增加的人，可以在现在很合理地消费他们的全部现在收入，——例如家庭人口不多，或并不希望每一个儿子都过同样舒服的生活的富裕地主们就可以这样办。但未来收入不稳定或将降低的那些人，或者，未来需要——他们自己的或家属的需要——将要上升，可是他们的收入可能保持不变的那些人，必须在经济上保留目前收入的一部分，以备为未来供应情况恶化时之用：他们必须“储蓄”，而且必须储蓄足够数量使现在和未来的供应处于同一水平。

确切地讲：应该储蓄得更多一些，而储蓄应该是逐步累升的。所以要这样做的理由，的确，是由于有着利息的存在。资本的利息既然是一个事实，我们所必须选择的就不是究竟在今年、还是明年或两年后消费 100 镑的财富能提供我们更多的效用。今年储蓄的 100 镑，由于利息，到来年会增加到 105 镑；到后年会增加到 110 镑，一直这样增加上去；所以要选择的是：究竟是今天消费 100 镑，还是来年消费 105 镑，还是后年消费 110 镑，对我们更有好处。只要用来年的 105 镑，或后年的 110 镑比用今年的 100 镑能得到更多的边际效用，我们将从现在抽出越来越多的物品来增加我们的效用总量。因此，如果没有利息，则合理储蓄的界限将是：目前的一百镑所提供的效用恰巧相等于不同未来时期的 100 镑所提供的效用；但当利息是一个事实时，那个界限就应作如下的调整：今天的 100 镑和来年的 105 镑，后年的 110 镑等等同样的有用。但是，如果未来越来越多的支出只能提供同量的效用，这就意味着随时间的推移，越来越不迫切的需要也可得到满足——换句话说，未来时期的供应变得越来越丰富了。[①]

如果“经济行为”的原则被奉行得像数学那样的准确，那么，情况就是这样。但是，我们差不多可以这样说，再也没有像这里这条原则所要求的更难办到的了。要在现在和未来之间适当分配现有的物品，人们就既要确切地知道未来的需要，又要确切地知道未来的供应——未来的供应只能到未来时刻来到的时候才能知道。但是，人们对未来需要和供应这两个数量仅有含糊的猜测。甚至，像应为多长一段未来时期作好准备这样一个重大的问题，由于人生无常，使人们完全处在黑暗之中——必须说，这种人生无常的因素，对很大一部分人的经济行为并没有多大影响，这些人不仅渴望为他们自己，而且也以同样的、甚至更多的热诚要为他们的继承人作好准备。然而，特别明显，人们的经济行为都受这一熟知的心理事实的干扰，即几乎所有的人都或多或少地低估未来和它的需要。

在刚才叙述的情况的影响之下，人类的经济行为在两方面脱离了理想的经济准备。第一，人们为未来所作的准备一般都比应作的要少。他们不是用这样的方法把他们的物品分配于现在和未来，使分配给现在的单位物品的边际效用等于分配于未来期的单位物品的边际效用再加上这段时期内的利息。他们是以这样的方法来分配物品的，就是使现在的单位物品的边际效用相等于分配给未来的单位物品的边际效用，而后一边际效用因为是属于未来

① 就是说，未来的105镑的效用等于现在的100镑的效用，只要社会的财富是在不断地增加。

的故已被减了值的。他们为未来储蓄些东西，仅仅由于他们知道，如果不这样做，他们的未来需要就得不到满足，这些需要的迫切性，即使已被他们低估，还是同现在得到满足的最后一批现在需要的迫切性一样强，但这些未来需要的真正的迫切性，还要或多或少的强些。因为在不同的人、阶级和国家中，对未来的低估有着很大的差异，所以因这个差异而造成的脱离于理想的经济准备的程度当然也很不同。对谨慎的和有储蓄倾向的人，它的影响几乎等于零；对其他一些人，它的影响将表现在一个很小的储蓄百分数上；对另一些人，它的影响是根本没有储蓄，或者甚至无忧无虑地浪费自己的母财。第二，对现在和未来的要求作经济上的审慎的考虑往往不是一个精密拟订的经济计划。它大体上只是对各种倾向所作的一个粗略的现成的估计。为了准备执行，一个人在决定究竟花费还是储蓄一定数量的物品之前，人们对现在的需要、供应和边际效用，必须计算得很准确，而对未来各个时期的需要、供应和边际效用也要估计得很准确。但这总是一件有些困难和麻烦的工作，而人们虽然很细心，仍无法保证它的正确性；因为，涉及未来，人们只能根据变化无定的资料来工作。在这些情况下，这不但很容易解释，而且从经济行为的观点来讲，甚至也是值得推荐的：[①]为什么大多数人都是一劳永逸地接受适宜于他们情况的一般经济倾向的指导，而不是从一个情况到另一个情况，或一年复一年地，重复那种麻烦的而且还是靠不住的为现在和未来作筹划的工作；他们只在经济情况有重大变化的时候（如结婚、遗产继承等

① 参阅拙著《经济财富的价值论纲要》，载《康拉德年鉴》，第 13 卷，第 74 页。

等)才对原来的安排作些修改。

这种粗略而即时的经济考虑方法,经常采用这样的形式:——那些对上一条经济行为的主要规则的确切运用感到厌烦的人制定了第二条次要的规则可作行为的根据。例如,有人把保持母财原封不动,作为一条不可违犯的规则;另一个人把不用的产业留给他的孩子们自由支配;第三个人,拨出足够资金,使每一个孩子有一所农庄;第四个人,储蓄足够多的钱使自己每年能有500镑收入等等。像这类次等规则,对遵守它们的人来说,或多或少是同经济行为的真正规则相吻合的。可是,有时候,它们并不这样吻合,结果使忠实遵循它们的人严重地违背了这条基本规律。例如,顽固地坚守不动母财的决心而拒绝采用恢复自己健康的昂贵的医疗,又如不愿为儿女的教育而花钱等等,这些都是非经济性的行为。最后,许多非经济性行为也可产生于这样的事实,即那些一旦养成了储蓄习惯的人,在储蓄开始时是很合理的,但当他们的经济地位已经完全变动,他们还愚蠢地坚持储蓄。我们经常看到,有些通过大量储蓄已变成富翁的行将就木的人,依然不愿为自己和别人多花一些钱,并且为酷爱储蓄而机械式地继续储蓄。他们先是为了爱钱而储蓄,弄到后来是为了储蓄而爱钱。

这两种逸出理想的经济行为轨道的偏向中,第一种更为重要也更为有害。对确切计算的疏忽会妨害人们严格遵循经济行为的指导,但是,它很少会妨害他们或多或少地真实地遵循它;可是,心理上的低估未来,往往迫使人们绝对地——并经常远远地——离开经济行为路线。在低估未来这一问题上,我们必须注意到利息和利率这个因素,它在经济上并不是令人愉快的因素,但在实际上却是一种很积极的因素。在开头的某一章中，我们看到，由于它的帮助，珍视现在物品而贬视未来物品就有了一个基础，从而在利息现象的起源中它也起着作用，现在，我们也认识到它在利率方面，也是一个非常起作用的间接的决定因素。在一个社会内，它的作用越大，那个社会里的利息就增长得越高。因为不公正地低估未来，往往会使未来的需求少于现在的需求；会使满足手段多半用于现在需要而很少用于未来需要。但是，这在一方面，会增加对生活必需品的现在需求，在另一方面也会引起浪费地蚕食存货，或者至少会通过储蓄而不适当地更新和增加存货；从而出现提高利率的有利形势，就是一笔（比较地）小的维持基金被对生活必需品的（比较）沉重的要求所耗尽，因此，只能在较短的时期内应付这些要求。

我所提出的理论和著名的、也许我应该说大名鼎鼎的较老的英国学派的“工资基金理论”有某些相似之处。和它相似，我支持一定的维持基金的存在，任何国家的劳动工资都从这笔基金内支付；也和它一样，我说，维持基金总量对工资和利息间的相互高度起着重要影响。但是，相似之处尽在于此。一切其他特征，其中包括两个理论的最根本性的特征，是非常不同的。英国经济学家的工资基金虽然被他们认为是一个既定的和确定的量，实际上却是一个波动的不定的量；因此，这个量并不能作为工资高度所根据的可靠支柱。我的意思是说“被资本家指定用来偿付工资的资本量”既不等于国家资本的总和，也不等于“流动资本”的总和，也不等于国家资本的任何一个固定部分。它代表社会财富的一个变动的部分，而这一部分的范围大小（不管其他因素）是直接随着工资高度而变化的：如果工资高或者由于工资高，它就大一些，如果工资低或者由于工资低，它就小一些。因此，用一个本身由工资率决定的数量来解释工资率，工资基金理论只是在打圈子。[①] 相反地，我的维持基金用一个固定的一定的量——一个社会中积累的财富存量作为出发点。当然，这一我称之为"工资基金"的专供工人维持生活的物品量，乃是全部维持基金中的一部分。但是，这一个部分的量并不是像英国的理论那样凭空虚构的；当确实地分析哪些社会集团分享全部维持基金时，以及按照什么规律分享它时，我的"工资基金"是——至少相对地说来——固定的和明确的。

但是，最重要的区别是下面这一点。英国的理论说，工资率只是用工人总数除工资基金而得到的商数。这是完全错误的。无论如何，工人完全是以工资形式得到工资基金的；但这并未指出多长时期内的工资——一年内的，两年内的，三年内的或更多年数内的。维持基金的增加，绝不会有英国学派所假定的那种结果，即如果工人人数不变，工资率随工资基金数量的增加而按同一比例增加。维持基金的增加，首先并主要地，会被在延长生产期中用完；只有当生产期的延长同时引起了剩余收益的减少（依照随着生产的不断扩展而来的剩余收益的递减规模减少）时，才会使资本家的份额缩减，并使劳动工资按比例地提高；而这个提高数也比维持基金的增加数在比例上小得多。因此，英国的工资基金理论有一真

① 参阅密索夫的简短而明确的话，载《桑伯格手册》，第 2 版，第 1 卷，第 643 页，特别是注 53。

理的核心，但它被许许多多错误所包藏着。[①]

现在，我们可以放弃过去在我们的解释工作中超过鹰架作用的最后一个抽象的假定。迄今为止，我们都假定对现在物品的全部供给和全部需求是集中在一个单独的大市场里的。与此相反，现在物品和未来物品的买卖是分散于无数的局部的小市场上进行的。首先它分成若干大类，诸如借贷市场、劳动市场、地产市场和具体资本市场。而这些市场中的每一个市场又一再划分，部分按照业务部门，部分按照营业区域。有一个房地产质押市场，一个和大企业有关的商业信用市场，另外还有一个和小企业有关的商业信用市场。有许多不同的借贷市场：为农民的，为市民的，为有地位的人的，为贫苦技工的，为工厂职工的等等。又在每一个局部市场中按自然区或人为区分成许多地方市场。劳动市场也和借贷市场一样分成许多小市场；首先，有多少劳动部门就有多少工人集团，而每一个工人集团又按地区分成许多局部市场。诸如此类。

这种划分和再划分产生什么结果呢？——因为，现在物品不只有一个市场，所以，它们也不只有一个价格，而有许多不同的市场价格，这是由于在每一个个别市场上当时的供求关系不同的缘故。在一个社会中，在同一时间内，现在物品也许有一百种不同的

① 我并不认为在本章关于工资问题的提纲式的意见中，已经提出了一个关于这个问题的完整的理论。特别是我偶然提出的意见仅涉及——不完全地——关于工资问题的一个方面，即工资和利息的关系。另一方面，我没有对至少同样重要的另一个方面提出过意见——这另一个方面就是这样一个问题：根据报酬递减律，因人口增长而引起的从土地上获得生活必需品的困难，对工资率发生了什么影响。无论如何，细心的读者可以在本书内找到工资理论原理的基础（虽分散在各处，但仍然相当完全）；一部分在补全物品理论中，一部分在我对成本规律的解释中，一部分在本章中。

贴水，因而，就有一百种不同的利率。不过，成百的或上千的部分市场彼此之间并不是绝对隔绝的。它们是互通声息的，而且经常在彼此之间进行价格上的套利交易。如果在一个部分市场上，现在物品的贴水暂时异乎寻常的高了，新资本量就会迅速地钻进这个市场来谋利，到无利可图为止。如果，相反地，在一个部分市场上，贴水暂时异乎寻常地低，那就足以阻止资本的进一步到来，甚至会使这一市场上的一部分资本转移到别的更加有利的部分市场上去，直到价格的差额消失为止。

因此，可以正确地说，每一个局部市场上的价格，**首先**是由存在于这个局部市场上的供求关系决定的；同时，这个市场本身的当地情况和随同这个情况而产生的当地价格，也是间接地由整个社会中供求关系的**总体**所发挥的巨大压力决定的。在我们所熟知的那种均衡化倾向的影响下，巨大的全国供应量比例地渗透到一切的局部市场中去。资本急忙地从别的地区赶来供应那些没有足够资本的局部市场；又从过量供应的局部市场流入别的相通的局部市场上去。如果既没有流入，又没有流出，如果地方市场看来似乎能形成自己的地方价格，那么，这时候它真正是最少独立性的：这时候，它不需要受任何外界市场的影响，正因为它已经这样完全地服从于这些影响了。暂时它是在静止状态中，只因为它已完全按照所需要的比重得到了供应，并受到了来自全社会的整个供求关系的压力的影响。

因此，当我们谈到现在物品的统一的巨大市场，以及关于它的统一的市场价格的规律时，这并不是空洞的抽象。整个情况决定于局部市场所得到的平均供应量。地方影响可能长期地或短期地在一个地方把供给量提高到超过平均水平，而在另一个地方压低它到水平之下；不过，这些仅是次要的现象，它们好像在主要运动的表面上表现出来，并随着运动的上下而上下——正如一个巨浪的表面有着许多小波，随着大浪一起上下。

如果资本的流动性是完善的，则越出正常利率的背离情况绝不会有很大的力量，更不能持久。但事实上有许多或大或小的阻力，它们同河坝一样阻抑资本之流的涨落，这些阻力会提高或降低地方市场的价格。人们不大容易改变他们的资本的使用场合。如果制糖业比织布业多产生 1%的利润，一个机器织造商，并不会在弹指之间变成一个制糖商；需要在相当长的一段时期后，才有许多人投资于制糖业，致使利润率下降到正常水平。的确，在特殊有利的情况下，一个特殊工业部门可能**长久地**保持不正常的贴水率，许多富裕的人不喜欢在没有抵押的小量借款的场合下，把资本借给迫切需要的人们，因为，对这些人，如果没有强大的个人力量和严密的监督，——或许要经过冗长的和有伤感情的扣押手续——是很难取回借款的。因之，在这些特殊的借贷市场上，供给量几乎都很久地和不正常地低，而贴水也很久地和不正常地高——甚至还不把当然必须扣除的保险金扣除掉。同样地，在贴现市场上，利率可以很久地不正常地低，这是由于时常有大量寻找短暂使用的资本流入的缘故；但当然，不论在不动产质押市场上，或农业贷款、或工业投资方面都找不到这样短暂使用的机会的。再者，投资的可靠性，加上价格看涨的前景，使不动产的利率总是很低；与此相类似的原因说明了，为什么目前以黄金偿付的政府公债和优先股等的利息要比以白银或纸币偿付的低些。

我不愿讨论那些特殊情况怎样会对利率产生各种各样复杂的影响。背离正常利率，就总体来讲，实际上是十分重要的现象——暂时的背离甚至比持久的背离更为重要。在这些现象中，隐藏着大部分“企业家利润”的精华和源泉；这些利润就是企业家用利润很高的套做现在物品的方法获得的果实。但要把这种套利生意详细地写出来，这本身就是一项独立的任务；它是一项重要而受人欢迎的任务，但其重要性比起阐发伟大的利率规律来要差一些。无论如何，当我在作了漫长而艰困的旅行后看到了家园的时候，不想再承担这项过于麻烦而且需要耗费很长时间的任务了。我已指出某些特殊变态和主要规律之间的关系，而在如何理解它们的理论方面也已说得很多了。

那么，现在就结束吧。在以往一个场合里，在本书的历史部分末，我曾用以下的词句为我的实证论制定了一个纲领——“要为这个恼人的问题，找出一个答案，这个答案既不发明什么，也不假定什么，只是真诚地试图根据我们科学的最简单的自然原理和心理原理推究利息形成现象的源流”。我想我必须承认，在执行这项工作中，我一直是忠实于我的纲领的。因为，如果说，通过从逻辑上来对价值基本理论进行阐发，我已成功地找到了对利息的解释，那么，这就非常有力地证明了我们关于两个理论（价值理论和资本理论）的讨论是沿着正确的路线进行的。它只能是对我的资本理论的支持，如果这个理论能作为下面这样一种价值理论的合理的、自然的结果而存在着的话，这种价值理论已经提出了许多足以证明它的正确性的证据，且已得到在政治经济学方面作出过贡献的各国经济学派的赞许。最后，对价值理论来讲，如果通过它这个工具,一个迄今各学派所未能解决的问题得到了解决,那它又将是一个新的证据,也许是一个最有力的证据。

第 338 页的附录

在采用一定长度的生产期之前所必需的维持基金量

如果生产过程是一年,而生产阶段也是一年,以致在一年内没有制成的可供消费的新的物品产生出来,那么,显然,在开始这样一个过程之前,手头上必须有一笔足以满足工人一整年需要的维持基金,而且它必须处于制成品的状态。如果我们称维持基金为 S,而年需要为 Y,那么,这里,S=Y。

如果生产过程为两年,而阶段期像以前一样,仍为一年,在手头应该有一年的制成品和第二年的半制品。在第一年内,工人们消费掉一年的制成品,同时,半制品由第二阶段的工人们变成制成品——这样,就保证了第二年内生活必需品的供应——而第一阶段的工人们手头上又有了新的一年的供应,并且又把半制品变成了制成品。因此,在这里,如果我们把一年的半制品算作半年的制成品,那么,$S=1\frac{1}{2}Y$。

同样,在三年期生产过程中(生产阶段为一年),我们要求一年的需要完全得到满足,另一年的满足$\frac{2}{3}$,另一年的满足$\frac{1}{3}$;或者,一年的供给全部完成,另一年的完成$\frac{2}{3}$,另一年的完成$\frac{1}{3}$。因此,在每一年内，一年的制成品被消费掉，完成$\frac{2}{3}$的半制品由第三阶段的工人们全部完成，完成$\frac{1}{3}$的半制品由第二阶段的工人们把它们变成完成$\frac{2}{3}$的半制品，而第一阶段的工人们又进一步创造新的一年的供应，并把它完成$\frac{1}{3}$。——这样，到年终，现状（Status quo）被恢复了，不断的供应得到了保证。因此，在这里，$S=1Y+\frac{2}{3}Y+\frac{1}{3}Y=2Y$。

同样，如果生产阶段依然是一年，那么，在四年的生产过程中，$S=(1+\frac{3}{4}+\frac{1}{2}+\frac{1}{4})Y=2\frac{1}{2}Y$；

在五年的生产过程中，$S=(1+\frac{4}{5}+\frac{3}{5}+\frac{2}{5}+\frac{1}{5})Y=3Y$；

在六年的生产过程中，$S=(1+\frac{5}{6}+\frac{4}{6}+\frac{3}{6}+\frac{2}{6}+\frac{1}{6})Y=3\frac{1}{2}Y$；

在七年的生产过程中，$S=(1+\frac{6}{7}+\frac{5}{7}+\frac{4}{7}+\frac{3}{7}+\frac{2}{7}+\frac{1}{7})Y=4Y$；

在十年的生产过程中，$S=(1+\frac{9}{10}+\frac{8}{10}+\frac{7}{10}+\frac{6}{10}+\frac{5}{10}+\frac{4}{10}+\frac{3}{10}+\frac{2}{10}+\frac{1}{10})Y=5\frac{1}{2}Y$。

倘若我们仔细地考察这些数字，我们很容易发现隐藏在它们中的规律：每一个生产期所需要的维持基金量，必须足以满足工人们在比半个生产期还多半年的时期里的需要。

假如我们进一步探讨，并假定阶段期为半年。在这里，不管在阶段期内有没有分工，情况完全一样。唯一要紧之点是：每半年就有制成的消费品从总过程中生产出来。采用一个阶段期为半年的一年期的生产过程，我们需要的是半年的制成品——在这半年内，没有新消费品生产出来——和为第二个半年所需要的半制品。在每六个月期间，制成品被消费掉了，半制品已由第二阶段的工人们完成；而一个新的六个月的供应开始了，并由第一阶段的工人变成半制品，这样，现状又恢复了。在这里，$S=\frac{1}{2}Y+\frac{1}{2}\times\frac{1}{2}Y=\frac{1}{2}Y+\frac{1}{4}Y=\frac{3}{4}Y$。

同样，在一个半年阶段期的两年期的生产过程中，我们需要$\frac{1}{2}Y+\frac{1}{2}\times\frac{3}{4}Y+\frac{1}{2}\times\frac{1}{2}Y+\frac{1}{2}\times\frac{1}{4}Y=(\frac{1}{2}+\frac{3}{8}+\frac{1}{4}+\frac{1}{8})Y=1\frac{1}{4}Y$，在三年期生产过程中，我们需要$\frac{1}{2}+\frac{1}{2}\times\frac{5}{6}+\frac{1}{2}\times\frac{4}{6}+\frac{1}{2}\times\frac{3}{6}+\frac{1}{2}\times\frac{2}{6}+\frac{1}{2}\times\frac{1}{6}=\frac{1}{2}+\frac{5}{12}+\frac{4}{12}+\frac{3}{12}+\frac{2}{12}+\frac{1}{12}=1\frac{3}{4}Y$。

在这里，隐藏的规律也是很明显的：如果阶段期为六个月，那么，所需要的维持基金必须足以满足工人们在比半个生产期多三个月的时期里的需要。

如果我们再前进一步探讨的话，我们将同样地发现，如果阶段期是三个月，维持基金必须足以满足工人们在比半个生产期多六个星期的时期里的需要；如果阶段期是一个月，维持基金必须足以满足工人们在比半个生产期多两个星期的时期里的需要。因此，我们得到本书 338—339 页所指出的一般公式:生活资料基金必须足以满足半个生产期另加半个正在实行的阶段期的需要。

图书在版编目(CIP)数据

资本实证论/(奥)庞巴维克著;陈端译.—北京:商务印书馆,2017
(汉译世界学术名著丛书:120年纪念版:珍藏本)
ISBN 978-7-100-14154-3

Ⅰ.①资… Ⅱ.①庞… ②陈… Ⅲ.①奥地利学派—研究 ②边际效用价值论 Ⅳ.①F091.343②F014.31

中国版本图书馆CIP数据核字(2017)第137895号

汉译世界学术名著丛书
(120年纪念版·珍藏本)
资本实证论
〔奥〕庞巴维克 著
陈 端 译

商 务 印 书 馆 出 版
(北京王府井大街36号 邮政编码100710)
商 务 印 书 馆 发 行
南京爱德印刷有限公司印刷
ISBN 978-7-100-14154-3

2017年12月第1版 开本710×1000 1/16
2017年12月第1次印刷 印张30¼
定价:145.00元